Donaukanal

W0236717

Schottenring und Alsergrund
Seiten 108–113

Stephansdomviertel
Seiten 70–89

Stephansdomviertel

Hofburgviertel

Hofburgviertel
Seiten 90–107

Belvedereviertel

Belvedereviertel
Seiten 144–159

VIS-À-VIS

WIEN

VIS-À-VIS

WIEN

Hauptautor **Stephen Brook**

London • New York • München
Melbourne • Delhi

www.dorlingkindersley.de

Texte
Stephen Brook, Gretel Beer, Rosemary Bircz,
Caroline Bugler, Deirdre Coffey, Fred Mawer

Fotografien
Peter Wilson

Illustrationen
Richard Draper, Stephen Gyapay, Chris Orr,
Robbie Polley, Ann Winterbotham

Kartografie
Peter Winfield, James Mills-Hicks

Redaktion und Gestaltung
Dorling Kindersley Ltd., London: Carolyn Pyrah, Sally
Ann Hibbard, Marcus Hardy, Kim Inglis, Vanessa Hamilton, Andy Wilkinson, Elly King, Ellen Root, Adam Moore

Aktualisierte Neuauflage 2015 / 2016

Programmleitung Dr. Jörg Theilacker, DK Verlag
Projektleitung Stefanie Franz, DK Verlag
Projektassistenz Antonia Knittel, DK Verlag
Übersetzung Gisela Sturm, Angelika Feilhauer, München
Redaktion Dr. Elfi Ledig, München
Schlussredaktion Philip Anton, Köln
Umschlaggestaltung Ute Berretz, München
Satz und Produktion DK Verlag
Druck L. Rex Printing Co. Ltd., China

ISBN 978-3-7342-0041-0
19 20 21 22   17 16 15 14

Dieser Reiseführer wird regelmäßig aktualisiert. Angaben wie Telefonnummern, Öffnungszeiten, Adressen, Preise und Fahrpläne können sich jedoch ändern. Der Verlag kann für fehlerhafte oder veraltete Angaben nicht haftbar gemacht werden. Für Hinweise, Verbesserungsvorschläge und Korrekturen ist der Verlag dankbar. Bitte richten Sie Ihr Schreiben an:

Dorling Kindersley Verlag GmbH
Redaktion Reiseführer
Arnulfstraße 124 • 80636 München
travel@dk-germany.de

Inhalt

Karl V., Kaiser des Heiligen
Römischen Reichs
1519–1556 *(siehe S. 26)*

Wien
stellt sich vor

Ankeruhr aus Bronze und Kupfer
am Hohen Markt *(siehe S. 86)*

◀ Juwel der Ringstraße: die Staatsoper *(siehe S. 140f)*
◀◀ Umschlag: Wiener Jugendstil: Detail in einem der Stadtbahn-Pavillons von Otto Wagner *(siehe S. 150f)*

Vorderansicht des Schlosses Schönbrunn *(siehe S. 174–177)*

Wiener Sängerknaben *(siehe S. 41)*

Die Stadtteile
Wiens

Zu Gast
in Wien

Dobostorte *(siehe S. 206)*

Musik im Garten eines Heurigen-
lokals in Grinzing *(siehe S. 188f)*

Karlskirche, Belvedere-
viertel *(siehe S. 148f)*

Benutzerhinweise

Dieser Reiseführer soll Ihnen helfen, die Hauptstadt Österreichs von ihrer schönsten Seite zu erleben. Der Abschnitt *Wien stellt sich vor* beschreibt die geografische Lage der Stadt und stellt das moderne Wien in einen größeren historischen Zusammenhang. *Wien im Überblick* fasst alles Sehens- und Erlebenswerte thematisch zusammen. *Die Stadtteile Wiens* begleiten Sie zu den interessantesten Vierteln und Sehenswürdigkeiten. Diese werden anhand von zahlreichen Karten, Fotografien und anschaulichen Illustrationen erläutert. Durch weitere Ecken Wiens und seine attraktiven Außenbezirke führen *Spaziergänge*. Der Abschnitt *Zu Gast in Wien* informiert Sie über Essen, Übernachten, Shopping und Ausgehen sowie Spaß mit Kindern. Die *Grundinformationen* am Ende des Buchs liefern Ihnen viele praktische Tipps, u. a. zu öffentlichen Verkehrsmitteln.

Orientierung in Wien

Jeder der sechs Stadtteile ist in diesem Buch mit einem Farbcode versehen, der Ihnen das Auffinden erleichtert. Jedes Kapitel beginnt mit einer Einführung, welche die Geschichte und den speziellen Charakter des Stadtteils beschreibt. Die Sehenswürdigkeiten sind auf der *Stadtteilkarte* nummeriert und finden sich auch im *Stadtplan* (siehe S. 256 – 267). Auf der nächsten Doppelseite folgt eine *Detailkarte*, die das interessanteste Gebiet aus der Vogelperspektive zeigt und Sie mit einer Routenempfehlung durch die Straßen leitet.

Die farbige Griffmarke erleichtert das Auffinden von Stadtteilen.

Die Orientierungskarte zeigt die Lage des Stadtteils, in dem Sie sich befinden.

Orientierungskarte

Die Routenempfehlung führt durch die interessantesten Straßen eines Stadtteils.

1 Stadtteilkarte
Zum leichteren Auffinden sind die Sehenswürdigkeiten auf der Karte nummeriert. Sie zeigt Ihnen auch U-Bahn-Stationen und Parkmöglichkeiten. Die Hauptsehenswürdigkeiten sind nach Kategorien aufgelistet: Straßen und Plätze, historische Gebäude, Kirchen, Museen und Sammlungen, Parks und Gärten.

2 Detailkarte
Auf der *Detailkarte* ist der farblich hervorgehobene Kern der Stadtteilkarte aus der Vogelperspektive zu sehen. Die Sehenswürdigkeiten sind zur raschen Orientierung kurz erläutert.

Sterne kennzeichnen die Sehenswürdigkeiten, die Sie keinesfalls versäumen sollten.

Die Stadtteile Wiens

Die farbigen Bereiche auf dieser Karte *(siehe vordere Umschlaginnenseiten)* markieren die sechs wichtigsten Stadtteile. Alle werden in eigenen Kapiteln in *Die Stadtteile Wiens (siehe S. 68–159)* detailliert vorgestellt. Im Kapitel *Wien im Überblick (siehe S. 42–63)* finden Sie alle Hauptsehenswürdigkeiten. Die farbige Markierung erleichtert Ihnen auch die Orientierung bei den vorgeschlagenen Spaziergängen *(siehe S. 182–189)*.

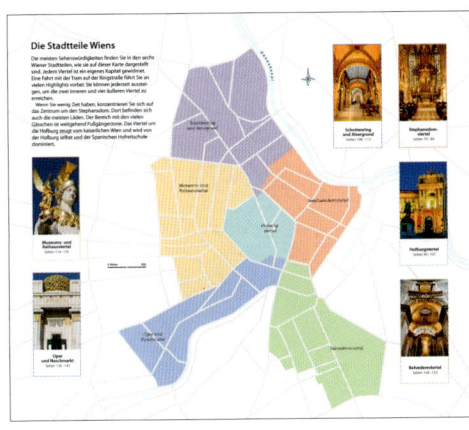

Die Nummern beziehen sich auf die Nummerierung der Sehenswürdigkeiten in der *Stadtteil-* und *Detailkarte*.

Praktische Informationen zeigen Ihnen alles Wissenswerte über eine Sehenswürdigkeit, samt Verweis auf den *Stadtplan (siehe S. 256–267)*.

Stadtplan *siehe Seiten 256–267.*
Karte *Extrakarte zum Herausnehmen.*

Die Infobox enthält praktische Hinweise, die für einen Besuch hilfreich sind.

3 Detaillierte Informationen
Alle wichtigen Sehenswürdigkeiten Wiens werden in der Reihenfolge ihrer Nummerierung auf der *Stadtteilkarte* beschrieben. Bei jedem Eintrag finden Sie praktische Informationen wie Stadtplanverweise, Öffnungszeiten und Telefonnummern. Die Zeichenerklärung der verwendeten Symbole finden Sie auf der hinteren Umschlagklappe.

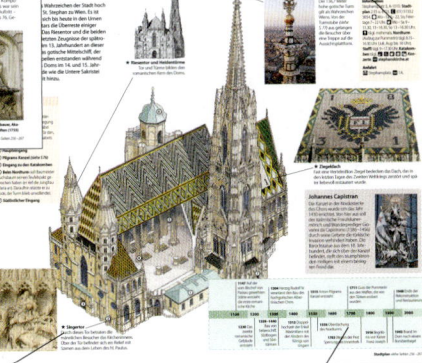

Sterne kennzeichnen die Sehenswürdigkeiten, die Sie keinesfalls versäumen sollten.

4 Hauptsehenswürdigkeiten
Den Wiener Highlights sind eigene Doppelseiten gewidmet. Museen und Sammlungen haben farbige Grundrisse, damit Sie Exponate rasch finden. Historische Gebäude werden im Aufriss gezeigt.

Die Zeitskala hebt wichtige Ereignisse in der Geschichte einer Sehenswürdigkeit hervor.

WIEN STELLT SICH VOR

Themen- und Tagestouren

Egal ob Sie geschichtlich interessiert, Kunstliebhaber oder Outdoor-Fan sind – in Wien werden Sie auf Ihre Kosten kommen. Von Schlössern und Kunstsammlungen über Parks und den Prater bietet die Stadt Attraktionen unterschiedlichster Art. Im Folgenden finden Sie Anregungen, wie Sie Wien thematisch entdecken können bzw. in Touren für zwei, drei oder fünf Tage Aufenthalt. Die angegebenen Preise decken Anfahrt, Essen und Eintrittsgelder ab. Die Preise für Familien schließen zwei Kinder mit ein.

Schloss Schönbrunn mit Park, Palmenhaus und Zoo *(siehe S. 174–177)*

Wien der Habsburger

Zwei Erwachsene ab ca. 110 €

- **Hofburg: Winterresidenz der Habsburger**
- **Genießen Sie Kaiserschmarrn**
- **Schönbrunn: Sommerresidenz der Habsburger**

Vormittags
Beginnen Sie den Tag mit einem Besuch der **Hofburg** *(siehe S. 98f)*. Der Komplex enthält die frühere Winterresidenz der Habsburger, eine Kapelle, die **Spanische Hofreitschule** *(siehe S. 100f)*, Museen und die Österreichische Nationalbibliothek. Machen Sie eine Führung durch die **Kaiserappartements** *(siehe S. 102f)*, das **Sisi Museum**, das sich u. a. der Mythenbildung um Kaiserin Elisabeth widmet, und die Silberkammer, mit Tafelsilber, Gläsern und Porzellan der Habsburger. Das Mittagessen kann man gleich vor Ort einnehmen, nämlich im **Café Hofburg** *(siehe S. 212)*, wo es Wiener Süßspeisen wie Kaiserschmarrn oder auch Gulasch zu essen gibt.

Nachmittags
Nach dem Mittagessen besuchen Sie **Schloss und Park Schönbrunn** *(siehe S. 174–177)*, die einstige Sommerresidenz der Habsburger. Die »Imperial Tour«, die kleine Tour, führt durch 22 Prunkräume des Schlosses und dauert etwa eine halbe Stunde. Wenn Sie danach noch Zeit haben, können Sie in den Park gehen und dort den schon 1720 angelegten **Irrgarten** *(siehe S. 174)* und das nach historischen Plänen wiederhergestellte Labyrinth besichtigen – eine faszinierende Erfahrung.

Mozart-Denkmal im Burggarten, 1896 von Viktor Tilgner erschaffen

Grünes Wien

Zwei Erwachsene ab ca. 100 €

- **Schmetterlingshaus**
- **Café Mozart (1794)**
- **Spaziergang am renaturierten Irissee**
- **Aufstieg auf den Donauturm (252 m)**

Vormittags
Ein angenehmer Start in den Tag ist ein Spaziergang im **Burggarten** *(siehe S. 104)*, einem Park, der im Areal um die Hofburg angelegt wurde. Hier spaziert man im Schatten alter Bäume und bewundert die Standbilder von Goethe, Mozart und Kaiser Franz I. Stephan. Der Park ist wegen der Jugendstil-Gewächshäuser des Architekten Friedrich Ohmann bekannt. Eines davon ist das Schmetterlingshaus, das 150 Schmetterlingsarten beherbergt, die in einem dem Regenwald nachempfundenen Ambiente leben. Im nahen **Café Mozart** *(siehe S. 213)* am Albertinaplatz – einem Kaffeehaus, das schon seit 1794 existiert – kann man (auch vegetarisch) zu Mittag essen oder Kaffee und Kuchen genießen.

Nachmittags
Nach dieser Stärkung geht es zum **Donaupark** *(siehe S. 163)*, der 1964 als Naherholungsgebiet angelegt wurde. Hier kann man spazieren, joggen oder Rad fahren. Am Irissee, dem künstlichen See im Zentrum (nun renaturiert und mit Sumpfbereichen), kann man eine Rast einlegen. Der 252 Meter hohe **Donauturm** *(siehe S. 163)* mit Drehrestaurant, Café und Aussichtsplatt-

Gustav Klimts *Beethovenfries* im Secessionsgebäude *(siehe S. 142)*

form (im Sommer gibt es hier eine Bungee-Jumping-Anlage) ist ein Muss. Ein Aufzug bringt einen zum Aussichtsdeck, von wo aus man über Wien blicken kann – an klaren Tagen auch weiter. Nahebei befinden sich die UNO-City und die markanten Bauten der Donau-City.

Elegante Fassade des Café Mozart *(siehe S. 213)*

Kunst und Architektur

Zwei Erwachsene ab ca. 100 €

- Secession – im Herzen des Jugendstils
- Griechisch essen
- Kultur und Kunst im MuseumsQuartier

Vormittags

Das **Secessionsgebäude** *(siehe S. 142)* ist die architektonische Apotheose des Jugendstils. Der frühere Ausstellungsraum der Wiener Künstlervereinigung Secession zeigt heute zeitgenössische Kunst, etwa von Oswald Oberhuber oder Maja Vukoje. Immer zu bewundern: Gustav Klimts *Beethovenfries*. Nach dem Kunstgenuss kann man sich bei **Kostas** *(siehe S. 216)* mit Moussaka stärken.

Nachmittags

Der zweite Kunstausflug des Tages führt zunächst zum **MuseumsQuartier** *(siehe S. 120 – 122)* – einem der größten Kulturzentren der Welt, das verschiedene Museen und Veranstaltungsorte beherbergt. Nahebei liegt ein wahres Juwel: das **Kunsthistorische Museum** *(siehe S. 124 – 129)*. Für seine Schätze, darunter auch viele Kunstwerke aus dem Besitz der Habsburger, müsste man eigentlich ganze Tage einplanen. Die Gemäldegalerie ist besonders beeindruckend. Sie präsentiert Werke von u. a. Giovanni Bellini, Tizian, Pieter Brueghel und Diego Velázquez. Wenn Sie von der Besichtigung erschöpft sind, können Sie im Café-Bar-Gasthaus **Lux** *(siehe S. 215)*, unmittelbar westlich vom MuseumsQuartier, gut relaxen.

Familientag

Familie (zu viert) ab ca. 200 €

- Action, Fun und Nostalgie im Prater
- Mittagessen im Schweizerhaus
- In der Rikscha durch die Hauptallee

Vormittags

Ein Ausflug in den **Prater** *(siehe S. 164f)*, den ältesten Vergnügungspark der Welt, begeistert Groß und Klein. Ein Muss ist die Fahrt im Riesenrad von 1897. Ältere Kinder können zwischen »wilderen« Fahrgeschäften wählen. Für die kleineren sind eher das Ringelspiel oder die Liliputbahn (4 km) geeignet. Mittagessen gibt es im **Schweizerhaus** mit seinem riesigen Garten, wo man sich u. a. Eisbein oder Kartoffelpuffer schmecken lassen kann.

Nachmittags

Nach dem Essen kann man eine Rikscha mieten (oder Mountainbikes bzw. Tandem und Kinderräder). Räder vermietet u. a. ein Stand bei der Hochschaubahn. Man kann die **Hauptallee** *(siehe S. 165)* entlangfahren, in den grünen Teil des Praters, wo man auf unzählige Jogger, Radfahrer und Spaziergänger stößt. Zwischendrin kann man sich an einem der vielen Stände eine Erfrischung gönnen.

Das Blumenrad im Prater *(siehe S. 164f)*, Konkurrenz zum Riesenrad

Zwei Tage in Wien

- Bummel durch das mittelalterliche Gepräge der Wiener Altstadt
- Elegant: Lipizzaner-Dressur in der Spanischen Hofreitschule
- Aussicht auf Wien vom Riesenrad im Prater

Wiens berühmte Fiaker, eine beliebte Touristenattraktion

Erster Tag

Vormittags Starten Sie beim **Stephansdom** *(siehe S. 74–77)*, dann spazieren Sie durch den Fußgängerzonenbereich der mittelalterlichen **Wiener Altstadt** *(siehe S. 72f)*. Erkunden Sie die **Kärntner Straße** *(siehe S. 107)*, eine der Shopping-Meilen der Stadt. In der **Staatsoper** *(siehe S. 140f)* können Sie eine Tour machen – oder Karten für den Abend erwerben.

Nachmittags Fahren Sie mit der **Vienna Ring Tram** *(siehe S. 254)* 30 Minuten die **Ringstraße** *(siehe S. 34f)* entlang. Dann begeben Sie sich zum **Wien Museum Karlsplatz** *(siehe S. 150)*, um die Geschichte der Stadt zu erfahren – oder zum **Belvedere** *(siehe S. 154–159)* mit seinen Klimt-Gemälden und den attraktiven Gärten.

Zweiter Tag

Vormittags In der **Hofburg** *(siehe S. 98f)*, dem Palastkomplex der Habsburger, sollten Sie sich die **Kaiserappartements** und die **Schatzkammer** *(siehe S. 102f)* ansehen. Zunächst bemühen Sie sich aber um ein Ticket für eine Dressur-Vorführung in der **Spanischen Hofreitschule** *(siehe S. 100f)*.

Nachmittags Spazieren Sie von der Hofburg zum **MuseumsQuartier** *(siehe S. 120–122)*, dem Kulturkomplex beim **Kunsthistorischen Museum** *(siehe S. 124–129)*. Wählen Sie Museumsbesuche mit Bedacht – das Angebot ist überwältigend. Anschließend bekommen Sie beim Spaziergang im **Prater** *(siehe S. 164f)* wieder einen klaren Kopf. Ein Muss: die Fahrt mit dem Riesenrad.

Drei Tage in Wien

- Machtzentrum der Habsburger – die Schätze des Hofburg-Komplexes
- Tour durch die Wiener Staatsoper
- In der traditionellen Pferdekutsche durch Wiens mittelalterlichen Kern

Erster Tag

Vormittags Besuchen Sie den gewaltigen Komplex der **Hofburg** *(siehe S. 98f)*. Die meisten Besucher strömen zu den **Kaiserappartements** und zur **Schatzkammer** *(siehe S. 102f)*. Planen Sie noch etwas Zeit für die **Neue Burg** *(siehe S. 97)* ein, die Teil der Anlage ist und interessante Museen beherbergt.

Eine Schatzkammer – das Kunsthistorische Museum *(siehe S. 124–129)*

Erwerben Sie ein Ticket für eine Dressur-Vorführung in der **Spanischen Hofreitschule** *(siehe S. 100f)*.

Nachmittags Fahren Sie mit der **Vienna Ring Tram** *(siehe S. 254)* die elegante **Ringstraße** *(siehe S. 34f)* entlang, bevor Sie eine Tour in der **Staatsoper** *(siehe S. 140f)* machen. Vielleicht reizt Sie auch ein Ticket für die Abendvorstellung. Auf der Shopping-Meile **Kärntner Straße** *(siehe S. 107)* geht es zum **Stephansdom** *(siehe S. 74–77)*. Zum Abschluss des Tages fahren Sie im **Fiaker** *(siehe S. 251)* durch die **Wiener Altstadt** *(siehe S. 72f)*.

Zweiter Tag

Vormittags Besichtigen Sie ein oder zwei Museen im **MuseumsQuartier** *(siehe S. 120–122)* und anschließend das **Kunsthistorische Museum** *(siehe S. 124–129)*. Danach besuchen Sie den **Naschmarkt** *(siehe S. 138)* für einen Imbiss an einem der Stände.

Nachmittags Fahren Sie vom Zentrum zum **Prater** *(siehe S. 164f)* – mit Stopp am **Hundertwasserhaus** *(siehe S. 166f)*. Genießen Sie die Fahrt mit dem Riesenrad.

Dritter Tag

Vormittags Südwestlich der Innenstadt liegt das faszinierende **Wien Museum Karlsplatz** *(siehe S. 150)*, das die Geschichte der Stadt beleuchtet. Bewundern Sie anschließend den

Stilmix der nahen **Karlskirche** (*siehe S. 148f*).

Nachmittags Fahren Sie zum **Belvedere** (*siehe S. 154 – 159*) mit seinen beiden Schlössern, den Museen und den wundervollen Gartenanlagen auf drei Terrassen.

Fünf Tage in Wien

- Streifzug durch die Wiener Musikgeschichte
- Gemäldesammlungen des Belvedere
- Pracht der Habsburger Sommerresidenz: Schloss Schönbrunn mit Park, Wagenburg und Tiergarten

Erster Tag

Vormittags Besichtigen Sie den **Stephansdom** (*siehe S. 74 – 77*), bevor Sie durch die mittelalterlichen Straßen (meist Fußgängerzonen) der **Wiener Altstadt** (*siehe S. 72f*) bummeln. Hier finden Sie jede Menge Läden, Cafés und Restaurants. Nehmen Sie sich beim Stephansdom einen **Fiaker** (*siehe S. 251*), gewinnen Sie so einen ersten Eindruck von Wien.

Nachmittags Besichtigen Sie Mozarts ehemalige Wohnung, das **Mozarthaus Vienna** (*siehe S. 78*). Alle Aspekte von Musik gibt es im **Haus der Musik** (*siehe S. 82*). Bewundern Sie die Musiker-Denkmäler im **Stadtpark** (*siehe S. 184*). Das **Museum für angewandte Kunst** (*siehe S. 84f*) ist das Schaufenster des österreichischen Kunsthandwerks.

Zweiter Tag

Vormittags Im einstigen Palastkomplex der Habsburger, der **Hofburg** (*siehe S. 98 – 103*), kann man locker einen ganzen Tag verbringen. Konzentrieren Sie sich daher auf das Wichtigste: die **Kaiserappartements** und die **Schatzkammer** (*siehe S. 102f*). Doch bevor Sie loslegen: Erwerben Sie zunächst ein Ticket für eine Dressur-Vorführung in der **Spanischen Hofreitschule** (*siehe S. 100f*).

Jugendstil pur: das Secessionsgebäude (*siehe S. 142*)

Nachmittags In der Hofburg gibt es exzellente Museen, vor allem in der **Neuen Burg** (*siehe S. 97*). Bummeln Sie dann die **Ringstraße** (*siehe S. 34f*), Wiens Prachtstraße, entlang, oder fahren Sie bequem mit der **Vienna Ring Tram** (*siehe S. 254*). So sind Sie schnell bei der **Staatsoper** (*siehe S. 140f*).

Dritter Tag

Vormittags Starten Sie den Tag im **Wien Museum Karlplatz** (*siehe S. 150*) mit Informationen zur Stadtgeschichte. Besichtigen Sie die **Karlskirche** (*siehe S. 148f*) auf dem Weg zum **Naschmarkt** (*siehe S. 138*). Hier kann man an einem der Stände gut zu Mittag essen.

Nachmittags Das außergewöhnliche **Secessionsgebäude** (*siehe S. 142*) ist ein Muss. Da-

nach besichtigen Sie **MuseumsQuartier** (*siehe S. 120 – 122*) und **Kunsthistorisches Museum** (*siehe S. 124 – 129*).

Vierter Tag

Vormittags Im **Belvedere** (*siehe S. 154 – 159*) gibt es berühmte österreichische Kunstwerke zu sehen: u. a. von Gustav Klimt, Egon Schiele und Oskar Kokoschka. Etwas außerhalb liegt der **Zentralfriedhof** (*siehe S. 170f*) mit Gräbern berühmter Persönlichkeiten und dem faszinierend morbiden Bestattungsmuseum.

Abends Werfen Sie einen Blick auf das **Hundertwasserhaus** (*siehe S. 166f*) – es liegt auf dem Weg zum **Prater** (*siehe S. 164f*). Dort fahren Sie bei Sonnenuntergang mit dem Riesenrad.

Fünfter Tag

Vormittags Begeben Sie sich zum UNESCO-Welterbe **Schloss Schönbrunn** (*siehe S. 174 – 177*), der einstigen Sommerresidenz der Habsburger. Bummeln Sie im Park, hier gibt es u. a. ein Labyrinth, den Tiergarten (der älteste Zoo der Welt) und künstlerische römische Ruinen von 1778.

Nachmittags Man kann in Schönbrunn leicht einen Tag verbringen, doch es lohnt sich, von hier aus noch einen Spaziergang nach **Hietzing** (*siehe S. 186f*) zu machen. In den ruhigen Straßen stehen Biedermeier- und Jugendstil-Villen.

Schloss Schönbrunn mit Gartenanlage (*siehe S. 174 – 177*)

Wien auf der Karte

Wien hat über 1,7 Millionen Einwohner und bedeckt eine Fläche von rund 415 Quadratkilometern. Die Donau fließt durch die Stadt, der Donaukanal durch das Zentrum. Wien, das politische, wirtschaftliche und kulturelle Zentrum der Republik Österreich, ist zugleich Hauptstadt und Bundesland. Die exzellente Lage im Herzen Europas macht die Metropole zu einem idealen Ausgangspunkt für Ausflüge nach Prag, Bratislava, Budapest, Zagreb, Salzburg und München.

Großraum Wien

Floridsdorf

Raasdorf

Nussdorf

Kagran

Döbling

Brigittenau

Donaustadt

Ottakring

Leopoldstadt

Groß-
Enzersdorf

WIEN

Donau

Hietzing

Simmering

Favoriten

Meidling

Mauer

Kaiserebersdorf

Mannswörth

Perchtoldsdorf

Zwölfaxing

Schwechat

Maria-
Lanzendorf

Maria
Enzersdorf

PRAHA
(PRAG)

Hradec
Králové

TSCHECHISCHE
REPUBLIK

Havlíčkův Brod

Tábor

Jihlava

Třebíč

České Budějovice
(Budweis)

Gmünd

Znojmo

Horn

Mistelbach

Hollabrunn

Stockerau

SLOWAKEI

Zvolen

Trnava

Rastenfeld

Krems

Freistadt

Tulln

Siehe
Karte
oben

BRATISLAVA

Nitra

Melk

St. Pölten

WIEN

Haag

Amstetten

Bruck an der Leitha

Steyr

Waidhofen

Eisenstadt

Neusiedler
See

Vác

Mitterbach

Wiener Neustadt

Neuenkirchen

Bromberg

Györ

BUDAPEST

Windischgarsten

Hieflau

Oberpullendorf

Leoben

Bruck an der Mur

Szombathely

Székesfehérvár

UNGARN

Judenburg

Graz

Veszprém

Friesach

Wolfsberg

Zalaegerszeg

Balaton
(Plattensee)

Dunaföldvar

Leibnitz

Klagenfurt

Maribor

Nagykanizsa

Szekszárd

Ptuj

Čakovec

Kaposvár

Celje

Varaždin

Koprivnica

Pécs

LJUBLJANA

Vrbovec

SLOWENIEN

Novo Mesto

ZAGREB

KROATIEN

Rijeka

Nova
Gradiška

BOSNIEN-
HERZEGOWINA

Oločac

Bihać

Banja Luka

Legende

☐ Großraum Wien

—— Autobahn

—— Hauptstraße

---- Eisenbahn

···· Staatsgrenze

···· Nebenstraße

0 Kilometer   100

Wiener Innenstadt

Dieser Reiseführer gliedert die Wiener Innenstadt in sechs Bereiche, die jeweils in einem eigenen Kapitel behandelt werden. Weitere Kapitel befassen sich mit den Sehenswürdigkeiten in den Randbezirken und enthalten praktische Infos für Spaziergänge und Tagesausflüge. Die ausgewählten Sehenswürdigkeiten spiegeln Geschichte und Charakter des Stadtteils wider und liegen meist in der Innenstadt, sodass sie bequem zu Fuß oder mit öffentlichen Verkehrsmitteln erreichbar sind.

Kaffeehäuser in der Sterngasse
Die Sterngasse liegt im ältesten Areal Wiens. Wie hier reiht sich im jüdischen Viertel *(siehe S. 86)* Café an Café.

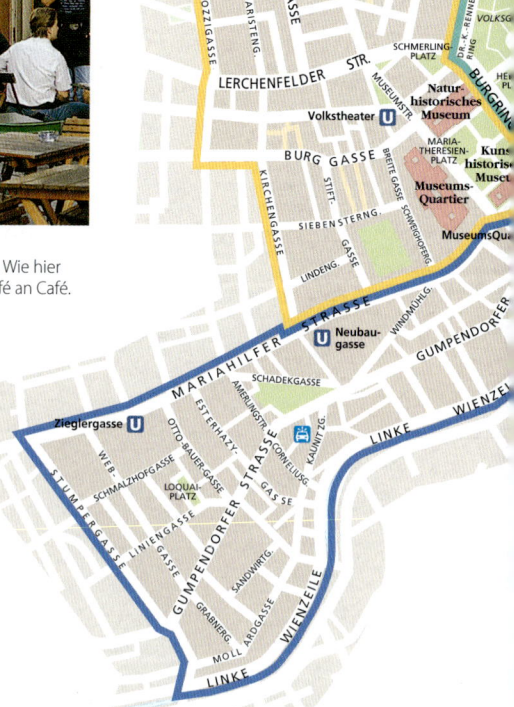

0 Meter 500

Am Hof – Blick über die Dächer Wiens
Eine Reihe sehenswerter Bauten säumt Wiens größten geschlossenen Platz: Am Hof. Ziergiebel und Statuen schmücken viele der Dächer *(siehe S. 89)*.

Rathauskeller-Fassade
Weinkeller, in denen Wein, Bier und ein Imbiss serviert werden, gibt es in Wien zuhauf – viele besitzen sogar einen Weinberg. Der Rathauskeller liegt im Rathaus *(siehe S. 132)*.

Pallas-Athene-Brunnen
Karl Kundmann schuf die Figur der Pallas Athene, die seit 1902 auf dem Brunnen vor dem Parlamentsgebäude thront *(siehe S. 123)*.

Die Geschichte Wiens

Schon in der Jungsteinzeit war das Wiener Becken ein attraktiver Siedlungsraum. Wien entstand aus einer keltischen Siedlung, die sich auf dem Gebiet der heutigen Stadt befand. Die Römer errichteten später zum Schutz der nahen Garnisonsstadt Carnuntum das Kastell Vindobona. Durch die Nähe zu Ungarn war dieses allerdings immer wieder feindlichen Übergriffen ausgesetzt. Zu Anfang des 5. Jahrhunderts wurde es von den Hunnen dem Erdboden gleichgemacht.

Im 10. Jahrhundert richteten die Babenberger die Markgrafschaft Ostarrichi ein, auf deren Gebiet auch Wien, ein wichtiger Handelsort, lag. Im 13. Jahrhundert begann mit dem Sieg Rudolfs I. über Böhmen die Herrschaft der Habsburger. Im 16. Jahrhundert standen die Türken vor den Toren der Stadt. 1683, nach der Niederlage der Osmanen, gelangte Wien zu voller Blüte. Im Stadtgebiet und in den Außenbezirken wurden große Plätze angelegt. Im 18. Jahrhundert war Wien kulturelles Zentrum der Donaumonarchie. Zwei Ereignisse erschütterten die Macht der Habsburger: 1809 besetzte Napoléon die Stadt, 1848 entbrannte die Revolution. Nach dem Sieg des Militärs bestieg Kaiser Franz Joseph den Thron. Bis 1914 wuchs die Einwohnerzahl auf zwei Millionen. Menschen aus allen Teilen der Monarchie strömten in die Hauptstadt. Das Ende des Ersten Weltkriegs markierte auch das Ende des Habsburgerreichs, Wien wurde Hauptstadt der Republik Österreich. Die nachfolgende Stadtregierung – »das Rote Wien« – versuchte, die sozialen Probleme zu lösen. 1938 erfolgte der »Anschluss« Österreichs an das Deutsche Reich. 1945 stand Wien unter Kontrolle der Alliierten. 1955 erhielt die Donaustadt schließlich ihre Souveränität zurück.

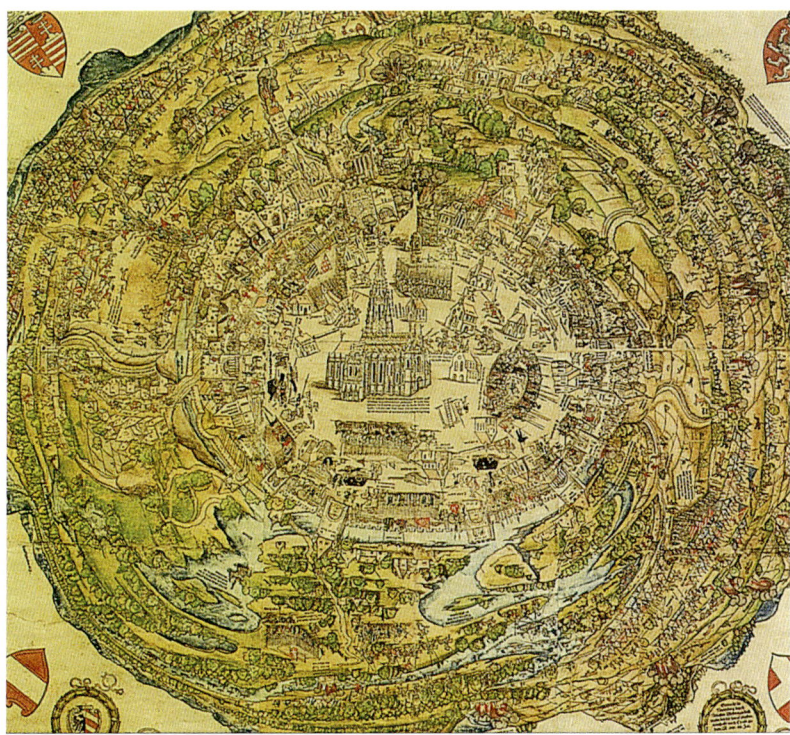

Karte von Wien zur Zeit der osmanischen Belagerung, 1529

◀ Ausschnitt aus *Die Vermählung Josephs II. mit Isabella von Parma*, 1760 (Schule Martin van Meytens)

Herrscher in Wien

Wien kam als Vorposten Deutschlands im 12. Jahrhundert unter den Babenbergern zu Wohlstand. Danach folgten unruhige Zeiten. Nach dem Erlöschen des Geschlechts herrschte Ottokar II. von Böhmen über Österreich. Diese Zeit bezeichnet man als Interregnum. Im 13. Jahrhundert fiel Wien an die Habsburger, deren Schicksal bis zum Niedergang der Dynastie 1918 mit dem der Stadt untrennbar verbunden war. Unter den Habsburgern, die von 1452 bis 1806 fast durchgehend zu Kaisern des Heiligen Römischen Reichs gekrönt wurden, entwickelte sich Wien zur kaiserlichen Hauptstadt.

1278–82 Rudolf I. von Deutschland regiert Österreich

Stauferkaiser Friedrich II. mit Falkner

1246–50 Interregnum unter Markgraf Hermann von Baden nach dem Tod Friedrichs II.

900	1000	1100	1200	1300	140
Haus Babenberg				Haus Habsburg	
900	1000	1100	1200	1300	140

976 Leopold von Babenberg

1198–1230 Herzog Leopold VI.

1177–94 Herzog Leopold V.

1358–65 Herzog Rudolf IV.

1141–77 Heinrich II. Jasomirgott

1251–76 Interregnum unter dem Przemysliden Ottakar II.

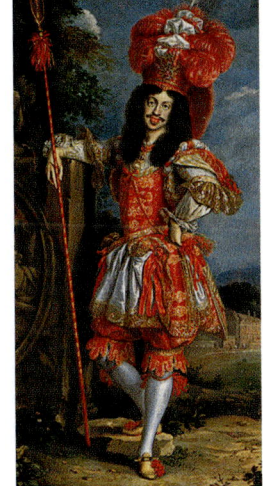

Kaiser Franz Joseph I.

1637–57 Kaiser Ferdinand III.

1452–93 Friedrich V. (Kaiser Friedrich III.)

1485–90 König Matthias Corvinus von Ungarn besetzt Wien

1493–1519 Kaiser Maximilian I.

1612–19 Kaiser Matthias

1576–1612 Kaiser Rudolf II.

1657–1705 Kaiser Leopold I.

1705–11 Kaiser Joseph I.

1711–40 Kaiser Karl VI.

1835–48 Kaiser Ferdinand I.

1848–1916 Kaiser Franz Joseph I.

1500	1600	1700	1800	1900

1500	1600	1700	1800	1900

1619–37 Kaiser Ferdinand II.

1564–76 Kaiser Maximilian II.

1556–64 Kaiser Ferdinand I.

1792–1835 Kaiser Franz II. (wird 1806 Franz I. von Österreich)

1918 Habsburger im Exil

1916–18 Kaiser Karl I.

1790–92 Kaiser Leopold II.

1780–90 Kaiser Joseph II.

1519–1556 Kaiser Karl V.

1740–80 Kaiserin Maria Theresia

Wiens Anfänge

Die ersten Siedlungen in der Wiener Region reichen bis in die Steinzeit zurück. Die Gründung der Stadt selbst erfolgte in der Bronzezeit, etwa 800 v. Chr. Die um 400 v. Chr. entstandene keltische Siedlung wurde um 15 v. Chr. der römischen Provinz Pannonien angegliedert. Im 1. Jahrhundert n. Chr. entstand das Römerkastell Vindobona. Nach seiner Zerstörung durch die Hunnen verlor Vindobona an Bedeutung, bis es im 8. Jahrhundert unter Karl dem Großen in die Ostmark des Heiligen Römischen Reichs übernommen wurde.

Ausdehnung der Stadt
☐ 150 n. Chr.   ☐ Heute

Hallstatt-Idol
Während der Eisenzeit, 750 – 400 v. Chr., gab es um Wien die Hallstatt-Kultur.

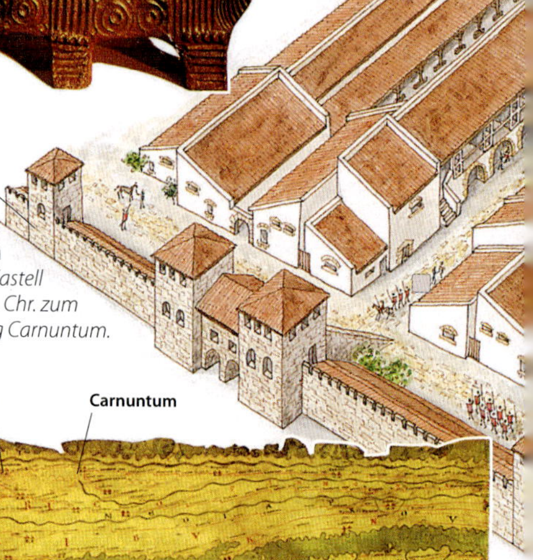

Großer Schutzwall

Vindobona
Das römische Kastell entstand 100 n. Chr. zum Schutz der Siedlung Carnuntum.

Vindobona   Carnuntum

Venus von Willendorf
Die Statuette aus der Altsteinzeit wurde 1906 in Willendorf gefunden. Zu sehen ist sie im Naturhistorischen Museum *(siehe S. 130f)*

Römische Karte
Die Karte der Provinz Pannonien zeigt die römischen Festungen entlang der Donau.

2000 v. Chr. Indogermanen besiedeln die bewaldeten Nordwesthänge	800 v. Chr. Bronzezeitliche Siedlung am heutigen Hohen Markt	750 v. Chr. Hallstatt-Kultur	400 v. Chr. Keltische Kultur		*Marc Aurel*	180 Kaiser Marc Aurel stirbt in Vindobona	280 Der römische Kaiser Probus erlaubt Weinbau an der Don...
5000 v. Chr.	**2000 v. Chr.**	**800 v. Chr.**	**0**			**100 n. Chr.**	**200**
5000 v. Chr. Funde aus der Altsteinzeit		*Schuh aus der Hallstatt-Kultur*	15 v. Chr. Die keltische Region Noricum wird von den Römern besetzt			250 Die Festung Vindobona hat 20 000 Einwohner	

Marc Aurel
Der große römische Kaiser und Philosoph zog über Carnuntum in den Kampf gegen die Markomannen. 180 n. Chr. starb er bei Vindobona.

Goldschmuck
Zunächst kamen die Römer wegen der Bodenschätze nach Vindobona, vor allem wegen der Goldminen.

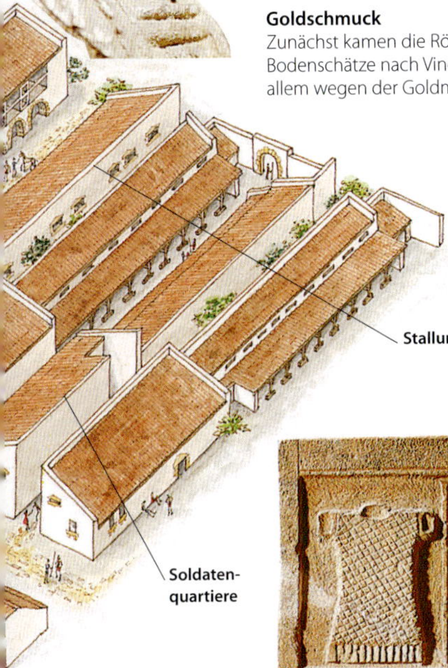

Stallungen

Soldatenquartiere

Soldatengrab
Die Grabstätte aus Carnuntum entstand um das 1. Jahrhundert n. Chr.

Antikes Wien
Zahlreiche Schutzwälle und Gräben erinnern noch an die römische Vergangenheit Wiens, doch Ausgrabungsfunde gibt es nur wenige. Sehenswert sind vor allem die Ruinen am Hohen Markt *(siehe S. 86)*, Am Hof Nr. 10 *(siehe S. 89)* und am Michaelerplatz *(siehe S. 94)*. Die wichtigsten Überreste findet man jedoch außerhalb der Stadt, in Carnuntum, rund 40 Kilometer östlich von Wien. Dort sind u. a. zwei Amphitheater zu sehen.

Der Hohe Markt im Herzen Wiens bietet Ausgrabungsfunde des römischen Kastells Vindobona.

Das Gorgonenhaupt, ein Rundrelief der sagenhaften Medusa, stammt vom Hohen Markt.

395 Erste Barbareneinfälle in Vindobona

405 Römer ziehen sich aus Vindobona zurück

433 Verwüstung von Vindobona durch die Hunnen

500–650 Wiederholt Einfälle der Langobarden, Goten, Awaren und slawischer Stämme

883 Erste urkundliche Erwähnung der Stadt Wenia (Wien) an der Grenze der Ostmark

»Barbarische« Reiterhorden

00 400 500 600 700 800

Wien im Mittelalter

Otto I., Kaiser des Heiligen Römischen Reichs, vertrieb 955 die Magyaren aus der Ostmark *(siehe S. 22)*. 976 schenkte er Wien den Babenbergern. Trotz weiterer Übergriffe der Magyaren führten die Babenberger Wien zu wirtschaftlicher Blüte. Nach dem Tod Friedrichs II. 1246 und dem Interregnum *(siehe S. 20)* begann die Herrschaft der Habsburger. Wien wurde eine europäische Metropole und Zentrum des Heiligen Römischen Reichs.

Ausdehnung der Stadt

▨ 1400   ▨ Heute

St. Ruprecht
Der hl. Ruprecht war der Schutzpatron der Salzhändler, die ihre kostbare Ware von den Salzbergwerken im Westen über die Donau verschifften. Heute blickt seine Statue auf den Donaukanal.

Tod Friedrichs II.
Herzog Friedrich II. war der letzte Babenberger, der in Wien regierte. Er fiel in der Schlacht gegen die Ungarn (1246).

Stephansdom —

Adel
Aus allen Teilen des riesigen Reichs zog es Adlige an den Hof der Habsburger Kaiser.

Herzog
Friedrich II. —

Krönungsgewand
Das prächtige mittelalterliche Gewand (1133) aus Palermo gehörte zum Krönungsornat des Hauses Habsburg.

955 Otto I. von Deutschland besiegt die Ungarn; Wiedereinführung des Christentums und Neugründung der Ostmark (oder Ostarrichi)

1030 Die Ungarn belagern Wien

1147 Weihe des Stephansdoms

1136 Tod des Markgrafen Leopold III.

900

1000

1100

909 Die Magyaren fallen in die Ostmark ein

976 Otto I. macht Leopold von Babenberg zum Markgrafen, Beginn der Herrschaft der Babenberger

1137 Wien wird eine befestigte Stadt

1156 Heinrich II. Jasomirgott verlegt seinen Hof nach Wien, Entstehung von Am Hof *(siehe S. 89)*

Richard Löwenherz
Bei seiner Rückkehr aus dem Heiligen Land im Jahr 1192 wurde Richard I. von England von Herzog Leopold V. in Geiselhaft genommen.

Wien im Mittelalter

Gotische Wiener Sakralbauten sind Stephansdom (siehe S. 74–77), Maria am Gestade (siehe S. 87), Burgkapelle, Minoritenkirche (siehe S. 105), Ruprechtskirche (siehe S. 83) und Augustinerkirche (siehe S. 104). Die Michaelerkirche (siehe S. 94) enthält gotische Skulpturen, die Schottenkirche (siehe S. 112) mittelalterliche Kunstwerke. Zu den Profanbauten gehört das Basiliskenhaus in der Schönlaterngasse (siehe S. 80).

Donauzufluss

Mittelalterliche Stadtmauer

Verduner Altar
Dieses Meisterwerk gehört zu den Schätzen der riesigen Abtei Klosterneuburg (siehe S. 163). Die 51 Tafeln wurden 1181 durch Nikolaus von Verdun vollendet. Die Weihe des Stifts erfolgte 1136.

Bleiglasfenster (um 1340) im Dommuseum (siehe S. 80).

Lager der Magyaren

Universität
Die Wiener Universität wurde 1365 unter Herzog Rudolf IV. gegründet. Das Miniaturbild (um 1400) zeigt das mittelalterliche Universitätsgebäude sowie Professoren und Studenten.

Siegel ̕s Przesliden okar II.

1278–82 Nach dem Sieg über Ottokar II. wird Rudolf I. Herrscher über Österreich

1288 Niederschlagung der Aufstände gegen die Habsburger

1359 Grundsteinlegung zum Turm des Stephansdoms durch Rudolf IV.

1365 Gründung der Universität

1477 Vermählung Maximilians I., Sohn Friedrichs III., mit Maria von Burgund, Erbin der Niederlande

1200 | **1300** | **1400**

1 Wien ̕hält das ̕dtrecht

1246 Tod Friedrichs II. mit nachfolgendem Interregnum. Der Przemyslide Ottokar II. regiert Wien

1273 Graf Rudolf von Habsburg wird König Rudolf I. von Deutschland

1330 Erste Bauphase von Maria am Gestade

1438 Unter Albrecht V. wird Wien Residenz des Heiligen Römischen Reichs

1452 Friedrich V. wird als Friedrich III. Kaiser des Heiligen Römischen Reichs

1485 Wien wird durch Matthias Corvinus von Ungarn besetzt

Wien in der Renaissance

Unter Maximilian I. entwickelte sich Wien zum Zentrum der Künste. Nach wie vor dominierten die Habsburger das Heilige Römische Reich. Ihren Machtbereich erweiterten sie im 16. Jahrhundert um Spanien, Holland, Burgund, Böhmen und Ungarn. Doch es waren unruhige Zeiten: Die türkische Belagerung, Pestepidemien sowie Spannungen zwischen Katholiken und Protestanten erschütterten die Stadt. 1576 leiteten die Jesuiten die Gegenreformation ein.

Ausdehnung der Stadt
☐ 1600   ☐ Heute

Buchkunst
Diese Buchillustration mit einem Renaissance-Kriegswagen (1512) stammt aus der Bibliothek Maximilians I.

Maximilian I. erwarb 1477 durch die Heirat mit Maria von Burgund die burgundischen Gebiete.

Wiener Emailschatulle
Die email- und kristallglasverzierte Schatulle ist typisch für die Wiener Handwerkskunst des 16. Jahrhunderts.

Kaiserkrone
Die Krone wurde 1610 für Rudolf II. von böhmischen Handwerkern angefertigt. Zu besichtigen ist sie in der Schatzkammer der Hofburg *(siehe S. 102f)*.

Ferdinand I. heiratete Anna von Böhmen und Ungarn. 1526 erbte er Böhmen, das bis 1918 im Besitz der Habsburger blieb.

1516 Maximilians Enkelsohn, Karl V., erbt Spanien

1519 Karl V. erbt burgundische Titel; Krönung zum Kaiser, sein Bruder Ferdinand wird Erzherzog von Österreich

1533 Ferdinand I. bezieht die Hofburg

1541 Pest

1556 Philipp II. erbt Spanien. Ferdinand I. gewinnt Böhmen, Österreich und Ungarn und wird Kaiser

1571 Der Protesta... Maximilian II. gewährt Religionsfre... heit; 80 Prozent d... Bevölkerung sind protestantisch

1500   **1520**   **1540**   **1560**   **15...**

1498 Kaiser Maximilian I. gründet einen Chor von Hofsängerknaben

1490 Vertreibung der Ungarn aus Wien

1529 Graf Niklas Salm beendet die Belagerung Wiens durch die Türken

Suleiman I. der Prächtige

1572 Gründung der Spanischen Hofreitschule

1551 Jesuitische Gegenreformation

1577 Rudolf II. verbietet protestantische Gottesdienste

Triumphbogen Maximilians I.
Albrecht Dürer (1471–1528) huldigte Maximilian I. mit einer berühmten Stich-Sammlung, aus der auch dieser Entwurf eines Triumphbogens stammt.

Philipp I. erwarb durch
die Heirat mit Johanna von Kastilien und Aragon (1496) Spanien.

Wien in der Renaissance

Das Schweizertor in der Hofburg *(siehe S. 99)* ist das farbenprächtigste Renaissance-Überbleibsel. Eleganter ist das Portal der Salvatorkapelle *(siehe S. 87)*. In der Hofburg befindet sich auch die Renaissance-Stallburg *(siehe S. 95)*. Einige Innenhöfe, z. B. in der Bäckerstraße 7 *(siehe S. 81)*, und der Hof des Palais Mollard-Clary *(siehe S. 96)* sind noch im Stil der Renaissance erhalten.

Das Schweizertor (16. Jh.) bildet den Eingang zum Schweizerhof in der Hofburg *(siehe S. 99)*.

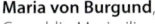

Die Familie Maximilians I.

Das Porträt von Bernhard Strigel (um 1520) dokumentiert, wie das Haus Habsburg allein durch seine geschickte Heiratspolitik schließlich halb Europa beherrschte.

Maria von Burgund, Gemahlin Maximilians I., war Herzogin von Burgund.

Karl V. erbte 1516 von Johanna von Kastilien, seiner Mutter, Spanien.

Alte Burg
Der mittelalterliche Kern der Hofburg wurde oft umgebaut. Die Abbildung zeigt, wie die Burg im 15. Jahrhundert aussah, bevor Ferdinand I. sie um 1650 umgestalten ließ.

...daillon zum ...enken ...n Maximilian II.

1618 Böhmische Aufstände leiten den Dreißigjährigen Krieg ein

1643 Schwedische Truppen vor den Toren Wiens

1673–79 Französisch-Niederländischer Krieg

1600	1620	1640	1660

1598–1618 Verbot des Protestantismus

1620 Ferdinand II. besiegt die böhmischen Protestanten; die Gegenreformation breitet sich aus

1621 Verbannung der Juden aus der Innenstadt

Französische Infanterie (17. Jh.)

1679 Die Große Pest fordert Tausende Todesopfer

Barockstadt Wien

Die Gefahr einer türkischen Invasion endete 1683 nach dem Sieg über die Truppen Kara Mustafas. Karl VI. erweiterte die Stadt. Prinz Eugen ließ die Karlskirche und Schloss Belvedere bauen. Nach den Plänen von Baumeistern wie Johann Bernhard Fischer von Erlach *(siehe S. 149)* und Johann Lukas von Hildebrandt *(siehe S. 154)* entstand rund um die Hofburg eine Reihe Patrizierhäuser. Wien verwandelte sich in eine prächtige Kaiserstadt.

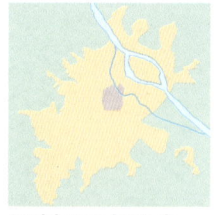

Ausdehnung der Stadt

1700   Heute

Winterpalais des Prinzen Eugen
Das Palais (siehe S. 82) *des Prinzen, der sich im Kampf gegen die Türken verdient machte, geht auf Entwürfe von J. B. Fischer von Erlach und Johann Lukas von Hildebrandt zurück.*

Die Große Pest
Der Stich entstand nach der Pestepidemie (1679), die mindestens 12 000 Opfer forderte.

Türkisches Bett
Das mit Kriegssymbolen geschmückte Bett wurde 1707 für Prinz Eugen entworfen.

Kaffeehäuser
Mitte des 17. Jahrhunderts wurden die ersten Kaffeehäuser eröffnet – bis heute eine städtische Institution.

Barockarchitektur
Die Wiener Barockarchitektur erlebte im frühen 18. Jahrhundert eine Blütezeit ohnegleichen.

Palais Trautson *(siehe S. 119)*

1683 Belagerung durch 200 000 Türken unter dem Oberbefehl Kara Mustafas vom 14. Juli bis 12. September

1700–14 Spanischer Erbfolgekrieg

1680   1690   1700

1683–1736 Prinz Eugen von Savoyen kämpft siegreich gegen Türken und Franzosen

Kara Mustafa

Spanischer Erbfolgekrieg: Schlacht bei Blenheim

Türken

Die Bedeutung der türkischen Niederlage von 1683 reichte weit über Wien hinaus. Die Gefahr einer osmanischen Herrschaft über Mitteleuropa war gebannt.

Barocke Statuen

Kunstvoll gestaltete Fenstergiebel

Barocker Portikus

Prinz Eugens Gefolge

Barockes Wien

Es gibt kaum eine Straße in der Inneren Stadt ohne ein Haus oder eine Kirche im Barockstil. Herausragende Beispiele sind die Palaisbauten von Schloss Belvedere *(siehe S. 154–159)*, der Prunksaal der Nationalbibliothek *(siehe S. 104f)*, die Karlskirche *(siehe S. 148f)*, der Leopoldinische Trakt der Hofburg *(siehe S. 98f)*, die Spanische Hofreitschule *(siehe S. 100f)* und die Böhmische Hofkanzlei *(siehe S. 86f)*. Zudem haben viele Straßen barocke Häuserzeilen, etwa die Naglergasse *(siehe S. 96)* und die Kurrentgasse *(siehe S. 88)*.

Der Prunksaal (1721–26) stammt von J. B. Fischer von Erlach.

Kuppelornamentik an der Karlskirche *(siehe S. 148f)*

Fenstergiebel des Zwölf-Apostelkellers *(siehe S. 80)*

Prinz Eugen

Er hatte sich schon im Kampf gegen die Türken verdient gemacht. In den folgenden Jahrzehnten offenbarte Prinz Eugen seine strategische Begabung. Er starb 1736 ruhmbedeckt.

1713 Karl VI. verkündet die Pragmatische Sanktion, die die weibliche Thronfolge sichert

1719 Baubeginn der Karlskirche

Denkmal der Kaiserin Maria Theresia – in ihren Händen die Pragmatische Sanktion

1720 **1730**

1716 Fertigstellung des Unteren Belvedere

1713–14 Letzte Pestepidemie in Wien

1722 Wien wird Erzbistum

1724–26 Fertigstellung von Prunksaal und Oberem Belvedere

Oberes Belvedere

Wien unter Maria Theresia

Trotz häufiger Kriege war die langjährige Regentschaft Maria Theresias von politischer Stabilität, Wohlstand und Vernunft geprägt. Die Kaiserin ließ das weitläufige Schloss Schönbrunn vollenden und förderte die Entwicklung Wiens zur musikalischen Hauptstadt Europas. Ihr Nachfolger, Joseph II., gewährte Religionsfreiheit und verbesserte das Gesundheitswesen. Seine Reformpolitik erregte aber den Unwillen mancher Untertanen. Vor allem der Adel nahm es ihm übel, dass er Bankiers und Industriellen den Erwerb von Adelstiteln ermöglichte.

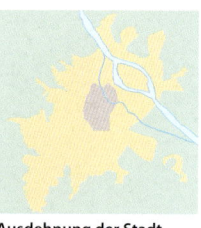

Ausdehnung der Stadt
◻ 1775   ◻ Heute

Rokoko-Tisch
Wilhelm Martitz entwarf dieses Tischchen 1769 für Maria Theresia. Sie liebte die verschnörkelte Variante des Rokoko.

Karlskirche

Stephansdom

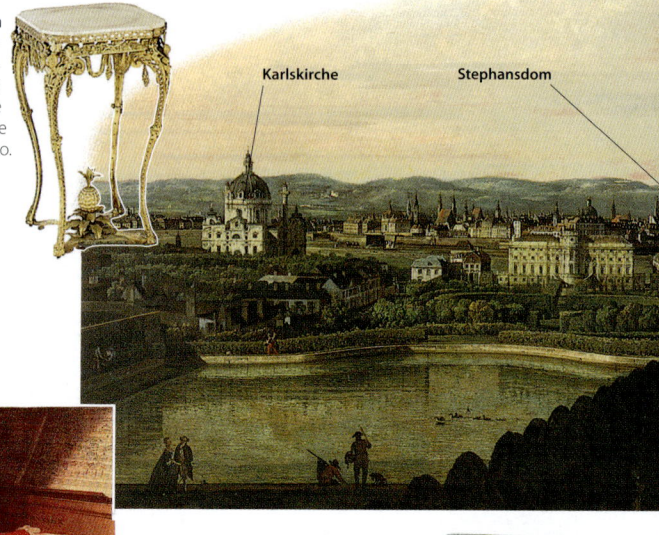

Der junge Mozart
Mozart gab häufig Konzerte vor den Habsburgern, die von dem jungen Genie begeistert waren.

Burgtheater-Programm
Das Programm wurde 1786 für Mozarts Oper *Die Hochzeit des Figaro* gedruckt, die im alten Burgtheater am Michaelerplatz aufgeführt wurde.

Christoph von Gluck

1744–49 Schloss Schönbrunn erfährt durchgreifende Umgestaltungen durch den Hofarchitekten der Kaiserin, Nikolaus Pacassi

1754 Erste Wiener Volkszählung ergibt eine Einwohnerzahl von 175 000

1740	1750	1760

1740 Thronbesteigung Maria Theresias; österreichischer Erbfolgekrieg

Schloss Schönbrunn

1762 Uraufführung von Glucks *(siehe S. 40)* Oper *Orpheus und Eurydike* im Burgtheater

1766 Joseph II. macht den Prater öffentlich zugänglich

Damenkarussell

Das Bild von Martin van Meytens zeigt das Damenkarussell (1743), das anlässlich der französischen Niederlage bei Prag in der Spanischen Hofreitschule *(siehe S. 100f)* stattfand.

Wien unter Maria Theresia

Schönbrunn *(siehe S. 174 – 177)* und das Theresianum *(siehe S. 153)* entstanden unter Maria Theresia, Josephinum *(siehe S. 113)* und Narrenturm *(siehe S. 113)* unter Joseph II. Er machte den Augarten *(siehe S. 166)* und Prater *(siehe S. 164f)* öffentlich zugänglich. Die Michaelerkirche *(siehe S. 94)* birgt eine Rokoko-Orgel, die Hofburg *(siehe S. 102f)* Geschirr von Maria Theresia.

Blick vom Belvedere

Unter Maria Theresia erlebten die Wiener eine Blütezeit ihrer Stadt. Diese Stadtansicht des Malers Bernardo Bellotto (1759–61) zeigt Spaziergänger in den Gärten von Schloss Belvedere, im Hintergrund die Silhouette der Stadt.

Belvedere-Gärten

Schloss Schönbrunn erhielt auf Wunsch von Maria Theresia ein Rokoko-Interieur.

Papstbesuch

1782 kam Papst Pius VI. nach Wien, um die Glaubensreformen Josephs II. wieder rückgängig zu machen.

Der Rokoko-Hochaltar in der Michaelerkirche wurde um 1750 errichtet.

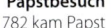

1775 Öffnung des Augartens für das Volk durch Joseph II.

1781 Toleranzedikt Josephs II.

Allgemeines Krankenhaus

1782 Papst Pius VI. in Wien

70

1780

1790

1784 Joseph II. lässt das Allgemeine Krankenhaus und den Narrenturm *(siehe S. 113)* errichten

1786 Uraufführung von Mozarts Oper *Die Hochzeit des Figaro* im Burgtheater

1790–92 Kaiser Leopold II.

1791 Uraufführung von Mozarts *Zauberflöte*

Wien im Biedermeier

Napoléons Sieg über Österreich war eine Demütigung für Kaiser Franz I. Der Franzose besetzte vorübergehend Schloss Schönbrunn und zerstörte Teile der Stadtmauern. 1810 heiratete er die Kaisertochter Marie-Louise. Nach dem Wiener Kongress erhielt Österreich unter Franz I. und Fürst Metternich eine absolutistische Regierung. Das vom politischen Leben ausgeschlossene Bürgertum konzentrierte sich auf den privaten Bereich. Die Biedermeier-Idylle wurde zum Ideal. Die Revolution von 1848 führte zu Metternichs Sturz und zur neuen konservativen Regierung unter Franz Joseph.

Ausdehnung der Stadt
☐ 1830   ☐ Heute

Wiener Kongress (1814/15), Gemälde von Engelbert Seibertz

Wiener Kongress

Nach Napoléons Niederlage versammelten sich die siegreichen Großmächte Europas 1814 in Wien, um über die Wiederherstellung der politischen Ordnung zu befinden. Ein ganzes Jahr zelebrierten die Gesandten der europäischen Herrscherhäuser ihre Zusammenkunft mit rauschenden Bällen und anderen Festlichkeiten. Ergebnis war die Wiedereinsetzung der reaktionären Regierungen Europas, was in vielen Ländern nur mit Polizeigewalt verwirklicht werden konnte. Dennoch blieb der Friede gewahrt, bis 1848 eine revolutionäre Welle Europa überrollte.

Fürst Metternich
Über vier Jahrzehnte bestimmte Metternich, der Organisator des Wiener Kongresses, die politische Richtung Österreichs. 1848 wurde er vom revolutionären Mob aus Wien vertrieben.

Der Sänger Michael Vogl

Franz Schubert am Klavier

1800 Wien hat 232 000 Einwohner

1806 Ende des Heiligen Römischen Reichs; Franz II. wird Kaiser Franz I. von Österreich

1805 Uraufführung von Beethovens *Eroica* und seiner Oper *Fidelio* im Theater an der Wien; Napoléon siegt bei Austerlitz

Napoléon Bonaparte

1809 Napoléon besetzt Schloss Schönbrunn und heiratet Marie-Louise, die Tochter von Franz I.

1811 Wirtschaftlicher Zusammenbruch und Staatsbankrott

1812–14 Napoléon verliert gegen Russland, Preußen, England und Österreich

1815–48 Vormärz – die Jahre politischer Unterdrückung

1814/15 Wiener Kongress; Österreich verliert Belgien, gewinnt jedoch Teile Norditaliens dazu

Franz Grillparzer

1825 Johann Strauß d. Ä. gründet das erste Walzerorchester

1800   **1810**   **1820**

Revolution von 1848
Anton Zieglers Bild (1848) dokumentiert die Revolution in Wien, als Bürgertum und Arbeiterschaft gemeinsam gegen Metternich kämpften.

Biedermeier-Stuhl
Der Stil war typisch für das Mobiliar der Bürgerhäuser um 1820.

Wien im Biedermeier

Nach den Zerstörungen durch Napoléon entstanden der Burggarten *(siehe S. 104)* und der Volksgarten *(siehe S. 106)*. Das Kunsthandwerk *(siehe S. 84f)* blühte auf. Beispiele für Biedermeier-Interieur findet man im Geymüller-Schlössl *(siehe S. 162)* und im Dreimäderlhaus *(siehe S. 133)*.

Das Geymüller-Schlössl (1802) beherbergt Wiens Biedermeier-Museum.

Schubertiade
Franz Schubert (siehe S. 40) *komponierte über 600 Lieder, die oft im Rahmen privater Hauskonzerte vorgetragen wurden – wie das Bild* Ein Abend bei Baron von Spaun *von Moritz von Schwind (1804 – 1871) zeigt.*

Großer Galopp
Die Tänze von Johann Strauß d. Ä. *(siehe S. 40)* erfreuten sich in den 1820er Jahren großer Beliebtheit.

1827 Tod Beethovens	1830 Wien hat 318 000 Einwohner		1846 Johann Strauß d. J. übernimmt bis 1870 die musikalische Leitung der Hofbälle	
	1831/32 Cholera-Epidemie	1837 Bau der ersten Eisenbahnverbindung		1850 Wien hat 431 000 Einwohner
1830			**1840**	
1828 Tod Schuberts			1845 Einführung des Gaslichts	
1831 Franz Grillparzer vollendet *Des Meeres und der Liebe Wellen*			1848 Revolution in Wien; Sturz Metternichs; Rücktritt von Kaiser Ferdinand I. zugunsten von Franz Joseph	

Wiener Ringstraße

Mit Kaiser Franz Joseph I. begann eine neue Ära, obwohl die Macht der Habsburger allmählich schwand. Anstelle der einstigen Stadtbefestigung, des Glacis, ließ er die Ringstraße anlegen, die einer Reihe neuer kultureller und politischer Einrichtungen Raum gab. Wien zog viele begabte Menschen an. Händler aus Osteuropa strömten in die Stadt. Doch die vielen ethnischen Gruppen sorgten auch für sozialen Zündstoff.

Ausdehnung der Stadt
▨ 1885   ▨ Heute

Votivkirche (1856–79)
S. 113, Heinrich Ferstel

Neues Rathaus (1872–83)
S. 132, Friedrich von Schmidt

Parlament (1874–84)
S. 123, Theophil Hansen

Naturhistorisches Museum (1871–1890)
S. 130f, Gottfried Semper

Kunsthistorisches Museum (1871–1890)
S. 124–129, Gottfried Semper

Selbstmord von Erzherzog Rudolf in Mayerling

1889 wurden der 30-jährige Thronerbe und seine Mätresse Mary Vetsera tot aufgefunden. Der Selbstmord des Erzherzogs war ein Skandal und eine Ohrfeige für das Habsburger Regime, denn Rudolf galt als fortschrittlich. Dass ihm das Hofprotokoll für seine Ideen keinen Spielraum ließ, mag ihn in seinem Entschluss bestärkt haben.

Theophil Hansen
Der dänische Architekt (1813–1891) studierte in Athen. Sehr deutlich wird der Einfluss des klassischen Griechenland im Parlamentsgebäude.

Baugrube für die Ringstraße

1867 Erstaufführung von *An der schönen blauen Donau* von Johann Strauß d. J. in Wien; durch den Ausgleich mit Ungarn entsteht die Doppelmonarchie mit getrennten Regierungen

1850   1855   1860   1865

1857–65 Stadtbefestigung wird geschleift; Bau der Ringstraße

Anton Bruckner

1868 Anton Bruckner *(siehe S. 41)* zieht von Linz nach Wien

1869 Eröffnung der Oper an der Ringstraße mit Mozarts *Don Giovanni*

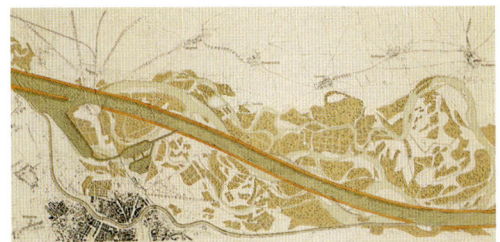

Donau
Da die Donau häufig über die Ufer trat, wurde sie ab 1890 durch ein Kanal- und Schleusensystem reguliert.

Kaffeehausgesellschaft
Im 19. Jahrhundert wurden Kaffeehäuser zum Treffpunkt literarischer und politischer Zirkel.

Museum für angewandte Kunst (1867–71)
S. 84f, Heinrich Ferstel

Pferdetrambahn
Trambahnen gab es bereits um 1860. Anfang des 20. Jahrhunderts wurden Pferde durch Elektroantrieb abgelöst.

Stadtpark

Staatsoper (1861–69) *S. 140f, Eduard van der Nüll und August Siccardsburg*

Ringstraße
Kaiser Franz Joseph ließ die Straße bauen, die das Stephansdomviertel und die Hofburg von den Vorstadtbezirken trennt. Die Länge der Ringstraße blieb seit ihrer Fertigstellung in den 1880er Jahren unverändert.

Eröffnung des Stadtparks
Die beiderseits der Wien verlaufenden Parkanlagen wurden 1862 eingeweiht.

1874 Uraufführung der *Fledermaus* von Johann Strauß im Theater an der Wien; Eröffnung des Zentralfriedhofs

1889 Erzherzog Rudolf begeht Selbstmord in Mayerling

1875   **1880**   **1885**

1873 Börsenkrach

1872 Johannes Brahms wird Dirigent der *Gesellschaft der Musikfreunde*; Tod des Dichters und Dramatikers Franz Grillparzer

1879 Historischer Festumzug auf der Ringstraße anlässlich der Silberhochzeit Kaiser Franz Josephs

1890 Eingemeindung der Wiener Vorstädte

Wien um 1900

Um die Jahrhundertwende erlebte Wien eine Blütezeit des intellektuellen Schaffens. Sigmund Freud, Karl Kraus und Arthur Schnitzler, die Secessionsbewegung und der Jugendstil *(siehe S. 56–59)* erinnern an jene Zeit der revolutionären Erneuerer. Künstler wie Gustav Klimt, Architekten wie Otto Wagner und Adolf Loos *(siehe S. 94)* wirkten vor dem Hintergrund der niedergehenden Monarchie, die 1918 mit der Abdankung Karls I. endete. Österreich wurde Republik.

Ausdehnung der Stadt

☐ 1912   ☐ Heute

Wiener Werkstätte
Josef Hoffmann *(siehe S. 58)* war Künstler und Hauptbegründer der Wiener Werkstätte *(siehe S. 85)*. Er entwarf diesen Stuhl.

Kirche am Steinhof
Sie entstand nach Entwürfen Otto Wagners. Die Ausstattung stammt von Koloman Moser (siehe S. 59).

Looshaus
Dezente Eleganz ist ein Stilmerkmal des Architekten Adolf Loos *(siehe S. 94)*.

Wiener Secession
Der Entwurf von Koloman Moser *(siehe S. 59)* diente als Ausstellungsplakat.

Engel von Othmar Schimkowitz

1899 Erste Ausgabe des Magazins *Die Fackel* von Karl Kraus

1903 Gründung der Wiener Werkstätte

1907 Gustav Mahler tritt vom Amt als Leiter des Opernhauses zurück

1895   **1900**   **1905**

1897 19 Maler und Architekten des Künstlerhauses gründen die Secession. Karl Lueger wird Bürgermeister Wiens

1896 Tod des Komponisten Anton Bruckner

1902 Klimt malt den *Beethovenfries*; erste elektrische Straßenbahnen

Gustav Klimt

1905 Uraufführung von Franz Lehárs Operette *Die lustige Witwe*; antisemitische Unruhen an der Universität

Reigen (1903)
Die offenkundige Sexualität in Arthur Schnitzlers Drama *Reigen* war ein Skandal.

Altar von Remigius Geyling

Der Kuss (1907/08)
In solchen Bildern kommt Gustav Klimts schillernd-erotischer Stil zum Ausdruck, der viele seiner Werke kennzeichnet.

Fenster von Koloman Moser

Sigmund Freud
Freud entwickelte in Wien über fast 50 Jahre seine Theorie der Psychoanalyse *(siehe S. 112)*.

Wien um 1900

Otto Wagner entwarf die Stadt-bahn-Pavillons *(siehe S. 150f)*, die Wagner-Häuser *(siehe S. 143)* und die Kirche am Steinhof *(siehe S. 162)*. Adolf Loos schuf das Looshaus *(siehe S. 94)* und die American Bar *(siehe S. 107)*. Zur Vorstadt-Architektur gehö-ren die Wagner-Villen *(siehe S. 162)*. Gemälde von Klimt, Schiele und Kokoschka hängen im Oberen Belvedere *(siehe S. 156f)*, im museum moderner kunst und im Leopold Museum *(beide siehe S. 122)*.

Im Secessionsgebäude befin-det sich Gustav Klimts *Beethoven-fries (siehe S. 57)*.

Die Wagner-Häuser sind mit Jugendstil-Dekorationen von Ko-loman Moser *(siehe S. 59)* verziert.

1911 Tod Gustav Mahlers

1914 Erzherzog Ferdinand wird in Sarajevo ermordet; die Krise führt zum Ausbruch des Ersten Weltkriegs

1910

1915

1910 Tod Karl Luegers

1913 Die Aufführung von Ar-nold Schönbergs *Kammersym-phonie* und Werken von Anton von Webern und Alban Berg im Musikverein endet in einem Tumult

1916 Tod Franz Josephs

1908 *Der Kuss* von Gustav Klimt wird erstmals ausgestellt

1918 Ausrufung der Republik Österreich nach Abdankung Kaiser Karls I. Das ehe-mals riesige Reich schrumpft von 50 auf 6,5 Millionen Einwohner

Modernes Wien

Die Jahre nach dem Ersten Weltkrieg waren vom
Streit zwischen der Rechten und der Linken geprägt,
der 1938 mit dem »Anschluss« Österreichs an das
Deutsche Reich endete. Nach dem Zweiten Weltkrieg
wurde Wien von den Alliierten in vier Zonen aufge-
teilt – bis zur Unabhängigkeit Österreichs 1955.

1929 Ludwig
Wittgenstein,
Vertreter des
Wiener Kreises,
emigriert nach
England

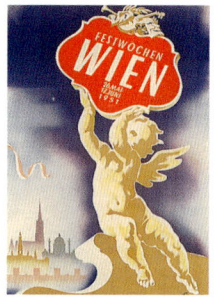

1955 Am 15. Mai wird
die Besatzung Öster-
reichs durch Unter-
zeichnung des Staats-
vertrags beendet.
Österreich erhält
die Unabhängigkeit
durch die Zusicherung
immerwährender Neu-
tralität zurück

1927 Arbeiter stürmen
nach einem skandalösen
Gerichtsurteil (Freispruch
rechtsradikaler Mörder)
den Justizpalast

1951 Die
ersten
Wiener
Festwochen
finden statt

1967 Wien wird Sitz
der Vereinten Nationen
zur Förderung der
Industrialisierung der Ent-
wicklungsländer (UNIDO)

1922 Karl Kraus
veröffentlicht sein
großes Drama *Die
letzten Tage der
Menschheit*

1944 Die Alliierten
beginnen mit der
Bombardierung der Stadt

1920	1930	1940	1950	1960
1920	1930	1940	1950	1960

1922 Karl I., der letzte
Habsburger Kaiser, stirbt
auf Madeira im Exil

1920–34 Die katholischen Konservativen regieren Österreich, die
Sozialisten das »Rote Wien«

1918–20 Hungersnot und
Grippe-Epidemie in Wien

1933 Nach der Parlamentsauflösung
bildet Kanzler Dollfuß ein faschisti-
sches Regime, verweigert Hitler allerdings die Unterstützung

1934 Straßenkämpfe zwischen Sozia-
listen und Regierungstruppen in Wien;
Verbot der Sozialdemokratischen Partei;
Ermordung von Dollfuß durch die Nazis

1939 Tod des
Schriftstellers
Joseph Roth

1945 Kriegsende;
Proklamation der
2. Republik Österreich;
Vier-Sektoren-Stadt
Wien unter Kontrolle
der Alliierten

1955 Wie-
dereröff-
nung von
Oper und
Burgtheater

1961 John F. Kennedy
und Nikita Chrustsch-
schow treffen sich auf
dem Ost-West-Gipfel
in Wien

1938 Kanzler Schuschnigg tritt zurück.
Hitler rückt in Wien ein und erklärt den
»Anschluss«

1957 Wien wird Sitz der
Internationale Atomener-
gie-Organisation (IAEO)

1959 Ernst Fuchs und Arik Brauer gründen
die Schule des fantastischen Realismus

1988 Irmgard Seefried, Star der Wiener Oper, stirbt

1986 Wahl des umstrittenen Bundespräsidenten Kurt Waldheim; Franz Vranitzky wird Kanzler

1989 Tod von Kaiserin Zita, der letzten Habsburger Kaiserin

2008 Jörg Haider stirbt bei einem Autounfall

2009 Haydn-Jahr

'9 Leonid Breschnew und Jimmy Carter treffen sich anlässlich des Ost-West-Gipfels

1983 Papst Johannes Paul II. besucht Wien

1978 Eröffnung der U-Bahn

'0 – 83 Bruno sky (SPÖ) ist nzler

1992 Brand in der Hofburg

2008 UEFA EURO 2008 (Fußball-EM)

2012 Teileröffnung des neuen Wiener Hauptbahnhofs (Durchgangsbahnhof)

2012 Klimt-Jahr (150. Geburtstag)

'70	1980	1990	2000	2010	2020

'70	1980	1990	2000	2010	2020

2006 Wien feiert Mozarts 250. Geburtstag

2013 Prinz-Eugen-Jahr (350. Geburtstag)

2013 Wiedereröffnung der Kunstkammer

1995 Österreich wird EU-Mitglied

2001 Innere Stadt und Schloss Schönbrunn werden UNESCO-Welterbe

2013 Eröffnung des WU-Campus

1985 Friedensreich Hundertwasser vollendet das Hundertwasserhaus

1989 Hans Hollein vollendet das Haas-Haus am Stephansplatz

1979 Eröffnung der UNO-City

Musikstadt Wien

Ab Ende des 18. bis Mitte des 19. Jahrhunderts war Wien die musikalische Hauptstadt Europas – die grandiosen Konzertsäle zeugen noch von dieser Geschichte. Lag die Pflege der Musik zunächst in den Händen der Habsburger und des Adels, wurden Hauskonzerte im Biedermeier *(siehe S. 32f)* zum wichtigen Bestandteil bürgerlichen Privatlebens. Auch in der Volksmusik setzte sich diese Blüte fort, da Volksmusik und -tänze aus allen Teilen des Reichs über die Zuwanderer nach Wien fanden.

Klassik

Das Musikleben im Wien des 18. Jahrhunderts spielte sich vor allem bei Hof ab. Christoph Willibald Gluck (1714–1787), der ab 1754 als Hofkapellmeister im Dienst von Kaiserin Maria Theresia stand, komponierte zehn Opern allein für Wien, darunter *Orpheus und Eurydike* (1762). An diese Tradition knüpfte Wolfgang Amadeus Mozart (1756–1791) an. Joseph Haydn (1732–1809) arbeitete als Hofmusiker für die Esterházys in Eisenstadt, wo sein Haus nun ein Museum ist *(siehe S. 179)*. Haydn ließ sich allerdings nach 1790 in Wien nieder, wo er Meisterwerke wie *Die Schöpfung* komponierte. 1797 schuf er die Musik zu einem Lied, das später deutsche Nationalhymne wurde.

Aufführung von Mozarts Oper *Zauberflöte* (1791)

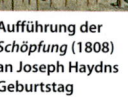

Aufführung der *Schöpfung* (1808) an Joseph Haydns Geburtstag

Romantik

Mit Ludwig van Beethoven (1770–1827), der um 1792 nach Wien übersiedelte, begann die Ära der freien und unabhängigen Komponisten. Beethoven blieb ein umstrittener Künstler seiner Zeit – seine beginnende Taubheit hielt ihn vom gesellschaftlichen Musikleben Wiens fern. Gleichwohl nahmen an seinem Staatsbegräbnis 10 000 Menschen teil.

Die Werke von Franz Schubert (1797–1828) fanden zu dessen Lebzeiten nur wenige Zuhörer. Bei den *Schubertiaden* – seinen Hauskonzerte im Freundeskreis – spielte er Kammermusik, Lieder und Klavierstücke. Erst nach seinem Tod erreichten seine Werke mehr Zuhörer. Später rückte »ernste« Musik in den Hintergrund: Wien tanzte Walzer nach Weisen von Johann Strauß d. Ä. (1804–1849) und Joseph Lanner (1801–1843).

Der Walzer war zunächst ein Skandalon. Er war der erste Gesellschaftstanz, bei dem Paare körperlich eng zusammen-

Schubertiade – Hauskonzert des Biedermeier

menkamen. In den besseren Kreisen war er verpönt. Erst auf den glanzvollen Bällen des Wiener Kongresses wurde er gesellschaftsfähig und als Tanzform respektiert.

1714–1787 Christoph Willibald Gluck	**1732–1809** Joseph Haydn	*Joseph Haydn*	*Ludwig van Beethoven*	**1797–1828** Franz Schubert	*Johannes Brahms*	
					1833–97 Johannes Brahms	
1700	**1725**	**1750**	**1775**	**1800**	**1825**	
		Christoph Willibald Gluck	**1756–91** Wolfgang Amadeus Mozart	**1770–1827** Ludwig van Beethoven	**1804–49** Johann Strauß d. Ä.	**1825–99** Johann Strauß d. J.
					1801–43 Joseph Lanner	**1824–96** Anton Bruckner

Zeitalter Franz Josephs

Um 1860 setzte eine neue Ära der Musikkunst ein. Johannes Brahms (1833–1897) siedelte 1862 nach Wien über. Kompositionen wie der *Liebeslieder-walzer* oder die *Ungarischen Tänze* erinnern an volkstümliche Weisen. Anton Bruckner (1824–1896), der Komponist der Kirchenmusik, kam 1868 nach Wien. Dann avancierte Johann Strauß d. J. (1825–1899) zum unumstrittenen Walzerkönig: Er komponierte fast 400 Walzer, zudem die berühmte Operette *Die Fledermaus*. Eine beliebte Gattung war die nach Johann und Josef Schrammel (1852–1895) benannte *Schrammelmusik*, die

Jugendstil-Plakat (1901) mit dem Walzerkönig Johann Strauß d. J.

von einem Ensemble mit Geige, Gitarre und Akkordeon gespielt wurde. Über zehn Jahre leitete Gustav Mahler (1860–1911) die Wiener Staatsoper, bevor er nach New York ging.

Moderne

Anfang des 20. Jahrhunderts entstand die Zweite Wiener Schule: Alban Berg (1885–1935), Arnold Schönberg (1874–1951) und Anton von Webern (1883–1945) fanden bei den Wienern jedoch so wenig Resonanz, dass Schönberg einen eigenen Verein für musikalische Privataufführungen ins Leben rief. 1933 emigrierte er in die USA. Seit dem Zweiten Weltkrieg gab es keinen Komponisten, der ihn an Originalität und Vielseitigkeit übertroffen hätte.

Friedrich Gulda (1930–2000) erhielt für seine Leistungen als Pianist zahlreiche Auszeichnungen. Kurt Schwertsik (geb. 1935), Heinz Karl Gruber (geb. 1943), Gerd Kühr (geb. 1952) und Olga Neuwirth (geb. 1968) besitzen als Komponisten internationale Bedeutung. Bis heute gehören die 1842 gegründeten Wiener Philharmoniker zu den Orchestern von Weltrang. Auch die Wiener Sängerknaben genießen Weltruf.

Johann Strauß d. J. dirigiert bei einem Hofball

Konzertplakat (1913) für Arnold Schönberg

1860–1911 Gustav Mahler	1874–1951 Arnold Schönberg
	1875
1883–1945 Anton von Webern	1885–1935 Alban Berg
1852–95 Joseph Schrammel	

Wiener Sängerknaben

Der weltberühmte Chor wurde 1498 vom großen Kunstmäzen Maximilian I. ins Leben gerufen. Heute singen die Wiener Sängerknaben Messen von Mozart, Schubert und Haydn bei den Sonn- und Feiertagsgottesdiensten in der Burgkapelle *(siehe S. 105)*. Karten dafür sollte man mindestens acht Wochen im Voraus reservieren.

Wien im Überblick

Die Donaumetropole weist eine erstaunliche Vielfalt an Palais, Denkmälern, Parks und Museen auf, die ein breites Spektrum von Kunst und (Kunst-)Handwerk aus aller Welt und allen Epochen abdecken. Die Sehenswürdigkeiten sind auf den Stadtkern konzentriert. Damit Sie bei Ihrem Aufenthalt wirklich genau das finden, was Sie interessiert, stellen wir Ihnen im Kapitel *Die Stadtteile Wiens* an

die 150 Sehenswürdigkeiten vor. Auf den nächsten 20 Seiten erhalten Sie einen Überblick über die Highlights der Stadt: Neben Kirchen, Palais, Museen und Sammlungen erfahren Sie auch Wissenswertes über Jugendstil und Kaffeehäuser. Herausragende Sehenswürdigkeiten, die Sie nicht versäumen sollten, sind in den jeweilen Stadtteil-Kapiteln mit einem Stern gekennzeichnet.

Hauptsehenswürdigkeiten in Wien

Staatsoper
Seiten 140f.

Burgtheater
Seiten 134f.

Prater
Seiten 164f.

Karlskirche
Seiten 148f.

Schönbrunn *Seiten 174–177.*

Kunsthistorisches Museum
Seiten 124–129.

Spanische Hofreitschule
Seiten 100f.

Stephansdom *Seiten 74–77.*

Belvedere
Seiten 154–159.

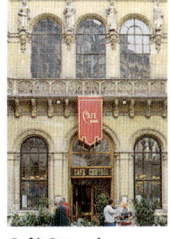

Café Central
Seite 63.

MuseumsQuartier
Seiten 120–122.

◀ **Die farbigen Ziegel auf dem Dach des Stephansdoms** *(siehe S. 74–77)*

Highlights: Historische Gebäude und Palais

Barockhäuser beherrschen die Straßen um den Stephansdom, während die großen Palais, die den Habsburger Regenten und dem Adel in den heißen Sommermonaten als Residenz dienten, außerhalb des Zentrums liegen. Einige Gebäude sind für Besucher zugänglich, bei anderen können nur Hof oder Stiegenhaus besichtigt werden. Weitere Informationen finden Sie auf S. 46f.

Freud-Museum
In dem Haus in der Berggasse lebte Sigmund Freud von 1891 bis 1938. Das Wartezimmer wurde liebevoll restauriert.

Palais Kinsky
Der hochbarocke Bau, auch als Palais Daun-Kinsky bezeichnet, wurde von Johann Lukas von Hildebrandt *(siehe S. 154)* für die Familie Daun gebaut (1713–16). Wirich Philipp Daun hatte den Oberbefehl über die Stadtgarnison, sein Sohn Leopold Joseph Daun war Maria Theresias Feldmarschall.

Schottenring und Alsergrund

Hofburg
Zu den sehenswerten Räumen gehören die Festsäle sowie die Wohnräume von Kaiser Franz Joseph und Kaiserin Elisabeth.

Museums- und Rathausviertel

Hofburg viertel

Oper und Naschmarkt

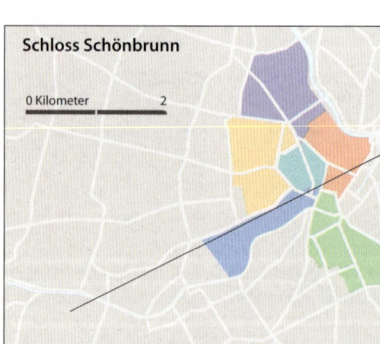

Schloss Schönbrunn

0 Kilometer   2

Schloss Schönbrunn
Das Schloss von J. B. Fischer von Erlach sollte es in Größe und Umfang mit dem französischen Versailles aufnehmen. Maria Theresia ließ es später vom Hofarchitekten Nikolaus Pacassi gestalten.

Neidhart-Haus

Mittelalterliche Fresken (1400) mit Szenen aus dem Leben des Minnesängers Neidhart von Reuental schmücken den Speisesaal dieses Hauses, das einst einem wohlhabenden Uhrmacher gehörte.

0 Meter   500

Mozarthaus Vienna

In dem Barockbau wohnte Mozart von 1784 bis 1787. Hier komponierte er seine weltberühmte Oper *Die Hochzeit des Figaro*.

Donaukanal

Stephansdomviertel

Winterpalais des Prinzen Eugen

Das barocke Palais für den Kriegshelden Prinz Eugen entstand nach Entwürfen von J. B. Fischer von Erlach und Johann Lukas von Hildebrandt. Seit 2013 sind hier auch Ausstellungen zu sehen.

Belvedereviertel

Zum blauen Karpfen

Die Fassade des Hauses (17. Jh.) in der Annagasse ist mit dem Stuckrelief eines blauen Karpfens und mit einem Puttenfries verziert.

Belvedere

Die Sommerresidenz des Prinzen Eugen nach einem Entwurf von Johann Lukas von Hildebrandt lag am Südrand der damaligen Stadt. Heute birgt das Obere Belvedere eine Sammlung österreichischer Kunst.

Überblick: Historische Gebäude und Palais

Wer in Wien spazieren geht, entdeckt eine einzigartige Vielfalt historischer Bauwerke. Vom herrschaftlichen Patrizierhaus bis hin zum einfachen Bürgerhaus – in Wien hat sich die Entwicklung verschiedener Phasen der Barockarchitektur des 17. und 18. Jahrhunderts erhalten. Die Häuser wurden einst als Wohnstätten wohlhabender Schichten konzipiert, doch mit der Zeit meist zweckentfremdet. Einige davon sind Museen, sodass man auch ihr Inneres besichtigen kann.

Deckenfresken im Liechtenstein Museum, dem Sommerpalais

Palais Schönborn-Batthyány

Stadtpalais und Paläste

Der weitläufigste Stadtpalast ist die **Hofburg** mit ihren Museen und Kaiserappartements. Zugänglich sind das Treppenhaus und bei Ausstellungen auch die Innenräume im **Winterpalais des Prinzen Eugen**. Das **Palais Ferstel** (1860) birgt das Café Central *(siehe S. 60)*, im **Palais Obizzi** ist das Uhrenmuseum *(siehe S. 88)* untergebracht, im **Palais Lobkowitz** das Theatermuseum *(siehe S. 106)*.

Dagegen sind die Palais **Kinsky** (1713–16), **Trautson**, **Schönborn-Batthyány** und **Liechtenstein** (1694–1706), die Winterresidenz der Familie Liechtenstein, nur von außen zu bewundern.

Gartenpalais

Dass Gebäude innerhalb der Stadt als Gartenpalais bezeichnet werden, vermag nur heute zu erstaunen, denn ursprünglich lagen sie alle im Außenbereich der Stadt. Die berühmteste Sommerresidenz ist **Schloss Schönbrunn**, wo es Führungen durch die Prunkräume und Privatgemächer gibt. Das **Belvedere** im Süden beherbergt eine bemerkenswerte Sammlung österreichischer Kunst. Die Originalausstattung einiger Räume ist immer noch erhalten. Die **Hermesvilla** (1884), eine gelungene Mischung aus Jagdhaus und Villa, ließ Kaiser Franz Joseph für Kaiserin Elisabeth errichten. Die Innenräume im klassizistischen **Palais Rasumofsky** (1806/07) können mittlerweile bei besonderen Anlässen besichtigt werden. Im **Liechtenstein Museum** werden die Fürstlichen Sammlungen der Familie Liechtenstein präsentiert *(siehe S. 113)*. Zu sehen sind Skulpturen aus der Renaissance und Gemälde aus der Zeit des Barock.

Vorstadtvillen

Das Döblinger Heimatmuseum mit seiner überladenen Originalausstattung ist in der Biedermeier-Villa **Wertheimstein** (1834/35) untergebracht. Geschmackvolle Zurückhaltung verkörpert das **Geymüller-Schlössl** mit der Sobek-Uhrensammlung. In Hietzing befindet sich die **Villa Primavesi** (1913–15), ein wahres Jugendstil-Kleinod, das nach den Entwürfen von Josef Hoffmann *(siehe S. 58)* im Auftrag des Bankiers Robert Primavesi entstand.

Bürgerhäuser

Das Neidhart-Haus in den Tuchlauben zieren profane Freskenmalereien (mit Szenen aus dem Leben des Minnesängers Neidhart) aus dem Jahr 1400. Einige sehenswerte kleinere Barockhäuser stehen in der **Naglergasse**, der **Kurrentgasse** sowie in einigen Straßen von **Spittelberg** und **Josefstadt**. Eine schön geschmückte Barockfassade besitzt die Gaststätte **Zum blauen Karpfen** in der Annagasse *(siehe S. 82)*. Lohnend ist auch das architektonisch zwischen Rokoko und josephinischem Klassizismus anzusiedelnde **Dreimäderlhaus** in der Schreyvogelgasse.

Fassade und Gartenanlage der Hermesvilla

Gedenkstätten

In Wien gibt es zahlreiche Häuser, die früher berühmten Komponisten als Wohnstatt dienten. Architektonisch geben sie freilich weniger her. Umso höher ist meist der Wert der dort gezeigten Exponate. Eines der vielen Häuser, in denen Beethoven lebte, ist das **Pasqualatihaus**. Hier komponierte er seine Oper *Fidelio*. Porträts und andere Exponate halten die Erinnerung an den großen Komponisten wach.

Das **Heiligenstädter Testament-Haus** (Probusgasse 6), in dem Beethoven seine Taubheit kurieren wollte, ist heute eine Gedenkstätte. Die schön möblierte Wohnung im ersten Stock des **Haydnhauses** in der Haydngasse enthält Briefe,

Innenhof des Heiligenstädter Testament-Hauses

Handschriften, persönliche Gegenstände und die zwei Flügel des Künstlers. Von 1784 bis 1787 lebte Mozart mit seiner Familie im **Mozarthaus Vienna**. Dort schrieb er auch seine berühmte Oper *Die Hochzeit des*

Figaro. Das **Freud-Museum** birgt diverse Möbel, Dokumente und Fotos. Das Wartezimmer Sigmund Freuds ist im Originalzustand erhalten. Das Haus dient außerdem für Studienzwecke.

Verzierungen

Wien hat viele historische Häuser und Palais im barocken bis spätbarocken Stil, die durch ihre überreich dekorierten Giebel über dem Eingang auffallen.

Atlant am Eingang zum Palais Liechtenstein

Verzierter Fenstergiebel an der Fassade des Palais Trautson

Dekorative Urnen auf dem Palais Lobkowitz

Segmentgiebel mit Schild am Palais Schönborn-Batthyány

Putten, Teil der Stuckfassade an der Gaststätte Zum blauen Karpfen

Historische Gebäude und Palais

Highlights: Museen und Sammlungen

Die Vielzahl der Wiener Museen ist erstaunlich, die Sammlungen werden oft in alten, eleganten Palais oder in interessanten modernen Gebäuden gezeigt. Einige der Museen haben Weltrang, andere sind nur von lokaler Bedeutung oder für ein ganz spezifisches Publikum gedacht. Weitere Informationen finden Sie auf S. 50f.

Schatzkammern geistlicher und weltlicher Kunst
Das Ainkurn-Schwert (um 1450) findet sich in der kaiserlichen Schatzkammer der Hofburg.

Naturhistorisches Museum
Es enthält prähistorische, völkerkundliche und mineralogische Sammlungen und überdies eine viel besuchte Dinosaurier-Halle.

Schottenring und Alsergrund

Museums- und Rathausviertel

Kunsthistorisches Museum
Hans Holbeins *Porträt der Jane Seymour* (1536) ist nur eines unter vielen Meisterwerken der Sammlung.

Hofburgviertel

Oper und Naschmarkt

MuseumsQuartier
Das außergewöhnliche Kulturzentrum beherbergt die größte Egon-Schiele-Sammlung der Welt, darunter sein *Selbstporträt mit gesenktem Kopf* (1912).

Albertina
Die Wechselausstellungen werden meist aus der berühmten Sammlung von Drucken und Zeichnungen bestückt. Hier zu sehen: Albrecht Dürers Zeichnung *Der Hase* (1502).

Wien Museum Karlsplatz
Unter den zahlreichen Exponaten zur Wiener Stadtgeschichte befinden sich Bleiglasfenster des Stephansdoms (um 1390).

Dom- und Diözesanmuseum
Die Sammlung enthält eine Vielzahl geistlicher Schätze, darunter auch diese Kreuzreliquie (um 1440).

Donaukanal

Museum für angewandte Kunst
Neben vielen anderen Exponaten zeigt die Sammlung über Wiener Kunsthandwerk diesen Becher aus dem frühen 19. Jahrhundert sowie Mobiliar der Wiener Werkstätte *(siehe S. 58f)*.

Stephansdomviertel

Belvedere
Das Obere Belvedere präsentiert Kunstwerke ab dem Mittelalter, darunter viele Gemälde und Skulpturen aus Mittelalter, Renaissance und Barock. Ferdinand Waldmüllers *Rosen im Fenster* und Gustav Klimts *Der Kuss* zählen zu den Highlights. Das Untere Belvedere und die Orangerie beherbergen Wechselausstellungen.

Belvedereviertel

Heeresgeschichtliches Museum
Die Sammlung enthält Schlachtenbilder und Bildnisse großer Feldherren, so Sigmund L'Allemands *Porträt des Feldmarschalls Gideon-Ernst Freiherr von Laudon* (1878).

0 Meter   500

Überblick:
Museen und Sammlungen

Die Wiener Museen bieten eine erstaunliche Vielfalt an Gemäldesammlungen, Kunsthandwerk und Volkskunst aus aller Welt. Von der Antike über die sakrale Kunst des Mittelalters bis hin zur modernen Kunst des 19. und 20. Jahrhunderts – alle Richtungen sind vertreten. Die kaiserlichen Sammlungen enthalten kostbare Silberschmiedearbeiten, die Palette an Sammlungen mit Kunst(handwerk) aus der Zeit um 1900 ist ohnegleichen.

Interieur von Friedensreich Hundertwasser, Kunst Haus Wien

Altertum und Mittelalter

Wien besitzt mehrere Sammlungen mittelalterlicher Kunst. Das **Neidhart-Haus** hat weltliche Fresken aus dem Mittelalter. In den historischen Prunkställen des **Belvedere** sieht man neben gotischen Altargemälden kunsthandwerkliche Meisterwerke: Highlight ist ein Evangelium aus der Karolingerzeit (9. Jh.).

Die **Schatzkammern geistlicher und weltlicher Kunst** in der Hofburg sind voll mit kostbaren mittelalterlichen Objekten wie Krone und Insignien des Heiligen Römischen Reichs, in der Schatzkammer der **Deutschordenskirche** gibt es eine exquisite Sammlung mittelalterlicher Kunst und gotischer Gemälde.

Sollten Sie sich zu einem kleinen Abstecher entschließen, erwartet Sie im Stift **Klosterneuburg** der Verduner Altar

von 1181, ein Meisterwerk mittelalterlicher Goldschmiedekunst. Das **Ephesos Museum** in der Neuen Burg präsentiert zahlreiche Ausgrabungsfunde aus der Ära der römisch-griechischen Klassik, die im Lauf der Zeit freigelegt wurden.

Alte Meister

Die Gemäldegalerie im **Kunsthistorischen Museum** birgt eine der schönsten Sammlungen der Welt und lässt den Geschmack der verschiedenen Sammlerpersönlichkeiten des Hauses Habsburg spürbar werden. Es gibt flämische und venezianische Kunst. Die Brueghel-Sammlung ist von besonderer Pracht. Überdies sieht man die Obst-Gemüse-Kompositionen von Giuseppe Arcimboldo (1527–1593). Die **Akademie der bildenden Künste** beherbergt einige wunderschöne Zeugnisse niederländischer und flämischer Kunst. Als Höhepunkt finden Sie hier eines der

ergreifendsten Bilder der Christenheit: das Triptychon *Das Jüngste Gericht* von Hieronymus Bosch. Zudem gibt es Werke von Jan Vermeer (1632–1675) und Peter Paul Rubens (1577–1640).

Das Obere Belvedere präsentiert österreichische Gemälde und Skulpturen ab dem Mittelalter. Der gesamte Komplex selbst ist ein Meisterwerk des Barock.

Kunst des 19. und 20. Jahrhunderts

Eine Dauerausstellung zeitgenössischer österreichischer Kunst ist im Oberen Belvedere untergebracht. Die wohl berühmtesten Exponate stammen von Gustav Klimt, dessen *Beethovenfries* im **Secessionsgebäude** zu sehen ist. Das **museum moderner kunst stiftung ludwig wien (mumok)** im MuseumsQuartier *(siehe S. 122)* zeigt Werke europäischer Künstler des 20. Jahrhunderts und Werke des Wiener Aktionismus. Das **Leopold Museum** besitzt die weltweit größte Egon-Schiele-Sammlung sowie Meisterwerke der Secession und des österreichischen Expressionismus. Dem Wiener Friedensreich Hundertwasser ist eine Abteilung im **Kunst Haus Wien** gewidmet. Die **Albertina** beherbergt neben der grafischen Sammlung (mit Sammlung Batliner) zahlreiche Meisterwerke der Moderne.

Partherdenkmal (um 170 v. Chr.) im Ephesos Museum

Kunsthandwerk und Inneneinrichtung

Die reichhaltige Sammlung im **Museum für angewandte Kunst** enthält orientalische Teppiche, mittelalterliche Messgewänder, Biedermeier- und Jugendstil-Mobiliar sowie das Archiv der Wiener Werkstätte. Das **Wien Museum Karlsplatz** besitzt Nachbildungen der Wohnung des Dichters Franz Grillparzer und des Zeichenkabinetts von Adolf Loos *(siehe S. 94)*. In der **Silberkammer** der Hofburg haben die Habsburger eine einzigartige Sammlung von Tafelgeschirr und Besteck zusammengetragen. Das **Lobmeyr-Glasmuseum** präsentiert Glasdesign von Josef Hoffmann.

Glasdesign von Josef Hoffmann im Lobmeyr-Glasmuseum

Bilderuhr (Uhrenmuseum)

Spezialsammlungen

Ein Muss für alle Uhrenliebhaber: das **Uhrenmuseum** und die Sobek-Uhrensammlung im **Geymüller-Schlössl**. Der Musik wird in der **Sammlung Alter Musikinstrumente** gehuldigt, die Schattenseiten des Lebens entdecken Sie im **Kriminalmuseum**, während das **Bestattungsmuseum** den Wiener Bestattungsritualen gewidmet ist. Das **Heeresgeschichtliche Museum** erinnert an die militärische Vergangenheit. Die **Hofjagd- und Rüstkammer** besitzt eine historische Waffensammlung. Weitere Spezialsammlungen gibt es im **Österreichischen Filmmuseum** und im **Haus der Musik**, einem interaktiven Klangmuseum.

Naturgeschichte und Wissenschaft

Das **Naturhistorische Museum** im eigens für die naturhistorischen Sammlungen errichteten Gebäude (19. Jh.) befasst sich mit Mineralogie und Zoologie. Besonders interessant sind die Dinosaurierskelette. Im **Josephinum** sind Anatomiemodelle aus Wachs ausgestellt.

Das **Technische Museum** dokumentiert Österreichs Beitrag zur technologischen Entwicklung. Die Exponate reichen von der Schreibmaschine aus Holz bis zur Erfindung des Autos.

Völkerkunde und Volkskunst

Das **Weltmuseum Wien** (einstiges Museum für Völkerkunde) in der Neuen Burg zeigt Exponate aus allen Teilen der Welt. Das didaktisch hervorragend aufgebaute Museum präsentiert die Objekte nach einzelnen Regionen auf informativ-inspirierende Art und spannt einen Bogen zwischen den einzelnen Kulturen der Erde.

Das **Museum für Volkskunde** beherbergt eine faszinierende Sammlung über Bräuche und bäuerliches Leben in Österreich.

Holzfigur aus Benin, Weltmuseum Wien

Highlights: Kirchen

Der Stephansdom, das überragende Wahrzeichen Wiens, ist ein Meisterwerk gotischer Baukunst und fällt stilistisch aus dem Rahmen der vom Barock geprägten Stadt. Nach dem Sieg über die Türken 1683 *(siehe S. 28f)* baute man viele Gotteshäuser im Barockstil oder gestaltete sie um. Unter den neu hinzugefügten Elementen sind häufig noch Teile des ursprünglichen Bauwerks erkennbar. Das Innere der Kirchen ist oft überaus üppig dekoriert, teilweise auch mit schönen Fresken ausgemalt. Wenn keine Messen stattfinden, sind die Kirchen tagsüber durchgehend geöffnet. In einigen kann man abends Konzerte oder Orgelmusik hören. Einen detaillierten Überblick finden Sie auf S. 54f.

Peterskirche
Vom Graben kommend, fällt die hoch aufragende Kuppel dieser spätbarocken Kirche ins Auge.

Schottenring und Alsergrund

Maria am Gestade

Hofburgviertel

Museums- und Rathausviertel

Oper und Naschmarkt

Michaelerkirche
Das Innere ist ein eindrucksvolles Zeugnis mittelalterlicher Sakralkunst Wiens. Die klassizistische Fassade und das Stuckrelief über dem Altar kamen später hinzu.

Piaristenkirche
Eine Statue der Jungfrau Maria verschönt den Platz vor der barocken Piaristenkirche Maria Treu (1716). Die Fassade entstand erst 1860.

0 Meter   500

Augustinerkirche
Antonio Canova (1757–1822) schuf das Grab für die Erzherzogin Maria Christina in der gotischen Kirche, die den Habsburgern als Pfarrkirche diente.

Maria am Gestade
Der Bau (14. Jh.) wurde im 19. Jahrhundert restauriert. Die abgebildete Tafel (15. Jh.) zeigt die *Verkündigung*.

Ruprechtskirche
In Wiens ältester Kirche sind Mittelschiff und Glockenturm romanisch, Seitenschiff und Chor gotisch. Die Bleiglasfenster werden auf ca. 1400 datiert.

Stephansdom
Der mit üppigen Schnitzereien verzierte *Wiener Neustädter Altar* (1447) war eine Stiftung Friedrichs III. *(siehe S. 21).*

Stephans-
Domviertel

Jesuitenkirche
Hohe, gedrehte Säulen tragen das Gewölbe der Jesuitenkirche (1623–31), das eine Trompe-l'Œil-Kuppel aufweist.

**Belvedere-
viertel**

Karlskirche
J. B. Fischer von Erlachs barockes Meisterwerk (1714–39) besticht durch die Kuppel, die Triumphsäulen und zwei chinesisch inspirierte Seitenpavillons.

Franziskanerkirche
Der prächtige Hochaltar (1707) von Andrea Pozzo besitzt eine böhmische Marienfigur als Mittelstück.

Überblick: Kirchen

Viele Wiener Kirchen wurden im Lauf der Jahrhunderte umgebaut, sodass sie eine äußerst breite Stilpalette von der Romanik bis zum Barock aufweisen. Das 17. und 18. Jahrhundert war die große Ära des Kirchenbaus. Die mächtige Katholische Kirche ließ im Zug gegenreformatorischer Bestrebungen einige frühe Kirchen umgestalten und auch ganz neue Sakralbauten errichten. Kirchen entstanden auch nach der Beendigung der türkischen Belagerung im Jahr 1683 *(siehe S. 28f)*, als die Stadt sich über die alten Grenzen hinaus ausdehnen konnte.

Mittelalter

Das Herzstück Wiens bildet der **Stephansdom**, der neben romanischen Stilmerkmalen gotische Elemente aufweist. Dort ist eine Sammlung gotischer Skulpturen untergebracht sowie eine Kanzel von Anton Pilgram *(siehe S. 76)*. Wiens älteste erhaltene Kirche ist die **Ruprechtskirche** im sogenannten Bermuda-Dreieck *(siehe S. 86)*. Ihre schlichte Fassade steht im Kontrast zum gotischen Maßwerk von **Maria am Gestade** mit ihrem filigran gearbeiteten Turmhelm und dem Deckengewölbe. Den Innenraum der **Deutschordenskirche** ziert eine Wappenreihe. Hinter der Fassade der **Michaelerkirche** verbirgt sich eine spätromanische Basilika mit goti-

Madonna mit Kind in der Minoritenkirche

schen Elementen. In der **Augustinerkirche** (14. Jh.) werden die Herzen der Habsburger aufbewahrt, hier befindet sich auch das Grab Antonio Canovas für Maria Theresias Tochter Maria Christina *(siehe S. 104)*. Die **Minoritenkirche** besitzt ein reich verziertes gotisches Inneres. Gleiches gilt für die **Burgkapelle**.

Kirchen des 17. Jahrhunderts

Von einigen Kirchen aus der Zeit vor der türkischen Belagerung abgesehen, ist die Renaissance spurlos an Wien vorübergegangen. Die **Franziskanerkirche** mit Giebelfassade und theatralischem Hochaltar sowie die **Jesuitenkirche** sind Beispiele für die während der Gegenreformation entstandene Architektur *(siehe S. 26)*. Die zwischen 1665 und 1675 erbaute **Ursulinenkirche** besitzt im Inneren eine Hochgalerie. Die **Annakirche** besticht durch einen sehenswerten Barockturm. Die majestätische Fassade der **Dominikanerkirche** im Stil des Frühbarock schuf Anto-

nio Canevale (um 1630). Der Großteil der gedrungen wirkenden **Schottenkirche** entstand 1638–48, obwohl der Bau einen romanischen Kern besitzt. In der Mitte eines barocken Vorplatzes steht die **Kirche am Hof** (auch »Kirche zu den neun Chören der Engel«), ein Bauwerk der Karmeliter.

Anna Selbdritt (um 1505), Annakirche, Veit Stoß zugeschrieben

Spätbarock und Klassizismus

Nach der türkischen Niederlage *(siehe S. 28f)* entstanden in Wien einige hochbarocke Kirchen. Exotisch wirkt die **Karlskirche**, etwas abseits vom Graben steht die riesige **Peterskirche**. Die verzierte **Stanislaus-Kostka-Kapelle** diente einst einem polnischen Heiligen als Wohnstatt. Am Rand der Inneren Stadt gibt es zwei weitere Kirchen aus dem 18. Jahrhundert: die **Piaristenkirche** und die **Ulrichskirche**. Joseph Kornhäusels **Stadttempel** weist ein klassizistisches Inneres auf.

Türme und Kuppeln

Kuppeln und Kirchtürme prägen die Wiener Skyline. Eine filigran gearbeitete Laterne krönt **Maria am Gestade**, während die **Ruprechtskirche** ihren gedrungenen Turm vorzeigt. Die Türme der **Jesuitenkirche** besitzen barocke Zwiebelform, die Türme der **Karlskirche** stehen frei neben dem Gebäude. Die **Peterskirche** weist eine ovale Kuppel und kleine Türme auf.

Ruprechts-kirche

Maria am Gestade

Jesuitenkirche

Die mit Fresken geschmückte
Stanislaus-Kostka-Kapelle

Kirchen
des 19. Jahrhunderts

Die Kirchenarchitektur des
19. Jahrhunderts stand im Zeichen des romantischen Historismus. Auch viele weitere
Bauten, vor allem die Ringstraßengebäude *(siehe S. 34f)*,
waren Nachahmungen alter
Architekturstile. Die von der
byzantinischen Baukunst inspirierte **Griechische Kirche** am
Fleischmarkt ist innen reich mit
Ikonen und Fresken verziert.
Die **Votivkirche**, als Zeichen
der Dankbarkeit für die Errettung Kaiser Franz Josephs vor
einem Attentat in der Nähe der
Ringstraße erbaut, zeigt Einflüsse der französischen Gotik.
Das bemalte Kircheninnere
birgt die Marmorgruft des Grafen Niklas Salm, der sich 1529
um die Verteidigung Wiens
gegen die türkischen Belagerer
verdient machte *(siehe S. 26)*.
Der rote Backsteinbau der **Altlerchenfelder Kirche** (Lerchenfelder Straße) ist ein Stil-Konglomerat mit Gotik- und
Renaissance-Elementen.

Kirchen
des 20. Jahrhunderts

Ein Meisterwerk des frühen
20. Jahrhunderts ist Otto Wagners *(siehe S. 59)* massive **Kirche
am Steinhof**, die er als Bestandteil einer psychiatrischen Klinik
konzipierte. Das gefliese Innere erinnert an ein Krankenhaus,
dessen Strenge aber durch Koloman Mosers *(siehe S. 59)* Glasmalereien und Mosaiken aufgelockert wird. Die **Dr.-Karl-
Lueger-Kirche**, die sich auf

Der wie willkürlich komponierte
Betonklotz der Wotruba-Kirche

dem Zentralfriedhof befindet,
besitzt etwas Gruftartiges. Sie
wurde von Max Hegele, einem
Schüler von Otto Wagner, erbaut. Wer es lieber modern
mag, sollte sich die **Wotruba-
Kirche** des Bildhauers Fritz
Wotruba in der Georgsgasse
im Vorort Mauer ansehen. Der
umstrittene Bau sieht auf den
ersten Blick aus wie ein willkürlich zusammengesetzter
Betonblock.

Das Innere der Altlerchenfelder Kirche (19. Jh.)

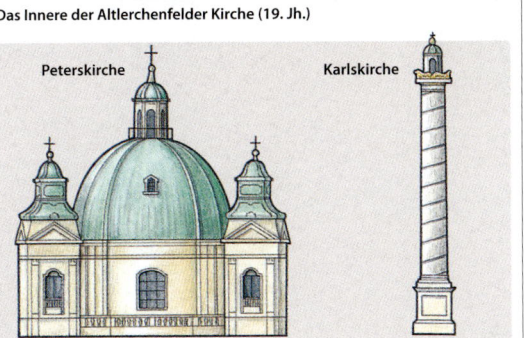

Peterskirche   Karlskirche

Stadtplan *siehe Seiten 256–267*

Highlights: Wiener Jugendstil

Auf Ihrem Spaziergang durch Wien werden Sie den ganzen Reichtum der Architektur der Jahrhundertwende entdecken. Einige Gebäude sind berühmt und leicht erkennbar, manche davon sind öffentlich zugänglich, etwa das Secessionsgebäude. Doch lohnend ist auch die Besichtigung der weniger bekannten Jugendstil-Bauten mit ihren vielen kunstvollen Details. Weitere Informationen finden Sie auf S. 58f.

Strudelhofstiege
Die Treppe schuf Theodor Jäger 1910. Als Schauplatz für den gleichnamigen Roman Heimito von Doderers (1896 – 1966) erlangte sie Berühmtheit.

Schotten und Alserg

0 Meter   800

Museums- un Rathausviert

Otto Wagners Wohnhäuser
Die Wagner-Häuser (1899) blicken auf die Wien. Das Majolikahaus (Nr. 40) ist mit Keramikfliesen geschmückt, Nr. 38 zeigt Jugendstil-Ornamente.

Oper und Naschmarkt

Kirche am Steinhof
Die Kirche mit der großen verkupferten Kuppel entstand nach den Entwürfen Otto Wagners 1905 als Bestandteil einer Nervenklinik am Stadtrand. Die Bleiglasfenster stammen von Koloman Moser.

0 Kilometer   2

Otto-Wagner-Hofpavillon
Der Pavillon für den Kaiser (1899) entstand als Vorzeigewerk Otto Wagners.

Ankeruhr
Die Uhr von Franz Matsch (1911) befindet sich auf einer Brücke zwischen zwei Häusern am Hohen Markt. Täglich um 12 Uhr paradieren historische Figuren am Zifferblatt vorbei.

Postsparkasse
Die Postsparkasse – ein Meisterstück Otto Wagners – ist innen und außen Kunsthandwerk vom Allerfeinsten. Sogar die Lüftungsschächte hat Wagner selbst entworfen.

Wienflussportal
Der Wiener Stadtpark ist mit einem wunderschönen Portal versehen (1903 –07). Friedrich Ohmann entwarf es im Zug der Flussregulierung der Wien.

Stadtbahn-Pavillons
Auf dem Karlsplatz stehen zwei restaurierte Pavillons. Sie wurden 1898 /99 von Otto Wagner für das Wiener U-Bahn-System erbaut.

Secessionsgebäude
Das Gebäude – wegen der vergoldeten Kuppel mit Lorbeerzweigen auch »Goldenes Krauthappel« genannt – wurde 1897/98 nach Plänen von Joseph Maria Olbrich als Ausstellungsraum für die Secession erbaut. In einem der Säle befindet sich Gustav Klimts *Beethovenfries*.

Donaukanal

Stephansdom-viertel

Hofburg-viertel

Belvedere-viertel

Überblick: Wiener Jugendstil

Um 1900 erlebten die bildenden Künste in Wien eine Blütezeit. Eine neue Generation von Künstlern gründete 1896 die Secession. Maler, Architekten und Grafiker schufen neue Architekturstile und knüpften enge Bande zwischen bildender und dekorativer Kunst.

Malerei und Grafik

Die Wiener Kunst der Jahrhundertwende war nicht einer einzigen Stilrichtung verhaftet, doch gab es Gemeinsamkeiten: die Vorliebe für reiche, geometrische Ornamentik und Themenbereiche wie »Femme fatale«, Liebe, Sexualität und Tod. Die imposanteste Gemäldesammlung aus dieser Zeit besitzt das **Belvedere**, das hauptsächlich Werke der bedeutenden Künstler Gustav Klimt (1862–1918) und Egon Schiele (1890–1918) ausstellt. Auch die Sammlung des **Wien**

Teegeschirr (1903) von Hoffmann, Museum für angewandte Kunst

Museum Karlsplatz präsentiert Bilder dieser Künstler. Weitere Beispiele finden sich im **museum moderner kunst stiftung ludwig wien (mumok)** im MuseumsQuartier. Bisweilen stellt die **Albertina** Schieles Zeichnungen aus. Klimts *Beethovenfries* hängt im **Secessionsgebäude**, seine Dekorarbeiten für **Burgtheater** und **Kunsthistorisches Museum** sind an Ort und Stelle zu sehen.

Kunsthandwerk

Die Wiener Werkstätte – ein Studio für Kunsthandwerk – wurde 1903 von Josef Hoffmann (1870–1956) gegründet. Sie schuf Schmuck, Stoffe, Keramik, Essbestecke und andere Gebrauchsgegenstände von einer Vollendung, wie man sie bis dahin nur von malerischen und plastischen Kunstwerken kannte. Sehenswert ist die Sammlung des **Museums für angewandte Kunst (MAK)**, das auch ein wissenschaftliches Dokumentationszentrum besitzt. Für die Firma Lobmeyr entworfene Gläser zeigt das **Lobmeyr-Glasmuseum**.

Dekor (1891) von Gustav Klimt, Kunsthistorisches Museum

Beliebte Jugendstil-Motive

Die Motive ähneln denjenigen des französischen Art nouveau, unterscheiden sich aber durch kraftvollere, geometrische Muster. Beliebt waren vor allem pflanzliche und organische Formen, beispielsweise Sonnenblumen, weibliche Figuren, Gesichter und Masken. Ebenso schöne Wirkungen wurden mit abstrakter Linienornamentik aus vier- und dreieckigen Formen erzielt.

Sonnenblumenmotiv, Stadtbahn-Pavillons von Wagner am Karlsplatz

Postkartenentwurf von J. M. Olbrich für *Ver Sacrum*

Möbel

Führende Secessionisten wie Hoffmann und Koloman Moser (1868–1918) wollten nach einer Phase der Ornamentik wieder zur einfachen Linienführung des Biedermeier *(siehe S. 32f)* zurückkehren. Das **Museum für angewandte Kunst** dokumentiert diese Bestrebungen am Beispiel einiger interessanter Stücke und zeigt auch die viel bewunderten Thonet-Bugholzmöbel. Das Mobiliar wurde häufig als Bestandteil des gesamten Raums konzipiert. Leider sind viele Ausstattungen mittlerweile verschwunden oder nicht mehr öffentlich zugänglich. Im **Wien Museum Karlsplatz** gibt es jedoch einige Jugendstil-Möbel, so auch eine Kopie des Wohnzimmers von Adolf Loos *(siehe S. 94)*. Das Mobiliar ist ein rares Beispiel für das fortschrittlich-moderne Wiener Interieur um 1900, das der Künstler in der Zeit vor seinem Bruch mit der Secession schuf.

Schreibtisch und Stuhl von Koloman Moser (1903), Museum für angewandte Kunst

Altar in der Kirche am Steinhof (1905–07)

Architektur

Wer Wien zu Fuß erobert, wird von den zauberhaften Jugendstil-Fassaden einiger Bauwerke beeindruckt sein. Im ausgehenden 19. Jahrhundert machten junge Architekten Front gegen die Gebäude der Ringstraße, die oft nur Nachahmungen alter Baustile darstellten. Die führenden Baumeister waren damals Otto Wagner (1841–1918) und Joseph Maria Olbrich (1867–1908), die u. a. bereits bei Planung, Entwurf und Bau des neuen Stadtbahnsystems zusammengearbeitet hatten. Erwähnenswert sind hier insbesondere der **Otto-Wagner-Pavillon** in Hietzing, die **Stadtbahn-Pavillons am Karlsplatz** und die **Wagner-Häuser** in der Linken Wienzeile. Allein schuf Wagner die ungewöhnliche **Kirche am Steinhof** und den Bau für die **Postsparkasse**, während Olbrich das **Secessionsgebäude** als Ausstellungsraum für radikale Designer und Künstler entwarf. Hoffmann baute einige Häuser für Secessionskünstler in der **Steinfeldgasse**. Auch in **Hietzing** stehen einige sehenswerte Jugendstil-Häuser. Die **Ankeruhr** von Franz Matsch (1861–1942) stellt bereits eine Weiterentwicklung des Jugendstils dar. Weitere Beispiele für Straßenarchitektur sind die **Strudelhofstiege** (1910) von Theodor Jäger und das **Wienflussportal** von Friedrich Ohmann (1858–1927) und Josef Hackhofer (1863–1917).

Postkartenentwurf von J. M. Olbrich für *Ver Sacrum*

Goldblattdetail in den Wagner-Häusern

Schriftzeichen von Alfred Roller für *Ver Sacrum*

Abstraktes Stoffmuster von Josef Hoffmann

Stadtplan *siehe Seiten 256–267*

Highlights: Kaffeehäuser

Kaffeehäuser gehören seit Jahrhunderten zur Wiener Tradition. Sie sind weit mehr als Orte, um Kaffee zu trinken – sie sind vor allem Treffpunkte. Man geht ins Kaffeehaus für einen Plausch, die Zeitungslektüre oder für ein leichtes Mittagsmahl. Jedes Kaffeehaus hat seine ganz eigene Atmosphäre. Die meisten Häuser servieren auch Alkohol. Weitere Informationen über das Angebot von Kaffeehäusern finden Sie auf S. 62f.

Landtmann
In dem komfortablen, dezenten Kaffeehaus verkehrte Sigmund Freud. Heute ist es ein Treffpunkt für Besucher und Künstler des unweit gelegenen Burgtheaters sowie für Journalisten und Politiker.

Central
Das schönste Wiener Kaffeehaus, einst Treffpunkt berühmter Schriftsteller und Freidenker. 1986 wurde es aufwendig restauriert und erstrahlt nun in alter Kaffeehaus-Pracht.

Eiles
Die Nachbarschaft zu einigen Regierungsgebäuden hat Eiles zum bevorzugten Kaffeehaus für Beamte und Anwälte gemacht.

Schottenring und Alsergrund

Museums- und Rathausviertel

Hofburgviertel

Sperl
Das Café Sperl liegt am Rand des Stadtzentrums und erfreut sich einer treuen Stammkundschaft. Viele kommen wegen der Billardtische und des Strudels.

Oper und Naschmarkt

Café Museum
Das Café wurde 1899 nach Plänen von Adolf Loos *(siehe S. 94)* gebaut, allerdings in den 1930er Jahren umgestaltet. 2003 wurde es nach den Originalentwürfen restauriert.

Hawelka
Viele Jahre hat das Kaffeehaus sein Image als Treffpunkt der Wiener Boheme kultiviert – die Atmosphäre ist fast museumsreif. Ein Kaffee oder ein Wein zu vorgerückter Stunde sowie die legendären Buchteln sind ein Muss für Wien-Besucher.

0 Meter   500

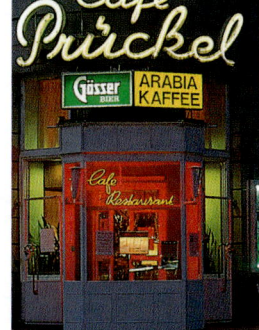

Stephansdom-
viertel

Donaukanal

Prückel
Das Kaffeehaus vermittelt mit dem typischen Stil der 1950er Jahre ein ganz eigenes Flair. An einigen Tagen in der Woche gibt es Live-Klaviermusik.

Kleines Café
Als eines der kleinsten und malerischsten Häuser in Wien bleibt das Kleine Café ein beliebtes Künstlercafé.

Belvedere-
viertel

Frauenhuber
Im ältesten Wiener Kaffeehaus trat Mozart auf. Es liegt in der Himmelpfortgasse 6 – bei einer Besichtigung des Stephansdoms oder einem Stadtbummel also direkt auf dem Weg.

Überblick: Kaffeehäuser

Die Kaffeehauskultur spielt im Wiener Alltag eine große Rolle – Sie sollten also keinesfalls auf einen ausgedehnten Café-Besuch verzichten. Man kann im Kaffeehaus Zeitung lesen, mit Freunden essen und bisweilen Billard spielen. Außer Kaffee werden meist noch Wein, Bier und andere alkoholische Getränke ausgeschenkt. Cafés gibt es in den meisten Städten, doch nirgendwo sonst haben die Kaffeehäuser eine solche Blüte erreicht wie in Wien. Zudem gibt es hier auch viele Konditoreien *(siehe S. 201)*.

Ober im Café Dommayer

Kleine Geschichte des Kaffeehauses

Angeblich öffnete das erste Kaffeehaus nach dem Sieg über die Türken im Jahr 1683 *(siehe S. 28)*. Allerdings soll es schon vorher Kaffee in der Stadt gegeben haben. Die Kaffeehäuser in der heutigen Form entstanden in den letzten Jahrzehnten des 18. Jahrhunderts. Ihre Blütezeit erreichten sie allerdings im ausgehenden 19. Jahrhundert als Treffpunkt von Künstlern, Schriftstellern, Komponisten, Medizinern, Funktionären und politischen Zirkeln.

Junge Wienerin mit Kaffeemühle (18. Jh.)

Beispielsweise kam im Jahr 1890 die literarische Gruppe Jung Wien regelmäßig im **Griensteidl** zusammen, während der Essayist Peter Altenberg nur in seinem Lieblingscafé **Central** gesehen wurde. Noch heute sind das **Ministerium**, **Museum**, **Café Oper Wien**, **Frauenhuber**, **Raimund**, **Eiles**, **Schwarzenberg** und **Zartl** Treffpunkte einer ganz eigenen Klientel.

Kaffeehaus-Etikette

Die Etikette in den Wiener Kaffeehäusern ist einfach, aber strikt. Noch im schäbigsten Kaffeehaus wird Ihnen ein Kellner – der hier Ober heißt – im Smoking das Bestellte zusammen mit einem Glas Leitungswasser an den Tisch bringen. Anschließend können Sie beliebig lange bleiben. Bei einer Tasse Kaffee, die in einem Kaffeehaus sicher ihren Preis hat, verbringen Sie ein paar erholsame Stunden mit der Lektüre der ausgelegten Zeitungen. Arme Literaten verbrachten früher ganze Tage im Café. In größeren Kaffeehäusern gibt es auch ausländische Zeitungen und Magazine, z. B. im **Landtmann** und im **Central**.

Was macht man im Kaffeehaus?

Kaffeehäuser in Wien übernehmen oft die Rolle von Clubs. Im **Sperl** kann man Billard spielen, im **Prückel** ist Bridge beliebt. Das Café **Dommayer** wird auch

Kleine Kaffeekunde

Nicht nur das Kaffeehaus, auch die Palette der Kaffeespezialitäten ist typisch für Wien. Wer in dieser Stadt einfach nur Kaffee bestellt, muss auf Überraschungen gefasst sein, denn die Wiener pflegen ganz eigentümliche Vorstellungen vom Stil ihres Kaffees und haben im Lauf der Jahrhunderte ihr spezifisches Vokabular entwickelt, um dem Kellner (Ober) ihre Wünsche zu vermitteln. Hier folgt eine Auflistung der Wiener Kaffeespezialitäten, die sich eventuell um einige lokale Varianten ergänzen lässt.

Türkischer: starker schwarzer Kaffee pur nach türkischer Art.

Brauner: Kaffee mit Milch.
Melange: Mischung aus Kaffee und heißer Milch.
Kurz: extra stark.
Obers: mit Schlagsahne.
Mokka: starker schwarzer Kaffee.
Kapuziner: schwarzer Kaffee mit aufgeschäumter Milch und etwas Kakaopulver.
Schwarzer: schwarzer Kaffee (klein oder groß).
Schale Braun: halb Kaffee, halb Milch.
Konsul: doppelter Mokka mit einem Klacks Sahne.
Kaffee Hag: koffeinfreier Kaffee.

Espresso: starker Kaffee aus der Espressomaschine. Soll er milder sein, verlangen Sie ihn *gestreckt*.

heute als Konzertcafé weitergeführt, im **Central** und im **Bräunerhof** gibt es Klaviermusik live. Das **Kleine Café** ist, wie sein Name schon sagt, für Entertainment ungeeignet, zieht jedoch viele Stammgäste an. Das **Imperial** gehört zum gleichnamigen Hotel. Außerhalb des Stadtkerns ist das Café **Westend** empfehlenswert.

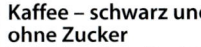

Kaffeehausschild

Essen im Kaffeehaus

Einen Snack oder ein leichtes Mahl erhält man rund um die Uhr. Gelegentlich gibt es Spezialitäten des Hauses, etwa Gebäck. Das **Hawelka** serviert auch spätabends noch seine legendären frischen Buchteln (ein Hefegebäck), im **Sperl** erhält man am Vormittag oft frischen Strudel. Die größeren Kaffeehäuser wie **Diglas**, **Landtmann** und **Bräunerhof** haben sehr umfangreiche Mittagsmenüs und bieten auch hausgemachte Backwaren an.

Kaffee – schwarz und ohne Zucker

Vielleicht mögen Sie einfach nur eine Tasse guten Kaffee trinken und haben gar kein Bedürfnis nach den Zeitungen am eigenen Tisch. In diesem Fall gehen Sie am besten in eine gemütliche Espressobar. Dort erhalten Sie den Kaffee ohne großen Aufwand direkt an der Theke – um etwa die Hälfte oder ein Drittel billiger als im Kaffeehaus.

Die Café-Konditoreien von Aida haben eine Reihe von leckeren Backwaren im Angebot und fungieren auch als Espressobars.

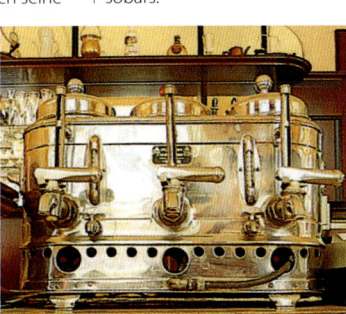

Alte Wiener Kaffeemaschine im Diglas

Pharisäer: stark und schwarz mit einer Sahnehaube, dazu ein Gläschen Rum.

Schlagobers: starker, schwarzer Kaffee mit Schlagsahne (Schlagobers).

Einspänner: schwarzer Kaffee mit Schlagsahne im großen Glas.

Kaisermelange: schwarzer Kaffee mit Brandy, dazu Eigelb.

Kaffeehäuser

Bräunerhof
Stallburggasse 2. **Stadtplan** 5 C3.
Live-Musik Sa, So nachmittags.

Café Landtmann
Siehe S. 133.

Central
Palais Ferstel, Herrengasse 14.
Stadtplan 2 D5 u. 5 B2.

Diglas
Wollzeile 10. **Stadtplan** 6 D3.

Dommayer
Dommayergasse 1, Hietzing.
Live-Musik 1. Sa im Monat.

Eiles
Josefstädter Straße 2.
Stadtplan 1 B5.

Frauenhuber
Himmelpfortgasse 6.
Stadtplan 4 E1 u. 6 D4.

Griensteidl
Michaelerplatz 2.
Stadtplan 2 D5 u. 5 B3.

Hawelka
Dorotheergasse 6.
Stadtplan 2 D5 u. 5 C3.

Imperial
Hotel Imperial, Kärntner Ring 16.
Stadtplan 4 E2 u. 6 D5.
Live-Musik.

Kleines Café
Franziskanerplatz 3.
Stadtplan 6 D4.

Ministerium
Georg-Coch-Platz 4.
Stadtplan 2 F5 u. 6 F3.

Museum
Friedrichstraße 6.
Stadtplan 4 D2.

Prückel
Stubenring 24. **Stadtplan** 6 F3.
Abends Live-Musik.

Raimund
Museumstraße 6.
Stadtplan 3 B1.

Schwarzenberg
Kärntner Ring 17.
Stadtplan 6 D5.

Sperl
Gumpendorfer Straße 11.
Stadtplan 3 A4.

Westend
Mariahilfer Straße 128.
Stadtplan 3 A3.

Zartl
Rasumofskygasse 7, Landstraße.
Bisweilen Live-Musik.

Stadtplan *siehe Seiten 256–267*

Das Jahr in Wien

Die ersten Frühlingstage kommen in der Donaustadt oft ganz plötzlich. Im Mai beginnen die Wiener Festwochen, der Höhepunkt des Frühjahrs. Der Sommer ist lang und heiß, ideal für einen Badeausflug an die Donau, eine Bootsfahrt *(siehe S. 180f)* oder einen Ausflug in den Wienerwald, zumal das kulturelle Angebot im Juli und August wegen der Ferien eingeschränkt ist. Im September, mit dem Ende der Theaterferien, pulsiert das Leben wieder. Meist kann man dann im Stadtpark noch warme Spätsommertage genießen. Wenn der Winter naht, werden heiße Maroni auf den Straßen verkauft, zum Nikolaustag fällt oft der erste Schnee. Weihnachten wird im Kreis der Familie begangen, zu Silvester feiert man rauschende Feste. Danach beginnt die Faschingssaison. Auskunft zu Veranstaltungen gibt es bei WienTourismus (www.wien.info; *siehe S. 239*).

Frühling

Wenn im Frühjahr die **Wiener Festwochen** *(siehe Mai)* eröffnet werden, erstrahlt Wien in aller Pracht. Die Tage werden milder, die Parks und die Grünanlagen im Prater *(siehe S. 164f)* leuchten in allen Farben. Das ist die richtige Zeit für einen Besuch im Stadtpark *(siehe S. 184)*, wo Sie die dort heimischen Pfauen fotografieren und ein Open-Air-Konzert hören können. Auch Volksgarten, Burggarten und die Anlagen des Belvedere zeigen sich von ihrer besten Seite.

März

Ostermarkt *(zwei Wochen vor Ostern)*. Auf der Freyung können Sie Kunst und Kunsthandwerk kaufen.
Schönbrunner Schlosskonzerte *(bis Ende Okt)*. In der Orangerie von Schönbrunn werden die beliebten Melodien des Walzerkönigs Johann Strauß gespielt.
Volksprater *(Wurstelprater 15. März – 31. Okt)*. Teil des Praters *(siehe S. 164f)*.

Ausstellung lebensgroßer Puppen während der Wiener Festwochen *(Mai)*

Läufer beim jährlichen Vienna City Marathon *(Apr)*

April

Vienna City Marathon *(Mitte Apr)*. Start ist bei der UNO-City (Wagramer Straße), Ziel der Heldenplatz. Über 25 000 Teilnehmer aus 80 Nationen.
Frühlingsfestival *(2. Woche im Apr –Mitte Mai)*. Klassische Konzerte, im jährlichen Wechsel zwischen Musikverein *(siehe S. 150)* und Konzerthaus *(siehe S. 229)*.
Spanische Hofreitschule *(bis Juni)*. Vorstellungen der Lipizzaner in der Spanischen Hofreitschule *(siehe S. 100f)*.
Hofburgorchester *(bis Okt)*. Konzerte im Musikverein *(siehe S. 150)* und in der Hofburg *(siehe S. 98f)*.
Kursalon Wien *(bis Ende Okt)*. Konzerte im Freien *(siehe S. 229)*. Ansonsten Konzerte das ganze Jahr über.

Mai

Tag der Arbeit *(1. Mai)*. Gesetzlicher Feiertag. Umzüge und Reden am Rathausplatz und auf der Ringstraße.
Maifest *(1. Mai)* im Prater *(S. 164f)*. Fest mit Musik und Kinderprogramm.
Wiener Musikfestival *(6. Mai – 12. Juni)*. Teil der Wiener Festwochen, die kurz vorher im Wiener Konzerthaus *(S. 229)* und MuseumsQuartier *(S. 122)* beginnen.
Tanz auf der *Vindobona* *(15. Mai – Ende Sep)*. Das Schiff legt am Schwedenplatz ab, bei der Donaufahrt können Sie das Tanzbein schwingen.
Wiener Festwochen *(Mitte Mai – Mitte Juni)*. Wiens größtes Festival mit Opern- und Theateraufführungen, Performance und Tanz.

Durchschnittliche tägliche Sonnenstunden

Std.

[Balkendiagramm: Jan ca. 1,8; Feb ca. 2,5; März ca. 4; Apr ca. 5,5; Mai ca. 7; Juni ca. 7,5; Juli ca. 7,5; Aug ca. 7,5; Sep ca. 6; Okt ca. 4; Nov ca. 2; Dez ca. 1,5]

Sonnenschein

Am meisten Sonne genießt man im Juni, Juli und August, wenn es auch am wärmsten ist. Im Sommer kann sich der Himmel allerdings durchaus auch wolkenverhangen zeigen. Im Herbst gibt es häufig noch recht sonnige und auch warme Tage.

Sommer

Der Sommer in Wien ist betriebsam und erholsam zugleich. Die Theater haben Ferien. Im Opernhaus und im Volkstheater findet dafür im Juli das Jazzfestival statt, im Schlosstheater (Park Schönbrunn) werden Opern und Operetten aufgeführt. Sonnenbaden und schwimmen können Sie am Donaustrand, der auch für andere Wassersportarten geeignet ist.

Vor der Votivkirche im Sommer

Juni

Fronleichnam *(60. Tag nach Ostersonntag)*. Große Prozession.

Concordiaball *(2. Fr im Juni)*. Festlicher Ball in den Festsälen und im Arkadenhof des Neuen Rathauses *(siehe S. 132)*.

Vienna Pride und **Regenbogenparade** *(Mitte Juni)*. Einer der Höhepunkte des schwullesbischen Jahrs in Wien.

Donauinselfest *(letztes Wochenende im Juni)*. Popkonzert auf der Donauinsel.

Juli

Open-Air-Filme, Opern und Konzerte *(bis Sep)* kostenlos auf einer Riesenleinwand am Rathausplatz.

Oper Klosterneuburg *(Juli)*. Dieses im Kaiserhof in Klosterneuburg nördlich von Wien stattfindende Festival zählt zu den Höhepunkten der Opernsaison *(siehe S. 229)*.

Jazz Fest Wien *(Ende Juni – Mitte Juli)*. Jazzkonzerte mit bekannten Künstlern. Veranstaltungsorte sind u. a. die Staatsoper *(S. 140f)*, der Club Porgy & Bess *(S. 229)* und der Arkadenhof im Neuen Rathaus *(S. 132)*.

Piber Meets Vienna *(Juli/Aug)*. Das Sommerprogramm der Spanischen Hofreitschule zeigt neben jungen künftigen Zuchtstuten auch Mutterstuten mit ihren kleinen Fohlen, verschiedene historische Anspannungen mit Originalkutschen und Kutschern in traditionellen Uniformen *(siehe S. 100f)*.

Badefreuden an der Donau

ImPulsTanz – Vienna International Dance Festival *(Mitte Juli – Mitte Aug)*. Avantgarde-Tanz mit Aufführungen und Workshops im Volkstheater *(siehe S. 230)*, MuseumsQuartier *(siehe S. 122)* und Arsenal.

Seefestspiele Mörbisch *(meist Do – So Mitte Juli – Ende Aug)*. Jährliches Operettenfestival auf der weltgrößten Operetten-Seebühne in Mörbisch (etwa 40 km von Wien).

August

Mariä Himmelfahrt *(15. Aug)*. Gesetzlicher katholischer Feiertag.

Praterrummel *(Sa im Aug)*. Familienspaß mit Rahmenprogramm *(S. 164f)*.

Seefestspiele Mörbisch: jährliches Operettenfestival vor der Kulisse des Neusiedler Sees *(Juli – Aug)*

Durchschnittliche monatliche Niederschläge

mm
100 —
80 —
60 —
40 —
20 —
0 —
Jan Feb März Apr Mai Juni Juli Aug Sep Okt Nov Dez

Niederschläge
Der Sommer ist die wärmste Jahreszeit, aber auch sehr feucht, sodass es in der Stadt frisch bleibt. Im Frühjahr und im Herbst gibt es milde Tage mit Nieselregen. Im November kann es sehr feucht sein. Die jährliche Niederschlagsmenge beträgt etwa 600 Millimeter.

Herbst
Im Herbst erwacht Wien zu neuem Leben. In den Theatern beginnt die nächste Spielsaison, so auch in der Wiener Staatsoper. Die neue Herbstkollektion lockt die Kundinnen in die Modeboutiquen. Und eines Tages entdeckt man ganz unvermittelt Sankt Nikolaus und seinen Gefährten Krampus, den pfiffigen, haarigen Teufel, im Schaufenster. Nach dem 6. Dezember werden überall in der Stadt die Auslagen weihnachtlich dekoriert.

September
Spanische Hofreitschule *(bis Ende Okt)*. Lipizzaner-Vorstellungen *(S. 100f)*.
Wiener Sängerknaben *(Mitte Sep – Dez)*. Sie singen die Sonntagsmesse in der Burgkapelle *(S. 105)*.
Trabrennen in der Krieau *(bis Juni)*. Pferderennen im Prater *(S. 164f)*.

Oktober
Nationalfeiertag *(26. Okt)*. Zum Gedenken an den Staatsvertrag mit der Klausel der immerwährenden Neutralität von 1955 und das Ende der Besatzung durch die Alliierten seit 1945.

Auftritt der Wiener Sängerknaben im Konzerthaus

Krampus, der schlaue, haarige Teufel und Gefährte des Nikolaus

Viennale *(Mitte –Ende Okt)*. Filmfestival mit österreichischen und internationalen Premieren, restaurierten Filmen, Spezialthemen und Retrospektiven.
Wien modern *(Ende Okt – Ende Nov)*. Festival moderner Musik (20. Jh.) im Konzerthaus *(S. 229)* und im Musikverein *(S. 150)*.

November
Allerheiligen *(1. Nov)*. Gesetzlicher katholischer Feiertag zu Ehren aller Heiligen.
KlezMore Festival Vienna *(2. Woche im Nov)*. Klezmermusik an verschiedenen Orten.
Vienna Art Week *(3. Woche im Nov)*. Ausstellungen zeitgenössischer Kunst. Diskussionen, Vorträge, Künstlergespräche, Spezialführungen, Installationen, Interventionen und Performances.
Krippenschau *(bis Mitte Dez)*. Krippenausstellung in der Peterskirche *(S. 89)*.
Christkindlmarkt *(2. Sa im Nov – Ende Dez)*. Weihnachtsmarkt und Kinderwerkstatt am Rathaus *(S. 132)*.
Weihnachtsmärkte *(ab letztem Sa im Nov)*. Freyung, Heiligenkreuzerhof, Karlsplatz, Schönbrunn und Spittelberg.
Internationale Chöre *(letztes Wochenende im Nov und Adventswochenenden)*. Chormusik im Rathaus *(S. 132)*.

Durchschnittliche monatliche Temperaturen

°C
25
20
15
10
5
0

Jan Feb März Apr Mai Juni Juli Aug Sep Okt Nov Dez

Temperaturen
Die Grafik zeigt die monat-lichen Durchschnittstempe-raturen. Im Juli und August ist es am wärmsten. Die Monate Mai, Juni und Sep-tember sind ebenfalls recht warm. Im Januar können die Temperaturen gegebenen-falls auch auf unter –10°C fallen.

Winter

Die Kohleöfen der Maroniröster gehören zum winterlichen Stadtbild. Vor Weihnachten kommen Stände mit Glühwein und warmen Speisen hinzu, die Schaufenster erstrahlen in weihnachtlich-festlicher Be-leuchtung.

Die Heilige Nacht wird in Wien mit einem traditionellen Mahl zelebriert: Zum Auftakt gibt es Fischbeuschelsuppe, dann gebratenen Karpfen. Am ersten Feiertag essen die Wie-ner traditionell Weihnachts-gans, doch auch Truthahn wird immer beliebter.

Das neue Jahr markiert den Beginn des berühmten Wiener Karnevals.

Dezember

Weihnachtsmärkte *(sie begin-nen ab Ende November, siehe S. 66).*

Feiertage

Neujahr *(1. Jan)*
Heilige Drei Könige *(6. Jan)*
Ostermontag *(variabel)*
Tag der Arbeit *(1. Mai)*
Christi Himmelfahrt *(variabel)*
Pfingstmontag *(50 Tage nach Ostersonntag)*
Fronleichnam *(variabel)*
Mariä Himmelfahrt *(15. Aug)*
Nationalfeiertag *(26. Okt)*
Allerheiligen *(1. Nov)*
Mariä Empfängnis *(8. Dez)*
Christtag *(25. Dez)*
Stefanitag *(26. Dez)*

Maroniröster im Winter

Mariä Empfängnis *(8. Dez).* Ge-setzlicher Feiertag zu Ehren der Unbefleckten Empfängnis.
Mitternachtsmesse *(Heilig-abend)* im Stephansdom *(S. 74f)* bei freiem Eintritt. Nur wer früh kommt, erhält einen Sitzplatz.
Stefanitag *(26. Dez).* Gesetz-licher Feiertag.
Silvesteraufführung der *Fledermaus (31. Dez)* in der Staatsoper *(S. 140f)* und Volks-oper *(S. 228).* Die Aufführung wird auf einer Großleinwand am Stephansplatz übertragen.
Silvesterkonzerte im Konzert-haus *(S. 229)* und im Musikver-ein *(S. 150).*
Kaiserball *(31. Dez)* in der Hof-burg *(S. 98f).*
Silvesternacht im Zentrum: Straßenfest mit Essen, Drinks, Musik und Tanz.

Januar

Neujahrskonzert *(31. Dez und 1. Jan)* der Wiener Philharmoni-ker im Musikverein *(S. 150).* Ticketverkauf am 2. Januar je-weils ein Jahr im Voraus *(S. 228).*
Beethovens Neunte Sympho-nie *(31. Dez und 1. Jan)* im Kon-zerthaus *(S. 229).*

Fasching *(6. Jan –Aschermitt-woch).* Hierzu gehört auch der **Heringsschmaus** *(Aschermitt-woch)* mit Büfett.
Holiday on Ice *(Mitte –Ende Jan)* Stadthalle, Vogelweidplatz.
Resonanzen *(2. und 3. Woche im Jan).* Reihe für alte Musik im Konzerthaus *(S. 229).*
Wiener Eistraum *(Ende Jan – März).* Eislaufbahn vor dem Rathaus *(S. 132).*
Blumenball *(Mitte Jan),* Rat-haus. Das Rathaus verwandelt sich in ein Blumenmeer.

Februar

Opernball *(letzter Do vor Faschingsdienstag).* Einer der größten Bälle weltweit *(siehe S. 141).*
Johann-Strauß-Ball *(Mitte Feb).* Walzerseligkeit im Kursalon *(siehe S. 184f).*
Szene Bunte Wähne *(Ende Feb).* Tanzfestival im MuseumsQuar-tier *(siehe S. 122f)* und im WUK (Währinger Straße 59), das junge Leute anspricht.
Internationales Akkordeon Festival *(Ende Feb).* Konzerte an verschiedenen Orten der Stadt.

Christkindlmarkt vor dem Neuen Rathaus *(Ende Nov/Dez)*

Blick auf Wien vom Stephansdom *(siehe S. 74f)* ▶

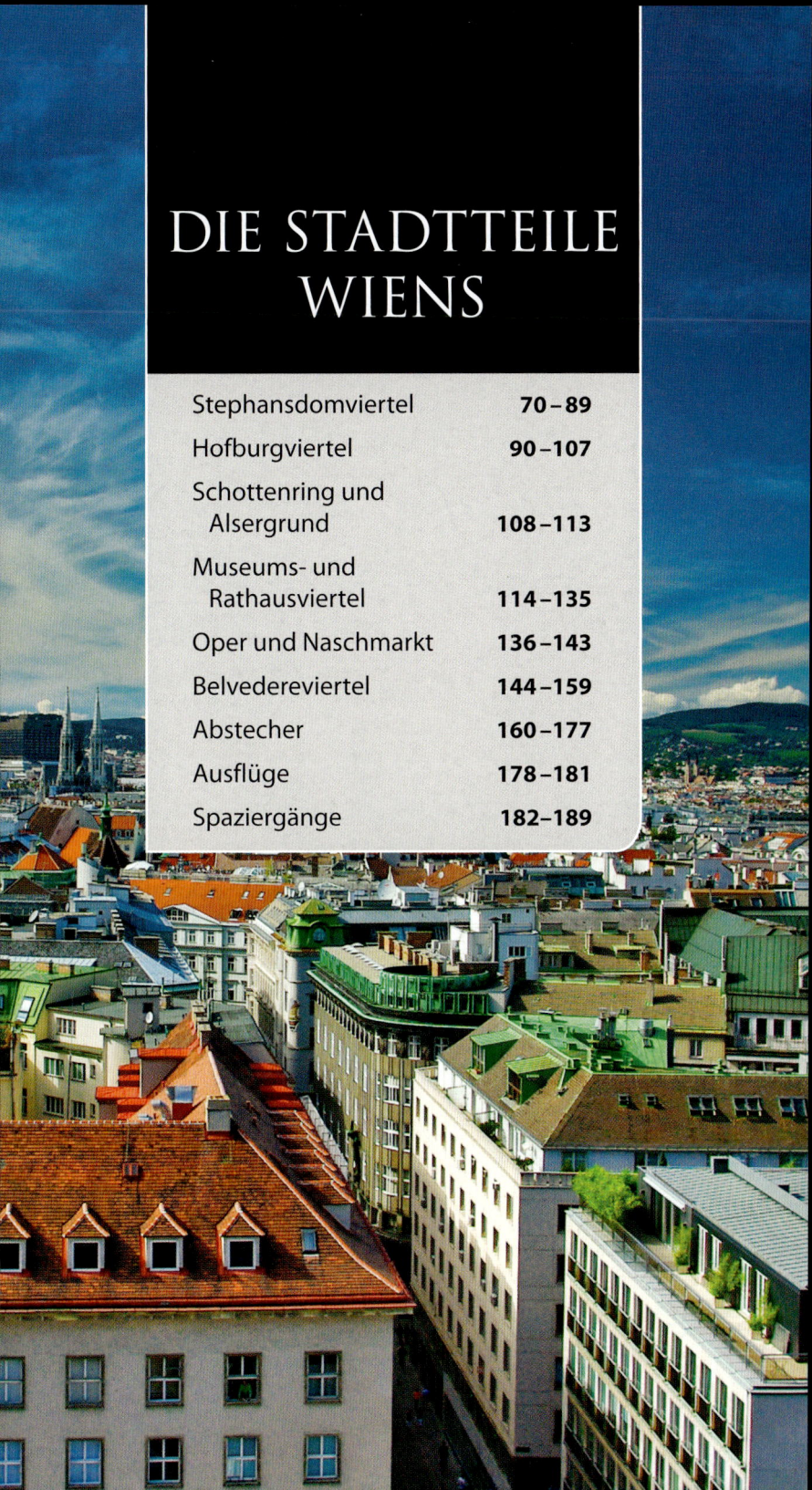

DIE STADTTEILE WIENS

Stephansdomviertel

Die gewundenen Straßen, krummen Gassen und weitläufigen Plätze um den Stephansdom bilden den historischen Kern Wiens. Ausgrabungen nach dem Zweiten Weltkrieg legten an dieser Stelle die Reste eines rund 2000 Jahre alten römischen Kastells frei. Der Stadtteil trägt auch architektonische Spuren nachfolgender Epochen – von den romanischen Bogen der Ruprechtskirche bis hin zum Haas-Haus, dem spektakulären Stahl-Glas-Bau am Stephansplatz. Städtische Ämter, Restaurants und elegante Geschäfte haben hier ihren Sitz. Im Mittelpunkt aber erhebt sich der Stephansdom.

Sehenswürdigkeiten auf einen Blick

Straßen und Plätze
- ❸ Blutgasse
- ❹ Domgasse
- ❻ Grünangergasse
- ❿ Schönlaterngasse
- ⓬ Sonnenfelsgasse
- ⓮ Bäckerstraße
- ⓲ Annagasse
- ㉓ Fleischmarkt
- ㉔ Griechengasse
- ㉖ Jüdisches Viertel
- ㉗ Hoher Markt
- ㉛ Judenplatz
- ㉝ Kurrentgasse
- ㉟ Am Hof

Historische Gebäude
- ❾ Akademie der Wissenschaften
- ⓭ Heiligenkreuzerhof
- ⓯ Haas-Haus
- ⓱ Winterpalais des Prinzen Eugen
- ㉒ Postsparkasse
- ㉘ Böhmische Hofkanzlei
- ㉙ Altes Rathaus

Kirchen und Kathedralen
- ❶ *Stephansdom S. 74–77*
- ❷ Deutschordenskirche
- ❼ Dominikanerkirche
- ❽ Jesuitenkirche
- ⓰ Franziskanerkirche
- ⓳ Annakirche
- ㉕ Ruprechtskirche
- ㉚ Maria am Gestade
- ㉞ Kirche am Hof
- ㊱ Peterskirche

Museen und Sammlungen
- ❺ Mozarthaus Vienna
- ⓫ Dom- und Diözesanmuseum
- ⓴ Haus der Musik
- ㉑ *Museum für angewandte Kunst (MAK) S. 84f*
- ㉜ Uhrenmuseum

Stadtplan *2, 6*

Restaurants im Stephansdomviertel
siehe S. 210–212

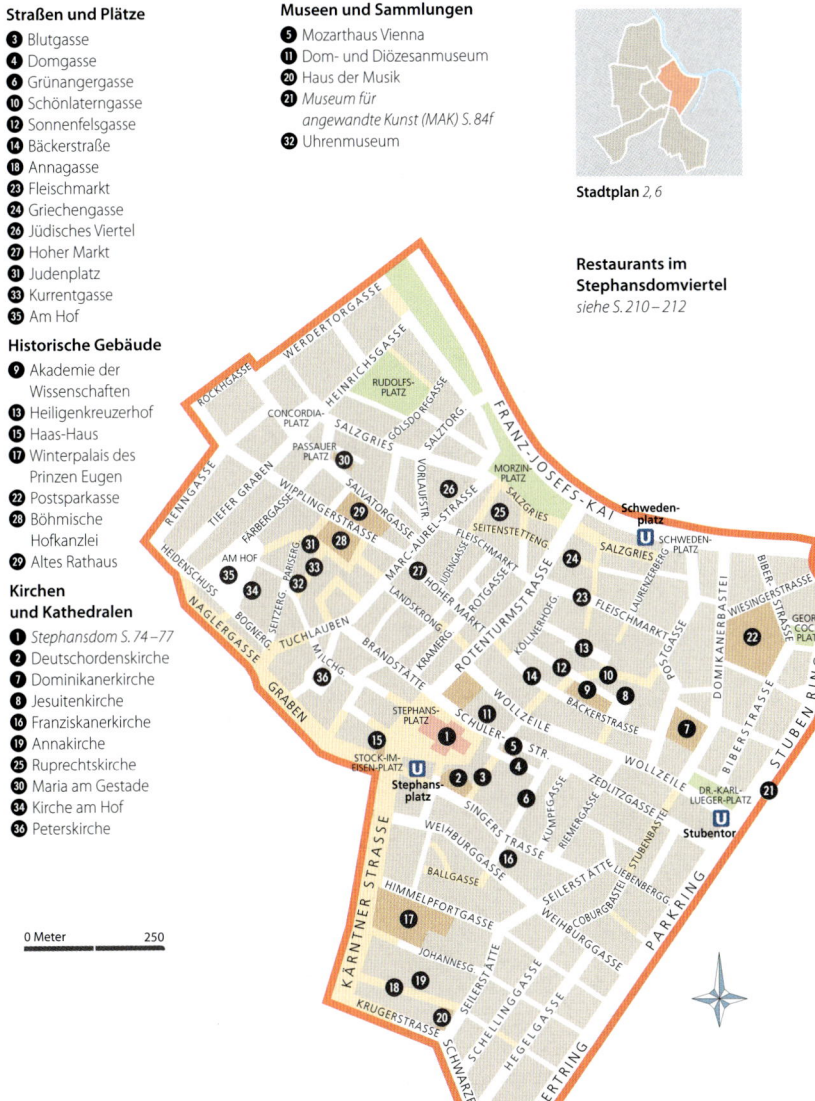

0 Meter   250

◀ Im Stephansdom (*siehe S. 74–77*)

Zeichenerklärung
siehe hintere Umschlagklappe

Im Detail: Wiener Altstadt

Dieser Teil der Innenstadt zeigt noch das mittelalterliche Gepräge, den Grundriss mit engen Gassen, Durchhäusern und geräumigen Innenhöfen. Deutlich spürbar ist zudem der frühere Einfluss der Kirche durch die Präsenz verschiedener Orden – der Dominikanermönche, der feudalistischen Deutschritter und der Jesuiten. Die Altstadt wirkt ausgesprochen belebt: Bis zum Morgengrauen drängen sich die Menschen in den Restaurants und Bars der Bäckerstraße und Schönlaterngasse. Über allen Bauten im Herzen Wiens erhebt sich der Stephansdom mit seinem 137 Meter hohen Turm.

⓫ ★ Dom- und Diözesanmuseum
Ein Großteil der Sammlung stammt von Herzog Rudolf IV.

❶ ★ Stephansdom
Es dauerte Jahrhunderte, bis der Dom mit seinen vielen Kunstwerken aus Mittelalter und Renaissance vollendet war.

❷ Deutschordenskirche
Die Schatzkammer des Deutschordenshauses befindet sich neben der gotischen Kirche.

Das Teehaus Haas & Haas ist ein hübsches, einladendes Kaffee- und Teehaus.

Kärntner Straße

STEPHANS-PLATZ

Roten-turmstraße

STROBELGASSE

BLUTGASSE

SINGERSTRASSE

GRÜNA

❺ Mozarthaus Vienna
Hier komponierte Mozart von 1784 – 87 einige seiner größten Werke.

❹ Domgasse
Im Haus Nr. 8 der hübschen Gasse befindet sich die Buchhandlung 777.

❸ Blutgasse
Innenhöfe wie dieser sind typisch für die Wohnhäuser in der Blutgasse.

Restaurants im Stephansdomviertel siehe Seiten 210 – 212

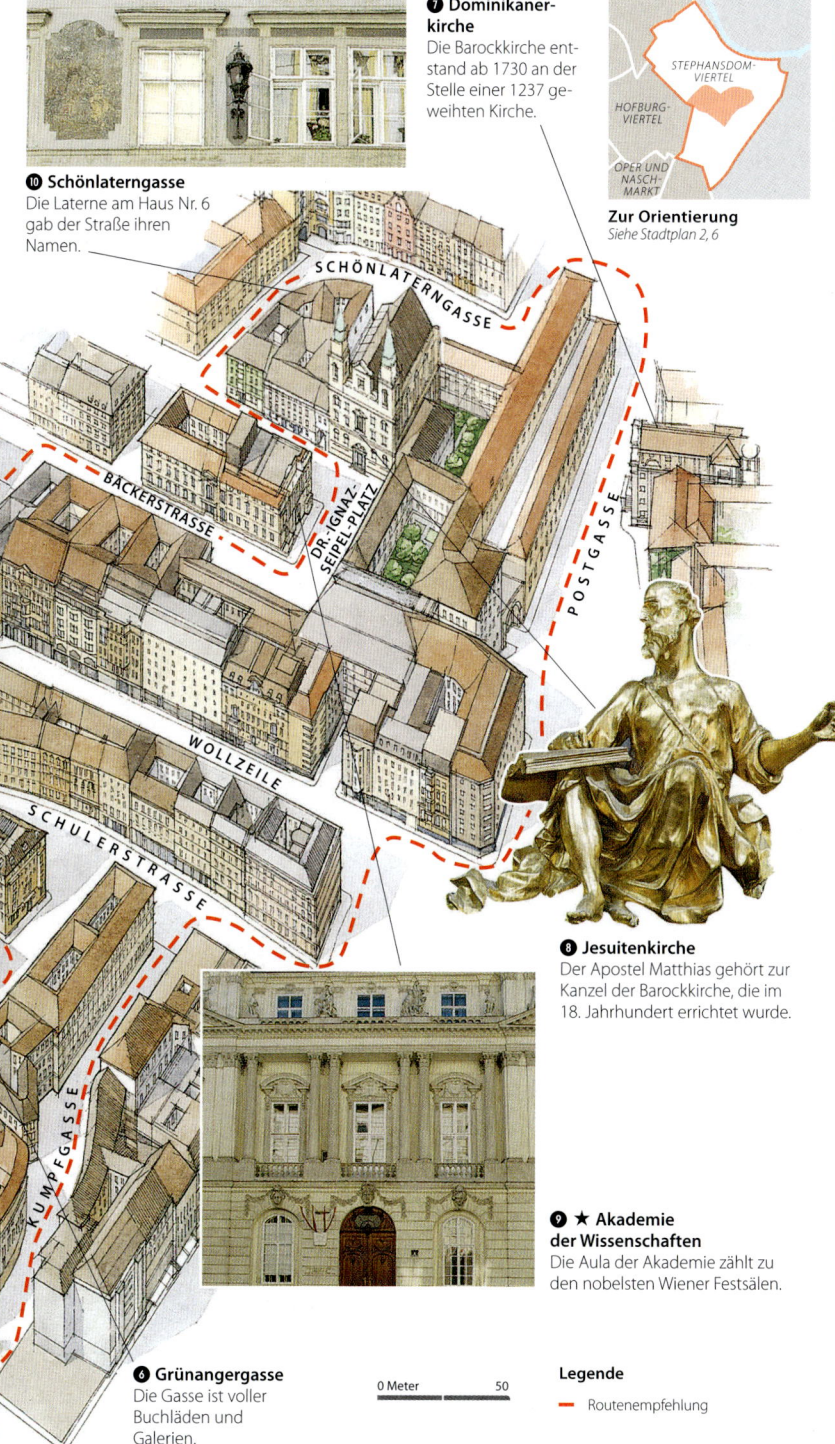

❼ Dominikaner-kirche
Die Barockkirche entstand ab 1730 an der Stelle einer 1237 geweihten Kirche.

Zur Orientierung
Siehe Stadtplan 2, 6

STEPHANSDOM-VIERTEL

HOFBURG-VIERTEL

OPER UND NASCH-MARKT

❿ Schönlaterngasse
Die Laterne am Haus Nr. 6 gab der Straße ihren Namen.

SCHÖNLATERNGASSE

BÄCKERSTRASSE

DR.-IGNAZ-SEIPEL-PLATZ

POSTGASSE

WOLLZEILE

SCHULERSTRASSE

KUMPEGASSE

❽ Jesuitenkirche
Der Apostel Matthias gehört zur Kanzel der Barockkirche, die im 18. Jahrhundert errichtet wurde.

❾ ★ Akademie der Wissenschaften
Die Aula der Akademie zählt zu den nobelsten Wiener Festsälen.

❻ Grünangergasse
Die Gasse ist voller Buchläden und Galerien.

0 Meter   50

Legende

— Routenempfehlung

Stadtplan *siehe Seiten 256–267*

❶ Stephansdom

Mitten in Wien ragt das Wahrzeichen der Stadt hoch empor: die Domkirche St. Stephan zu Wien. Es ist sicher kein Zufall, dass sich bis heute in den Urnen unterhalb des Hauptaltars die Überreste einiger Habsburger befinden. Das Riesentor und die beiden Heidentürme sind die letzten Zeugnisse der spätromanischen Kirche, die im 13. Jahrhundert an dieser Stelle erbaut wurde. Das gotische Mittelschiff, der Chor und die Seitenkapellen entstanden während der Neugestaltung des Doms im 14. und 15. Jahrhundert. Nebengebäude wie die Untere Sakristei kamen in der Barockzeit hinzu.

★ **Riesentor und Heidentürme**
Tor und Türme bilden den romanischen Kern des Doms.

Außerdem

① **Untere Sakristei**

② **Die Nummer »05«** der österreichischen Widerstandsbewegung wurde 1945 eingemeißelt. Dabei steht die Null für O, die Fünf für den, fünften Buchstaben des Alphabets (also 05 = OE für Österreich).

③ **Haupteingang**

④ **Pilgrams Kanzel** *(siehe S. 76)*

⑤ **Eingang zu den Katakomben**

⑥ **Beim Nordturm** soll Baumeister Puchsbaum seinen Teufelspakt gebrochen haben (er rief die Jungfrau Maria an). Daraufhin stürzte er zu Tode, der Turm blieb unvollendet.

⑦ **Südöstlicher Eingang**

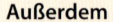

★ **Singertor**
Durch dieses Tor betraten die männlichen Besucher das Kircheninnere. Über der Tür befindet sich ein Relief mit Szenen aus dem Leben des hl. Paulus.

★ Steffl oder Stephansturm
Der 136,7 Meter hohe gotische Turm gilt als Wahrzeichen Wiens. Von der Turmstube *(siehe S. 77)* aus gelangen die Besucher über eine Treppe auf die Aussichtsplattform.

Infobox

Information
Stephansplatz 3, A-1010. **Stadtplan** 2 E5 u. 6 D3. ☎ (01) 51552 3054. ☐ Mo–Sa 6–22, So, Feiertage 7–22 Uhr. ☐ Mo–Sa 9–11.30, 13–16.30, So 13–16.30 Uhr. ☐ tägl. mehrmals. **Nordturm** (Aufzug zur Pummerin): tägl. 8.15–16.30 Uhr (Juli, Aug: bis 18 Uhr). **Steffl** tägl. 9–17.30 Uhr. **Katakomben** tägl. 🎧 ♿ 📷 🏛 📷 *Konzerte.* 🆆 stephanskirche.at

Anfahrt
Ⓤ Stephansplatz. 🚌 1A.

★ Ziegeldach
Fast eine Viertelmillion Ziegel bedecken das Dach, das in den letzten Tagen des Zweiten Weltkriegs zerstört und später liebevoll restauriert wurde.

Johannes Capistran
Die Kanzel in der Nordostecke des Chors wurde um das Jahr 1430 errichtet. Von hier aus soll der italienische Franziskanermönch und Wanderprediger Giovanni da Capistrano (1386–1456) durch seine Gebete die türkische Invasion verhindert haben. Die Barockstatue aus dem 18. Jahrhundert, die sich über der Kanzel befindet, stellt den triumphierenden Heiligen mit einem besiegten Feind dar.

1147 Auf der vom Bischof von Passau geweihten Stätte entsteht die erste romanische Kirche

1304 Herzog Rudolf IV. veranlasst den Bau des hochgotischen Albertinischen Chors

1515 Anton Pilgrams Kanzel entsteht

1711 Guss der Pummerin aus den Waffen, die von den Türken erobert wurden

1948 Ende der Rekonstruktion und Restaurierung

1100	1200	1300	1400	1500	1600	1700	1800	1900	2000

1230 Das zweite romanische Gebäude entsteht

1359–1440 Bau von Seitenschiff, Südbogen und Südtürmen

1515 Doppelhochzeit der Enkel Maximilians mit den Kindern des Königs von Ungarn

1556 Überdachung des Nordturms

1783 Wegen der Pest Sperrung des Innenhofs

1916 Begräbnis von Kaiser Franz Joseph

1945 Brand im Dom nach einem Bombenhagel

Stephansdom: Innenraum

Das hoch gewölbte Innere des Doms birgt eine beeindruckende Kunstsammlung, die den Bogen über mehrere Jahrhunderte spannt: Zu den Meisterwerken der Gotik zählen die prächtig verzierte Kanzel, einige Heiligendarstellungen an den Pfeilern und die Baldachine der Nebenaltäre. Den Wiener Neustädter Flügelaltar (15. Jh.) links vom Hochaltar schmücken 72 Heiligenbilder. Hinter den Altarflügeln befinden sich kunstvolle Skulpturengruppen. Das imposanteste Renaissance-Werk bildet das Hochgrab Friedrichs III. – und der Hauptaltar verleiht dem Ganzen eine hochbarocke Note.

Katakomben
Eine Treppe führt zu den Katakomben, die unter dem Domplatz liegen.

Selbstbildnis Pilgrams
Das Selbstbildnis von Dombaumeister Anton Pilgram mit Zirkel und Winkel befindet sich am Orgelfuß.

★ Pilgrams Kanzel
Die Büsten der vier Kirchenväter (jeder verkörpert eines der vier Temperamente) schmücken die kunstvoll verschlungene gotische Kanzel. Meister Pilgram selbst blickt aus einem »Fenster« darunter.

Orgelempore und Gehäuse
Die Orgel wurde im Jahr 1960 auf der Empore über dem Haupteingang installiert. Eine neuere Orgel steht im Südchor.

Pummerin
Die im Nordturm hängende Glocke, die sogenannte Pummerin, ist ein Symbol für die turbulente Vergangenheit Wiens. Das Original war aus von den Türken 1683 erbeuteten Kanonen gegossen worden. 1945, beim Großbrand im Dom, fiel die alte Glocke aus dem Jahr 1711 durch das Dach nach unten und zerbrach. Aus den Überresten entstand eine neue, noch größere Glocke.

★ Wiener Neustädter Altar

Friedrich III. (1447) stiftete diesen kunstvoll gestalteten Altar. Die bemalten Altarflügel öffnen sich auf ein früher datiertes Mittelstück mit Szenen aus dem Leben Mariä und Christi. Diese Tafel zeigt die *Anbetung der Könige* (1420).

★ Hochaltar

Tobias Pocks Altarbild zeigt die Steinigung des hl. Stephanus. Die Skulpturen schuf 1647 der Künstler Johann Jakob Pock.

Außerdem

① **Der Baldachin mit Pötscher Madonna** stammt aus dem 16. Jahrhundert. Er bewacht eine Marienikone (1697), der man den Sieg Prinz Eugens über die Türken bei Zenta zuschreibt. Der Baldachin stammt aus der ungarischen Stadt Pécs (Fünfkirchen).

② **Haupteingang**

③ **Die Statue de Gekreuzigten** über dem Altar hat Barthaare, die – angeblich – nachwachsen.

④ **In der Tirna-Kapelle** ruhen die Überreste von Prinz Eugen.

⑤ **Bischofstor**

⑥ **Aufzug zur Pummerin**

⑦ **Zahnwehherrgott** (1420) – so lautet der respektlose Name für den Schmerzensmann. Angeblich sollen Spötter vor dem Kruzifix geheilt und bekehrt worden sein.

⑧ **Ausgang aus der Krypta**

⑨ **Albertinischer Chor**

⑩ **Das Grab Kaiser Friedrichs III.** aus rot geädertem Marmor

besitzt eine Grabplatte mit einem täuschend echt wirkenden Kaiserporträt (15. Jh.).

⑪ **Vom Messnerhaus** gelangt man über eine Treppe zur Turmstube.

⑫ **Katharinenkapelle**

⑬ **Dienstbotenmadonna**

⑭ **Der Füchsel-Baldachin** ist eine kostbare gotische Arbeit.

⑮ **Der Dreifaltigkeits-Altar** stammt vermutlich von 1740.

❷ Deutschordens-kirche

Singerstraße 7. **Stadtplan** 2 E5 u. 6 D3. **Karte** G6. ☎ (01) 5121 065. Ⓤ Stephansplatz. **Kirche** ◗ tägl. 7–18 Uhr. **Schatzkammer** ◗ Di, Do, Sa 10–12, Mi, Fr 15–17. ◖ Mo, So, Feiertage.

Die Klosterkirche gehört dem im 12. Jahrhundert gegründeten Deutschritterorden. Sie ist im gotischen Stil des 14. Jahrhunderts erbaut. Von der Vorgängerkirche (13. Jh.) ist der Kirchturm erhalten. Um 1720 wurde das Langhaus der Kirche von Anton Erhard Martinelli zu einem ovalen Raum im Barockstil umgebaut. An den Wänden hängen zahlreiche Gedenktafeln und Wappen der Deutschen Ritter. Der flämische Altar von 1520 zeigt Tafelbilder und Reliefs des Passionsweges Christi unter einem Baldachin in schönem Filigranmuster.

Die Ordensschatzkammer auf der anderen Seite des Hofs dient als Museum für die von den Großmeistern zusammengetragenen, vielfältigen Sammlungen. Beginnen Sie mit der Besichtigung der Münz- und Medaillensammlung, die auch einen Inthronisationsring (13. Jh.) enthält. Im zweiten Saal sieht man kunstvolle Filigranarbeiten, etwa Kelche und Messbecher, sowie eine Sammlung von Amtsstäben, Kreuzen und Messgewändern. Den Abschluss bilden

Fähnrichshof, der Innenhof der Blutgasse 9

gotische Gemälde und eine Kärntner Schnitzarbeit des *Hl. Georg mit dem Drachen* (1457).

❸ Blutgasse

Stadtplan 2 E5 u. 6 D3. **Karte** G/H6. Ⓤ Stephansplatz.

Der Sage nach erinnert der Name an ein Massaker, bei dem 1312 das Blut der militärisch organisierten Tempelritter in Strömen durch diese Gasse floss. Doch die Straße ist schöner als ihr Name. Die hohen Mietshäuser datieren meist aus dem 18. Jahrhundert. Im Hof der Blutgasse 3 kann man einen gelungenen Verbund von Höfen und Wohnungen sehen, das Ergebnis einer geglückten Renovierung durch die Stadt. Besonders eindrucksvoll ist der Fähnrichshof in der Blutgasse 9.

❹ Domgasse

Stadtplan 2 E5 u. 6 D3. **Karte** H6. Ⓤ Stephansplatz.

Außer dem Mozarthaus ist auch der luftige Trienter Hof in der Domgasse sehenswert. Aus dem Mittelalter stammt Haus Nr. 6, Kleiner Bischofshof bzw. -haus genannt. Die Fassade schuf Matthias Gerl 1761. Im angrenzenden Haus wohnte und starb 1694 Georg Franz Kolschitzky. Als Lohn für seinen Heldenmut bei der Türkenbelagerung von 1683 soll er nur ein paar Pfund türkischen Kaffee verlangt haben, um später das erste Wiener Kaffeehaus zu eröffnen. Ob diese Geschichte stimmt, ist fraglich.

❺ Mozarthaus Vienna

Domgasse 5. **Stadtplan** 2 E5 u. 6 D3. **Karte** H6. ☎ (01) 5121 791. Ⓤ Stephansplatz. ◗ tägl. 10–19 Uhr. ◪ ▢ ◮ Ⓦ **mozarthausvienna.at**

Von 1784 bis 1787 lebte Mozart mit seiner Familie im ersten Stock des Hauses. Der Komponist hatte insgesamt elf Wohnungen in Wien. In diesem Gebäude entstanden viele Meisterwerke: die exquisiten Haydn-Quartette, einige Klavierkonzerte und *Die Hochzeit des Figaro*. Das Mozarthaus wurde zum Mozartjahr 2006 renoviert und präsentiert auf vier Ebenen Leben und Werk des Musikgenies. Im Erdgeschoss sind ein Café und ein Museumsladen.

Flügelaltar der Deutschordens-kirche (1520)

Restaurants im Stephansdomviertel *siehe Seiten 210–212*

Das prachtvolle Hauptschiff der Dominikanerkirche

❻ Grünangergasse

Stadtplan 6 D3 u. D4. **Karte** H6.
Ⓤ Stephansplatz.

Das Traditionslokal Zum Grünen Anker (Nr. 10) – eine Gaststätte, in der im 19. Jahrhundert Franz Schubert verkehrte – gab der Gasse den Namen. Das Tor von Nr. 8 schmückt ein Relief mit Wiener Backwerk – Laiberl, Beugel und Brezeln. Es ist das Kipferlhaus, benannt nach dem Gebäck. Den Torbogen des früheren Palais Fürstenberg (1720) ziert das Relief eines rennenden Hundepaars.

❼ Dominikanerkirche

Postgasse 4. **Stadtplan** 2 E5 u. 6 E3.
Karte H6. Ⓒ (01) 5129 174. Ⓤ Stephansplatz, Schwedenplatz. Ⓞ Mo – Sa 7–19, So 7– 21 Uhr.

Der Dominikanerorden kam 1226 nach Wien und weihte hier um 1237 seine erste Kirche. Die heutige Kirche mit der majestätischen Barockfassade entstand etwa 1630 nach Antonio Canevales Entwürfen. Beeindruckend ist auch das reich geschmückte Innere. Die Kapelle rechts zieren Gitter und Leuchter im Rokoko-Stil. Über der Westpforte thront eine vergoldete Orgel mit einem Gehäuse aus dem 18. Jahrhundert. Sehenswert sind zudem die Fresken von Tencala und Rauchmiller sowie der Hochaltar.

❽ Jesuitenkirche

Dr.-Ignaz-Seipel-Platz 1. **Stadtplan** 2 E5 u. 6 E3. Ⓒ (01) 5125 2320. Ⓤ Stubentor, Stephansplatz, Schwedenplatz. Ⓞ tägl. 7–19 Uhr (So ab 8 Uhr).

Der italienische Architekt Andrea Pozzo baute die Kirche zwischen 1703 und 1705 um. Heute beherrscht ihre Fassade den gesamten Dr.-Ignaz-Seipel-Platz. Um 1720 beschlossen die Jesuiten, ihr Haupt-

quartier hierher zu verlegen, um die benachbarte Alte Universität besser kontrollieren zu können. Der Orden war die beherrschende Macht hinter der Gegenreformation. Er rekatholisierte die Stadt, seine Macht offenbarte sich in Umfang und Höhe dieser Kirche.

Im überladenen Kirchenschiff umrahmen Marmorsäulen die Seitenkapellen. Die Deckenfresken sind geschickte Illusionsmalerei. Das Gestühl ist reich mit Schnitzwerk verziert.

❾ Akademie der Wissenschaften

Dr.-Ignaz-Seipel-Platz 2. **Stadtplan**
2 E5 u. 6 E3. **Karte** H6. Ⓤ Schwedenplatz, Stubentor. Ⓒ (01) 515 810.
Ⓞ Mo – Fr 8 –17 Uhr. Ⓦ oeaw.ac.at

Das frühere Herzstück der Alten Universität besitzt eine imposante Barockfassade. Die Aula, die 1753 nach Plänen von Jean Nicolas Jadot de Ville-Issey errichtet wurde, wurde restauriert. Ein doppeltes Treppenhaus führt in einen großen Saal – seit der Umgestaltung nach dem Brand von 1961 ist er einer der größten Wiens.

Prächtige Fresken zieren die Decken des Festsaals. Die Marmorwände sind mit Rokoko-Stuckwerk versehen. Hier wurde 1808 Haydns *Schöpfung* in Anwesenheit des Komponisten aufgeführt. Es war sein letzter öffentlicher Auftritt – am Vorabend seines 76. Geburtstags.

Brunnen von F. J. Lenzbauer, Akademie der Wissenschaften (1755)

Stadtplan *siehe Seiten 256 –267*

Blick von der Schönlaterngasse auf die barocke Bernhardskapelle *(links)*

Sehr sehenswert sind die mittelalterlichen Holzschnitzereien. Der Domschatz enthält zahlreiche Stiftungen von Herzog Rudolf IV., so auch sein Leichentuch und Porträt, das ein böhmischer Meister um 1360 anfertigte *(siehe S. 72)*. Zudem werden ein Reliquiar (1592) des hl. Leopold mit Einlegearbeiten sowie bemerkenswerte Emaille-Arbeiten aus dem 12. Jahrhundert bewahrt.

Teile des Domschatzes sind derzeit auf der Westempore des Stephansdoms zu sehen.

⓬ Sonnenfelsgasse

Stadtplan 2 E5 u. 6 E3. **Karte** H6.
Ⓤ Stephansplatz, Schwedenplatz.

Schöne Häuser säumen die Sonnenfelsgasse. Obwohl sie architektonisch keineswegs uniform wirkt, stehen an der Nordseite viele Patrizier- und Handelshäuser aus dem späten 16. Jahrhundert. Nr. 19 (erbaut 1628, renoviert 1721) war ursprünglich Bestandteil der Alten Universität *(siehe S. 79)*. Nr. 11 besitzt einen eindrucksvollen Innenhof. Um Wohnraum zu schaffen, hat man die ehemaligen Balkone in voller Höhe verglast.

Haus Nr. 3 besticht durch seine Fassade. In den Kellergewölben von 1339 residiert der Zwölf-Apostelkeller, ein Stadtheuriger – das städtische Pendant zu einem Heurigenlokal, wie man eigentlich die Weinschänken der Wiener Umgebung bezeichnet, in denen der neue Wein ausgeschenkt wird.

Die Straße heißt nach dem Freiherrn Joseph von Sonnenfels, einem Schriftsteller der Aufklärung. Er war Maria Theresias juristischer Ratgeber, unter dessen Anleitung sie das Strafrecht reformierte und die Folter abschaffte.

**Madonna (1325)
im Dommuseum**

⓾ Schönlaterngasse

Stadtplan 2 E5 u. 6 E3. **Karte** H6.
Ⓤ Stephansplatz, Schwedenplatz.
Alte Schmiede 🖀 (01) 5128 329.
🕐 Mo–Fr 9–17 Uhr.
🆆 alte-schmiede.at

Ihren Namen verdankt die hübsche, verwinkelte Gasse der schönen schmiedeeisernen Laterne von Haus Nr. 6. Das Original von 1610 ist im Wien Museum Karlsplatz *(siehe S. 150)* zu sehen. Das solide Haus Nr. 4 (frühes 17. Jh.) folgt der Krümmung der Straße. Ein schlangenartiges Fabelwesen (1740) schmückt die Fassade des mittelalterlichen Basiliskenhauses (Nr. 7). 1212 soll hier in einem Brunnen ein Ungeheuer gesehen worden sein.

Der Komponist Robert Schumann lebte 1838/39 im Haus Nr. 7a. Die Alte Schmiede, die dem Haus Nr. 9 den Namen gab, wurde im Kellergeschoss

wiederaufgebaut. Im selben Komplex sind eine Kunstgalerie und ein Saal für Dichterlesungen und Musikworkshops untergebracht.

⓫ Dom- und Diözesanmuseum

Stephansplatz 6. **Stadtplan** 2 E5 u. 6 D3. **Karte** G6. 🖀 (01) 51552 3300. Ⓤ Stephansplatz. ⬤ wg. Renovierung bis 2015 *(siehe Website)*.
📷 ♿ 🆆 dommuseum.at

Das Museum zeigt u. a. sakrale Bilder bedeutender österreichischer Künstler des 18. Jahrhunderts wie Franz Anton Maulbertsch, einige rustikale Schnitzereien (16./17. Jh.) sowie Werke des niederländischen Malers Jan van Hemessen. Daneben sind zeitgenössische Kunstwerke zu sehen.

❸ Heiligen-kreuzerhof

Schönlaterngasse 5. **Stadtplan** 2 E5 u. 6 E3. **Karte** H6. ☎ (01) 5125 896. Ⓤ Schwedenplatz. ◯ Mo – Sa 6 – 21 Uhr. ◉ So. ♿ **Bernhardskapelle** ◯ nach Vereinbarung.

Grundbesitz in den Städten sicherten sich die mittelalterlichen ländlichen Klöster durch Präsenz vor Ort. Die Säkularisierung ab 1780 schmälerte diese Besitztümer. Das Stift der Abtei Heiligenkreuz *(siehe S. 178)* indes konnte erhalten werden.

In dem abgeschiedenen Hof mit Häusern aus dem 18. Jahrhundert ist das städtische Kolleg für angewandte Künste untergebracht. Die Bernhardskapelle von 1662 (um 1730 umgebaut) an der Südseite des Hofs ist ein Schmuckstück des Barock. An ihr befindet sich noch ein Mauerrest aus der Zeit der Babenberger (976 – 1246) – ein Zeichen dafür, dass auch dieses Bauwerk viel älter ist, als es einem zunächst erscheint.

Fresko am Haus Bäckerstraße 12

❹ Bäckerstraße

Stadtplan 2 E5 u. 6 D3. **Karte** H6. Ⓤ Stephansplatz.

Im Mittelalter waren in dieser Straße die städtischen Bäckereien untergebracht, heute ist sie eher für ihr Nachtleben bekannt. Der Turm von Nr. 2 stammt aus dem 17. Jahrhundert, das Gebäude hat auch einen hübschen Hof. Gegenüber, in Nr. 1, befindet sich der Alte Regensburgerhof, der Vorposten der bayrischen Kaufleute, die im 15. Jahrhundert in Wien Handel trieben. Nr. 8 ist das ehemalige Palais des Grafen Seilern (1722). Das Wohnhaus Nr. 7 weist den einzigen Renaissance-Arkadenhof mit Stallungen in Wien auf. Die

Häuser Nr. 12 und 14 sind ebenfalls im Stil der Renaissance erbaut.

❺ Haas-Haus

Stephansplatz 12. **Stadtplan** 2 E5 u. 6 D3. **Karte** G6. ☎ (01) 5356 083. Ⓤ Stephansplatz. ◯ tägl. 9 – 2 Uhr. ♿

Der bedeutende österreichische Architekt Hans Hollein wurde mit der heiklen Aufgabe betraut, ein modernes Gebäude direkt gegenüber dem Stephansdom zu errichten. So entstand 1990 das Haas-Haus: Die schimmernd glänzende Konstruktion aus Glas und blaugrünem Marmor beschreibt einen eleganten Bogen bis zum Graben hin. Der ansprechende, asymmetrische Bau ist mit dekorativen Elementen versehen – schief hängende Marmorkuben an der Fassade, oben ein sprungbrettartig vorkragender Mauerteil und innen eine japanische Brücke. Rund um das Atrium reihen sich Cafés, Geschäfte, das Restaurant DO & CO *(siehe S. 212)* und Büros.

❻ Franziskaner-kirche

Franziskanerplatz 4. **Stadtplan** 4 E1 u. 6 D4. **Karte** H7. ☎ (01) 5124 578. Ⓤ Stephansplatz. ◯ Mo – Sa 6 – 17.45, So 7 – 17.30 Uhr. ♿

Die Franziskaner ließen sich spät in Wien nieder und begannen mit dem Bau einer Kirche an der Stelle eines ehemaligen mittelalterlichen Konvents. Die Kirche (1603) dominiert den Franziskanerplatz. Die Fassade im Stil der süddeutschen Renaissance wird von einem verzierten Obeliskengiebel überdacht.

Den klassizistischen Moses-

Schillernde Fassade des Haas-Hauses (1990)

Ausschnitt von Andrea Pozzos Altar (1707), Franziskanerkirche

brunnen vor der Kirche schuf Johann Martin Fischer im Jahr 1798.

Das Kircheninnere ist in üppigem Barock dekoriert, mit einer kunstvoll gestalteten Kanzel (1726) und reichen Schnitzereien am Gestühl. Der eindrucksvolle Hochaltar von Andrea Pozzo reicht bis an die Decke. Dreidimensional ist nur die Vorderansicht – der Rest ist Illusionsmalerei. Ein Highlight ist die *Kreuzigung* (1725) von Carlo Carlone unter den Bildern an den Nebenaltären.

Für die Besichtigung der Orgel ist eine Erlaubnis der Mönche nötig, doch die Mühe lohnt: Es ist die älteste Orgel (1642) Wiens, entworfen von Johann Wöckerl. Sie ist mit Statuen musizierender Engel verziert. Das Gehäuse zeigt Darstellungen religiöser Themen.

Stadtplan *siehe Seiten 256 – 267*

Winterpalais des Prinzen Eugen: Atlanten in der Halle

⑰ Winterpalais des Prinzen Eugen

Himmelpfortgasse 4–8. **Stadtplan** 4 E1 u. 6 D4. **Karte** G7. 📞 (01) 7955 7134. Ⓤ Stephansplatz. **Prunkräume** 🕐 tägl. 10–18 Uhr. ♿

Prinz Eugen von Savoyen ließ 1694 das prächtige barocke Winterpalais errichten. Der Bau wurde von Fischer von Erlach begonnen und von Hildebrandt fortgeführt. Maria Theresia kaufte das Winterpalais für den Staat (1752). Vom barocken Stiegenhaus können Sie den Innenhof mit dem Rokoko-Brunnen sehen. Die Prunkräume des Palais sind seit 2013 Ausstellungsort des Belvedere (*siehe S. 154–159*).

⑱ Annagasse

Stadtplan 4 E1 u. 6 D4. **Karte** G7. Ⓤ Stephansplatz. **Zum blauen Karpfen** ⬤ für Besucher.

Die Geschichte des Barock-Ensembles reicht bis ins Mittelalter zurück. Sehenswert sind der Mailberger Hof und das stuckverzierte Hotel Römischer Kaiser (*siehe S. 198*). Das Barockrelief über dem Eingang zu Nr. 14 zeigt oberhalb einer gemalten Kindergruppe das Hausschild der einstigen Gaststätte Zum blauen Karpfen. In der Nr. 2 befindet sich das Palais Esterházy (17. Jh.), heute ein Spielcasino.

⑲ Annakirche

Annagasse 3b. **Stadtplan** 4 E1 u. 6 D4. **Karte** G7. 📞 (01) 5124 797. Ⓤ Stephansplatz. 🕐 tägl. 7–19 Uhr.

Eine Kapelle gab es in der Annagasse schon seit 1320, die heutige Annakirche entstand

1629–34 und wurde von den Jesuiten im frühen 18. Jahrhundert renoviert. Die Verehrung der hl. Anna ist bei den Wienern tief verwurzelt, sodass man hier oft Betende antrifft.

Von außen gesehen ist die Kuppel aus Kupferguss der schönste Teil der Kirche. Daniel Gran schuf die mittlerweile verblichenen Deckenfresken. Auffälliger ist sein farbenfrohes Bild der hl. Anna auf dem Hochaltar. Neben Franz Anton Maulbertsch war Gran der tonangebende Maler des österreichischen Barock. Die erste Kapelle links birgt die Kopie einer wertvollen Anna-Selbdritt-Holzgruppe von etwa 1505 – das Original ist im Dom- und Diözesanmuseum (*siehe S. 80*) zu sehen: Anna als mächtige Mutterfigur und ihre Tochter Maria mit dem Jesuskind auf dem Schoß. Die Gruppe wird dem Bildhauer Veit Stoß zugeschrieben.

⑳ Haus der Musik

Seilerstätte 30. **Stadtplan** 4 E1 u. 6 D5. **Karte** G7. 📞 (01) 513 4850. Ⓤ Stephansplatz, Stubenring. 🕐 tägl. 10–22 Uhr. ♿ 📷 nach Vereinbarung. 📧 📶 hdm.at

Das Haus der Musik wurde 2002 eröffnet und will spielerisch neue Zugänge zu Musik eröffnen. Es setzt modernste audiovisuelle und interaktive Technologien ein, um alle Aspekte von Musik und Klängen begreifbar zu machen. Besucher durchstreifen Experimentierzonen wie das Instrumentarium mit riesigen Instrumenten oder das Polyphonium, in dem die Klänge der Welt gesammelt werden.

㉑ Museum für angewandte Kunst (MAK)

Siehe S. 84f.

Turm der Annakirche mit verkupferter Kuppel

Teil der Fassade der Griechischen Kirche, Griechengasse

❷ Postsparkasse

Georg-Coch-Platz 2. **Stadtplan** 2 F5 u. 6 F3. **Karte** J6. ☎ (0599) 053 3825. Ⓤ Schwedenplatz. ◯ Mo–Fr 10– 17 Uhr. ♿ Ⓦ ottowagner.com

Das Gebäude der Postsparkasse ist ein Paradebeispiel für die Architektur der Secession (siehe S. 56–59). Der Bau von Otto Wagner wurde 1904–06 mit den typischen Stilmerkmalen errichtet: überhängendes Dachgesims, Aluminiumsäulen als Stützen des Baldachins, vorspringende »Aluminiumnägel« in den Wänden und heroische Engelskulpturen.

Wagner war Pionier im dekorativen Gestalten funktionaler Details. Die Metallsäulen in der überglasten Kassenhalle des Gebäudes sind mit Aluminium verkleidet, die Lüftungsschächte umschließen den Raum schlauchartig.

❷ Fleischmarkt

Stadtplan 2 E5 u. 6 D2–E3. **Karte** H5. Ⓤ Schwedenplatz. **Griechische Kirche** ☎ (01) 5333 889. ◯ Mo–Fr 9–16 Uhr.

Der frühere Fleischmarkt entstand um 1220. Das gemütliche Gasthaus Griechenbeisl ist sein bekanntester Treffpunkt. An der Fassade sieht man die Figur eines Dudelsackpfeifers. Angeblich soll er während der Pest von 1679 im Rausch auf der Straße eingeschlafen sein.

Als vermeintliches Pestopfer landete er im Pestbrunnen. Dort erwachte er, spielte ein Lied auf seinem Dudelsack und wurde gerettet. Viele Musiker und Komponisten waren im 19. Jahrhundert Stammgäste in diesem Beisl, darunter auch Brahms und Wagner.

Nebenan steht die byzantinische Griechische Kirche, die um 1850 errichtet wurde. Eine Passage verbindet Griechenbeisl und Griechengasse.

❷ Griechengasse

Stadtplan 2 E5 u. 6 E2. **Karte** H5. Ⓤ Schwedenplatz. **Griechisch-orthodoxe Georgskirche** ☎ (01) 5357 882. ◯ nach Vereinbarung, Mo–Fr 9–15 Uhr, Sa, So nur zur Messe.

Der Name erinnert an griechische Kaufleute, die sich hier im 18. Jahrhundert niederließen. Das Haus rechts entstand bereits 1611, wurde allerdings umgebaut.

Die griechisch-orthodoxe Georgskirche gegenüber ist nicht mit der Griechischen Kirche am Fleischmarkt zu verwechseln. Messen finden abwechselnd in beiden statt. Die Georgskirche wurde 1803 erbaut, der Giebel kam 1898 hinzu. Haus Nr. 7 stammt aus dem 17. Jahrhundert, die Fassade aus dem späten 18. Jahrhundert. Im Innenhof gibt es zwei Holztafeln mit osmanischen Inschriften, die wohl aus der Zeit der türkischen Belagerung (17. Jh.) stammen. Der Wachturm im Hof geht auf das 13. Jahrhundert zurück.

Efeubewachsene Ruprechtskirche

❷ Ruprechtskirche

Ruprechtsplatz. **Stadtplan** 2 E5 u. 6 D2. **Karte** H5. ☎ (01) 5356 003. Ⓤ Schwedenplatz. ◯ Mo–Fr 10– 12 Uhr (Mo, Mi, Fr auch 15–17 Uhr), Sa 17 Uhr zur Messe (Juli, Aug: 18 Uhr). ♿ ♿ Spende.

Sankt Ruprecht (siehe S. 24) war der Schutzpatron der Wiener Salzhändler. Die nach ihm benannte Kirche überragt den ehemaligen Landesteg der Salzhändler am Donaukanal. Am Fuß des romanischen Kirchturms steht eine Statue des Heiligen mit einem Topf Salz in der Hand – im Mittelalter ein kostbares Handelsgut. Die im 11./12. Jahrhundert erbaute Kirche ist die älteste Wiens. Das immer wieder restaurierte Innere ist weniger interessant, sehenswert sind die ältesten Bleiglasfenster der Stadt. Der Chor stammt aus dem 13., das gewölbte Südschiff aus dem 15. Jahrhundert.

Dudelsackpfeifer an der Fassade des Griechenbeisl, Fleischmarkt

Stadtplan siehe Seiten 256–267

㉑ Museum für angewandte Kunst (MAK)

Das Museum für angewandte Kunst/Gegenwartskunst ist das Schaufenster des österreichischen Kunsthandwerks und ein Fundus für Exponate aus aller Welt. Es entstand aus dem 1864 gegründeten Museum für Kunst und Industrie. Neben einer Möbelsammlung mit klassischen Werken des deutschen Möbeltischlers David Roentgen zeigt das Museum Textilien, Gläser, islamische und ostasiatische Kunst sowie kostbaren Renaissance-Schmuck. 1993 wurde im Rahmen einer Grundrenovierung jeder Saal des Museums von jeweils einem bekannten Künstler umgestaltet, was den hier ausgestellten Exponaten etwas Einzigartiges verleiht.

★ Sammlung Wiener Werkstätte
Die Messingvase mit eingelegten Citrinen (Topas-Imitationen) schuf Koloman Moser 1903 für die Wiener Werkstätte.

★ Dubsky Porzellan-Saal
Rekonstruktion eines Saals (um 1724) des Palais Dubsky in Brno (Brünn).

Treppe zum zweiten Stock

Erster Stock

Zwischengeschoss

Romanik, Gotik und Renaissance
1993 schuf Matthias Esterházy die Schaukästen für die Möbel und Fayencen, die sich harmonisch von den blauen Wänden abheben.

Eingang zum Café

Eingangshalle

Eingang Stubenring

Kurzführer

Das Untergeschoss ist für Einzelsammlungen reserviert, im Erweiterungsbau finden Sonderausstellungen statt. Die meisten Dauerausstellungen haben ihren Platz im Erdgeschoss. Die Sammlung der Wiener Werkstätte sowie Architektur des 20. und 21. Jahrhunderts sind im ersten Stock zu sehen. Im Westflügel führt eine Treppe zum zeitgenössischen Design.

Legende

- Romanik, Gotik, Renaissance
- Barock, Rokoko
- Wiener Werkstätte
- Jugendstil, Art déco
- Islamische Kunst
- Biedermeier
- Design des 20. Jahrhunderts
- Einzelsammlungen
- Wechselausstellungen
- Kein Ausstellungsbereich

Untergeschoss

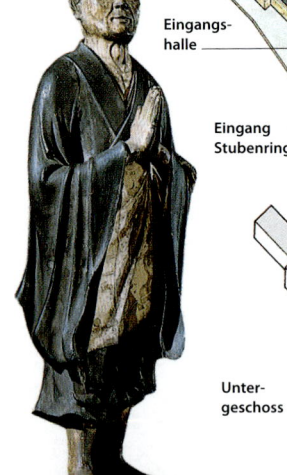

Mönch der Nichirensekte
Die japanische Holzskulptur aus der Muromachi-Periode (um 1500) zeigt einen betenden Mönch.

Wiener Werkstätte

Josef Hoffmann *(rechts)* und Koloman Moser gründeten 1903 die partnerschaftlich organisierte Produktionsgemeinschaft. Hier wurden Erzeugnisse aller Art gefertigt, von der Briefmarke über Buchillustrationen bis zu Textilien, Möbeln, Schmuck und Inneneinrichtung. Das Museum enthält das Archiv der Werkstätte mit Skizzen, Stoffmustern und Objekten.

Infobox

Information
Stubenring 5, A-1010. **Stadtplan** 2 F5 u. 6 F3. **Karte** J6. (01) 711 36-248. Di 10–22, Mi–So 10–18 Uhr. 1. Jan, 25. Dez. mak.at

Anfahrt
Stubentor. 3A, 74A. 2. Landstraße.

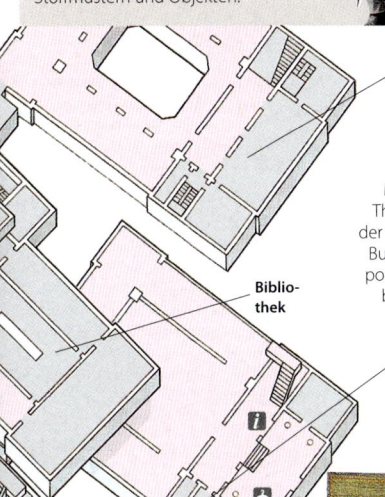

Vortragssaal

Bibliothek

Erdgeschoss

Mundus' Stuhl
Ab 1830 begann der Möbeltischler Michael Thonet (1796–1871) mit der Fertigung sogenannter Bugholzmöbel, die schnell populär wurden. Der abgebildete Stuhl stammt von Mundus (1910).

Mamelucken-Knüpftechnik
Der ägyptische Seidenteppich (16. Jh.) ist ein kostbares Unikat, das seinesgleichen sucht.

★ Biedermeier-Saal
Das Kirschholzsofa (1825–30) aus der Danhauser'schen Möbelfabrik ist ein Paradebeispiel des Wiener Biedermeier *(siehe S. 32f)*. Die originale Polsterung wurde rekonstruiert.

Stadtplan *siehe Seiten 256–267*

㉖ Jüdisches Viertel

Stadtplan 2 F5 u. 6 D2. **Karte** G5.
Ⓤ Schwedenplatz. **Stadttempel**
Seitenstettengasse 4. 📞 (0676) 6036
697. ⬜ allgem. Führungen Mo – Do
11.30, 14 Uhr (Ausweis mitbringen).
Ⓦ ikg-wien.at

Heute sorgen die Discos und
Bars des sogenannten Bermu-
da-Dreiecks für den Bekannt-
heitsgrad des Viertels. Die Judengasse säumen Modeläden
und Bars. Erwähnenswert sind
einige solide Wohnblocks aus
der Zeit des Biedermeier. Am
Ruprechtsplatz, im ehemaligen
Rathaus, gibt es das koschere
Restaurant Alef-Alef. Der dahin-
terliegende Kornhäuselturm ist
nach Joseph Kornhäusel benannt, einem Baumeister des
Biedermeier. Hier soll er Zu-
flucht vor seiner streitbaren
Ehefrau gesucht haben.

Gleich beim Alef-Alef befindet sich die Sterngasse mit
dem Neustädterhof, einem von
Anton Ospel 1734 geschaffe-
nen Barockpalais. 1683 schlug,
bis heute sichtbar, eine türkische Kanonenkugel in die Fassade ein.

Die älteste erhaltene Wiener
Synagoge, der Stadttempel
von Kornhäusel (um 1820),
steht in der Seitenstettengasse,
nahe dem Zentrum der jüdischen Gemeinde. Das Jüdische

Ankeruhr am Hohen Markt

Museum, das hier früher untergebracht war, befindet sich
heute in der Dorotheergasse
(siehe S. 95).

㉗ Hoher Markt

Stadtplan 2 E5 u. 6 D2. **Karte** G5.
Ⓤ Stephansplatz, Schwedenplatz.
Römermuseum 📞 (01) 5355 606.
⬜ Di – So 9 –18 Uhr. 🖼

Der Hohe Markt ist der älteste
und geschichtsträchtigste Platz
Wiens. Er liegt nördlich des Ste-
phansplatzes. Im Mittelalter
fanden hier neben dem Fisch-
und Tuchmarkt auch Hin-

richtungen statt. Heute kann
man noch die unterirdischen
Ruinen eines römischen Kastells besichtigen (siehe S. 23).
Nach dem Zweiten Weltkrieg
wurden bei Ausgrabungen
Häuserzeilen entdeckt, die
durch schnurgerade Straßen
mit den Stadttoren verbunden
waren. Vermutlich handelte es
sich um Offiziersunterkünfte
(2./3. Jh.). Außer den Ruinen
sind auch Reliefs, Töpferwaren
und Dachziegel zu besichtigen.

Den Mittelpunkt des Platzes
bildet der Vermählungsbrun-
nen, auch Josephsbrunnen genannt. Er ist die Einlösung
eines Gelübdes von Kaiser Leopold I. nach der glücklichen
Heimkehr seines Sohns Joseph
aus dem Feldzug bei Landau.
Den Brunnen entwarf Johann
Bernhard Fischer von Erlach,
sein Sohn Joseph Emanuel be-
aufsichtigte die Bauarbeiten
1729 – 32. Der Brunnen ist mit
Figuren geschmückt, die die
Vermählung Josephs mit Maria
vor dem Hohepriester zeigen.
Auf kannelierten Säulen ruht
ein kunstvoll gefertigter Baldachin.

Die Ankeruhr, eine Jugend-
stil-Kunstuhr aus Kupfer und
Bronze, ziert eine Brücke zwischen zwei Bürohäusern. Die
Anker-Versicherungsgesell-
schaft ließ sie von Franz
Matsch entwerfen. 1914 wurde
sie fertiggestellt. Zwölf Figuren
aus der Geschichte Wiens, u. a.
Kaiser Marc Aurel, Herzog Rudolf IV. und Joseph Haydn,
ziehen zu Orgelklängen am
Zifferblatt vorbei. Die beste Be-
sichtigungszeit ist zwölf Uhr
mittags, wenn alle Figuren
paradieren.

㉘ Böhmische Hofkanzlei

Judenplatz 11. **Stadtplan** 2 D5 u. 5 C2.
Karte G5. 📞 (01) 531 110. Ⓤ Stephansplatz. ⬜ Mo – Fr 8 –15.30 Uhr.

Die Habsburger waren auch
Könige von Böhmen, das sie
von diesem prächtigen Palais
(1709 –14) aus regierten. Den
Bau schuf einer der damals ge-
nialsten Architekten: Johann

Wiens Juden – Gestern und Heute

Seit dem 12. Jahrhundert gab es in Wien eine jüdische Gemeinde, deren Zentrum der Judenplatz, später der Stadttempel war.
Ihre Erfolge riefen Neid hervor. 1421 wurde, nach einer Anklage
wegen Ritualmordes, fast die gesamte jüdische Gemeinde entweder verbrannt, zur Bekehrung gezwungen oder vertrieben.
Kurze Blütezeiten wechselten so ab mit Not und Vertreibung. Das Toleranzedikt von 1781 hob einige Beschränkungen
für Juden auf, im späten 19. Jahrhundert waren Kultur und intel-
lektuelles Leben der Stadt jüdisch geprägt. Anfang des 20. Jahrhunderts breitete sich der Antisemitismus aus. Zahlreiche Juden
flohen beim »Anschluss« Österreichs vor den Nazis. Von den
Verbleibenden wurden 65 000 ermordet. 1938 lebten etwa

170 000 Juden in
Wien, 50 Jahre spä-
ter waren es nur
noch 7000. Heute
kommen wieder
verstärkt Juden aus
Osteuropa in die
Stadt.

**Das Innere des
Stadttempels**

STEPHANSDOMVIERTEL | **87**

Bernhard Fischer von Erlach (*siehe S. 149*). 1751–54 wurde die Hofkanzlei von Matthias Gerl erweitert. Den Höhepunkt der mächtigen, gleichwohl subtilen Architektur bildet das riesige Barocktor. Beachtung verdient auch das üppige Dekor der Fassade sowie die Treppenaufgänge (Löwen- und Puttenstiege).

Das Innere des heutigen Gerichtsgebäudes mit den zwei Innenhöfen ist weniger eindrucksvoll, da große Teile nach dem Zweiten Weltkrieg wiederaufgebaut wurden.

Ornament am Rathauseingang

㉙ Altes Rathaus

Wipplingerstraße 8. **Stadtplan** 2 D5 u. 6 D2. **Karte** G5. Ⓤ Schwedenplatz. **Salvatorkapelle** 🕿 (01) 5337 133. 🕐 Di, Do 16 –18 Uhr. **Dokumentationsarchiv des österreichischen Widerstandes** 🕿 (01) 2289 469-319. 🕐 Mo – Fr 9–17 Uhr (Do bis 19 Uhr). ⓦ doew.at

Im Jahr 1309 kam es zu einem Aufstand gegen die Habsburger, nach dessen Ende das Eigentum der Verschwörer konfisziert und der Gemeinde übergeben wurde. Die Besitztümer wurden später zu dem Gebäudekomplex erweitert, der bis 1883 als Rathaus diente.

Ornamentale Eisenkonstruktionen schmücken den Eingang zum Alten Rathaus, das heute Ämter und Geschäfte beherbergt sowie das Bezirksmuseum, das die Geschichte des ersten Wiener Stadtbezirks (Gebiet innerhalb des Stadtrings) erzählt.

Interessanter ist jedoch das Dokumentationsarchiv des ös-

Portalfigur von Lorenzo Mattielli, Böhmische Hofkanzlei

terreichischen Widerstandes (DÖW) gegen die Nationalsozialisten im ersten Stock. Obwohl viele Österreicher Hitlers Machtübernahme 1938 begrüßten, leisteten einige Widerstand. Die Dauerausstellung ist dieser Opposition gewidmet.

In einer Ecke im Innenhof des Alten Rathauses steht der Andromedabrunnen. Er entstand 1741 als letzte Arbeit des Bildhauers Georg Raphael Donner. Das Relief zeigt Andromedas Befreiung durch Perseus.

Die 1361 geweihte Salvatorkapelle (Salvatorgasse 5) blieb als einziger Teil des mittelalterlichen Rathauses erhalten. Die schönen gotischen Bogen überdauerten die vielen Umgestaltungen. Die alten marmornen Grabplatten an den Wänden stammen teilweise aus dem 15. Jahrhundert. Die hübsche Orgel (um 1750), die Gottfried Sonnholz zugeschrieben wird, wird zeitweise noch für Konzerte benutzt.

An der Außenfassade zur Salvatorgasse hin gibt es ein exquisites Renaissance-Portal (1520 – 30) – ein seltenes Beispiel italienischen Einflusses in Wien.

㉚ Maria am Gestade

Salvatorgasse 12. **Stadtplan** 2 D5 u. 5 C2. **Karte** G5. 🕿 (01) 5339 5940. Ⓤ Schwedenplatz, Stephansplatz. 🕐 tägl. 7–19 Uhr, hinterer Teil manchmal nur auf Anfrage.

Die gotische Kirche, das Gotteshaus der Donauschiffer, mit dem 56 Meter hohen Turm und den riesigen Chorfenstern gehört zu den ältesten Wiens. 1158 wurde sie erstmals urkundlich erwähnt. Der jetzige Bau entstand im späten 14. Jahrhundert. Zeitweise diente er – während der Belagerung durch Napoléon (1809) – als Waffenlager.

Baldachine mit Statuen verschiedener Epochen (Mittelalter, Barock, Moderne) beleben die Säulen des Hauptschiffs. Der Chor beherbergt zwei hochgotische Tafelbilder (1460): Verkündigung und Krönung Mariä (auf der Rückseite eine Kreuzigung). Mittelalterliche Glasmalereien, oft fragmentarisch, schmücken die Fenster hinter dem Hochaltar. An der Nordseite des Chors birgt eine Kapelle einen schön bemalten Steinaltar (1520). Die wesentlichen Teile sind vom Eingang her zu erkennen. Besichtigungen sind an manchen Tagen nur auf Anfrage hin möglich.

Gotische Baldachine, Maria am Gestade

Stadtplan *siehe Seiten 256 –267*

Holocaust-Mahnmal am Judenplatz

㉛ Judenplatz

Stadtplan 2 D5 u. 5 C2. **Karte** G5.
Ⓤ Stephansplatz, Herrengasse.
Museum Judenplatz ☎ (01) 5350
431. ◷ So–Do 10–18, Fr 10–14 Uhr
(Ausweis mitbringen). ● wichtige jü-
dische Feiertage. 🎫 Ticket auch für
Dorotheergasse gültig. ♿ außer
Synagoge. 🖥 jmw.at

Der Judenplatz bildete das
Zentrum des mittelalterlichen
Ghettos. Den Platz ziert die
Statue des Dramatikers Gott-
hold Ephraim Lessing von
Siegfried Charoux. Diese Eh-
rung eines Autors, der für
Toleranz gegenüber den
Juden eintrat, war für
die Nazis ein Affront.
Die Plastik wurde 1939
zerstört. Eine neue Ver-
sion der alten Skulptur
des Künstlers kam 1982
an die gleiche Stelle.
    1996 wurde Rachel
Whiteread zur umstrit-
tenen Siegerin eines
Wettbewerbs für den Entwurf
eines Mahnmals erklärt. Am
9. November 1999, dem Jah-
restag der »Reichskristall-
nacht«, sollte das Mahnmal
enthüllt werden, doch erst
nach langen, hitzigen Debat-
ten und Veränderungen am ursprünglichen Konzept wurde
der neu gestaltete Judenplatz
am 25. Oktober 2000 eingeweiht. Dort befinden sich nun
das Holocaust-Mahnmal, das
Museum Judenplatz (Haus

Nr. 8) sowie die freige-
legten Überreste einer
mittelalterlichen Syna-
goge, die unter dem
Platz liegen (Zugang
über das Museum). Das
Museum lässt das leb-
hafte jüdische Viertel im
Mittelalter wieder aufer-
stehen, das sich hier bis
zur Vertreibung der
Juden 1421 befand.
Eine Inschrift am Haus
Nr. 2, *Zum Großen Jor-
dan*, belegt dies. Ferner
beherbergt das Muse-
um eine öffentliche
Datenbank (im Erdge-
schoss des Misrachi-
Hauses vom Dokumen-
tationszentrum des
österreichischen Wider-
standes eingerichtet) mit den
Namen der 65 000 österreichischen Juden, die von den Nazis
ermordet wurden.

㉜ Uhrenmuseum

Schulhof 2. **Stadtplan** 2 D5 u. 5 C2.
Karte G5. ☎ (01) 5332 265.
Ⓤ Stephansplatz. ◷ Di–So 10–
18 Uhr. ● 1. Jan, 1. Mai, 25. Dez. 🎫
🖥 wienmuseum.at

Nicht nur Uhrenliebhaber wer-
den den Besuch des Uhrenmu-
seums genießen. Der präch-
tige Bau des ehemaligen
Palais Obizzi (1690) ent-
hält eine kostbare
Uhrensammlung mit
Exponaten aus dem
Besitz des Kurators
Rudolf Kaftan. Weitere
Stücke gehörten der
Schriftstellerin Marie
von Ebner-Eschen-
bach. Im ersten

**Luxuriöses Exponat,
Uhrenmuseum**

Stock gibt es Uhrwerke von
Turmuhren seit dem 16. Jahrhundert, bemalte Uhren, Groß-
vateruhren und Taschenuhren.
In den weiteren Stockwerken
befinden sich riesige astronomische Uhren und eine große
Vielfalt an Uhrenneuheiten. Die
Sammlung umfasst mehr als
3000 Exponate und gibt einen
Überblick über die Geschichte
der Zeitmessung seit dem
15. Jahrhundert.
    Ein Highlight der Ausstellung
ist die astronomische Kunstuhr
(18. Jh.) von David Cajetano.
Sie besitzt über 30 Zifferblätter,
die u.a. Mond- und Sonnen-
finsternis anzeigen, sowie verschiedene technische Raffinessen. Viele Uhren stammen aus
der Zeit des Biedermeier oder
der Belle Époque.
    Zu vollen Stunden ertönt auf
den drei Etagen des Museums
eine bunte Vielfalt an Schlägen,
Glocken- und Klingeltönen der
Zeitmesser.

㉝ Kurrentgasse

Stadtplan 2 D5 u. 5 C2. **Karte** G5.
Ⓤ Stephansplatz. **Bäckerei Grimm**
◷ Mo–Fr 7–18.30, Sa 7–13 Uhr.

Elegante, hohe Barockhäuser
mit gemütlichen Bars und hö-
herpreisigen italienischen Restaurants säumen die enge
Gasse. Hier kann man wunderbar den Nachmittag verbringen. Grimm (im Haus Nr. 10) ist
eine der besten Wiener Bäckereien und bietet Brote in allen
Formen. Haus Nr. 12 (1730)
umschließt einen malerischen,
mit Pflanzen und Bäumen ge-
schmückten Innenhof, der mit
rosa Steinen gepflastert ist.

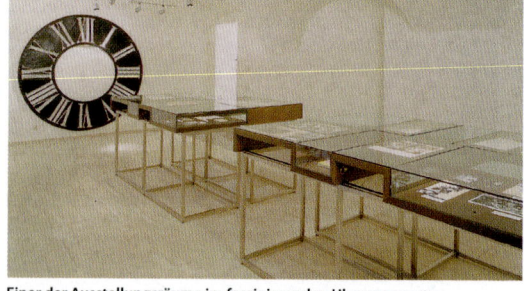

Einer der Ausstellungsräume im faszinierenden Uhrenmuseum

Restaurants im Stephansdomviertel *siehe Seiten 210–212*

Dachstatue, Am Hof 10

❸❹ Kirche am Hof

Schulhof 1. **Stadtplan** 2 D5 u. 5 C2.
Karte F5. ☏ (01) 5338 394. Ⓤ Herrengasse. ⭘ tägl. 7–12, 16–18 Uhr.
♿

Die katholische Kirche, die den
Neun Chören der Engel gewidmet ist, wurde im späten
14. Jahrhundert von Karmelitermönchen gegründet. Um
Platz für einen großen Balkon
mit Balustrade zu schaffen,
gestaltete der italienische Baumeister Carlo Carlone die Fassade 1662 im Stil des Frühbarock um. Heute hält die große
kroatische Gemeinde Wiens
ihre Gottesdienste in dieser Kirche ab.

Hinter die Kirche liegt der
Schulhofplatz mit winzigen
restaurierten Läden, die sich
hübsch in das gotische Strebewerk schmiegen.

❸❺ Am Hof

Stadtplan 2 D5 u. 5 C2. **Karte** F5.
Ⓤ Stephansplatz, Schottentor.

Am Hof, am größten geschlossenen Platz Wiens, errichteten die Römer einst ihr
befestigtes Kastell. Später
stand das Schloss des Babenberger Herzogs Heinrich II. Jasomirgott an der
Stelle der heutigen Nr. 2.
Den Mittelpunkt des Platzes bildet die Mariensäule,
die an die Abwehr der
schwedischen Invasion

während des Dreißigjährigen
Kriegs erinnert. Die Säule
wurde 1667 nach den Entwürfen von Carlo Carlone und
Carlo Canevale errichtet.

Den Platz säumen einige interessante Häuser. Gegenüber
der Kirche befindet sich das
palastähnliche Märkleinische
Haus, das Johann Lukas von
Hildebrandt *(siehe S. 154)* 1727
schuf. 1935 wurde die elegante Fassade durch die Einrichtung einer Feuerwache (jetzt
Feuerwehrmuseum) im Erdgeschoss verunstaltet. Das rote
Haus (16. Jh.) daneben dient
dem Schaumweinfabrikanten
Johann Kattus als Firmensitz.
Nr. 10 ist das Bürgerliche Zeughaus von Anton Ospel, heute
Hauptquartier der Wiener Feuerwehr. Die Fassade zieren
Wappen und Militärabzeichen
der Habsburger. Die allegorischen Figuren darüber stammen von Lorenzo Mattielli.

Das Urbanihaus mit den Erkerfenstern (Nr. 12) entstand
um 1735, ebenso das eiserne
Hausschild. Im Palais Collalto
daneben trat der kaum sechsjährige Mozart 1762 erstmals
als Klaviervirtuose und Komponist öffentlich auf.

❸❻ Peterskirche

Petersplatz 6. **Stadtplan** 2 D5 u. 5 C3.
Karte G6. ☏ (01) 5336 4330. Ⓤ Stephansplatz. ⭘ tägl. 7–18 Uhr.

Schon im 12. Jahrhundert
stand hier eine Kirche, der heutige ovale Bau stammt aus
dem 18. Jahrhundert. Verschiedene Architekten schufen ihn
in Anlehnung an die Peterskirche in Rom. Das prunkvolle
Innere birgt eine mit Ornamenten versehene Kanzel
(1716) des Bildhauers Matthias
Steindl. In der Michaelskapelle
ruhen die Gebeine des hl. Benedikt. Die Fresken auf der Innenseite der gewaltigen Kuppel mit Darstellungen der
Himmelfahrt Mariens schuf
J. M. Rottmayr.

1729 entwarf Lorenzo Mattielli den Johannes-von-Nepomuk-Altar auf der rechten Seite
des Chors. Da sich der Priester
geweigert hatte, Beichtgeheimnisse zu verraten, hatte
König Wenzel IV. ihn 1393 bei
Prag in die Moldau werfen lassen. Das Martyrium dieses Heiligen wurde zu einem beliebten Thema der bildenden
Künste.

**Zeitgenössischer Stich
der Peterskirche (18. Jh.)**

Stadtplan *siehe Seiten 256–267*

Hofburgviertel

Die Hofburg verwandelte sich allmählich von einer Festung in einen gewaltigen Palast, der bis zum Niedergang der Habsburger 1918 stetig wuchs. Die Nähe des Hofs blieb natürlich nicht ohne Auswirkungen auf die angrenzenden Bereiche. Aus den früheren Schlossgärten wurden Volks- und Burggarten, die einstigen Palastbauten sind heute prachtvolle Museen. In der Herren- und Bankgasse, in nächster Nähe zum kaiserlichen Hof, reihen sich die Palais aneinander, die der Adel hier errichten ließ. Tagsüber herrscht viel Verkehr, doch am Abend, wenn der Besucherstrom nachlässt, wirkt das Viertel wie leer gefegt.

Sehenswürdigkeiten auf einen Blick

Straßen und Plätze
1 Michaelerplatz
6 Josefsplatz
7 Dorotheergasse
8 Graben
10 Kohlmarkt
12 Naglergasse
13 Herrengasse
29 Minoritenplatz
31 Bankgasse
35 Neuer Markt
36 Kärntner Straße
38 Stock-im-Eisen-Platz

Historische Gebäude
2 Looshaus
3 Großes und Kleines Michaelerhaus
5 Stallburg
11 Konditorei Demel
14 Palais Mollard-Clary
15 *Hofburg-Komplex S. 98f*
24 Prunksaal
26 *Spanische Hofreitschule S. 100f*
28 Bundeskanzleramt
33 Palais Lobkowitz
37 American Bar

Kirchen und Kathedralen
4 Michaelerkirche
23 Augustinerkirche
25 Burgkapelle
30 Minoritenkirche
34 Kapuzinerkirche und Kaisergruft

Museen und Sammlungen
16 Neue Burg
17 Ephesos Museum
18 Sammlung Alter Musikinstrumente
19 Hofjagd- und Rüstkammer
20 Weltmuseum Wien
22 Albertina
27 *Kaiserappartements und Schatzkammer S. 102f*

Parks und Gärten
21 Burggarten
32 Volksgarten

Denkmal
9 Pestsäule

Restaurants im Hofburgviertel
siehe S. 212 – 214

Stadtplan *5, 6*

Zeichenerklärung
siehe hintere Umschlagklappe

Im Detail: Kaiserstadt Wien

Die Zeiten, als die Karossen der Adligen die Gassen um die Hofburg belebten, sind längst vorbei. Heute beherbergen die ehemaligen Palais meist Ämter, Botschaften oder Wohnungen. Doch gilt die Umgebung der Hofburg mit ihren eleganten Läden, Galerien und Kaffeehäusern, in denen man sich vom Sightseeing ausruhen kann, nach wie vor als das edelste Viertel Wiens.

⑭ Palais Mollard-Clary
Das Palais (Ende 17. Jh.) besitzt eine von J. L. Hildebrant entworfene Fassade

⑬ Herrengasse
Sie ist eine feine Adresse mit vielen Adelspalais.

U-Bahn-Station Herrengasse

⑪ Konditorei Demel
In wunderschönem Dekor offeriert diese Konditorei ihre Köstlichkeiten.

❸ Großes und Kleines Michaelerhaus
Joseph Haydn *(siehe S. 40)* lebte in diesen Räumen mit Blick auf den stattlichen Innenhof des Großen Michaelerhauses.

❶ Michaelerplatz
Hier wurden Funde aus der Römerzeit freigelegt.

❷ ★ Looshaus
Die schlichte Erscheinung des Hauses (1912) empörte den konservativen Geschmack des ornamentliebenden Erzherzogs Franz Ferdinand *(siehe S. 168).*

❹ ★ Michaelerkirche
In der Krypta befinden sich gut konservierte Leichname aus dem 18. Jahrhundert.

Legende

— Routenempfehlung

0 Meter   50

❻ Josefsplatz
Im Zentrum des eleganten Platzes erhebt sich das Reiterstandbild Josephs II.

Restaurants im Hofburgviertel *siehe Seiten 212 – 214*

⑫ Naglergasse
In der Gasse gibt es die schönsten Barockfassaden der Stadt.

⑧ Graben
Die Spar-Casse mit goldener Biene am Giebel ist eines der vielen prächtigen Gebäude am Graben (heute Fußgängerzone).

Zur Orientierung
Siehe Stadtplan 2, 5

⑩ Kohlmarkt
Der bedeutende österreichische Architekt Hans Hollein entwarf hier Läden.

⑨ ★ Pestsäule
Die Pestsäule, die imposanteste ihrer Art, wurde nach der Pestepidemie von 1679 errichtet.

⑦ Dorotheergasse
Die enge Gasse säumen Kunstgalerien und Auktionshäuser. Hier liegt auch das beliebte Café Hawelka *(siehe S. 60–63)*.

⑤ Stallburg
Die einstige Residenz beherbergt heute die Spanische Hofreitschule.

Palais Palffy
In dem Bau (16. Jh.) fand eine geschlossene Vorstellung von Mozarts Oper *Die Hochzeit des Figaro* statt.

Palais Pallavicini
Das Adelspalais aus dem 18. Jahrhundert befindet sich in exponierter Lage gegenüber der Hofburg.

Stadtplan *siehe Seiten 256–267*

❶ Michaelerplatz

Stadtplan 2 D5 u. 5 C3. **Karte** F6.
Ⓤ Herrengasse.

Vor dem Michaelertor, dem
Eingang zur Hofburg, liegt der
Michaelerplatz, der auf einer
Seite von Michaelerkirche und
Looshaus begrenzt wird. Den
Michaelertrakt ließ Kaiser Franz
Joseph 1888 anstelle des alten
Theaters von 1751 bauen, als in
der Ringstraße das neue Burgtheater *(siehe S. 134f)* öffnete. In
den Entwurf von Ferdinand
Kirschner (1821–1896) wurden
auch Fischer von Erlachs *(siehe
S. 149)* alte Pläne einbezogen.
1893 war das Gebäude fertig,
mit goldgeschmückten Kup-
peln und Symbolen für Österreichs Herrschaft zu Wasser
und zu Lande.
   Bei Ausgrabungen stieß man
auf Ruinen eines Römerlagers
und mittelalterliche Fundamente.

❷ Looshaus

Michaelerplatz 3. **Stadtplan** 2 D5 u.
5 C3. **Karte** F6. 📞 (01) 21136 5000.
Ⓤ Herrengasse. 🕐 Mo – Mi,
Fr 8 –15, Do 8 –17.30 Uhr. ♿

Gegenüber dem Mi-
chaelertor entstand
1910 –12 dieses Haus,
heute eine Bank, nach
Plänen von Adolf Loos.
Erzherzog Franz Ferdi-
nand *(siehe S. 168)* war
über die Architektur
so verärgert, dass
er das Tor mied.
Heute scheint die

Brunnen, Michaelerplatz

Adolf Loos

Im Gegensatz zu Otto Wagner
(siehe S. 59) verabscheute Adolf
Loos (1870 –1933) jedes über-
flüssige Ornament. Er schuf flie-
ßende Linien und exquisite
Innenausstattungen. Seine
»augenbrauenlosen« Häuser
ohne die sonst üblichen Fens-
tergesimse empörten die Wiener Gesellschaft. Interieurs von
Adolf Loos können Sie beim
Herrenausstatter Knize *(siehe
S. 95)*, in der American Bar
(S. 107) und im Café Museum
(S. 139) sehen.

Aufregung um die Fassade
übertrieben. Das Innere ist ein
Beispiel schlichter Eleganz.

❸ Großes und Kleines Michaelerhaus

Kohlmarkt 11 u. Michaelerplatz 6.
Stadtplan 2 D5 u. 5 C3. **Karte** F6.
Ⓤ Herrengasse. ⚫ für Besucher.

Vom Michaelerplatz 6 führt ein
Durchgang zum Kleinen
Michaelerhaus (1735).
Sehenswert ist das
leuchtend bunt bemal-
te Ölbergrelief mit
Christus vor einer Kreu-
zigungsszene (1494) an
der zur Michaelerkirche
weisenden Seite. Die
Barockfassade des Gro-
ßen Michaelerhau-
ses sehen Sie am
Kohlmarkt 9. Der
Bau umschließt

einen schönen Innenhof mit
einem Marstall. Von dort bietet
sich eine gute Sicht auf die älteren Teile der Michaelerkirche.
Die Hofgebäude wurden um
1720 erbaut. 1749 soll Joseph
Haydn *(siehe S. 40)* hier in einer
Dachstube gewohnt haben.

❹ Michaelerkirche

Michaelerplatz 1. **Stadtplan** 2 D5 u.
5 C3. **Karte** F6. 📞 (01) 5338 000.
Ⓤ Herrengasse, Stephansplatz.
🕐 tägl. 7 – 22 Uhr. 📷 ♿
Michaelergruft 🕐 Mo – Sa 11,
13 Uhr. 🌐 michaelerkirche.at

Baubeginn der ehemaligen
Hofpfarrkirche war im 13. Jahrhundert. Der Chor entstand
1327– 40, die klassizistische
Fassade 1792. Die barocken
Statuen über dem Portal
(1724 / 25) von Lorenzo Mattielli stellen den *Engelssturz* dar.
Den Innenraum zieren Fresken
aus dem 14. Jahrhundert und
aus der Renaissance sowie eine
Orgel (1714) von Johann David
Sieber. Den Hauptchor (1782)
mit herabstürzenden Engeln
schuf Karl Georg Merville. Das
Altarbild im Nordchor (1755) ist
ein Werk von Franz Anton
Maulbertsch.
   Vom Nordchor gelangt man
zur Michaelergruft. Im 17. und
18. Jahrhundert wurden Ge-
meindemitglieder oft unter der
Kirche bestattet, bis Joseph II.
dieser Praxis 1783 ein Ende
setzte. In den geöffneten Sär-
gen kann man Leichname in
schönen, gut erhaltenen Grab-
gewändern sehen.

Barockorgel (1714) in der Michaelerkirche

Restaurants im Hofburgviertel *siehe Seiten 212 – 214*

❺ Stallburg

Reitschulgasse 2. **Stadtplan** 4 D1 u. 5 C3. **Karte** F6. Ⓤ Stephansplatz, Herrengasse.

Die Stallburg wurde Mitte des 16. Jahrhunderts für Erzherzog Maximilian als Residenz errichtet. Später wurde sie zu Hofstallungen umgebaut, die sich um einen dreistöckigen Arkadenhof gruppieren. Hier befinden sich die Stallungen der Spanischen Hofreitschule *(siehe S. 100f)*. Das Lipizzanermuseum wurde mittlerweile geschlossen. Noch heute zählt die auch unter dem Namen Maximilianburg bekannte Stallburg zu den bedeutendsten Renaissance-Bauten in Wien.

❻ Josefsplatz

Augustinerstraße. **Stadtplan** 4 D1 u. 5 C4. **Karte** F7. Ⓤ Stephansplatz, Herrengasse.

Im Zentrum des Josefsplatzes erhebt sich das Reiterstandbild (1807) Josephs II. von Franz Anton von Zauner. Während der Revolution von 1848 *(siehe S. 33)* befand sich hier ein beliebter Treffpunkt loyaler Monarchisten.

Vor der Hofburg stehen zwei Palais: Nr. 5 ist das Palais Pallavicini (1783/84), eine interessante Mischung aus Barock und Klassizismus von Ferdinand von Hohenberg. Nr. 6 ist das Palais Palffy (16. Jh.). Zur

Rechten des Prunksaals *(siehe S. 104)* befindet sich die Redoutensaal, der 1750–60 erbaut wurde. Früher fanden hier rauschende Maskenbälle statt. Zur Linken geht es zum später angefügten Erweiterungsbau mit Bibliothek. Beide Bauten sind das Werk von Nikolaus Pacassi, einem Hofarchitekten Maria Theresias.

❼ Dorotheergasse

Stadtplan 4 D1 u. 5 C4. **Karte** G6. Ⓤ Stephansplatz. **Jüdisches Museum** ☎ (01) 5350 431. ◯ So–Fr 10–18 Uhr. ⓦ jmw.at

Das Jüdische Museum im Palais Eskeles, Dorotheergasse 11, präsentiert das jüdische Erbe der Stadt *(siehe auch* Judenplatz, S. 88). In der Nähe, in Nr. 27, liegt das Dorotheum *(siehe S. 224f)*. Das Pfandleih- und Auktionshaus aus dem 17. Jahrhundert hat überall in Wien Filialen. Ungefähr auf halber Höhe der Straße steht die evangelisch-reformierte Kirche (1783/84), ein Entwurf von Gottlieb Nigelli. Am oberen Ende der Dorotheergasse, nicht weit entfernt vom Graben, sind noch zwei besonders beliebte Adressen: das Kaffeehaus Hawelka *(siehe S. 60–63)* im Haus Nr. 6 und das Trzesniewski *(siehe S. 213)* im Haus Nr. 1.

Die Wiener Pestsäule am Graben

❽ Graben

Stadtplan 2 D5 u. 5 C3. **Karte** G6. Ⓤ Stephansplatz. **Neidhart-Haus** ◯ Di–So 10–13, 14–18 Uhr.

Vor dem Haus Nr. 16 der Fußgängerzone steht der Josephsbrunnen von Johann Martin Fischer, etwas weiter der identische Leopoldbrunnen (beide 1804). Das Bekleidungsgeschäft Knize in Nr. 13 *(siehe S. 223)* entwarf Adolf Loos. Oben im Ankerhaus (Nr. 10) von Otto Wagner liegt Wagners Studio, in dem in den 1980er Jahren auch Friedensreich Hundertwasser *(siehe S. 166f)* arbeitete. Nr. 21 ist die Sparcasse von Alois Pichl (um 1830). Das Neidhart-Haus, Tuchlauben 19, besitzt mittelalterliche Fresken.

❾ Pestsäule

Graben. **Stadtplan** 2 D5 u. 5 C3. **Karte** G6. Ⓤ Stephansplatz.

Kaiser Leopold I. gelobte im Pestjahr 1679, er werde bei Verschonung eine Säule errichten lassen. Nach dem Ende der Epidemie beauftragte er Matthias Rauchmiller, Lodovico Burnacini und den jungen Johann Bernhard Fischer von Erlach *(siehe S. 149)* mit dem Bau der barocken Pestsäule. Auffällig ist eine Idee der Jesuiten: Ein Heiliger und ein Engel überwachen die Verbrennung einer Hexe, die Verkörperung der Pest. Darüber schwebt die Figur des betenden Kaisers.

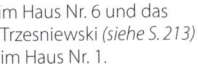

Reiterstandbild Josephs II. von Franz A. Zauner (1746–1822), Josefsplatz

Stadtplan *siehe Seiten 256–267*

Eingang zu Schullin *(siehe S. 222)*

❿ Kohlmarkt

Stadtplan 2 D5 u. 5 C3. **Karte** F6.
Ⓤ Herrengasse.

Am Kohlmarkt, einer Fußgängerzone, liegen einige der exklusivsten Läden. Neben den Schaufenstern verdienen die Fassaden besondere Aufmerksamkeit. Das Artaria-Haus im Jugendstil (Nr. 9) schuf 1901 Max Fabiani (1865–1962), ein Schüler von Otto Wagner *(siehe S. 59)*. Haus Nr. 16, die Buchhandlung Manz, weist ein Portal (1912) von Adolf Loos *(siehe S. 94)* auf. Die auffällige Fassadenornamentik des Juweliergeschäfts Schullin (1982) ist ein Entwurf des Architekten Hans Hollein *(siehe S. 93)*.

⓫ Konditorei Demel

Kohlmarkt 14. **Stadtplan** 2 D5 u. 5 C3. **Karte** F6. Ⓤ Stephansplatz. Ⓞ tägl. 9–19 Uhr. Ⓖ Ⓦ demel.at

Noch immer hängt das alte Ladenschild – k. u. k. Hofzuckerbäcker – an dieser berühmten Konditorei am Kohlmarkt 14. Das Unternehmen wurde 1785 von dem aus Württemberg stammenden Zuckerbäcker Dehne am Michaelerplatz gegründet, 1857 von Konditor Christoph Demel übernommen und 1888 hierher verlegt. Das Interieur zeigt den Ornamentalstil des ausgehenden 19. Jahrhunderts.

⓬ Naglergasse

Stadtplan 2 D5 u. 5 C2. **Karte** F5–6.
Ⓤ Herrengasse.

Die Nadler, die im Mittelalter hier arbeiteten und wohnten, gaben der Straße den Namen. Nadler gehörten zu den Schmieden, sie stellten alle Arten von Nadeln her – Nagler ist eine Verballhornung von Nadler. Die enge Gasse folgt dem ehemaligen römischen Schutzwall. Heute reihen sich hier prächtige Barockhäuser aneinander. Den zauberhaften Renaissance-Erker von Nr. 19 ziert ein Engelrelief. Haus Nr. 13 stammt aus dem 16. Jahrhundert, wurde aber umgebaut. In Nr. 21 (1720) lädt ein Wirtshaus zum Verweilen ein.

⓭ Herrengasse

Stadtplan 2 D5 u. 5 B2–B3. **Karte** F5–6. Ⓤ Herrengasse.

Die Straße an der Hofburg war früher das bevorzugte Wohngebiet des Habsburger Adels. Der bekannte Schriftsteller J. G. Kohl beschrieb im Jahr 1843 die »stillen Palais« dieser Straße, die bis heute ihren Charakter bewahrt hat.

Das Landhaus befindet sich in Nr. 13. Seine Fassade datiert aus der Zeit um 1830. Eine Tafel von 1571 im Hof verbietet das Tragen von Waffen sowie Auseinandersetzungen. Ein Verstoß gegen das Verbot erfolgte 1848, als an dieser Stelle die Revolution *(siehe S. 33)* begann. Die längliche klassizistische Fassade von Nr. 7 erhielt ihr heutiges Aussehen 1811 von Ludwig Pichl und Giacomo Quarenghi. Die Fassade des Palais Wilczek (1737) stammt von Anton Ospel (1677–1756), die Stützpfeiler verleihen den zentralen Nischen Tiefe.

Wappenschmuck im Innenhof des Palais Mollard-Clary

⓮ Palais Mollard-Clary

Herrengasse 9. **Stadtplan** 2 D5 u. 5 B3. **Karte** F6. Ⓤ Herrengasse. **Globenmuseum** Ⓒ (01) 5341 0710. Ⓞ Di–So 10–18 Uhr (Do bis 21 Uhr). Ⓐ Ⓦ onb.ac.at/globenmuseum. htm

In der Herrengasse 9 steht das stilvolle Palais Mollard-Clary (1698) von Domenico Martinelli, dessen Fassade das erste Auftragswerk von J. L. von Hildebrandt *(siehe S. 154)* war. 1923–97 war im Palais das Niederösterreichische Landesmuseum untergebracht, heute residiert hier das Globenmuseum. Im Hof entdeckt man einen schmiedeeisernen Brunnendeckel (1570) und ein in Stein gemeißeltes Wappen (1454).

⓯ Hofburg-Komplex

Siehe S. 98–103.

Innenausstattung im Ornamentalstil, Konditorei Demel

Restaurants im Hofburgviertel *siehe Seiten 212–214*

⑯ Neue Burg

Heldenplatz. **Stadtplan** 4 D1 u. 5 B4.
Karte F7. 📞 (01) 525 240.
Ⓤ Volkstheater, Herrengasse.
🕐 Mi–So 10–18 Uhr. 🚻 📷
🌐 hofburg.vienna.info

In weitem Bogen verläuft die
Neue Burg (1881–1913) am
Heldenplatz entlang. Dieser
Bau, der 1881 bis 1931 dem
Hofburg-Komplex angeschlossen wurde, verkörpert die letzte Phase der Ära der Habsburger. Ihre Herrschaft wurde im
krisengeschüttelten 19. Jahrhundert nur noch von der
Person des Kaisers zusammen-
gehalten. Obwohl eine Erweiterung der Hofburg seinerzeit
nicht geraten schien, wurde sie
nach den Plänen der Ring-
straßen-Architekten Karl von
Hasenauer (1833–1894) und
Gottfried Semper (1803–1879)
durchgeführt. Fünf Jahre nach
der Fertigstellung des Baus war
das Ende des Habsburger-
reichs besiegelt.
   Die Neue Burg beherbergt
mehrere Museen: Im Hauptge-
schoss befinden sich seit 1935
die Hofjagd- und Rüstkammer
und seit 1947 die Sammlung
Alter Musikinstrumente, im
prunkvollen Stiegenhaus wurde 1978 das Ephesos Museum
eingerichtet *(siehe unten)*.

⑰ Ephesos Museum

Adresse und Öffnungszeiten wie
Neue Burg. 📞 (01) 525 244 902. 🚻

Die Funde jahrzehntelanger
Ausgrabungen von österreichischen Archäologen im antiken
Ephesos (heute
Türkei) sind seit
1978 in der
Neuen Burg zu
besichtigen. Dar-
über hinaus sind
hier auch die 1873 und
1875 auf der griechischen
Insel Samothrake entdeckten
Funde ausgestellt. Zu den bedeutendsten Exponaten des
Ephesos Museums gehört
neben vielen Architekturfrag-
menten der Monumentalfries
in Gedenken an den Sieg des
Lucius Verus über die Parther
(165 n. Chr.).

In der Hofjagd- und Rüstkammer

⑱ Sammlung Alter Musikinstrumente

Adresse und Öffnungszeiten wie
Neue Burg. 📞 (01) 525 244 602. 🚻

Hier sieht man die Geige von
Leopold Mozart und den Flügel, den Robert und Clara
Schumann besaßen.
   Die Instrumentensammlung
aus der Zeit der Renaissance
zählt zu den schönsten der
Welt. Eines der besonders faszinierenden Exponate ist ein
Kombinationsinstrument von
Spinett und Orgel, das aus
dem 16. Jahrhundert stammt.
Es kann auch Spezialeffekte er-
zeugen (u. a. diverse Vogel-
stimmen).

**Renaissance-Cister in
der Sammlung Alter
Musikinstrumente**

⑲ Hofjagd- und Rüstkammer

Adresse und Öffnungszeiten wie Neue
Burg. 📞 (01) 525 244 502. 🚻

Die hier ausgestellten Waffen
und Ausrüstungen zählen zu
den berühmtesten der Welt:
kunstvoll verzierte Harnische,
Jagd- und Prunkwaffen, kostbare Uniformen und Sättel. Gezeigt wurden sie bei festlichen
Turnieren und Paraden. Die
maßgeschneiderten Prunkhar-
nische können ihren einstigen
Besitzern des europäischen
Hochadels zugeordnet werden
und geben Auskunft über Sta-
tur und Größe von nahezu
allen westeuropäischen Herrschern vom 15. bis ins frühe
20. Jahrhundert.

⑳ Weltmuseum Wien

Adresse wie Neue Burg. 📞 (01) 53430
5052. 🕐 Mi–Mo 10–18 Uhr. 🚻 📷
🌐 weltmuseumwien.at

Das einstige Museum für Völkerkunde zählt mit seinen berühmten Kollektionen zu den
bedeutendsten ethnologi-
schen Museen der Welt. Es
ging aus der »k. u. k. Ethno-
graphischen Sammlung« im kaiserlichen Hofnaturalienkabi-
nett hervor und befindet sich
seit 1928 im Corps-de-Logis-
Trakt der Neuen Burg.
   Das Museum gliedert sich
in Bereiche, die einzelnen
Regionen bzw. Kontinenten
entsprechen: Nord- und Mittel-
amerika; Südamerika; Ostasien:
China, Korea, Japan; Südasien,
Südostasien, Himalaya; Insula-
res Südostasien; Nordafrika,
Vorderasien, Zentralasien und
Sibirien; Afrika südlich der Sa-
hara; Ozeanien und Australien.
Zudem finden Sonderausstellungen statt.

Stadtplan *siehe Seiten 256–267*

⑮ Hofburg-Komplex

Die gewaltige Anlage birgt die ehemaligen Kaiserappartements, verschiedene Museen, eine Kapelle, eine Kirche,
die Nationalbibliothek und die Spanische Hofreitschule.
Jahrhundertelang war die Burg ein Machtzentrum, dem
jeder Kaiser seinen persönlichen Stempel aufdrückte.
Vom gotischen Stil bis zum Historismus des späten
19. Jahrhunderts dokumentiert der
Komplex mit seinen zehn Gebäuden sieben Jahrhunderte Baukunst.

★ Prunksaal
Das Glanzstück der
Österreichischen
Nationalbibliothek
(1722–35) ist der
holzgetäfelte Prunk-
saal (Ehrensaal).

★ Michaelertrakt (1893)
Eine imposante Kuppel überragt die geschwungene
Fassade des Michaelertrakts.

1275 Bau
der ersten
Festung auf
dem Schwei-
zerhof

*Statue des Engels
Gabriel in der
Burgkapelle*

1558–65 Bau der Stallburg (Renaissance-Pa-
lais, später Stallungen)

1575–1611 Bau
der Amalienburg

1729–35 Bau der Winterreitschule von J. E. Fischer
von Erlach

1881–1913 Bau
der Neuen Burg

1938 Hitler ver-
kündet »An-
schluss« Öster-
reichs von der
Neuen Burg

1300	1500	1700	1900

1447–49 Umgestaltung
der Burgkapelle unter
Friedrich III.

1547–52
Ferdinand I.
baut Alte Burg
wieder auf

1552/53
Bau des
Schweizertors

1660–80 Leopoldinischer
Trakt unter Leopold I.

1728 J. E. Fischer von Erlach beginnt mit Bau des
Reichskanzleitrakts

1889–93 Bau von Michaelertrakt und Michaelertor

1992 Ein Brand
zerstört Speise-
saal und Ball-
haus im Redou-
ten-Flügel

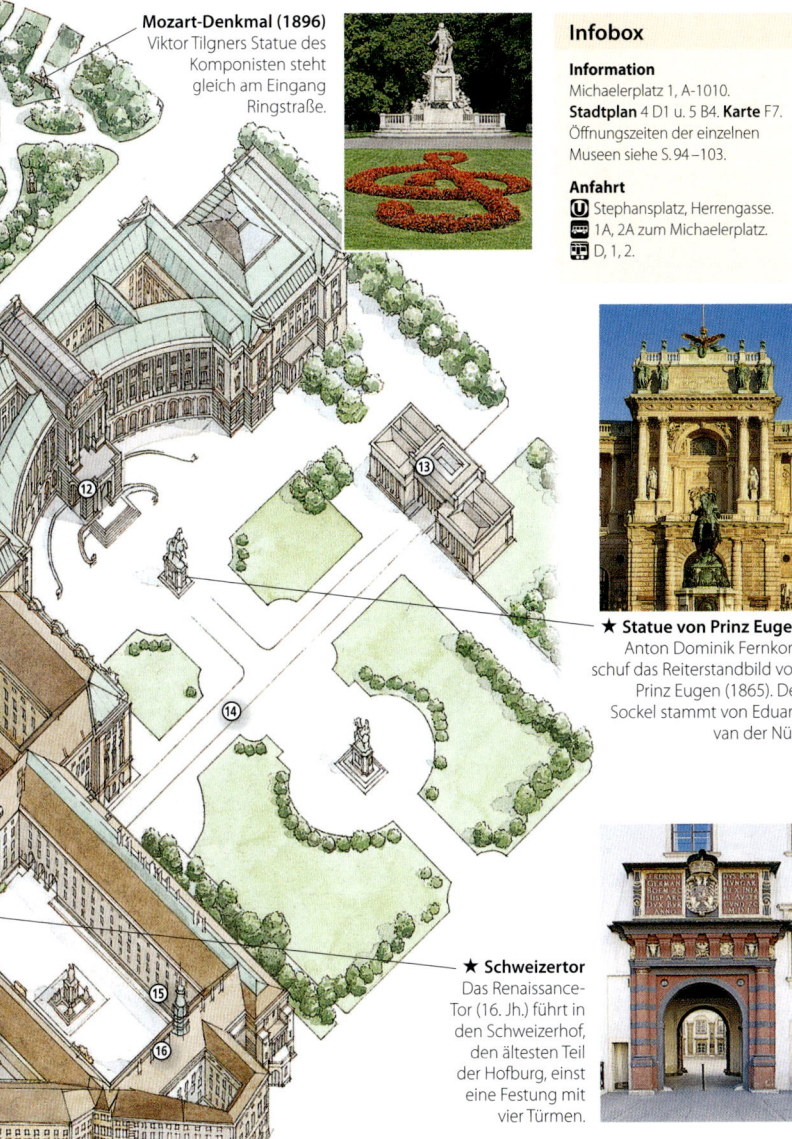

Mozart-Denkmal (1896)
Viktor Tilgners Statue des Komponisten steht gleich am Eingang Ringstraße.

Infobox

Information
Michaelerplatz 1, A-1010.
Stadtplan 4 D1 u. 5 B4. **Karte** F7.
Öffnungszeiten der einzelnen Museen siehe S. 94–103.

Anfahrt
Ⓤ Stephansplatz, Herrengasse.
🚌 1A, 2A zum Michaelerplatz.
🚋 D, 1, 2.

★ **Statue von Prinz Eugen**
Anton Dominik Fernkorn schuf das Reiterstandbild von Prinz Eugen (1865). Der Sockel stammt von Eduard van der Null.

★ **Schweizertor**
Das Renaissance-Tor (16. Jh.) führt in den Schweizerhof, den ältesten Teil der Hofburg, einst eine Festung mit vier Türmen.

Außerdem

① **Reichkanzleitrakt**

② **Michaelertor**

③ **Spanische Hofreitschule**
(siehe S. 100f)

④ **Stallburg** (siehe S. 95)

⑤ **Redouten-Flügel**

⑥ **Alte Burg**

⑦ **Burgkapelle** (siehe S. 105)

⑧ **Statue von Joseph II.**
(1806) auf dem Josefsplatz
(siehe S. 95)

⑨ **Augustinerkirche**
(siehe S. 104)

⑩ **Albertina** (siehe S. 104)

⑪ **Burggarten** (siehe S. 104)

⑫ **Neue Burg** (siehe S. 97)

⑬ **Das Burgtor** (1821–24)
stammt von Peter Nobile.

⑭ **Heldenplatz**

⑮ **Leopoldinischer Trakt**

⑯ **Die Amalienburg** wurde 1575 für Kaiser Maximilians Sohn Rudolf erbaut. Sie besitzt eine Renaissance-Fassade und einen hübschen Uhrturm im Barockstil.

Stadtplan siehe Seiten 256–267

🜲 Spanische Hofreitschule

Die Anfänge der Spanischen Hofreitschule sind nicht ganz geklärt, vermutlich wurde sie 1572 zur Pflege der hohen Schule klassischer Reitkunst gegründet. Sie ist eine Einrichtung des Hauses Habsburg mit spanischen Dressurpferden eigener Zucht. In der Winterreitschule werden die Tiere bei Vorstellungen präsentiert. Das Gebäude entstand 1729–35 im Auftrag Karls V. nach einem Entwurf von Joseph Emanuel Fischer von Erlach. Es ist heute durch das Tor Josefsplatz 2 und von der Michaelerkuppel her zugänglich.

Die speziell gezüchteten Hengste beginnen das Training im Alter von drei Jahren.

Der schwarze Zweispitz hat ein goldenes Litzenband.

Das kaffeebraune Jacket ist ein taillierter Zweireiher mit Messingknöpfen.

Die Reithosen sind aus Wildleder.

Lederhandschuhe bedecken die Hände.

Die Schaftstiefel reichen bis übers Knie.

Sattel und Zaumzeug
Der elegante Sattel mit der bestickten Decke ergänzt die historische Kleidung des Reiters. Das Zaumzeug mit Kandare ist in Gebrauch.

Stallungen
Die dreistöckige Stallburg, ein ehemaliges Renaissance-Palais, befindet sich gegenüber der Winterreitschule. Hier sind Stallungen untergebracht.

Hohe Schule

Die von Pferd und Reiter vollführten Lektionen sind Teil einer sorgfältigen Choreografie. Viele stammen von den Kavalleristen der Renaissance, für die spezielle Gangarten eine Frage des Überlebens waren.

Kruppade: Das Pferd schnellt mit hochgezogenen Vorder- und Hinterbeinen in die Luft.

Levade: Das Pferd steht auf den Hinterbeinen, die Sprunggelenke tief zum Boden gesenkt.

Bildnis Karls VI.
In der Kaiserloge hängt ein Reiter-
bild Kaiser Karls VI. Bevor ein Reiter
die Halle betritt, muss er dem Begründer der Schule mit gezoge-
nem Zweispitz Reverenz erweisen.

Lipizzaner

Die Hengste, die in der Reitbahn der Winterreitschule ihre Sprün-
ge vorführen, tragen den Namen des slowenischen Gestüts Lipi-
ca (in der Nähe von Triest), das 1580 von Erzherzog Karl gegründet wurde. Heute kommen die Pferde vom österreichischen
Bundesgestüt Piber (in der Nähe von Graz). Die Lipizzaner, eine
Kreuzung aus arabischen und spanischen Pferden, sind bekannt
für ihre Schönheit und ihr Durchhaltevermögen. Für den Besuch
des morgendlichen Trainings brauchen Sie keine Karten zu
reservieren.

Innenraum der Winterreitschule
Der Innenraum mit der auf 46 Säulen
ruhenden Galerie hat Stuckverzierun-
gen, Kronleuchter und Kassettendecke.
An der Kopfseite der Manege befindet
sich die Hofloge. Die Zuschauer sitzen
hier oder auf den oberen Galerien.

Kapriole: Sie ist ein
hoher Luftsprung mit
gleichzeitigem Ausschla-
gen der Hinterbeine.

Piaffe: Das Pferd trabt
auf der Stelle, meist
zwischen zwei Pfeilern.

㉗ Kaiserappartements und Schatzkammer

Die Kaiserappartements im Reichskanzleitrakt (1723–30) und in der Amalienburg (1575) umfassen die Gemächer von Kaiser Franz Joseph (1857–1916), Kaiserin Elisabeth (1854–1898) und Zar Alexander I., der 1815 hier weilte. Ergänzt werden sie durch das Sisi Museum in den ersten sechs Räumen. In der Schatzkammer werden der bedeutendste mittelalterliche Kronschatz und geistliche Objekte aus dem ehemaligen Besitz der Habsburger gezeigt.

★ Reichskrone (10. Jh.)
Sie ist das bedeutendste Symbol unter den Reichsinsignien des Heiligen Römischen Reichs.

Kaiser Maximilian I.
Das Porträt von Bernhard Strigel (um 1500) hängt in dem Saal, der auch den Burgunderschatz enthält. 1477 heiratete Kaiser Maximilian Maria, die Herzogin von Burgund.

Wiege des Königs von Rom
Für den Sohn der Habsburgerin Marie-Louise und Napoléons *(siehe S. 177)* entwarf der französische Maler Prud'hon diese Wiege.

Außerdem

① Eingang durch die Michaelerkuppel zu Kaiserappartements und Silberkammer

② Eingang zur Schatzkammer

③ Durchgang zu Neuer Burg und Heldenplatz

④ Sisi Museum

⑤ Kartenverkauf

⑥ Eingang durch das Kaisertor zu Appartements und Silberkammer

⑦ Ausgang aus den Kaiserappartements

Kruzifix nach Giambologna
Diese Art von Kruzifix, ein *Cristo Morto*, entstand nach einem Original von Giambologna in Florenz (um 1590).

Legende

- ⬜ Franz Josephs Staatsgemächer
- ⬜ Elisabeths Staatsgemächer
- ⬜ Alexanders Staatsgemächer
- ⬜ Geistlicher Schatz
- ⬜ Weltlicher Schatz
- ⬜ Sisi Museum
- ⬜ Kein Ausstellungsbereich

Silberkammer

Die Schauräume im Erdgeschoss mit dem Hoftafelgeschirr und der Silberkammer enthalten die unterschiedlichsten Utensilien für festliche Anlässe – aus Gold, Silber und feinstem Porzellan. Ein Highlight ist der 33 Meter lange Tafelaufsatz aus vergoldeter Bronze mit dazugehörigen Kandelabern (um 1800). Sehenswert ist auch das Service der Manufaktur Sèvres (Mitte 18. Jh.), ein diplomatisches Geschenk von Louis XV an Maria Theresia.

Gobelet aus dem Laxenburg-Service (um 1821)

Infobox

Information

Stadtplan 4 D1 u. 5 B3. **Karte** F6.
Kaiserappartements, Sisi Museum und Silberkammer
Michaelerkuppel. 📞 (01) 5337 570. 🕐 tägl. 9 – 17.30 Uhr (Juli, Aug: bis 18 Uhr). 🎧 ♿ 📷 tägl. 10, 11.30, 15.30 Uhr.
🌐 hofburg-wien.at
Schatzkammer Schweizerhof.
📞 (01) 525 240. 🕐 Mi – Mo 9 – 17.30 Uhr. 🎧 ♿ 📷 📷
🌐 kaiserliche-schatzkammer.at

Elisabeths Turngeräte
Die schlankheitsbewusste Kaiserin ließ in ihrem Ankleideraum Gymnastikgeräte aufstellen, die noch zu besichtigen sind.

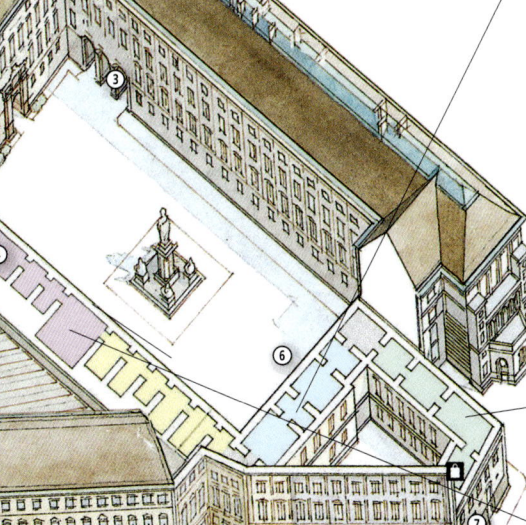

★ Kaiserlicher Speisesaal
Die Tafel ist nach der unter Franz Joseph *(siehe S. 34f)* üblichen Etikette gedeckt. In dem Saal dinierte die kaiserliche Familie.

Kurzführer

Die Säle 1 bis 8 sind den Schätzen der Monarchie gewidmet (Nr. 5 ist Gedenkstätte für Napoléon). Die Preziosen des Heiligen Römischen Reichs sind in den Sälen 9 bis 12, der Burgunderschatz in den Sälen 13 bis 16 ausgestellt. In den Sälen I bis V werden die geistlichen Schätze präsentiert.

★ Kaiserin Elisabeth
Winterhalters Porträt der Kaiserin (1865) mit Sternen im offenen Haar hängt im Empfangssaal.

Stadtplan *siehe Seiten 256 – 267*

Burggarten: Gewächshäuser von Friedrich Ohmann (1858–1927)

㉑ Burggarten

Burgring/Opernring. **Stadtplan** 4 D1 u. 5 B4. **Karte** F7. Ⓤ Karlsplatz. 🚋 1, 2, D. ⏰ Apr–Okt: tägl. 6–22 Uhr; Nov–März: tägl. 6.30–19 Uhr.

Bevor Napoléon die Stadt räumte, ließ er Teile der Stadtbefestigung schleifen, die seiner Invasion nicht standgehalten hatte. Die so vor der Hofburg entstandenen Freiflächen wurden daraufhin als Grünanlage gestaltet, seit 1918 sind sie als Park öffentlich zugänglich.

Die Jugendstil-Gewächshäuser (1901–07) von Friedrich Ohmann überragen die Anlagen. Am Eingang zur Hofburg steht Balthasar Molls kleines Reiterstandbild (1780) von Kaiser Franz I. Stephan. In der Nähe der Ringstraße befindet sich das Mozart-Denkmal (1896) von Viktor Tilgner.

㉒ Albertina

Albertinaplatz 1. **Stadtplan** 4 D1 u. 5 C4. **Karte** F7. ☎ (01) 534 830. Ⓤ Karlsplatz, Stephansplatz. ⏰ tägl. 10–18 Uhr (Mi bis 21 Uhr). 🖼 📷 🎧 ♿ 🖥 Ⓦ albertina.at

Das imposante klassizistische Palais Albertina beherbergt eine Kunstsammlung, die zu den bedeutendsten Attraktionen Österreichs gehört. Ihr Name geht auf Maria Theresias Schwiegersohn Herzog Albert von Sachsen-Teschen (1738–1822) zurück, der die Sammlung Albertina begründete.

Im Zuge einer Restaurierung (2000–2003) wurden die Ausstellungshallen mit zeitgemäßer Technik ausgestattet. Der Architekt Hans Hollein versah den Eingangsbereich mit einem spektakulären Flugdach aus Titan.

Herzstück der Anlage sind die 21 komplett restaurierten Habsburgischen Prunkräume, Meisterwerke klassizistischer Baukunst. Sie erinnern an die glanzvolle Repräsentationskultur der Ära der Habsburger.

Die Albertina ist nicht nur Österreichs beliebtestes Museum, sondern auch eines der wichtigsten Museen der Welt. Es besitzt ca. eine Million Druckgrafiken und mehr als 65 000 Handzeichnungen aus der Zeit vom 15. Jahrhundert bis in die Gegenwart. Zu den berühmtesten Stücken zählen Werke von Dürer, aber auch von Michelangelo, Rubens, Klimt und Picasso.

In vier großen Hallen bietet das Museum hochkarätige Dauer- und Wechselausstellungen: eigene Exponate kombiniert mit internationalen Leihgaben. Die Sammlung Batliner präsentiert Meisterwerke der klassischen Moderne von Monet bis Picasso.

㉓ Augustinerkirche

Augustinerstraße 3. **Stadtplan** 4 D1 u. 5 C4. **Karte** F7. ☎ (01) 5337 099. Ⓤ Stephansplatz. ⏰ tägl. 8–17 Uhr. **Herzgruft** ⏰ So nach der Messe und nach Vereinbarung. Ⓦ augustinerkirche.at

Die Augustinerkirche besitzt eines der besterhaltenen gotischen Interieurs Wiens aus dem 14. Jahrhundert – störend sind nur die modernen Kronleuchter. In der Loretokapelle (1724) ruhen in der Herzgruft die silbernen Urnen mit den Herzen der Habsburger. In der Kirche sieht man eines der großartigsten Werke des italienischen Bildhauers Antonio Canova: das Grab von Maria Christina, der Lieblingstochter Maria Theresias, das ebenso leer ist wie das Grab Leopolds I. Die kaiserlichen Überreste ruhen in der Kaisergruft (siehe S. 106f). Die Kirche dient sonntags auch als Konzertsaal.

㉔ Prunksaal

Josefsplatz 1. **Stadtplan** 4 D1 u. 5 C4. **Karte** F7. ☎ (01) 5341 0394. Ⓤ Herrengasse. ⏰ Di–So 10–18 Uhr (Do bis 21 Uhr). ♿ Ⓦ onb.ac.at

Kaiser Karl VI. beauftragte J. B. Fischer von Erlach, für seine Hofbibliothek (Haupthalle der Nationalbibliothek) einen Prunksaal zu bauen (1723–26). Nach Fischer von Erlachs Tod wurde der Bau von seinem Sohn fertiggestellt.

Die Sammlung von rund 2,6 Millionen Werken umfasst Prinz Eugens Privatbibliothek sowie Bücher aus Beständen von Klöstern, die Joseph II. während der Säkularisierung schließen ließ (siehe S. 30f).

Der 77 Meter lange Prunksaal ist die größte Barockbibliothek Europas – und die schönste der Welt. Die überkuppelte Haupthalle ruht auf Marmorsäulen, die Wände sind mit Bücherregalen überzogen. Die Fresken von Decke und Bogenfächern schuf Daniel Gran 1730. Franz Anton Maulbertsch restaurierte sie 1769.

Überkuppelter Prunksaal im Gebäude der Nationalbibliothek

Die vielen Statuen, z. B. die von Karl VI. im Zentrum der Halle, stammen von Paul Strudel (1648–1708) und seinem Bruder Peter (1660–1714).

㉕ Burgkapelle

Hofburg, Schweizerhof. **Stadtplan** 4 D1 u. 5 B4. **Karte** F7. 📞 (01) 5339 927. Ⓤ Herrengasse. 🕐 Mo, Di 10–14, Fr 11–13 Uhr. ⚫ Feiertage. 🎫 obligatorisch. 🎵 ✉ *Sonntagsmesse (mit der Hofmusik-Kapelle und den Wiener Sängerknaben)* So 9.15 Uhr (Tickets Fr 11–13, 15–17, So 8.15–8.45 Uhr oder online). 🎵 🖥 hofburgkapelle.at

Vom Schweizerhof führt eine Treppe zur 1296 erbauten Hofburgkapelle, die Friedrich III. 150 Jahre später umgestalten ließ. In den Nischen sind noch gotische Statuen zu sehen, auch die Gewölbereliefs sind erhalten. Das Bronze-Kruzifix (1720) über dem Hochaltar ist von Johann Känischbauer. Die Sonntagsmessen sind besondere musikalische Ereignisse.

㉖ Spanische Hofreitschule

Siehe S. 100f.

㉗ Kaiserappartements und Schatzkammer

Siehe S. 102f.

㉘ Bundeskanzleramt

Ballhausplatz 2. **Stadtplan** 1 C5 u. 5 B3. **Karte** F6. Ⓤ Herrengasse. ⚫ für Besucher.

Johann Lukas von Hildebrandt entwarf die Staatskanzlei, das heutige Bundeskanzleramt (1717–19). 1766 wurde der Bau durch Nikolaus Pacassi erweitert. Hier fand österreichische Geschichte statt: beim Wiener Kongress 1814/15 *(siehe S. 32)*, bei der Krisensitzung von 1914 am Vorabend des Ersten Weltkriegs und bei der Ermordung von Kanzler Dollfuß durch die Nazis 1934 *(siehe S. 38)*.

Minoritenplatz 4

㉙ Minoritenplatz

Stadtplan 2 D5 u. 5 B3. **Karte** F6. Ⓤ Herrengasse.

Der Barockbau am Minoritenplatz 1 ist das Staatsarchiv (die entsprechenden Dokumente werden hier allerdings nicht mehr aufbewahrt), ein 1902 entstandener Erweiterungsbau des Bundeskanzleramts. Nr. 3 beherbergt das ehemalige Palais Dietrichstein (1755), ein Frühwerk von Franz Hillebrand, heute Amtssitz des Bundeskanzlers und des Außenministers. Nr. 4 ist das Palais Liechtenstein *(siehe S. 106)*, Nr. 5 das Palais Starhemberg (17. Jh.). In der ehemaligen Residenz des Grafen Ernst Rüdiger von Starhemberg, der als Kommandant der österreichischen Armee bei der türkischen Belagerung Wiens von 1683 *(siehe S. 29)* hohe Ehren erwarb, ist heute ein Ministerium untergebracht.

㉚ Minoritenkirche

Minoritenplatz 2a. **Stadtplan** 1 C5 u. 5 B3. **Karte** F6. 📞 (01) 5334 162. Ⓤ Herrengasse. 🕐 tägl. 8–18 Uhr. 🖥 minoritenkirche-wien.info

Die Kirche, die den Minoritenplatz dominiert, wurde 1224 von den Minoriten errichtet. Ihre heutige Gestalt erhielt sie ab 1340. Bei der türkischen Belagerung von 1529 ging der Turmhelm verloren. Ab 1780

erhielt die Kirche wieder ihre ursprüngliche gotische Gestalt, als Maria Theresias Sohn Joseph II. das Bauwerk der italienischen Gemeinde Wiens stiftete.

Sehenswert ist das schöne Westportal (1340) mit dem Figurenschmuck über den Baldachinen mit gotischem Maßwerk. Die Reliefs über dem Eingang sind allerdings modern.

Das lichte und weite Innere enthält eine Mosaiknachbildung von Leonardos *Abendmahl*. Napoléon Bonaparte gab dieses Werk bei Giacomo Raffaelli in Auftrag. Es war ein Ersatz für das Mailänder Original, das Bonaparte nach Paris mitnehmen wollte. Nach seiner Niederlage bei Waterloo 1815 erwarben die Habsburger Raffaellis Version.

Im Südschiff steht eine farbige Statue der Madonna mit Kind (um 1350). An der entsprechenden Stelle im Nordschiff befindet sich das Fragment einer verblichenen Freske des hl. Franz von Assisi aus dem 16. Jahrhundert.

Gotische Statue (um 1400) von Leopold III., Burgkapelle

Stadtplan *siehe Seiten 256–267*

③ Bankgasse

Stadtplan 1 C5 u. 5 B3. **Karte** E6 – F5.
Ⓤ Herrengasse.

Kaum eine Straße in Wien besitzt so viele Adelspalais wie diese. Nr. 4 – 6 ist das frühere Palais Strattmann-Windisch-grätz (1692 – 1734). Den Bau entwarf Johann Bernhard Fischer von Erlach *(siehe S. 149)*. Die heutige Fassade (1783/84) stammt von Franz Hillebrand, der das Palais um einen Erweiterungsbau ergänzte. Derzeit ist das Gebäude der Sitz der Botschaft von Ungarn.

Nr. 5 – 7 bilden die Rückseite des Palais Starhemberg. Das Palais Liechtenstein, Bankgasse 9, wurde von Domenico Martinelli (1694 – 1706) als Stadtresidenz für die Liechtensteins erbaut. Nr. 2 ist der Sitz des Palais Schönborn-Batthyány (1695).

③ Volksgarten

Dr.-Karl-Renner-Ring. **Stadtplan** 1 C5 u. 5 A3. **Karte** E6. Ⓒ (01) 5339 083. Ⓤ Herrengasse. Ⓞ Apr – Okt: tägl. 6 – 22 Uhr; Nov – März: tägl. 6.30 – 19 Uhr. ♿

Genau wie der als Landschaftsgarten gestaltete Burggarten *(siehe S. 104)* entstand auch der Volksgarten an der Stelle der

von Napoléon gesprengten Burgbastei. Anders als der Burggarten war er bald nach seiner Vollendung ab 1820 öffentlich zugänglich. Die schönen Pflanzungen, vor allem die prächtigen Rosengärten, bilden eine würdige Szenerie für verschiedene Attraktionen des Gartens, wobei der Theseus-Tempel (1823) von Peter Nobile besonders sehenswert ist. Die ursprünglich dort aufbewahrte Götterstatue von Canova schmückt heute das Treppenhaus im Kunsthistorischen Museum.

Außerdem zu sehen: Karl Kundmanns Denkmal zu Ehren von Franz Grillparzer *(siehe S. 35)* sowie der Brunnen von Friedrich Ohmann *(siehe S. 59)* und Hans Bitterlich zu Ehren der ermordeten Kaiserin Elisabeth (1907).

Statuen über dem Portal des Palais Lobkowitz

③ Palais Lobkowitz

Lobkowitzplatz 2. **Stadtplan** 4 D1 u. 5 C4. **Karte** F7. Ⓒ (01) 5252 43460. Ⓤ Karlsplatz, Stephansplatz. Ⓞ Mi – Mo 10 – 18 Uhr. ♿ ♿ 📷 ⓦ **theatermuseum.at**

Giovanni Pietro Tencala schuf 1685 – 87 im Auftrag des Grafen Dietrichstein das große Palais. J. B. Fischer von Erlach *(siehe S. 149)* gestaltete es 1710 um. Seit 1753 gehört es der Familie Lobkowitz. Im Kongressjahr 1815 *(siehe S. 32)* wurden hier rauschende Feste gefeiert, im Eroica-Saal (1724 – 29) viele Werke Beethovens uraufgeführt. Seit 1991 beherbergt das Palais das Österreichische Theatermuseum mit einer Nachbildung des ersten Hofburgtheaters. Mit fast zwei Millionen Objekten in seinen Sammlungen ist es wohl das größte Museum seiner Art. Wechselausstellungen gehen auf die Theatergeschichte ein.

③ Kapuzinerkirche und Kaisergruft

Tegetthoffstraße 2. **Stadtplan** 4 D1 u. 5 C4. **Karte** G7. Ⓒ (01) 5126 853. Ⓤ Stephansplatz. Ⓞ tägl. 10 – 18 Uhr. ♿ ♿ ⓦ **kaisergruft.at**

Die unterirdischen Gewölbe der Kapuzinerkirche bergen die Kaisergruft (Kapuzinergruft), die auf Kaiser Matthias im Jahr 1619 zurückgeht. Hier ruhen 138 Habsburger, darunter auch Maria Theresia und ihr Gemahl Franz I. Stephan in einem Grab von Balthasar Moll (1753). Besonders ergreifend ist das Grab Kaiser Franz Josephs, flankiert von den Gräbern seiner ermordeten Gattin Elisa-

Blick auf den Rosengarten im Volksgarten

Grab Karls VI. von Balthasar Moll

beth und ihres Sohns Rudolf, der Selbstmord beging *(siehe S. 34)*. Kaiserin Zita, die letzte regierende Habsburgerin, starb 1989 und ruht ebenfalls hier.

㉟ Neuer Markt

Stadtplan 4 D1 u. 5 C4. **Karte** G7. Ⓤ Stephansplatz.

Der Neue Markt, der bis 1210 Mehlmarkt hieß, diente einst auch als Turnierplatz. Ein paar der Häuser stammen noch aus dem 18. Jahrhundert. In der Mitte steht eine Kopie des Providentia-Brunnens (auch: Donnerbrunnen 1737–39) von Georg Raphael Donner, der die Bedeutung der Flüsse für die Wirtschaft der Habsburger symbolisiert. Die vier Figuren stellen Donauzuflüsse dar, die Frauenfigur in der Mitte zeigt Providentia, die Voraussicht. Die Originalfiguren sind im Unteren Belvedere *(siehe S. 159)*.

㊱ Kärntner Straße

Stadtplan 4 D1 u. 5 C5. **Karte** G6 – 8. Ⓤ Stephansplatz.
Malteserkirche ⃝ tägl. 7–19 Uhr.
Lobmeyr-Glasmuseum ⃝ Mo – Fr 10–19, Sa 10–18 Uhr.

Die verkehrsberuhigte Straße, heute die Haupteinkaufsstraße der Inneren Stadt, sicherte im Mittelalter die Hauptverbindung nach Kärnten. Tag und Nacht ist sie voller Menschen, die einkaufen, in Kaffeehäusern sitzen oder Straßenmusikern zuhören.

Nr. 37 ist die Malteserkirche mit hohen gotischen Fenstern und Bogen. Sie wurde von Malteserrittern gegründet, die Anfang des 13. Jahrhunderts auf Einladung von Leopold VI. nach Wien kamen.

Das Lobmeyr-Glasmuseum (Nr. 26) zeigt im zweiten Stock des Stammhauses Gläser von Josef Hoffmann *(siehe S. 58)*, die er u. a. für das Wiener Unternehmen Lobmeyr entwarf.

In der Johannesgasse 5 steht das Palais Questenberg-Kaunitz (frühes 18. Jh.), dessen Gestaltung Johann Lukas von Hildebrandt *(siehe S. 154)* zugeschrieben wird.

㊲ American Bar

Kärntner Straße 10. **Stadtplan** 4 D1 u. 6 D3. **Karte** G6. Ⓤ Stephansplatz.
⃝ tägl. ab 12 Uhr. Ⓦ loosbar.at

Die mit einem Sternenbanner geschmückte Bar wurde 1908 von Adolf Loos *(siehe S. 94)* entworfen. Das Innere ist ein Kleinod. Adolf Loos kreierte jedes

Providentia-Brunnen am Neuen Markt

Detail, darunter auch die von unten beleuchteten Tische und die kostbaren Vitrinen für Gläser. Auch bei dieser Bar zeigt sich seine Vorliebe für Mahagonitäfelungen. Spiegelwände vermitteln den Eindruck von Weite, Materialien wie Onyx und Marmor tauchen Besucher in ein schmeichelndes Licht.

Fassade der American Bar

㊳ Stock-im-Eisen-Platz

Stadtplan 2 D5 u. 5 C3. **Karte** G6. Ⓤ Stephansplatz.

Der Platz liegt an der Kreuzung von Stephansplatz, Kärntner Straße und Graben. Dem Haas-Haus *(siehe S. 81)* gegenüber steht das Equitablepalais (1891), früher Sitz der Equitable Lebensversicherung. Einst hämmerten fahrende Handwerker in den Baumstumpf einen Nagel – für eine glückliche Heimkehr.

Stadtplan *siehe Seiten 256 – 267*

Schottenring und Alsergrund

Dieses Areal ist voller Sehenswürdigkeiten, darunter das Palais Ferstel mit der glasüberdachten Ferstel-Passage. Schottenring (einst Stadtmauer) und das 1860 abgetragene, mittelalterliche Schottentor sind nach den Benediktinermönchen benannt, die hier unter den Babenbergern das Schottenstift gründeten. Die anderen Monumente des Areals entstanden unter späteren Regenten: Joseph II. ließ ein riesiges Spital errichten: das

heutige Josephinum. Überhaupt entwickelte sich der nördliche Alsergrund zu einem Zentrum für Spitäler und Pflegeanstalten. Franz Joseph stiftete die Votivkirche als Dank für seine Errettung vor einem Attentat (1853). Die Wohnstraßen im Ostteil der Stadt am Donaukanal werden vom Liechtenstein Museum durchbrochen, das in einem der vielen Gartenpalais liegt, die sich der Wiener Adel vor den Toren der Stadt errichten ließ.

Sehenswürdigkeiten auf einen Blick

Straßen und Plätze
1 Freyung-Passage
2 Freyung

Kirchen und Kathedralen
3 Schottenkirche
5 Servitenkirche
9 Votivkirche

Museen und Sammlungen
4 Freud-Museum
6 Liechtenstein Museum
7 Josephinum
8 Narrenturm

Stadtplan *1, 2, 5*

Restaurants
am Schottenring
und Alsergrund
siehe S. 214

Zeichenerklärung
siehe hintere Umschlagklappe

◄ **Die elegante Freyung-Passage im Palais Ferstel** *(siehe S. 112)*

Im Detail: Um die Freyung

Den Kern des eleganten Stadtteils bildet die mittelalterliche Schottenkirche mit Hofgelände und Schulgebäude. Auf der gegenüberliegenden Seite der Freyung stehen einige prächtige Barockpalais, etwa Hildebrandts Palais Kinsky (1713–16) und das Palais Ferstel. Durch die Freyung-Passage gelangt man in die Herrengasse mit ihren barocken Patrizierhäusern neben dem ältesten Wolkenkratzer Wiens. Zum Schottenring hin liegt die im italienisierenden Stil erbaute Wiener Börse.

❸ ★ Schottenkirche
Die prächtige Kirche von 1177, die später barock umgestaltet wurde, besitzt ein Museum. Zum Stift gehört ein berühmtes Gymnasium.

❷ ★ Freyung
Prachtvolle Gebäude dominieren den Platz, etwa das ehemalige Schottenkloster (1155 vollendet, 1744 umgebaut), das wegen seines charakteristischen Aussehens von den Wienern »Schubladkastenhaus« genannt wird.

❶ ★ Freyung-Passage
Ein Arkadengang mit luxuriösen Läden führt von der Freyung zur Herrengasse.

Das Café Central ist durch die Pappmaschee-Statue des Dichters Peter Altenberg beim Eingang erkennbar. Altenberg verbrachte als Stammgast viel Zeit im Central (*siehe S. 60 – 63*).

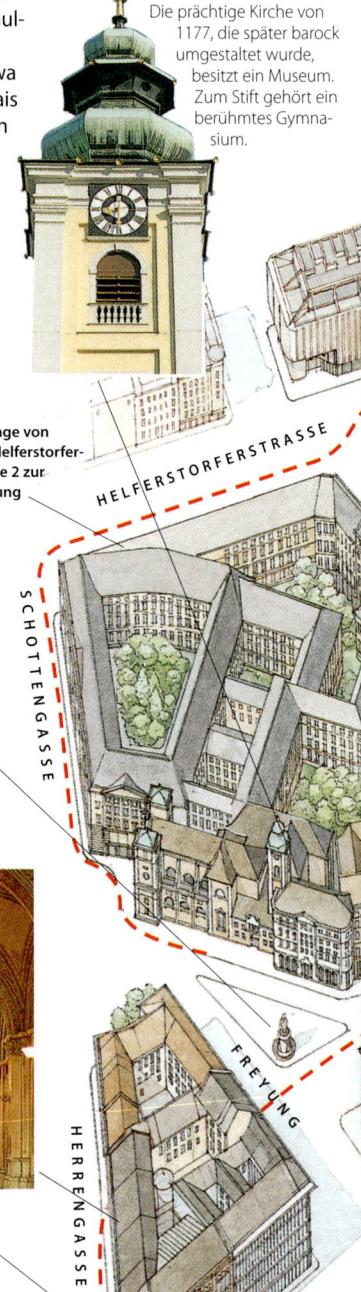

Passage von der Helferstorferstraße 2 zur Freyung

HELFERSTORFERSTRASSE

SCHOTTENGASSE

FREYUNG

HERRENGASSE

U-Bahn Herrengasse

Restaurants am Schottentor und Alsergrund *siehe Seite 214*

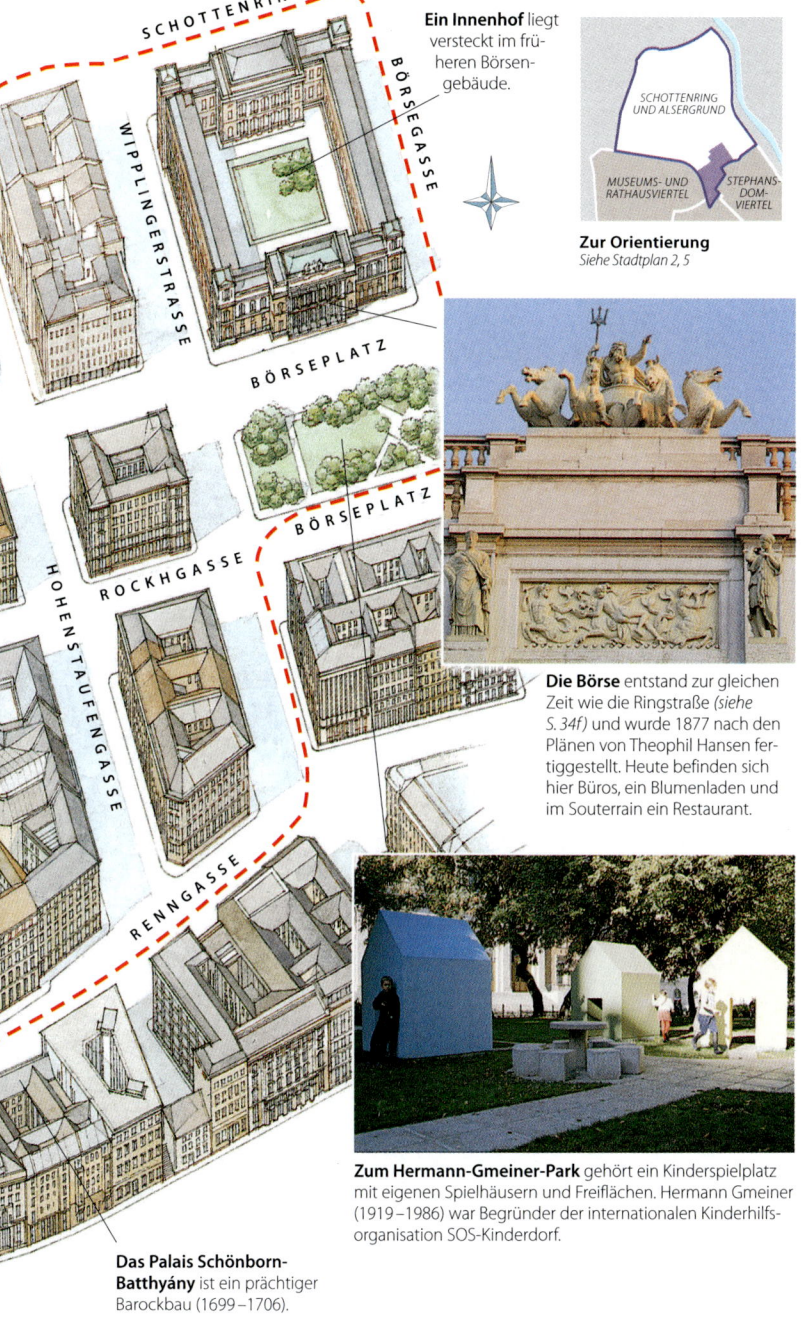

Ein Innenhof liegt versteckt im früheren Börsengebäude.

Zur Orientierung
Siehe Stadtplan 2, 5

SCHOTTENRING UND ALSERGRUND

MUSEUMS- UND RATHAUSVIERTEL

STEPHANS-DOM-VIERTEL

Die Börse entstand zur gleichen Zeit wie die Ringstraße *(siehe S. 34f)* und wurde 1877 nach den Plänen von Theophil Hansen fertiggestellt. Heute befinden sich hier Büros, ein Blumenladen und im Souterrain ein Restaurant.

Zum Hermann-Gmeiner-Park gehört ein Kinderspielplatz mit eigenen Spielhäusern und Freiflächen. Hermann Gmeiner (1919–1986) war Begründer der internationalen Kinderhilfsorganisation SOS-Kinderdorf.

Das Palais Schönborn-Batthyány ist ein prächtiger Barockbau (1699–1706).

Legende

▬ Routenempfehlung

0 Meter   50

❶ Freyung-Passage

Stadtplan 2 D5 u. 5 B2. **Karte** F5.
🅄 Herrengasse.

Zur Freyung blickt ein italienisch anmutender Palazzo, das Palais Ferstel (1860), das nach seinem Baumeister Heinrich von Ferstel benannt ist. Hier betritt man die Freyung-Passage, die an eleganten Läden vorbei auf einen kleinen Innenhof führt. Den mehrstöckigen Brunnen in der Mitte ziert eine glänzende Donaunixe mit Fisch. Danach kommt man zur Herrengasse. Unter stadtplanerischem Aspekt gilt die Passage als gelungen. Von hier aus gelangt man auch in eines der berühmtesten Wiener Kaffeehäuser, das Café Central *(siehe S. 60–63)*.

Donaunixen-Brunnen (1861) in der Freyung-Passage

❷ Freyung

Stadtplan 2 D5 u. 5 B2. **Karte** F5.
🅄 Herrengasse. **Palais Kinsky**
🅞 Mo–Fr 10–17 Uhr (bei der Vorbereitung von Veranstaltungen geschl.).

Die Freyung ist ein merkwürdig geformter Platz. Der Name hängt vielleicht mit dem für das Schottenkloster gewährten Asylrecht zusammen, das unter Maria Theresia abgeschafft wurde. Jeder, der das Kloster betrat, stand unter dem Schutz der Kirche. Nr. 4 ist das Palais Kinsky (1713–16), erbaut von Johann Lukas von Hildebrandt *(siehe S. 154)*. Daneben steht das Palais Porcia (1546), eines der ältesten Wiens. Das Palais

Fassade der Schottenkirche

Harrach (Nr. 3) besitzt schöne Rokoko-Tore. Am Austriabrunnen sieht man die Personifizierung der vier Hauptflüsse des Habsburgerreichs: Elbe, Donau, Weichsel und Po. Dahinter steht das einstige Schottenstift.

❸ Schottenkirche

Schottenstift, Freyung 6. **Stadtplan** 2 D5 u. 5 B2. **Karte** F5. 📞 (01) 5349 8600. 🅄 Schottentor, Herrengasse. **Museum** 🅞 Do–Sa 11–17 Uhr. 📷

Seinem Namen zum Trotz wurde das Hauptgebäude 1177 nicht von schottischen, sondern von irischen Benediktinern gegründet. Die teils noch in Gebrauch befindlichen Anbauten bergen eine Kunstsammlung mit einem berühmten spätgotischen Altar (1469–80). Die Kirche wurde häufig umgestaltet, die heutige Fassade ist recht eintönig klassizistisch, doch im Inneren prunkt üppiger Barock.

❹ Freud-Museum

Berggasse 19. **Stadtplan** 1 C3. **Karte** E3. 📞 (01) 3191 596. 🅄 Schottentor. 🚌 40A. 🚊 D. 🅞 tägl. 9–18 Uhr. 📷 🆆 freud-museum.at

Die Berggasse 19 unterscheidet sich kaum von anderen Wiener Wohnungen des 19. Jahrhunderts. Dennoch ist sie eine der berühmtesten Adressen der Stadt. Sigmund Freud, Begründer der Psychoanalyse, lebte und praktizierte hier ab 1891, bis er Wien 1938 verließ.

Hier lagen Freuds Wohnräume und seine Praxis. 420 Exponate sind im Katalog gelistet: Briefe, Bücher, Möbel, Fotos und diverse Antiquitäten. Auf Druck der Nationalsozialisten musste Freud die Stadt, in der er fast ein ganzes Leben verbracht hatte, in aller Eile verlassen. Dennoch haben die Räume bis heute ihre wohnliche Atmosphäre bewahrt. Selbst Freuds Hut und Stock sind vorhanden.

❺ Servitenkirche

Servitengasse 9. **Stadtplan** 1 C3. **Karte** F3. 📞 (01) 3176 1950. 🅄 Roßauer Lände. 🅞 Mo–Fr 7–9, 18–19, Sa 7–12, So 17–20 Uhr. ♿

Die etwas abseits der Touristenpfade gelegene Kirche (1651–77) präsentiert sich mit überreichem barockem Dekor: ein schönes schmiedeeisernes Gitter am Eingang, kunstvolle Stuckornamente und eine reich verzierte Kanzel (1739), die zum Teil von Balthasar Moll geschaffen wurde.

Freuds Theorien

Sigmund Freud (1856–1939) war nicht nur der Begründer der Psychoanalyse, eines therapeutischen Verfahrens, sondern er verfasste auch zahlreiche Schriften zu diesem seinerzeit umstrittenen Konzept. Er schuf Begriffe wie Unterbewusstsein, Ich und Über-Ich, Sublimation und Ödipus-Komplex. Freud nahm an, dass die menschliche Psyche aus verschiedenen Bereichen besteht, deren Ungleichgewicht zu emotionalen und/oder geistigen Störungen führen kann.

❻ Liechtenstein Museum

Fürstengasse 1. **Stadtplan** 1 C2. **Karte** E2. ☎ (01) 319 5767 153. Ⓤ Friedensbrücke. 🚌 40A. ⌚ 15–16 Uhr (vorab tel. oder online buchen). ♿
Ⓦ palaisliechtenstein.com

Nach Plänen von Domenico Martinelli wurde 1692 die Sommerresidenz der Familie Liechtenstein im Stil des Hochbarock fertiggestellt. Hier genoss man das ungezwungene gesellschaftliche Leben, etwa in Form von Jagdgesellschaften. Mit Eröffnung des Liechtenstein Museums 2004 sind die Schätze der Fürstlichen Sammlungen, eine der »schönsten Privatsammlungen«, wieder zu sehen: Hauptwerke europäischer Kunst aus fünf Jahrhunderten, darunter Bilder von Rubens und anderen europäischen Barockkünstlern.

Das Gartenpalais selbst bietet Originalfresken, eine klassizistische Bibliothek und einen großen, im 19. Jahrhundert angelegten Park.

Gotische Pietà aus Holz (1470) in der Servitenkirche

❼ Josephinum

Währinger Straße 25/1. **Stadtplan** 1 C4. **Karte** E4. ☎ (01) 4016 026 007. Ⓤ Schottentor. 🚋 37, 38, 40, 41, 42. ⌚ Fr, Sa 10–18 Uhr. ♿ ♿
Ⓦ josephinum.ac.at

Als eifriger Reformer ließ Joseph II. nach den Plänen von Isidor Canevale 1785 eine Ausbildungsstätte für Militärärzte errichten, ein Beispiel klassizistischer Architektur im Zeichen der Aufklärung. Die rund 1200 Wachsmodelle, die josephinische Bibliothek und weitere Sammlungen beleuchten die medizinische Forschung im Europa des 19. Jahrhunderts.

❽ Narrenturm

Spitalgasse 2. **Stadtplan** 1 B3. **Karte** D3. ☎ (01) 5217 7606. Ⓤ Schottentor. 🚋 5, 33, 43, 44. ⬤ Mi 10–18, Sa 10–13 Uhr. ♿ ♿ ♿

Das ursprüngliche Allgemeine Krankenhaus, das 1784 von Joseph II. *(siehe S. 30)* gegründet wurde, beherbergt verschiede-

Statuen an der Votivkirche

ne Einrichtungen der Wiener Universität. Am äußeren Ende befinden sich der Narrenturm von Canevale und die ehemalige psychiatrische Klinik. Im Narrenturm ist die Pathologisch-anatomische Sammlung untergebracht, die dem Naturhistorischen Museum Wien angegliedert ist. Gezeigt werden Wachsmodelle und eine historische Apotheke. Mit etwa 45 000 Objekten gilt die Sammlung heute als weltweit größte Sammlung pathologischer Präparate.

❾ Votivkirche

Rooseveltplatz 8. **Stadtplan** 1 C4 u. 5 A1. **Karte** E4. ☎ (01) 4061 192. Ⓤ Schottentor. ⬤ Di–Sa 9–18, So 9–13 Uhr. **Museum** ⬤ Di–Fr 16–18, Sa 10–13 Uhr. ♿ Nebeneingang. 📷
Ⓦ votivkirche.at

Nach dem missglückten Attentat auf Kaiser Franz Joseph am 18. Februar 1853 wurde am Tatort gegenüber der Mölker Bastei eine Kirche errichtet. Unter Architekt Heinrich von Ferstel begann der Bau 1856, die Weihe erfolgte 1879. Sehenswert ist vor allem die filigrane Struktur der Türme und Helme. Viele Kapellen der Kirche sind österreichischen Regimentern und Kriegshelden gewidmet. Das schönste Denkmal befindet sich im nördlichen Querschiff, in der Kapelle an der Westseite: der Sarkophag für Niklas Salm, der die österreichische Armee während der türkischen Belagerung von 1529 befehligte.

Stadtplan *siehe Seiten 256–267*

Museums-
und Rathausviertel

Kaiser Franz Joseph ließ Mitte des 19. Jahrhunderts die meisten Amtsgebäude Wiens an der Ringstraße errichten *(siehe S. 34f)*. Bis heute gelten diese Bauten als Urbild einer gelungenen Stadtplanung. Die Bezirke an der Westseite der Ringstraße blieben unberührt. Dazu gehört die Josefstadt, der kleinste Wiener Bezirk, der bis heute eine Atmosphäre wie im 18. Jahrhundert bewahrt hat: mit malerischen Straßen aus der Biedermeierzeit, Plätzen und barocken Kirchen – und den Josefstädter Kaffeehäusern. Das gesamte Areal bietet ein sprühendes kulturelles Leben, etwa mit den herausragenden Produktionen des Burgtheaters oder der Traditionsbühne Theater in der Josefstadt. Beliebt sind auch das Naturhistorische und das Kunsthistorische Museum.

Sehenswürdigkeiten auf einen Blick

Straßen und Plätze
6 Sankt-Ulrichs-Platz
7 Fußgängerzone Spittelberg
17 Mölker Bastei

Historische Gebäude
2 Alte Backstube
4 Theater in der Josefstadt
5 Palais Trautson
9 Parlament
12 Neues Rathaus
14 Universität
15 Café Landtmann
16 Dreimäderlhaus
18 Pasqualatihaus
19 *Burgtheater S. 134f*

Kirchen und Kathedralen
3 Piaristenkirche
13 Dreifaltigkeitskirche

Museen und Sammlungen
1 Museum für Volkskunde
8 *MuseumsQuartier Wien S. 120 – 122*
10 *Kunsthistorisches Museum S. 124 – 129*
11 *Naturhistorisches Museum S. 130f*

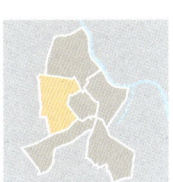

Stadtplan *1, 3, 5*

Restaurants im Museums- und Rathausviertel
siehe S. 214f

0 Meter 250

◄ **Pallas-Athene-Brunnen, Parlament** *(siehe S. 123)*

Zeichenerklärung
siehe hintere Umschlagklappe

Im Detail: Josefstadt

Hinter den großen Museen der Ringstraße erstreckt sich die Josefstadt, das nach Kaiser Franz Joseph II. benannte, im 18. Jahrhundert entstandene Viertel. Es liegt zwar jenseits der Inneren Stadt, bietet aber ein vielseitiges kulturelles Leben, ein angesehenes Theater, viele gute Restaurants, Kirchen und Museen. Studenten und Anwälte vom Gericht bilden die ständig wechselnde Klientel der verschiedenen Einrichtungen in der Josefstadt.

Die Pestsäule
erinnert an das
Pestjahr 1713.

❸ ★ **Piaristenkirche**
Die Kirche Maria Treu wurde 1716 von den Patern des Piaristenordens errichtet.

❹ **Theater in der Josefstadt**
Das 1788 gegründete älteste Theater Wiens wird seit der Umgestaltung durch Joseph Kornhäusel *(siehe S. 86)* im Jahr 1822 ohne Unterbrechung bespielt.

Lange Gasse 29
Hier haben sich die Häuser, die im 18. Jahrhundert als Wohnungen für Dienstboten und Arbeiter dienten, fast unverändert erhalten.

PIARISTENGASSE

MARIA-TREU

JOSEFSTÄDTER STRASSE

Legende
— Routenempfehlung

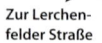
Zur Lerchenfelder Straße

ZELTGASSE

❷ **Alte Backstube**
Von 1701 bis 1963 war hier eine Bäckerei, seit 1965 ist es ein Restaurant mit Museum.

Restaurants im Museums- und Rathausviertel *siehe Seiten 214f*

ZUR ORIENTIERUNG
Siehe Stadtplan 1

❶ ★ Museum für Volkskunde
Das Palais Schönborn präsentiert österreichische Volkskunde.

Der Schönbornpark
wirkt wie eine Oase in der Stadt. Unter den Skulpturen befindet sich die Büste (1974) des Komponisten Edmund Eysler von Leo Gruber.

Lange Gasse 53
Das Haus hat ein Tor mit Statuetten. Es wurde im 18. Jahrhundert erbaut, als Wien über die alten Stadtmauern hinauswuchs.

Das Restaurant Schnattl
gilt als eines der besten Wiener Restaurants und ist im Innenhof eines alten Hauses in der Langen Gasse zu finden (siehe S. 215).

0 Meter   50

❶ Museum für Volkskunde

Laudongasse 15–19. **Stadtplan** 1 B4.
Karte C5. ☎ (01) 4068 905-22.
Ⓤ Rathaus. ◯ Di–So 10–17 Uhr.
● 1. Jan, Ostersonntag, 1. Nov,
25. Dez. ♿♿♿
W **volkskundemuseum.at**

Das Museum erinnert daran, dass Wien nicht nur aus kaiserlichem Prunk besteht. Hier sind Gebrauchsgegenstände zu sehen, die die Kultur der Menschen in Österreich und den Nachbarländern dokumentieren. Die Exponate stammen aus dem 17. bis 19. Jahrhundert.

Das Museum liegt im Gartenpalais Schönborn, das im frühen 18. Jahrhundert von Johann Lukas von Hildebrandt als einfaches zweigeschossiges Palais entworfen und 1760 von Isidor Canevale umgebaut wurde. Heute besitzt es eine beeindruckende klassizistische, mit Statuen geschmückte Fassade.

❷ Alte Backstube

Lange Gasse 34. **Stadtplan** 1 B5.
Karte C5. Ⓤ Rathaus. ☎ (01) 4061
101. ◯ Do–Fr 11–24, Sa 17–24, So
12–23 Uhr. ♿ W **backstube.at**

In der Langen Gasse 34 ließ der Juwelier Hans Bernhard Leopold 1697 eines der schönsten Bürgerhäuser Wiens bauen. Eine Sandsteinskulptur über der Tür symbolisiert die Heilige Dreifaltigkeit. Im Haus befand sich seit 1701 eine Bäckerei, die 1963 den Betrieb einstellte.

Die Öfen der Bäckerei wurden nicht entfernt, die Backstube wurde originalgetreu restauriert. Dem Restaurant und Café ist ein Bäckermuseum angeschlossen, das Handwerksgeräte aus den letzten drei Jahrhunderten sowie Zeichnungen zum Thema ausstellt.

Einige Häuser weiter, bei Nr. 29, lohnt sich ein Blick in den Hinterhof, wo sich mehrere Reihen einstöckiger Häuser gegenüberstehen. Sie sind ein seltenes, über 200 Jahre altes Beispiel für das Wien der Arbeiterklasse.

Stadtplan siehe Seiten 256–267

❸ Piaristenkirche

Jodok-Fink-Platz. **Stadtplan** 1 B5. **Karte** C6. ☎ (01) 4050 424. Ⓤ Rathaus. 🚌 13A. 🚋 2. ⬤ bei Gottesdiensten u. nach Vereinbarung.

Am Jodok-Fink-Platz steht, flankiert von Klostergebäuden, die Piaristenkirche Maria Treu, deren Bau 1698 von den Patern des Piaristenordens in Auftrag gegeben wurde. Die monumentale Kirche wurde von Johann Lukas von Hildebrandt 1716 entworfen und Mitte des 18. Jahrhunderts nach veränderten Plänen von Matthias Gerl vollendet. Die beiden Türme wurden 1854 fertiggestellt. Im Inneren finden sich Deckenfresken in leuchtenden Farben, die der österreichische Maler Franz A. Maulbertsch 1752/53 schuf. Die Kreuzkapelle links vom Chor beherbergt das sehenswerte Gemälde *Christus am Kreuz* (1774), ebenfalls von Maulbertsch.

Direkt vor der Kirche erhebt sich eine barocke Mariensäule mit Figuren der Jungfrau Maria, Heiligen und Engeln. Wie viele solcher Säulen in Wien wurde sie 1713 zum Dank für das Ende einer verheerenden Pestepidemie errichtet.

Deckenfresken über dem Altar der Piaristenkirche

❹ Theater in der Josefstadt

Josefstädter Straße 26. **Stadtplan** 1 B5. **Karte** C6. ☎ (01) 42 700 (Karten -300). Ⓤ Rathaus. 🚌 13A. 🚋 2. 🆆 josefstadt.org

Das Theater *(siehe S. 230)*, eines der ältesten Wiens, hat eine ruhmreiche Geschichte. Es

Fassade des berühmten Theaters in der Josefstadt

wurde 1788 erbaut, 1822 von Joseph Kornhäusel *(siehe S. 86)* umgestaltet und wird seitdem ständig bespielt. Neben Theaterstücken gab es früher Ballett- und Opernaufführungen. Zur Wiedereröffnung des Theaters 1822 komponierte und dirigierte Beethoven seine Ouvertüre *Die Weihe des Hauses*. Unter Leitung von Max Reinhardt wurde das Theater 1924 renoviert. 2007 wurde es nach einer Generalüberholung wiedereröffnet. Nun werden die Kammerspiele (Rotenturmstr. 20) renoviert.

❺ Palais Trautson

Museumstraße 7. **Stadtplan** 3 B1. **Karte** D7. Ⓤ Volkstheater. ⬤ für Besucher.

Unweit des Volkstheaters steht, etwas zurückgesetzt, dieses Barockschlösschen, das 1710 von Johann Bernhard Fischer von Erlach *(siehe S. 149)* entworfen wurde. Während die meisten Wiener Palais flache Fassaden haben, springt hier der Mittelteil stark hervor. Auf kaum einem anderen Palais findet man so viele Skulpturen, darunter eine große Statue des Gottes Apollon, der die Leier schlägt.

Geht man durch das Portal, sieht man links eine gewaltige Treppe, die von zwei Atlanten in Gestalt bärtiger Riesen getragen wird. Die beiden wurden von dem italienischen Bildhauer Giovanni Giuliani geschaffen. Die Treppe führt zum Festsaal hinauf.

Das Palais wurde einst für Fürst Johann Leopold Donat Trautson erbaut, der im Dienst von Joseph I. stand. 1760 erwarb es Maria Theresia *(siehe S. 30f)* für die von ihr gegründete Ungarische Leibgarde. Seit 1972 beherbergt es das Justizministerium und ist nicht mehr öffentlich zugänglich.

❻ Sankt-Ulrichs-Platz

Zwischen Neustiftgasse u. Burggasse. **Stadtplan** 3 B1. **Karte** C7. Ⓤ Volkstheater. **Café Nepomuk** ☎ (0650) 790 2508. ⬤ Mo – Sa 9 – 23, So 10 – 20 Uhr. **Ulrichskirche** ☎ (01) 5231 246. ⬤ bei Gottesdiensten u. nach Vereinbarung.

Der Platz ist ein typisches Überbleibsel aus dem alten Wien. In dem kleinen Barockhaus von Nr. 27 befindet sich heute das Café Nepomuk. Daran grenzt ein Renaissance-Haus an, das während der türkischen Belagerung nur deshalb der Zerstörung entging, weil der Großwesir Kara Mustafa in der Nähe sein Zelt aufgeschlagen hatte.

Das Haus verdeckt einen Teil der Fassade von St. Ulrich, einer Barockkirche, die Josef Reymund 1721 – 24 an der Stelle einer alten Dorfkirche erbaute. Sie ist umgeben von Patrizierhäusern, von denen das hübscheste ein Schulhaus (Nr. 2) aus der Mitte des 18. Jahrhunderts ist. In der Kirche wurden der Komponist Christoph Willibald Gluck getraut und Johann Strauß d. J. getauft.

❼ Fußgängerzone Spittelberg

Stadtplan 3 B5. **Karte** D8. Ⓤ Volkstheater. **Amerlinghaus** ◯ Mo – Fr 14 – 22 Uhr. Ⓦ amerlinghaus.at **Markt** ◯ Apr – Juni, Sep – Nov: Sa 10 – 18 Uhr; Juli, Aug: Sa 14 – 21 Uhr. ♿

Die zur Fußgängerzone umgewandelten Straßen Spittelberggasse, Gutenberggasse und Schrankgasse mit hübschen Häusern aus dem 18. und 19. Jahrhundert wurden sorgfältig restauriert. Früher war dies ein Boheme-Viertel. Hier wohnten Musiker, Schauspieler und Bänkelsänger, zumeist in Mietshäusern ohne Gärten oder Höfe.

Als man in den 1970er Jahren den Charme des Viertels wiederentdeckte, begann die Stadtverwaltung mit der Sanierung. Heute gibt es Restaurants, Cafés und Boutiquen. Das kulturelle Zentrum bildet das Amerlinghaus (KulturZentrum Spittelberg) in der Stiftgasse 8, ein Forum für Ausstellungen und Veranstaltungen. Im Spittelberg-Areal mit seinen Kopfsteinpflastergassen und den Straßencafés herrscht bis spät in die Nacht Hochbetrieb.

Fassadendetail, Spittelberggasse 20

Das Amerlinghaus, Stiftgasse 8, das Geburtshaus des Malers Friedrich Amerling, ist heute das KulturZentrum Spittelberg mit Theater und Beisl *(siehe S. 202)*.

Stiftgasse 10 hat eine mit Statuen geschmückte Fassade.

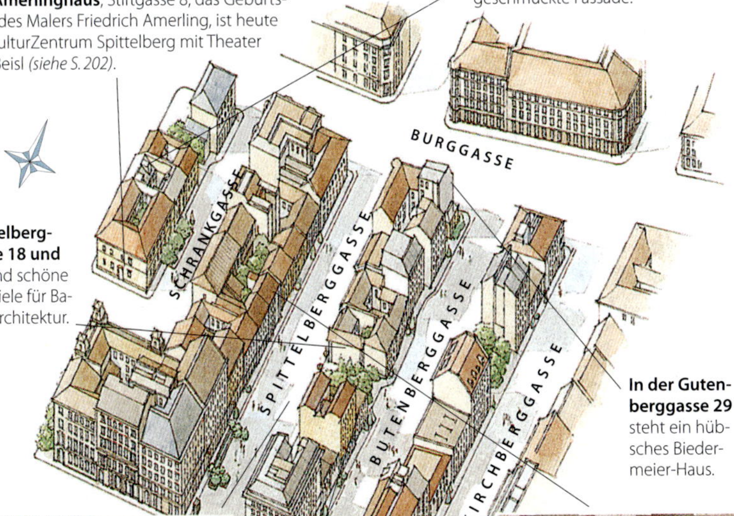

BURGGASSE

SCHRANKGASSE

SPITTELBERGGASSE

Spittelberggasse 18 und 20 sind schöne Beispiele für Barockarchitektur.

GUTENBERGGASSE

KIRCHBERGGASSE

In der Gutenberggasse 29 steht ein hübsches Biedermeier-Haus.

SIEBENSTERNGASSE

Die Spittelberggasse ist, seit sie zur Fußgängerzone umgewandelt wurde, ein hübscher Ort, um gemütlich an den alten Häusern entlangzuflanieren.

Witwe Bolte ist ein Restaurant in den Räumen eines alten Lokals, aus dem 1778 angeblich Kaiser Joseph rausgeworfen wurde.

Spittelberggasse 9 ist ein wunderschön verziertes Haus mit kunstvoll gemalten Trompe-l'Œil-Fenstern (18. Jh.), die täuschend echt wirken.

Stadtplan *siehe Seiten 256 – 267*

❽ MuseumsQuartier Wien

Das MuseumsQuartier Wien befindet sich in den ehemaligen Stall- und Kutschengebäuden des habsburgischen Hofs. Es ist eines der größten Kulturzentren der Welt, beherbergt verschiedene Museen und bietet eine Plattform für Veranstaltungen in den Bereichen Film, Theater, Architektur, Tanz und Neue Medien. Es hat auch ein Kinderzentrum. Hinzu kommen Läden, Cafés und Restaurants. Das Areal vereinigt die barocke Architektur der Reitställe mit den modernen Gebäuden von Museen. Der beeindruckende Komplex strahlt eine ganz besondere Atmosphäre aus.

★ Leopold Museum
Das *Selbstbildnis mit Judenkirschen* (1912) von Egon Schiele ist Teil der weltgrößten Schiele-Sammlung, die hier neben Werken anderer österreichischer Künstler zu sehen ist.

★ ZOOM Kindermuseum
In zum Lernen animierender Umgebung können Kinder im ZOOM-Lab die Welt entdecken, im ZOOM-Ozean spielen, im ZOOM-Atelier kreativ sein und in der ZOOM-Ausstellung auf Entdeckungsreise gehen.

Außerdem

① Tanzquartier Wien
② math.space
③ Architekturzentrum Wien
④ quartier21 (weiterer Eingang)
⑤ Haupteingang im Fischer von Erlach-Flügel

quartier21
Das Zentrum für angewandtes Kunsthandwerk und Design bietet häufig Wechselausstellungen. Zudem gibt es hier Läden mit außergewöhnlicher Mode, Design, Büchern und Musik.

Hallen E + G

Das Foyer führt in die einstige Winterreithalle, in der nun die Hallen E + G Bühnen für Konzerte, Theater und Tanz bieten. Vom Foyer aus gelangt man auch in die KUNSTHALLE wien, die internationale moderne Kunst zeigt.

Infobox

Information
Museumsplatz 1. **Stadtplan** 3 C1. **Karte** D7–E8. ⬛ (01) 5235 881. **Besucherzentrum / Tickets**
⬛ tägl. 10–19 Uhr. ⬛ diverse Führungen möglich. ⬛ ⬛ ⬛ ⬛ ⬛ **P** tägl. 6–24 Uhr. ⬛ mqw.at

Anfahrt
⬛ MuseumsQuartier, Volkstheater. ⬛ 2B zum MuseumsQuartier, 48A zum Volkstheater. ⬛ 49 zum Volkstheater.

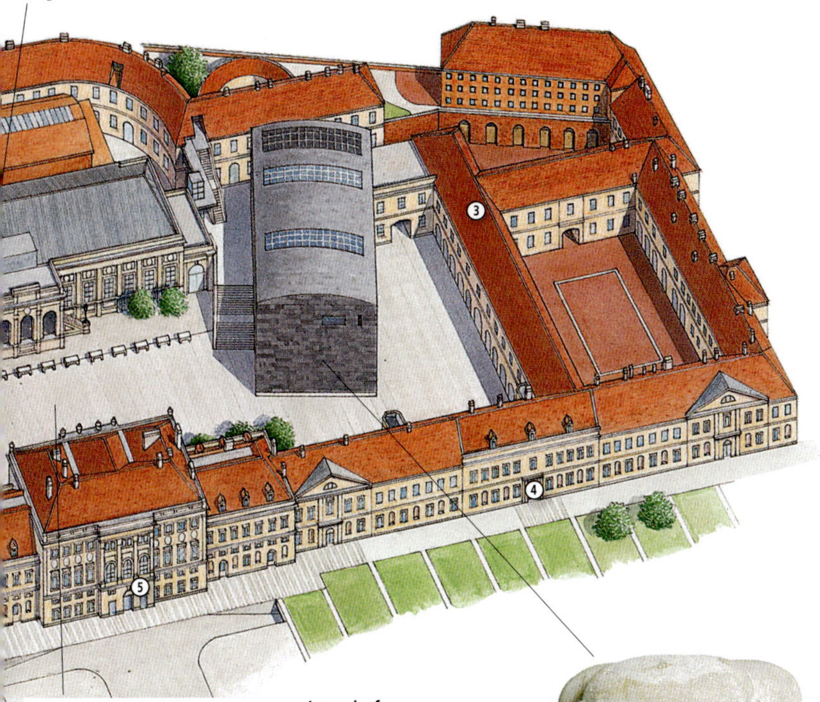

Innenhof
Im größten Open-Air-Festsaal der Stadt können Sie die spannende Architektur des MusemsQuartiers optimal erleben.

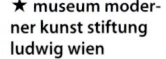

★ **museum moderner kunst stiftung ludwig wien**
Der *Homme accroupi* (1907) von André Derain steht neben anderen Werken zeitgenössischer und moderner Kunst im mumok genannten Museum.

Stadtplan *siehe Seiten 256–267*

Überblick: MuseumsQuartier Wien

Das MuseumsQuartier Wien beherbergt über 20 kulturelle Institutionen, Restaurants, Cafés und Läden. Es eignet sich hervorragend als Ausgangspunkt für eine Besichtigung Wiens, da viele andere Sehenswürdigkeiten in der Nähe liegen. Es empfiehlt sich, erst das Besucherzentrum im Fischer von Erlach-Flügel aufzusuchen, wo man ein Programmheft mit allen aktuellen Veranstaltungen und Ausstellungen erhält.

Die Quelle (1923) von Egger-Lienz, Leopold Museum

Architekturzentrum Wien

(01) 5223 115. tägl. 10–19 Uhr. azw.at

Die Dauerausstellung befasst sich mit der thematischen und strukturellen Diversität der Architektur des 20. Jahrhunderts und versucht, der Öffentlichkeit neue Architekturformen nahezubringen. In vier bis sechs Wechselausstellungen pro Jahr soll eine Verbindung zwischen moderner Architektur und Architekturgeschichte geschaffen werden.

museum moderner kunst stiftung ludwig wien (mumok)

(01) 525 000. Mo 14–19, Di–So 10–19 Uhr (Do bis 21 Uhr). mumok.at

Das Museum präsentiert eine der größten Sammlungen europäischer moderner und zeitgenössischer Kunst. Das mumok umfasst verschiedene Stile – von Pop-Art über Fotorealismus, Fluxus und Nouveau Réalisme, Wiener Aktionismus, Arte povera, konzeptuelle Kunst bis hin zu mittel- und osteuropäischer Kunst. Die Abteilungen sind nach historischen Aspekten angeordnet.

quartier21

(01) 5235 881-1716 . tägl. 10–20 Uhr (außer bei Veranstaltungen). mqw.at

Über 40 Gruppierungen sorgen dafür, dass das quartier21 Wiens Zentrum für angewandte Kunst ist. Besonders anziehend wirken die Läden mit Mode, Design, Büchern und Musik im Erdgeschoss. Dort gibt es auch einen Ausstellungsraum für Kunstschulen und eine Halle für Events.

Leopold Museum

(01) 525 700. Mi–Mo 10–18 Uhr (Do bis 21 Uhr). leopoldmuseum.org

Die über 5000 Werke wurden von Rudolf Leopold über 50 Jahre zusammengetragen. Neben expressionistischen und österreichischen Arbeiten der 1920er und 1930er Jahre gibt es hier die weltweit größte Schiele-Sammlung. Nachkriegskunst sowie Arbeiten von Albin Egger-Lienz findet man im ersten Stock, Secessionskunst und Jugendstil im Erdgeschoss. Letzteres zeigt Arbeiten von Gustav Klimt, Richard Gerstl und Oskar Kokoschka. Im Untergeschoss gibt es wei-

tere Werke aus dem 19. und 20. Jahrhundert.

Tanzquartier Wien

(01) 5813 591. tqw.at

Das Tanzquartier Wien hat sich dem zeitgenössischen Tanz verschrieben. Hier werden auch Tänzer und Choreografen ausgebildet.

ZOOM Kindermuseum

(01) 5247 908. Di–Fr 8.30–16 Uhr, Sa, So, Schulferien u. Feiertage 10–16 Uhr. Vorher reservieren! kindermuseum.at

Kinder bis zwölf Jahre erfahren in interaktiven Ausstellungen den unkonventionellen Zugang zur Welt der Museen. Exponate werden durch Spiel und Erforschung interessant, etwa im ZOOM-Lab.

Dschungel Wien

5220 72020 (Info u. Karten). dschungelwien.at

Das Zentrum mit zwei Räumen, Foyers und Café zeigt Theater für junges Publikum.

KUNSTHALLE wien

(01) 5218 933. tägl. 10–19 Uhr (Do bis 21 Uhr). kunsthallewien.at

Das rote Backsteingebäude bietet im Rahmen von Ausstellungen Raum für Innovation und Kreativität. Zu den Kunstformen zählen experimentelle Architektur, Video-, Foto- und Filmkunst sowie neue Medien.

math.space

aktuelles Programm auf der Website. math.space.or.at

Mathematik trifft auf Kunst – hier wird die »hohe Kunst« der Mathematik mit interaktiven Workshops für Kinder und Erwachsene popularisiert.

The Red Horseman (1974) von Roy Lichtenstein im mumok

❾ Parlament

Dr.-Karl-Renner-Ring 3. **Stadtplan**
1 C5 u. 5 A3. **Karte** E6. **☎** (01) 401 10
2400 (für Führungen). **Ⓤ** Volkstheater.
🚋 1, 2, D.
Besucherzentrum ◯ Mo – Fr 8.30 –
18.30, Sa 9.30 – 16.30 Uhr. **📷** außer bei
Tagungen: Mitte Juli – Mitte Sep: Mo –
Sa 11, 12, 13, 14, 15, 16 Uhr; Mitte
Sep – Mitte Juli: Mo – Sa 11, 14, 15,
16 Uhr (Fr auch 13, Sa auch 12 u.
13 Uhr). **🏛 ♿ Ⓦ** parlament.gv.at

Fassade des Parlamentsgebäudes mit Pallas-Athene-Brunnen

Das riesige klassizistische Parlamentsgebäude stammt vom Architekten Theophil Hansen *(siehe S. 34)*, der auch das Palais Epstein entwarf. Ursprünglich war es Teil der Ringstraßen-Bebauung und diente in der Zeit der Monarchie als Sitz des Reichsrats, in der Ersten und Zweiten Republik als Sitz von Nationalrat und Bundesrat. Die Bauarbeiten begannen 1874 und endeten 1883.

Das umgangssprachlich als Parlament bezeichnete Gebäude kann von der Ringstraßenseite betreten werden. Den Außenbereich prägen Kunstwerke wie die Bronzeskulptur *Rossebändiger* des Bildhauers Josef Lax sowie Marmorfiguren griechischer und römischer Historiker. Auf dem Dach sieht man Siegeswagen und Statuen von Gelehrten und Staatsmännern der Antike. Vor der Hauptfront steht der Pallas-Athene-Brunnen, der von der Figur der griechischen Göttin der Weisheit dominiert wird. Er wurde von Theophil Hansen entworfen und 1902 von Karl Kundmann gestaltet. Hier rief am 11. November 1918 der Reichsrat nach der Auflösung der habsburgischen Monarchie die Republik Deutsch-Österreich aus, die 1919 in Republik Österreich umbenannt wurde.

Während des Zweiten Weltkriegs wurde die Hälfte des Gebäudes zerstört. Der Wiederaufbau war im Juni 1956 abgeschlossen, die Restaurierung einiger Kunstwerke begann allerdings erst in den 1990er Jahren.

Österreichisches Parlament

Das österreichische Parlament besteht aus zwei Kammern: Nationalrat und Bundesrat. Dem Nationalrat gehören 183 Abgeordnete an, die für die Dauer von fünf Jahren direkt gewählt werden, zusammen mit dem Bundesrat ist er für die Gesetzgebung zuständig. Der Bundesrat besteht aus Vertretern der neun Bundesländer, die von den einzelnen Landtagen entsandt werden (nach dem Stärkeverhältnis der Parteien). Der Bundesrat hat ein aufschiebendes Vetorecht (das der Nationalrat durch nochmaligen Beschluss aufheben kann), in einigen Fällen auch ein absolutes Vetorecht. Gesetzentwürfe können von Abgeordneten beider Kammern und von der Regierung eingebracht werden. Zudem kann das Volk mittels Volksbegehren Gesetzesvorschläge einbringen (nicht bindend). Der Bundespräsident wird für sechs Jahre in direkter Wahl gewählt, eine einmalige Wiederwahl ist möglich.

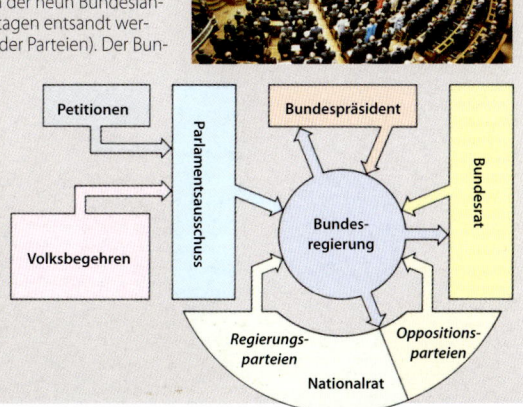

Stadtplan *siehe Seiten 256 – 267*

❿ Kunsthistorisches Museum

Über anderthalb Millionen Besucher kommen jährlich ins Kunsthistorische Museum. Den Grundstock für seine Sammlungen bildeten die Schätze, die jahrhundertelang von den Habsburgern zusammengetragen wurden. Einst waren die Kunstwerke in der Hofburg und im Belvedere untergebracht, doch als Kaiser Franz Joseph die Ringstraße anlegen ließ *(siehe S. 34f)*, wurden geeignete Gebäude zur Unterbringung der Schätze errichtet. Im Kunsthistorischen Museum befinden sich die ehemaligen kaiserlichen Kunstschätze.

Zweiter Stock

Münzkabinett

★ Jäger im Schnee (1565)
Das Gemälde aus dem Zyklus *Die Jahreszeiten* von Pieter Brueghel d. Ä. zeigt Jäger, die an einem Wintertag ins Dorf zurückkehren.

Erster Stock

★ Die Malkunst (1665)
Die Allegorie von Jan Vermeer zeigt einen Maler in reicher Kleidung mit einem Modell, das als Klio, Muse der Geschichte, posiert.

★ Salzfass (1540–43)
Benvenuto Cellinis prächtige goldene Saliera, die 2003 gestohlen und 2006 in einem Wald wiedergefunden wurde, zeigt den Meeresgott Neptun mit der Erdgöttin Tellus.

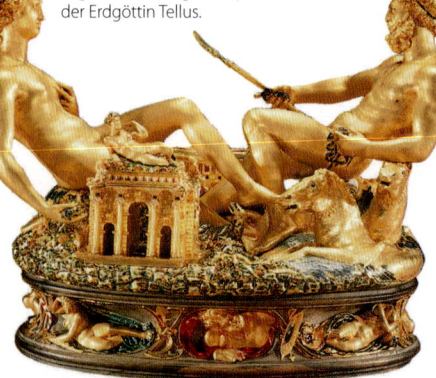

Legende

- Ägyptisch-Orientalische Sammlung
- Antikensammlung (griechische und römische Antiken)
- Kunstkammer: (seit 2013 restauriert wiedereröffnet)
- Gemäldegalerie
- Münzkabinett
- Kein Ausstellungsbereich

Infantin Margarita Teresa in blauem Kleid (1659)
Diego Velázquez fing die Zerbrechlichkeit der achtjährigen spanischen Prinzessin inmitten ihrer Pracht ein.

Gemma Augustea
Auf dieser römischen Onyx-Kamee sieht man Kaiser Augustus als Jupiter gekleidet neben Roma, der Personifikation Roms.

Erdgeschoss

Infobox

Information
Maria-Theresien-Platz, A-1010.
Stadtplan 3 C1 u. 5 B5. **Karte** E7 – 8. 📞 (01) 525 240. 🕐 Di – So 10 – 18 Uhr (Do bis 21 Uhr; Juni – Aug: tägl.). ⬤ 1. Nov, 25. Dez. ♿ 🛗 🛒 🌐 **khm.at**

Anfahrt
Ⓤ MuseumsQuartier, Volkstheater. 🚌 2B, 57A. 🚊 D, 1, 2, 71.

Kurzführer
Ägyptisch-Orientalische Sammlung und Antikensammlung befinden sich im Erdgeschoss. Die Kunstkammer im Hochparterre ist seit März 2013 wiedereröffnet. In 20 Räumen wird die habsburgische Sammlung nach Themenschwerpunkten präsentiert. Die Gemäldegalerie nimmt den ersten Stock ein. Drei Räume im zweiten Stock beherbergen das Münzkabinett.

Pharao Thutmosis III.
Das Porträt von Thutmosis III. (um 1460 v. Chr.) ist das Fragment einer stehenden oder knienden Figur.

Haupteingang am Maria-Theresien-Platz

Rotunde

Die Apotheose der Renaissance
Für die Ausstattung des Museums wurden berühmte Künstler beauftragt. An der Gestaltung des Treppenaufgangs arbeiteten u. a. die Maler Hans Makart, Ernst und Gustav Klimt sowie Franz Matsch. Das Deckengemälde *Die Apotheose der Renaissance* (1890) des ungarischen Malers Michael Munkácsy zeigt Papst Julius II. im Kreis von Leonardo, Raffael, Veronese, Michelangelo und Tizian sowie ihren Modellen.

Stadtplan *siehe Seiten 256 – 267*

Kunsthistorisches Museum: Gemäldegalerie

Der Schwerpunkt der Sammlung des KHM liegt auf Alten Meistern des 15. bis 18. Jahrhunderts und ist durch die persönlichen Vorlieben der Habsburger geprägt. Stark vertreten sind venezianische Malerei und flämische Gemälde ab dem 15. Jahrhundert. Zudem ist eine herausragende Auswahl von Arbeiten älterer niederländischer und deutscher Künstler zu sehen. Die Werke sind nach Schulen und Malstilen geordnet, doch es gibt auch Überschneidungen zwischen den Kategorien.

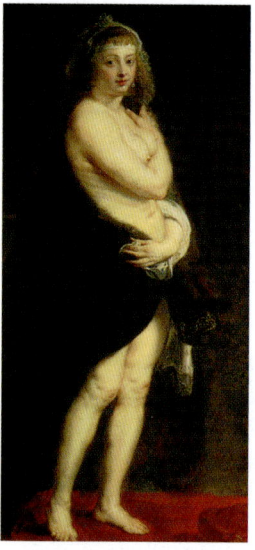

Das Pelzchen (etwa 1635 – 40) von Peter Paul Rubens

Großes Selbstbildnis (1652) von Rembrandt van Rijn

16. Jh.). Die drei Peter Paul Rubens gewidmeten Räume (Raum XIII, XIV und XX) enthalten religiöse Werke wie etwa den Ildefonso-Altar (1630 – 32) und *Das Pelzchen*, ein Porträt seiner zweiten Frau. Auch Rubens' Schüler Anthonis van Dyck ist mit einigen Werken vertreten, die sein Gespür für Emotionen erkennen lassen.

Holländische Malerei

Hollands reiche protestantische Kaufleute des 17. Jahrhunderts interessierten sich nicht für das Jenseits, sondern wollten Bilder, die ihre eigene Welt darstellten. Zu den holländischen Genreszenen gehören Arbeiten mit großem Charme wie Pieter de Hoochs entzückende *Frau mit Kind und Dienstmagd* (1663 – 65) und Gerard ter Borchs *Die Apfelschälerin* (1661), während Jacob van Ruisdaels *Der große Wald* (1655 – 60) die Fortschritte zeigt, die holländische Maler

bei der Beobachtung der Natur machten. Alle Rembrandts in Raum XV sind Porträts, unter ihnen auch ein Bild seiner Mutter als *Prophetin Hanna* (1639) und das beeindruckende *Große Selbstbildnis*.

Das einzige Gemälde Jan Vermeers ist das rätselhafte *Die Malkunst* (Kabinett 24). Es ist ein komplexes Werk, wobei nie geklärt wurde, ob es sich um ein Selbstbildnis handelt.

Italienische Malerei

Die italienischen Räume beherbergen eine überzeugende Sammlung von Gemälden des 16. Jahrhunderts aus Venedig und Venetien. In Raum I ist eine breite chronologische Darstellung von Tizians Werk

Flämische Malerei

Durch die historischen Verbindungen zwischen dem Haus Habsburg und den Niederlanden finden sich mehrere Werke aus diesem Teil Europas (heute Belgien). Typisch für die Arbeiten der frühen flämischen Meister, die in der Ölmalerei bahnbrechend waren, sind leuchtende Farben und große Aufmerksamkeit fürs Detail. Dies wird in den Triptychen von Rogier van der Weyden und Hans Memling wie auch in Jan van Eycks *Kardinal Niccolò Albergati* (1435) offenbar. Glanzpunkt ist Raum X, in dem ein Teil aller noch erhaltenen Werke von Pieter Brueghel d. Ä. hängt, darunter auch sein *Turmbau zu Babel* und die *Jahreszeiten*-Bilder (alle Mitte

Susanna im Bade (1555) von Tintoretto

zu sehen, die von seiner frühen *Zigeunermadonna* (1510) bis zum Spätwerk *Nymphe und Schäfer* (1570–75) reicht. Weitere Glanzpunkte sind Giovanni Bellinis *Junge Frau bei der Toilette* (1515) und Tintorettos *Susanna im Bade*, eines der großen Werke des venezianischen Manierismus. In Raum XIX hängen Giuseppe Arcimboldos groteske Köpfe, die die Elemente und Jahreszeiten darstellen, sowie andere Werke, die von Kaiser Rudolf II. in Auftrag gegeben wurden. Unter Italiens Barockgemälden finden sich auch Werke von Annibale Carracci und Michelangelo Merisi da Caravaggio wie die *Rosenkranzmadonna* (1606/07), eine Jungfrau, die den hl. Dominikus anweist, Rosenkränze zu verteilen.

Sommer (1563) von Giuseppe Arcimboldo

Französische Malerei

Die Anzahl der französischen Gemälde ist recht klein, doch es sind einige kleine, aber feine Meisterwerke darunter. Das detaillierte und äußerst naturgetreu gehaltene Porträt *Der ferraresische Hofnarr Gonella* (1440–45) wird Jean Fouquet zugeschrieben. Es zeigt einen alten Mann, der förmlich in das Bild hineingezwängt scheint und vermutlich ein berühmter Hofnarr der damaligen Zeit war. Typische Hofmalerei ist das *Porträt des jungen Karl IX. von Frankreich* (1569) von François Clouet. Auf dem bekannten Werk *Zerstörung des Tempels in Jerusalem durch Titus*, das Nicolas Poussin 1638 schuf, ist Kaiser Titus zu sehen, der erlebt, wie sich die alttestamentarische Prophezeiung von der Zerstörung des Tempels bewahrheitet – ein architektonisch interessantes Bild. Joseph Duplessis' Bild *Christoph Willibald von Gluck* (1775) zeigt den Komponisten mit zum Himmel gerichtetem Blick an seinem Lieblingsinstrument, am Spinett.

Britische und deutsche Malerei

Britische Werke sind im Kunsthistorischen Museum kaum vertreten. Zu den reizvollsten zählt Thomas Gainsboroughs *Landscape of Suffolk* (um 1750). Zudem gibt es Porträts von Gainsborough, Reynolds und Lawrence. Die deutsche Sammlung enthält Gemälde aus dem 16. Jahrhundert, darunter mehrere Werke von

Dürer, etwa *Maria mit Kind* (1512), ferner *Die Hirschjagd des Kurfürsten Friedrich des Weisen* (1529) von Lucas Cranach d. Ä. und sieben Porträts von Hans Holbein d. J.

Spanische Malerei

Das Kabinett 10 beherbergt mehrere schöne Porträts der spanischen Königsfamilie von Diego Velázquez, der von 1599 bis 1660 lebte und Hofmaler von Philipp IV. war. Zu den Werken gehören auch drei Porträts von Philipps Tochter, der Infantin Margarita Teresa, die sie jeweils im Alter von drei, fünf und acht Jahren zeigen, sowie ein Porträt ihres kränklichen Bruders, des Infanten Philipp Prosper. Zudem sind spanische Maler wie Alonso Sánchez Coello und Antonio de Pereda vertreten.

Hirschjagd des Kurfürsten Friedrich des Weisen (1529) von Lucas Cranach d. Ä.

Kunsthistorisches Museum: Sammlungen

Neben der Gemäldegalerie bietet das KHM Raum für weitere einzigartige Sammlungen. Die Auswahl an europäischen Plastiken und Kunsthandwerk deckt etwa den gleichen Zeitraum ab wie die Gemälde: vom 15. bis zum 18. Jahrhundert. Es finden sich auch interessante Objekte aus dem Mittelalter, während die Exponate der ägyptischen, griechischen und römischen Sammlungen faszinierende Dokumente alter Kulturen sind.

In den anderen Sälen sind Tiermumien, Papyri und diverse Gebrauchsgegenstände wie Keramik, Schmuck und Kleidung zu sehen. Zudem gibt es ein beeindruckendes, glasiertes Löwenrelief aus Babylon und verschiedene Objekte aus Arabien.

Kleines blaues Nilpferd, Ägypten, Mittleres Reich (um 2000 v. Chr.)

Ägyptisch-Orientalische Sammlung

Fünf mit ägyptischen Friesen und Motiven geschmückte Räume bilden die perfekte Umgebung für die große Ägyptisch-Orientalische Sammlung des Kunsthistorischen Museums, deren Grundstock habsburgische Monarchen legten. Die meisten Objekte kamen im 19. Jahrhundert hierher, nachdem durch die ägyptische Expedition Napoléons das Interesse an der Region gewachsen war. Gleiches gilt für den Beginn des 20. Jahrhunderts, als österreichische Archäologen Ausgrabungen in Gizeh durchführten, wo sie u. a. den sogenannten *Ersatzkopf* (etwa 2600 v. Chr.) fanden. Im Saal II ist die *Kultkammer von Ka-ni-nisut* aus Gizeh (5. Dynastie, um 2400 v. Chr.) mit gut erhaltenen Hieroglyphen zu sehen.

Die bemerkenswerte Sammlung von Objekten und Plastiken deckt einen Zeitraum ab, der von den altägyptischen Reichen bis in römische Zeit reicht. Sie enthält eine Büste von Pharao Thutmosis III. *(siehe S. 125)* wie auch Darstellungen ägyptischer Götter und Göttinnen. Die Säle I und V mit Säulen aus Assuan sind dem ägyptischen Totenkult gewidmet. Man sieht dort Sarkophage, Kanopen (Eingeweidegefäße), Skarabäen, Mumien und Totenbuch-Papyri. Im Saal VIII gibt es das reizende **Kleine blaue Nilpferd** aus Fayence. Solche Figuren wurden in den Königsgräbern des Mittleren Reichs oft gefunden. Die Nilpferdjagd war ein Privileg, das Günstlinge des Pharaos erhielten. Viele der kleinen Plastiken dienten als Behältnis für verstorbene Seelen.

Saal I der Ägyptischen Sammlung mit Tempelsäulen aus Assuan (um 1410 v. Chr.)

Antikensammlung

Die Antikensammlung ist nur zum Teil im Hauptgebäude untergebracht. Funde aus Ephesos und Samothrake kann man in der Neuen Burg *(siehe S. 97)* sehen.

Wenn man die Sammlung von den ägyptischen Sälen her betritt, gelangt man zunächst in Saal X mit griechischen Plastiken. Die Räume 6 und 7 beherbergen die Sammlung Austria Romana mit der großen Bronze des *Jünglings von Magdalensberg*, einer römischen Statue, die im 16. Jahrhundert in Kärnten aus dem Boden gepflügt wurde. Der Hauptsaal (XI) ist im Stil einer römischen Villa dekoriert – mit einem Theseus-Mosaik, einer römischen Isis-Statue und einem Sarkophag mit Relief. In den Räumen XII und XIII sind zahlreiche Porträtköpfe ausgestellt. Zu sehen sind u. a. Statuetten und Bronzen aus Griechenland und Rom, Vasen aus Tanagra, römische Kameen, Schmuck, Büsten römischer Kaiser und römisches Glas. In den Räumen 1 bis 3 sind etruskische und zypriotische Exponate zu sehen, in den übrigen Räumen koptische, byzantinische und auch germanische Ausstellungsstücke. Ins Auge sticht insbesondere der Schatz von Sînnicolaul Mare (Nagyszentmiklós). Dabei handelt es sich um 23 goldene Gefäße aus dem späten 9. Jahrhundert, die 1799 in Rumänien gefunden wurden.

Medaillon von Ulrich Molitor (1581)

Kunstkammer

Früher wurde die Kunstkammer Sammlung für Plastik und Kunstgewerbe genannt, denn sie enthält viele spezielle Objekte und Schätze, die die habsburgischen Mäzene für ihre diversen Residenzen erwarben oder in Auftrag gaben, allen voran Rudolf II. und Erzherzog Leopold Wilhelm. Neben Plastiken beherbergten die Schatzkammern auch Kunsthandwerk, wissenschaftliche Instrumente und ausgefallene Kuriositäten. Zu den faszinierendsten gehören einige komplizierte Automaten, die der Unterhaltung dienten, etwa eine Spieldose in Form eines Schiffs. Einige Adlige arbeiteten auch selbst handwerklich. So gibt es z. B. von Erzherzog Ferdinand II. mundgeblasene Gläser und von Maria Theresia Stickereien.

Maria mit dem Kinde (um 1495) von Tilman Riemenschneider

Wie in der Gemäldegalerie überwiegen auch hier Exponate aus Renaissance und Barock, doch es gibt zudem mittelalterliche Objekte, darunter schöne spätgotische Schnitzereien von Künstlern wie Tilman Riemenschneider, mittelalterliche Elfenbeinarbeiten, Trink-

hörner und Messkelche. Highlights in den Sälen der italienischen Renaissance sind die *Marmorbüste eines lachenden Knaben* von Desiderio da Settignano, das Marmorrelief *Bacchus und Ariadne* und eine Kleinbronze, nach einer alten Marmorstatue *Venus felix* genannt.

Zur umfangreichen deutschen Renaissance-Sammlung gehören frühe Spielkarten, ein Tischaufsatz mit Haizähnen, ein Relief mit Szenen von den Feldzügen Karls V. und Bronzeplastiken von Giambologna. Aufsehen erregte der Diebstahl von Benvenuto Cellinis *Salzfass* (siehe S. 124) im Jahr 2003, das Anfang 2006 wiedergefunden wurde. Die Abteilung wurde renoviert, die Kostbarkeiten sind seit 2013 neu arrangiert wieder zu bewundern.

Jüngling von Magdalensberg, Abguss einer römischen Statue

Münzkabinett

Etwas abseits befindet sich im zweiten Stock eine der größten Münz- und Medaillensammlungen der Welt – für Sammler und Liebhaber ein Hochgenuss. Der Grundstock der Sammlung stammt wieder aus dem einstigen Besitz der Habsburger, doch wurde er ergänzt und enthält heute viele Exponate aus dem 20. Jahrhundert. In den drei Sälen ist nur ein geringer Teil der ungefähr 700 000 Exponate zu sehen.

Saal I gibt einen Überblick über die Entwicklung des Geldwesens. Er enthält griechische und römische Münzen, ägyptisches, keltisches und byzantinisches Geld, Münzen aus Mittelalter und Renaissance und das gesamte Spektrum österreichischer Währungen. Ebenfalls zu

sehen ist eine Sammlung von Naturgeld, etwa Steingeld von der Pazifikinsel Yap.

Die Säle II und III beherbergen eine umfangreiche Kollektion von Medaillen aus dem 19. und 20. Jahrhundert, darunter viele kleine Kunstwerke. Bemerkenswert sind vor allem die recht ungewöhnlichen Silber- und Goldmedaillen von Ulrich Molitor, Abt des Klosters Heiligenkreuz, und das Silbermedaillon, das Bertrand Andrieu zur Erinnerung an die Taufe von Napoléons Sohn anfertigte. Es zeigt den Kaiser als stolzen Vater, der seinen Sohn, den »König von Rom« *(siehe S. 177)*, hochhält.

⓫ Naturhistorisches Museum

Das 1889 eröffnete Naturhistorische Museum ist der Zwilling des Kunsthistorischen Museums, beide wurden vom selben Architekten entworfen. In dem auch kunsthistorisch grandiosen Bau gibt es prähistorische, anthropologische, mineralogische, zoologische, geologische und ökologische Abteilungen. Zu sehen sind Abgüsse von Dinosaurierskeletten, die weltweit größte Sammlung von Schädeln, die die Entwicklungsgeschichte des Menschen illustriert, eine der größten Edelsteinsammlungen Europas und prähistorische Funde.

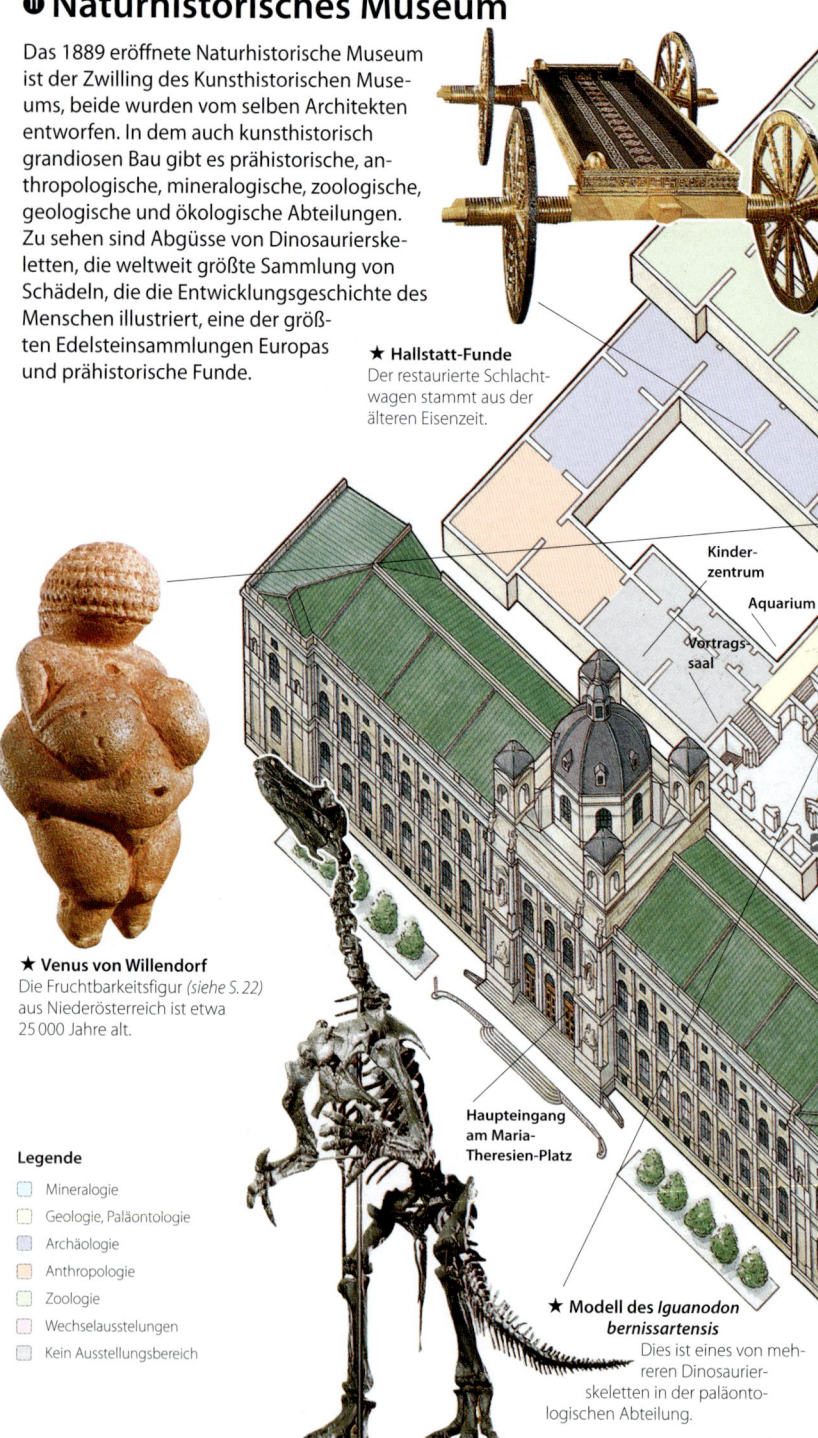

★ **Hallstatt-Funde**
Der restaurierte Schlachtwagen stammt aus der älteren Eisenzeit.

Kinderzentrum

Aquarium

Vortragssaal

★ **Venus von Willendorf**
Die Fruchtbarkeitsfigur *(siehe S. 22)* aus Niederösterreich ist etwa 25 000 Jahre alt.

Haupteingang am Maria-Theresien-Platz

Legende

- ⬜ Mineralogie
- ⬜ Geologie, Paläontologie
- ⬜ Archäologie
- ⬜ Anthropologie
- ⬜ Zoologie
- ⬜ Wechselausstelungen
- ⬜ Kein Ausstellungsbereich

★ **Modell des** *Iguanodon bernissartensis*
Dies ist eines von mehreren Dinosaurierskeletten in der paläontologischen Abteilung.

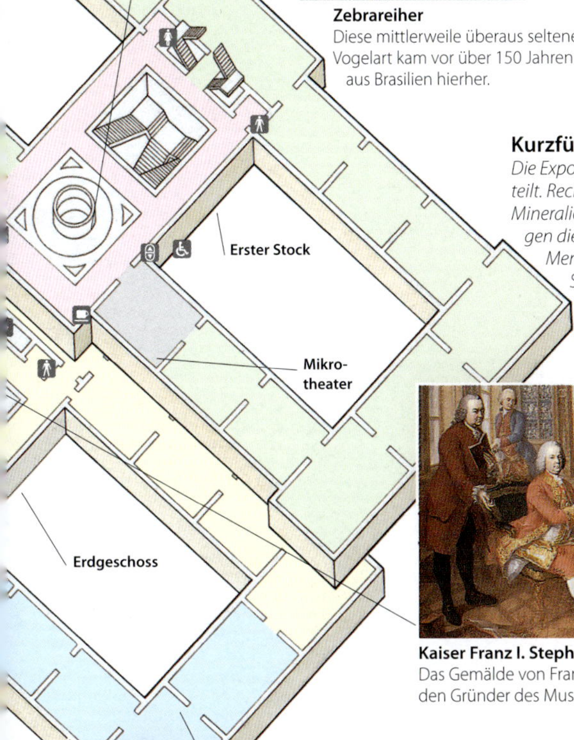

Die Hauptkuppel
wurde um 1881 von Johannes Benk entworfen. Sie wird von einer Bronzestatue des Gottes Helios gekrönt.

Zebrareiher
Diese mittlerweile überaus seltene Vogelart kam vor über 150 Jahren aus Brasilien hierher.

Infobox

Information
Maria-Theresien-Platz, A-1014.
Stadtplan 3 C1 u. 5 A4. **Karte** E7.
☎ (01) 521 770. ○ Mi 9–21, Do–Mo 9–18.30 Uhr. ● 1. Jan, 25. Dez. ⚑ Kinder u. Jugendliche bis 19 Jahre frei. ♿ ▯ ▯
ⓦ nhm-wien.ac.at

Anfahrt
Ⓤ Volkstheater. 🚌 2B, 48A.
🚊 D, 1, 2, 46, 49, 71.

Erster Stock

Mikro-theater

Erdgeschoss

Kurzführer

Die Exponate sind auf zwei Etagen verteilt. Rechts vom Eingang kann man Mineralien sehen. Die Säle zur Linken zeigen die Entwicklungsgeschichte des Menschen und die prähistorischen Sammlungen. Zoologische Exponate findet man ebenso wie Wechselausstellungen im ersten Stock.

Kaiser Franz I. Stephan (1773)
Das Gemälde von Franz Messmer und Ludwig Kohl zeigt den Gründer des Museums. Es hängt im Treppenhaus.

Maria-Theresien-Platz

Der Platz liegt zwischen Kunsthistorischem und Naturhistorischem Museum. In seiner Mitte steht ein Denkmal mit einer Statue von Maria Theresia *(siehe S. 29)*, das Kaspar von Zumbusch 1888 schuf. Es zeigt die Kaiserin, die sogenannte Pragmatische Sanktion von 1713 in Händen, welche auch Frauen die Thronfolge ermöglichte.

Am Sockel von Maria Theresia sieht man ihre wichtigsten Feldherren zu Pferde, ebenso die ihr vertrauten Adligen und Berater, einschließlich des von ihr geschätzten Leibarztes van Swieten.

Allegorische Karyatide
Die Figur, die das Metall Eisen symbolisiert, ist ein Teil der Dekoration des Mineralogiesaals.

Stadtplan *siehe Seiten 256–267*

⑫ Neues Rathaus

Friedrich-Schmidt-Platz 1. **Stadtplan** 1 B5 u. 5 A2. **Karte** D5. ☎ (01) 525 50. Ⓤ Rathaus. 🚋 D, 1, 71. 🗓 Mo, Mi, Fr 13 Uhr (Gruppen nach tel. Reservierung). 🅦 wien.gv.at

Das Neue Rathaus ist Sitz des Wiener Stadt- und Landparlaments. Von 1872 bis 1883 wurde es im neugotischen Stil erbaut und sollte das Alte Rathaus *(siehe S. 87)* ersetzen. Der Architekt Friedrich von Schmidt gewann den ausgeschriebenen Wettbewerb. Die Hauptfassade dominiert ein riesiger Mittelturm. Auf seiner Spitze befindet sich die 3,5 Meter hohe Statue eines Standartenträgers: der »Rathausmann«. Er wurde von Franz Gastell entworfen und vom Kunstschmied Alexander Nehr geschaffen. Reizvollstes Element der Fassade ist die Loggia mit ihren kunstvollen Verzierungen. Das Gebäude hat sieben Höfe. Der Arkadenhof wird für Sommerkonzerte genutzt. Zwei Treppen führen zum Festsaal, der sich über die ganze Länge des Gebäudes erstreckt. Über den neugotischen Arkaden sieht man, rund um das Gebäude, Statuen von österreichischen Persönlichkeiten, unter ihnen bekannte Habsburger.

Vor dem Gebäude liegt der Rathauspark.

⑬ Dreifaltigkeitskirche

Alser Straße 17. **Stadtplan** 1 B4. **Karte** C4. ☎ (01) 4057 225. Ⓤ Rathaus. ⭘ Mo – Sa 8 – 11.30, So 8 – 12 Uhr. ♿ Eingang Schlösselgasse.

In der 1685 – 1727 erbauten Kirche – auch Kirche zur Allerheiligsten Dreifaltigkeit – findet

Kruzifix von Veit Stoß (16. Jh.) in der Dreifaltigkeitskirche

sich im Nordschiff ein Altarbild des Malers Altomonte von 1708 und im Südschiff ein Kruzifix aus der Werkstatt von Veit Stoß. 1827 wurde Ludwig van Beethoven hier aufgebahrt. Im Anschluss an den Trauergottesdienst, an dem u. a. auch Franz Schubert und Franz Grillparzer teilnahmen, erfolgte die Beisetzung auf dem etwas außerhalb gelegenen Friedhof in Währing.

⑭ Universität

Universitätsring 1. **Stadtplan** 1 C4 u. 5 A2. **Karte** E5. ☎ (01) 427 70. Ⓤ Schottentor. ⭘ Mo – Fr 6.30 – 20.30, Sa 8 – 13 Uhr. ♿ 🗓 📷 🅦 univie.ac.at

Die von Herzog Rudolf IV. 1365 gegründete Universität wird heute von etwa 92 000 Studenten besucht. Das jetzige Gebäude entwarf 1883 der vielseitige Heinrich Ferstel im Stil der italienischen Renaissance.

Von der Eingangshalle führen gewaltige Treppen zu den Festsälen. 1895 wurde Gustav Klimt beauftragt, die Halle mit Fresken auszuschmücken, doch einige Darstellungen erschienen den zuständigen Stellen zu freizügig. Nachdem keine Einigung erzielt werden konnte, verzichtete Klimt schließlich auf sein Honorar und nahm die Bilder wieder zurück. Sie wurden im Zweiten Weltkrieg zerstört.

Hauptfassade des Neuen Rathauses mit dem »Rathausmann« in 98 Metern Höhe auf der Turmspitze

Restaurants im Museums- und Rathausviertel *siehe Seiten 214f*

In den weitläufigen Arkaden des Haupthofs befinden sich Denkmäler der berühmtesten Universitätslehrer, etwa Statuen des »Vaters der Psychoanalyse«, Sigmund Freud *(siehe S. 112)*, und des Philosophen Franz Brentano. Gleich daneben beginnen die mit Plakaten behängten Korridore der heutigen Studenten.

⓯ Café Landtmann

Universitätsring 4. **Stadtplan** 1 C5 u. 5 B2. **Karte** E5. 📞 (01) 24 100 100. Ⓤ Schottentor, Herrengasse. 🚋 1, D. 🕐 tägl. 7.30 – 24 Uhr. ♿ 🅦 landtmann.at

Während das Café Central *(siehe S. 60)* das Kaffeehaus der Wiener Intelligenz war, traf (und trifft) sich in diesem Café, das mit seinen Spiegeln und anmutigen Täfelungen sehr viel Gemütlichkeit ausstrahlt, die wohlhabende Mittelschicht. Auch Sigmund Freud war ein häufig hier gesehener Gast. Das Café wurde 1873 von dem Kaffeeröster Franz Landtmann eröffnet und ist bei den Wienern noch immer beliebt.

Das reizvolle Dreimäderlhaus *(links)* **in der Schreyvogelgasse**

⓰ Dreimäderlhaus

Schreyvogelgasse 10. **Stadtplan** 1 C5 u. 5 B2. **Karte** E5. Ⓤ Schottentor.

Die Häuser auf der einen Seite der kopfsteingepflasterten Gasse sind ein Überbleibsel aus dem Biedermeier. Am schönsten ist das Dreimäderlhaus (1803). Angeblich soll Schubert hier drei Geliebte versteckt haben. Doch der Name stammt wohl vom Singspiel *Das Dreimäderlhaus* (Uraufführung 1916), das Melodien Schuberts verarbeitete.

Arkaden am Haupthof der Universität

⓱ Mölker Bastei

Stadtplan 1 C5 u. 5 B2. **Karte** E5. Ⓤ Schottentor.

Wenige Schritte vom Schottentor entfernt wurde im späten 18. Jahrhundert auf einer Bastion der Stadtmauer eine ruhige Straße mit prächtigen Häusern angelegt. Beethoven wohnte hier. Kaiser Franz Joseph wurde 1853 in dieser Straße fast von einem Schneider ermordet. Im Haus Nr. 10 wohnte während des Wiener Kongresses 1815 *(siehe S. 32)* der belgische Fürst Charles de Ligne, ein alter Aristokrat, der zynische Kommentare über das Treiben der gekrönten Häupter Europas in Wien schrieb. Der Frauenfreund holte sich eine tödliche Erkältung, als er in der Bastei auf eine Dame wartete.

Plakette an der Fassade des Pasqualatihauses

⓲ Pasqualatihaus

Mölker Bastei 8. **Stadtplan** 1 C5 u. 5 B2. **Karte** E5. 📞 (01) 5358 905. Ⓤ Schottentor. **Museum** 🕐 Di – So 10 – 13, 14 – 18 Uhr. ⬤ Feiertage.

Das Gebäude ist das berühmteste von mehr als 30 Häusern, in denen Ludwig van Beethoven während seiner Zeit in Wien lebte. Benannt ist es nach seinem ersten Besitzer, Baron Johann von Pasqualati. Beet-

hoven lebte hier von 1804 bis 1808 und von 1810 bis 1815. In diesem Haus komponierte er seine IV., V., VII. und die VIII. Symphonie, die Oper *Fidelio*, das Klavierkonzert Nr. 4 und mehrere seiner Streichquartette.

Heute beherbergen die Räume im vierten Stock, in denen der Komponist wohnte, ein kleines Museum, das verschiedene Erinnerungsstücke zeigt, etwa eine Locke von Beethoven, ein Foto seines Grabs auf dem Friedhof in Währing und frühe Drucke seiner Kompositionen. Zu sehen sind auch Büsten und Gemälde von Beethoven und seinem Gönner, Fürst Rasumofsky, dem russischen Botschafter in Wien.

Liebenberg-Denkmal (1890) unterhalb der Mölker Bastei

Stadtplan *siehe Seiten 256 –267*

⑲ Burgtheater

Das Burgtheater gilt als traditionsreichste Bühne im deutschsprachigen Raum *(siehe S. 230)*. Das erste, unter Maria Theresia erbaute Theater wurde 1888 durch das heutige Gebäude im Stil der italienischen Renaissance von Karl von Hasenauer und Gottfried Semper ersetzt. 1897 musste es umgebaut werden, da sich herausgestellt hatte, dass von mehreren Plätzen aus die Bühne nicht zu sehen war. 48 Jahre später zerstörte eine Bombe das Gebäude bis auf die Seitenflügel mit den Treppenhäusern. Die geglückte Restauration lässt diesen Schaden nicht mehr erkennen.

JOHANN
NESTROY
1801 – 1862

Büsten von Dramatikern
In den großen Treppenhäusern stehen Büsten von Dramatikern, deren Werke hier noch immer aufgeführt werden, etwa die Johann Nestroys von Hans Knesl.

Eingang für Führungen

★ Treppenhäuser im Nord- und Südflügel
Zwei imposante, exakt baugleiche Treppen führen von den Seiteneingängen ins Foyer.

Haupteingang am Universitätsring

Außerdem

① Kandelaber im Treppenhaus

② **Deckenfresken** der Klimt-Brüder und von Franz Matsch zieren den Nord- und Südflügel.

③ **Zwei Statuen**, die Muse der Musik und die Muse der Tragödie, schmücken das Dach.

④ **Engel zieren die Balustrade** (1880–83)

Foyer
Im rund 60 Meter langen Foyer hält man sich in den Pausen auf. An den Wänden hängen Porträts berühmter Schauspieler und Schauspielerinnen.

Zuschauerraum

Nach der Zerstörung im Krieg wurde das Burgtheater 1952–55 wiederaufgebaut. Der Zuschauerraum ist auch heute noch in den kaiserlichen Farben gehalten.

Infobox

Information

Universitätsring 2, A-1014. **Stadtplan** 1 C5 u. 5 A2. **Karte** E5–6. (01) 514 444 140 (Tickets: 01-513 1 513). nur Vorstellungen u. Führungen. meist tägl. 15 Uhr. **burgtheater.at**

Anfahrt

Schottentor. D, 1, 71.

★ Der Thespiskarren

Das Deckengemälde (1886) von Gustav Klimt, Teil der Serie *Geschichte des Theaters*, zeigt Thespis, den griechischen Tragödiendichter.

④

Hauptfassade

Apollon (um 1883) sitzt, flankiert von Melpomene und Thalia, über einem Fries von Rudolf Weyr, der Bacchus und Ariadne zeigt.

1741 Maria Theresia gründet das Burgtheater in einem alten Ballsaal der Hofburg

1874 Die Arbeit am heutigen Gebäude beginnt

1945 Im Krieg zerstört ein Brand den Zuschauerraum

1897 Der Zuschauerraum wird umgebaut

| 1750 | 1850 | 1900 | 1950 |

1776 Joseph II. organisiert das Theater neu und macht es zum Nationaltheater

Das alte Burgtheater (Mitte 18. Jh.)

1888 Das Burgtheater wird am 14. Oktober in Anwesenheit von Kaiser Franz Joseph und seiner Familie eröffnet

1955 Wiedereröffnung mit Grillparzers *König Ottokar*

Stadtplan *siehe Seiten 256 –267*

Oper und Naschmarkt

Oper und Opernring bilden einen scharfen Kontrast zur viel befahrenen, modernen Mariahilfer Straße. Letztere wird gesäumt von Kinos und Kaufhäusern, die nicht nur Wiener und Wien-Besucher, sondern auch Konsumwillige aus vielen Teilen Osteuropas anlocken. Die zweite große Durchgangsstraße in diesem Teil der Stadt ist die Linke Wienzeile, die parallel zur Rechten Wienzeile verläuft. Beide führen über die Ringstraße hinaus bis zu den Stadträndern, wobei sie dem gewundenen Lauf der Wien folgen, die am Rand der Inneren Stadt entlangfließt. Zwischen den beiden Straßen liegt der belebte Naschmarkt, überragt von einigen Jugendstil-Häusern Otto Wagners in der Linken Wienzeile. Besucher, die den Massen entfliehen wollen, sollten das traditionsreiche Café Museum besuchen, das sich nahe bei den drei großen Kulturinstitutionen des Viertels – Akademie der bildenden Künste, Staatsoper und Secessionsgebäude – befindet.

Sehenswürdigkeiten auf einen Blick

Straße

❽ Mariahilfer Straße

Historische Gebäude

❶ Staatsoper S. 140f
❷ Hotel Sacher
❺ Theater an der Wien
❼ Wagner-Häuser

Museen und Sammlungen

❸ Akademie der bildenden Künste
❹ Secessionsgebäude
❾ Hofmobiliendepot, Möbel Museum
❿ Haydnhaus

Markt

❻ Naschmarkt

Stadtplan *3, 4, 5*

Restaurants an der Oper und am Naschmarkt
siehe S. 215f

0 Meter 250

◀ Wiener Jugendstil: das Secessionsgebäude *(siehe S. 142)*

Zeichenerklärung
siehe hintere Umschlagklappe

Im Detail: Opernring

Zwischen Staatsoper und Karlskirche, zwei der Wahrzeichen Wiens, liegt ein Bezirk, der für die kulturelle Lebendigkeit der gesamten Stadt typisch ist. Hier sind ein Theater aus dem 18. Jahrhundert, eine Kunstakademie aus dem 19. Jahrhundert und das Secessionsgebäude beheimatet. Zwischen den Kulturdenkmälern stößt man auf das Hotel Sacher, luxuriös wie schon vor 100 Jahren, und das ebenfalls schon damals berühmte Café Museum *(siehe S. 60)*. Zudem kann man das bunte Treiben des Naschmarkts genießen, auf dem man von Austern über exotische Früchte bis zu alten Kleidern so ziemlich alles bekommt.

❸ ★ **Akademie der bildenden Künste**
Das Gebäude im italienischen Stil birgt eine fantastische Sammlung Alter Meister.

Das Goethe-Denkmal entwarf Edmund Hellmer 1890.

Das Schiller-Denkmal dominiert den Park vor der Akademie der bildenden Künste.

❹ ★ **Secessionsgebäude**
Das Ausstellungsgebäude, 1898 für die Künstler der Secession entworfen, birgt den Beethovenfries von Gustav Klimt *(siehe S. 58)*

❺ **Theater an der Wien**
Heute präsentiert das Theater aus dem 18. Jahrhundert Opern, Tanzaufführungen und Konzerte. Einst fand hier die Uraufführung von Beethovens *Fidelio* statt

SCHILLERPLATZ

NIB

MAKARTGASSE

GETREIDEMARKT

MILLÖCKERGASSE

LINKE WIENZEILE

E

❻ **Naschmarkt**
Von frischen Bauernhofprodukten bis zu Trödel und Secondhand-Kleidern: Auf dem Naschmarkt ist samstags am meisten los.

Restaurants an der Oper und am Naschmarkt *siehe Seiten 215f*

❷ Hotel Sacher
Hier wurde die Sacher-
torte *(siehe S. 206)*
erfunden.

**Zum Al-
bertina-
platz**

*MUSEUMS-
UND RATHAUS-
VIERTEL*

*HOFBURG-
VIERTEL*

*OPER UND
NASCHMARKT*

Zur Orientierung
Siehe Stadtplan 3, 4, 5

**Zur Kärntner
Straße**

0 Meter   50

❶ ★ Staaatsoper
Das imposante Gebäude
wurde 1869 eröffnet und
gilt noch heute als Nabel
der Wiener Kulturszene.

CAFE MUSEUM CAFE

Das Café Museum von 1899 wurde mittlerweile nach dem ursprünglichen Design von Adolf Loos mit stilvoller Ausstattung
renoviert. Hier verkehrten einst Gustav Klimt, Egon Schiele, Joseph Roth und Robert Musil.

Die Mark-Anton-Gruppe neben dem Secessionsgebäude, eine Bronzeplastik (1899), stammt
von Arthur Strasser.

Legende

— Routenempfehlung

Stadtplan *siehe Seiten 256 – 267*

❶ Staatsoper

Die Wiener Staatsoper wurde als erster der prächtigen Bauten an der Ringstraße fertig *(siehe S. 34f)*. Am 25. Mai 1869 wurde sie mit Mozarts *Don Giovanni* eröffnet. Der Renaissance-Stil fand bei den Wienern zunächst wenig Freunde. Doch als der Bau 1945 durch Bomben stark zerstört wurde, galt dies als symbolischer Schlag gegen die Stadt. Seit der Wiedereinweihung am 5. November 1955 mit Beethovens *Fidelio* besitzt die Oper einen neuen Zuschauerraum und eine Bühne mit allen technischen Raffinessen.

Reliefs von Oper und Ballett (1861–69)
Allegorische Wandgemälde von Preleuthner und Dobiaschofsky stellen Ballett, Tanz, ernste und – hier abgebildet – komische Oper dar.

★ Festtreppe
Eine breite Marmortreppe führt von der Vorhalle in den ersten Stock. Sie ist mit Statuen von Josef Gasser geschmückt, die die sieben freien Künste darstellen.

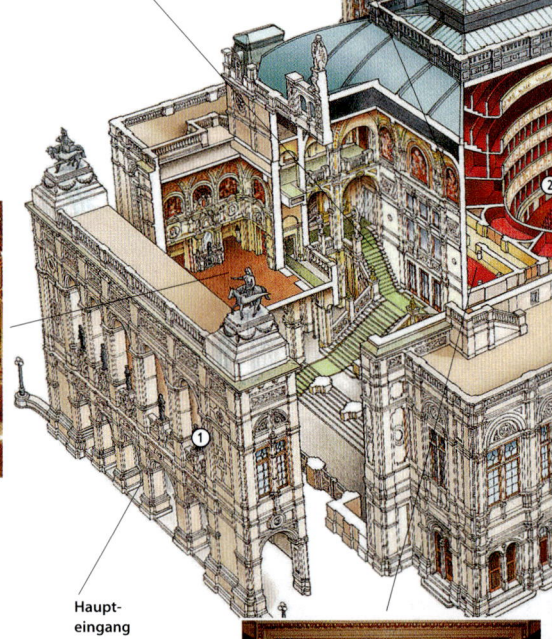

★ Schwind-Foyer
Im Foyer sind Opernszenen von Moritz von Schwind zu sehen. Unter den Büsten berühmter Komponisten und Dirigenten befindet sich eine von Rodin geschaffene Büste Mahlers (1909).

Haupteingang

Außerdem

① **Eine der fünf Bronzestatuen**
von Ernst Julius Hähnel, die Heldentum, Drama, Fantasie, Komik und Liebe darstellen. Sie zieren die Bogenöffnungen der Loggia.

② **Zuschauerraum**

★ Teesalon
Der hübsche Raum ist mit Seidentapisserien geschmückt, welche die kaiserlichen Initialen tragen. Hier verbrachte Franz Joseph die Pausen.

Wiener Opernball

Am letzten Donnerstag im Fasching *(siehe S. 67)* werden für den Opernball *(siehe S. 231)* Bühne und Zuschauerraum der Oper durch einen eingesetzten Boden auf gleiche Höhe gebracht. Das weltbekannte gesellschaftliche Event wird von Debütantinnen – weiß gekleideten jungen Damen aus gutem Haus – eröffnet.

Infobox

Information
Opernring 2, A-1010. **Stadtplan** 4 D1 u. 5 C5. **Karte** F7–G8.
☎ (01) 514 442 250 (Tickets: 01-513 1 513). ◯ Vorstellungen u. Führungen. 🕐 meist 14, 15 Uhr (Infos auf der Website). 📷 ♿
🖥 🆆 wiener-staatsoper.at

Anfahrt
Ⓤ Karlsplatz. 🚋 D, 1, 2, 71.

Architekten
Die Baumeister der Oper waren August Siccardsburg *(rechts)* und Eduard van der Nüll *(links)*.

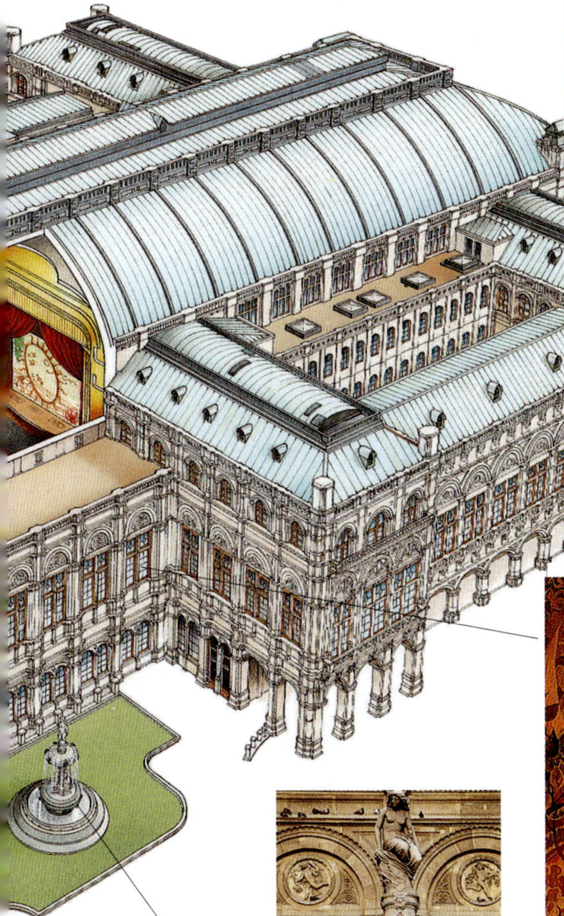

Brunnen
Zu beiden Seiten der Oper stehen anmutige Brunnen, die Hans Gasser entwarf. Dieser zeigt die sagenumwobene Lorelei, umgeben von Figuren, die Trauer, Liebe und Rache darstellen.

Zauberflöten-Teppiche
Im Gustav-Mahler-Saal, einem Seitensaal, hängen moderne Wandteppiche von Rudolf Eisenmenger, die Szenen aus der *Zauberflöte* zeigen.

Stadtplan *siehe Seiten 256–267*

❷ Hotel Sacher

Philharmonikerstraße 4. **Stadtplan** 4 D1 u. 5 C5. **Karte** G7. ☎ (01) 514 560. Ⓤ Karlsplatz. ◯ tägl. 8–24 Uhr. ♿ Ⓦ sacher.com

Gründer des berühmten Hotels *(siehe S. 199)* war der Sohn von Franz Sacher, der 1840 die Sachertorte erfunden haben soll *(siehe S. 206)*. Unter seiner Schwiegertochter Anna Sacher wurde das Haus berühmt. Sie leitete das Hotel von 1892 bis zu ihrem Tod 1930. Während dieser Zeit trafen sich viele Adlige mit ihren Geliebten in den Séparées. Bis heute hat das Sacher den Ruf, ein diskretes Luxushotel zu sein.

❸ Akademie der bildenden Künste

Schillerplatz 3. **Stadtplan** 4 D2 u. 5 B5. **Karte** F8. ☎ (01) 588 161 818. Ⓤ Karlsplatz. 🚋 1, 2, 71, D. **Gemäldegalerie** ◯ Di–So 10–18 Uhr. ⬤ 1. Jan, 24., 25. Dez. 📷 ♿ Ⓦ akademiegalerie.at

Theophil Hansen errichtete die Akademie 1872–76 im Stil der italienischen Renaissance. 1907 wurde Adolf Hitler dort mangels Talent abgelehnt. Zur Kunstschule gehört auch eine Gemäldegalerie, die sehenswerte Ausstellungen präsentiert – u. a. mit Werken aus der

Spätgotik und der Frührenaissance, mehreren Rubens-Bildern, holländischen und flämischen Landschaften (17. Jh.) und einer österreichischen Sammlung aus dem 19. Jahrhundert.

❹ Secessionsgebäude

Friedrichstraße 12. **Stadtplan** 4 D2. **Karte** F8. ☎ (01) 5875 307. Ⓤ Karlsplatz. ◯ Di–So 10–18 Uhr. 📷 🚫 Sa 15, So 11 Uhr. ♿ Ⓦ secession.at

Das von Joseph Maria Olbrich entworfene Jugendstil-Gebäude *(siehe S. 56–59)* war Ausstellungsraum der Künstlervereinigung Secession *(siehe S. 36)*.

Das fast fensterlose Palais mit der filigranen Kugel aus verschlungenen Lorbeerblättern auf dem Dach ist ein kubischer Baukörper mit vier Eckpfeilern. Das Motto der Secession steht in Gold auf der Fassade: »Der Zeit ihre Kunst, der Kunst ihre Freiheit«. Neben dem Gebäude steht Arthur Strassers Mark-Anton-Gruppe mit einem von Löwen gezogenen Wagen (1899). Im Inneren ist das berühmteste Werk Gustav Klimts zu sehen: der *Beet-*

Secessionsgebäude

hovenfries von 1902, der mit 34 Meter Länge drei Wände bedeckt. Das Werk zeigt drei miteinander verbundene Figurengruppen und soll einen Kommentar zu Beethovens Neunter Symphonie darstellen *(siehe S. 37)*.

❺ Theater an der Wien

Linke Wienzeile 6. **Stadtplan** 3 C2. **Karte** F8–9. ☎ (01) 588 85 (Tickets). Ⓤ Kettenbrückengasse. ◯ für Vorführungen. Ⓦ theater-wien.at

Das Theater an der Wien *(siehe S. 226)* wurde 1801 von Emanuel Schikaneder gegründet. Eine Statue über dem Eingang zeigt ihn als Papageno in der Uraufführung von Mozarts *Zauberflöte* im Vorläufer des heutigen Theaters. 1805 wurde hier auch Ludwig van Beethovens *Fidelio* uraufgeführt.

Gemüsestand am Naschmarkt

❻ Naschmarkt

Stadtplan 3 C2–3. **Karte** E9. Ⓤ Kettenbrückengasse. **Markt** ◯ Mo–Sa 6–18.30 Uhr (manche Stände schließen früher). Ⓦ wienernaschmarkt.eu **Schubert Sterbewohnung** ☎ (01) 5816 730. ◯ Mi, Do 10–13, 14–18 Uhr. 📷

Der Naschmarkt ist Wiens lebendigster Markt mit vielen alten Läden und den besten Imbissstuben der Stadt. Nach Westen kommen immer mehr Blumenfrauen, Weinhändler und Bauernstände, die u. a. Fleisch und Brot anbieten. Dieser Bereich geht in den Flohmarkt über.

Ein Abstecher zur Kettenbrückengasse 6 lohnt sich, um die einfache Wohnung zu besuchen, in der Franz Schubert 1828 starb. Hier sind Drucke und sein Klavier zu sehen.

Säuleneingang des Theaters an der Wien

Restaurants an der Oper und am Naschmarkt *siehe Seiten 215f*

Das Majolikahaus von Otto Wagner

⑦ Wagner-Häuser

Linke Wienzeile 38 u. 40. **Stadtplan** 3 C2. **Karte** E9. Ⓤ Kettenbrücken-gasse.

Am Naschmarkt stehen zwei bemerkenswerte Häuser, die Otto Wagner 1899 in der Hoch-Zeit des Jugendstils *(siehe S. 56–59)* entwarf. Die funkeln-den Goldverzierungen von Haus Nr. 38 schuf hauptsäch-lich Koloman Moser. Die Fassa-de von Nr. 40 ist mit zarten Blu-menmotiven in Rosa, Blau und Grün verziert. Selbst die Fens-tersimse sind eigens geformt. Besonders auffällig ist das Ma-jolikahaus (Nr. 40), das nach den glasierten Fliesen seiner Fassade benannt ist. Das an-grenzende Gebäude (Nr. 42), im historischen Ringstraßen-Stil *(siehe S. 34f)* erbaut, zeigt, wogegen sich die Architekten der Secession wehrten.

⑧ Mariahilfer Straße

Stadtplan 3 A3 u. 5 A5. **Karte** A10–E8. Ⓤ Zieglergasse, Neubaugasse. **Stiftskirche** ◻ Mo–Fr 7.30–18, Sa 7–23, So 8.30–21.30 Uhr. **Kirche Mariahilf** ◻ Mo–Sa 8–19, So 8.30–19 Uhr.

Sie ist eine von Wiens beleb-testen Einkaufsstraßen. An der Ecke zur Stiftgasse liegt die 1739 erbaute Stiftskirche, de-ren nüchtern-mächtige Fassa-de in einem gewaltigen Turm endet. In die Wände sind eini-ge beeindruckende Rokoko-Reliefs eingearbeitet.

Auf der anderen Straßensei-te, im Haus Nr. 45, wurde 1790 der Dramatiker Ferdinand Rai-mund geboren.

Die Kirche Mariahilf ist nach einem Marienkult benannt, der im 16. Jahrhundert am Wall-fahrtsort Mariahilfberg bei Pas-sau entstanden war. Die Ba-rockkirche mit ihren beiden ausladenden Zwiebeltürmen wurde 1683 erbaut.

⑨ Hofmobilien-depot, Möbel Museum

Andreasgasse 7. **Stadtplan** 3 A2. **Karte** B9. ☎ (01) 524 3357. Ⓤ Zieglergasse. ◻ Di–So 10–18 Uhr. 🖼 Ⓦ hofmobiliendepot.at

Die kaiserliche Möbel-sammlung, die 1747 von Maria Theresia ini-tiiert wurde, gibt einen eindrucksvollen Ein-blick in das kaiserliche Alltagsleben. Sie vermittelt zugleich einen Überblick über die Wiener Innenarchitektur und -dekoration im 18. und 19. Jahrhundert. Die Samm-lung zeigt auch Werke von Künstlern und Designern aus dem frühen 20. Jahrhundert. Alle Räume sind mit wunder-schönen Möbeln und könig-lichen Gegenständen einge-richtet, darunter ist eine Nachbildung der Schönbrun-ner Räume von Kaiserin Elisa-beth sowie ein auf Reisen verwendeter zusammenklapp-barer Thron.

Die Ausstellung reicht von Gebrauchsgegenständen bis zu kostbaren, oft exzentrischen Exponaten.

⑩ Haydnhaus

Haydngasse 19. **Stadtplan** 3 A3. **Karte** B10. ☎ (01) 5961 307. Ⓤ Zieglergasse. ◻ Di–So 10–13, 14–18 Uhr. ● 1. Jan, Ostermontag, 1. Mai, Pfingstmontag, 25. Dez. 🖼 Ⓦ wienmuseum.at

Wie die meisten Museen, die Komponisten gewidmet sind, ist auch dieses nicht sehr groß. Man findet Abschriften von Dokumenten und Partituren, ein Klavier und ein Klavichord.

Haydn ließ dieses Haus mit dem Geld bauen, das er bei seinen Aufenthalten in London zwischen 1791 und 1795 ver-dient hatte, und lebte darin von 1797 bis zu seinem Tod 1809. Hier entstanden viele wichtige Werke, darunter *Die Schöpfung* und *Die Jahreszei-ten*. In einem Raum finden sich einige Möbel und Exponate, die einst Johannes Brahms ge-hört haben.

Ein Rollstuhl aus dem Kaiserlichen Hofmobiliendepot

Stadtplan *siehe Seiten 256–267*

Belvedereviertel

Das Areal wirkt prunkvoll und großzügig. Einen herrlichen Blick genießt man vom Karlsplatz mit seinen Gärten und Statuen aus auf Johann Bernhard Fischer von Erlachs Karlskirche. Östlich von diesem prächtigen Bauwerk finden Besucher weitere Sehenswürdigkeiten wie die beiden Belvedere-Schlösser, die heute öffentliche Kunstsammlungen sind, und das Palais Schwarzenberg. Die beiden Belvedere-Schlösser mit ihren ausnehmend schön angelegten Gärten

wurden von Johann Lukas von Hildebrandt nach dem Sieg über die Türken 1683 entworfen, denn erst als die Osmanen keine Bedrohung mehr darstellten, konnte sich Wien ausdehnen. Die überaus turbulente Geschichte der Stadt wird im Wien Museum Karlsplatz anschaulich dargestellt. Nicht weit entfernt ist das Gebäude des Musikvereins, dessen Akustik weltberühmt ist. Auch das Arnold Schönberg Center ist der Musik verpflichtet: den Werken Schönbergs.

Sehenswürdigkeiten auf einen Blick

Straßen und Plätze
❼ Schwarzenbergplatz
❿ Rennweg

Historische Gebäude
❸ Musikverein
❹ Stadtbahn-Pavillons
❻ Hotel Imperial
❾ Palais Schwarzenberg
⓭ Theresianum

Museen und Sammlungen
❷ Wien Museum Karlsplatz
❺ Künstlerhaus
❽ Arnold Schönberg Center
⓫ *Belvedere: Schlösser und Gärten S. 154–159*

Garten
⓬ Botanischer Garten

Kirche
❶ *Karlskirche S. 148f*

Restaurants im Belvedereviertel
siehe S. 216f

Stadtplan *3, 4, 6*

Im Detail: Karlsplatz

Dieser Teil der Stadt wurde 1683 erschlossen, nachdem die Gefahr einer türkischen Invasion endgültig gebannt war *(siehe S. 28f)*. Der Resselpark vor der Karlskirche bietet ungehinderte Sicht auf den Sakralbau, der unter Karl VI. errichtet wurde. Am Park befinden sich zudem verschiedene kulturelle Institutionen, darunter das Wien Museum Karlsplatz und der Musikverein.

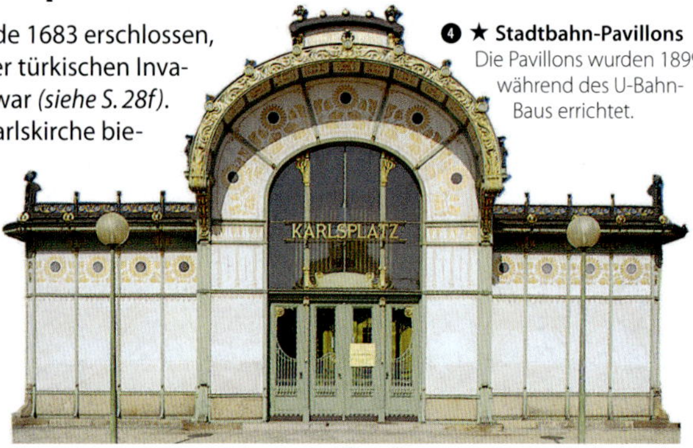

❹ ★ Stadtbahn-Pavillons
Die Pavillons wurden 1899 während des U-Bahn-Baus errichtet.

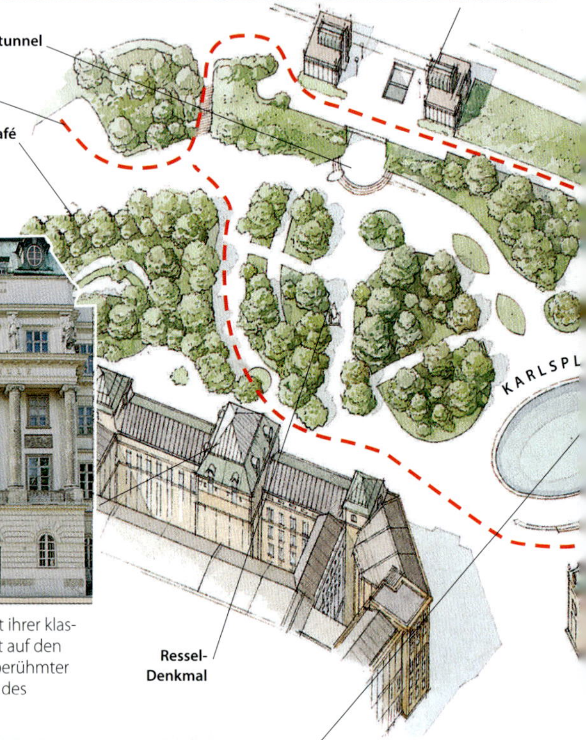

Fußgängertunnel

U-Bahn-Station Karlsplatz

Ressel-Parkcafé

KARLSPL

Die Technische Universität mit ihrer klassizistischen Fassade (1816) blickt auf den Resselpark, in dem Denkmäler berühmter Wissenschaftler und Ingenieure des 19. Jahrhunderts stehen.

Ressel-Denkmal

Legende

— Routenempfehlung

Die *Hill Arches* von Henry Moore erhielt die Stadt Wien 1978 vom Künstler als Geschenk.

Restaurants im Belvedereviertel *siehe Seiten 216f*

❸ Musikverein
Das Konzerthaus im Ringstraßen-Stil *(siehe S. 150)* ist Sitz der Wiener Philharmoniker und für seine Akustik weltberühmt.

OPER UND NASCH-MARKT

BELVEDEREVIERTEL

Zur Orientierung
Siehe Stadtplan 4

❷ ★ Wien Museum Karlsplatz
Das Haus präsentiert römische Funde, Glasmalereien aus dem Stephansdom und die rekonstruierten Wohnungen berühmter Wiener wie Adolf Loos *(siehe S. 94)*

K A R L S P L A T Z

D U M B A S T R A S S E

L O T H R I N G E R

STRASSE

M A D E R S T R A S S E

M A T T I E L L I S T R A S S E

T E C H N I K E R S T R .

...SSHAUSSTRASSE

❶ ★ Karlskirche
Die Barockkirche löste ein 1713 während der Pest gegebenes Versprechen ein.

Französische Botschaft

0 Meter   50

Französische Botschaft

Der französische Architekt Georges Chédanne entwarf und baute das Gebäude 1904–12 als typisch französische Variante des Jugendstils (Art nouveau). Es ähnelt Bauten in der Rue Victor Hugo in Paris. Wegen seines orientalischen Aussehens hielt sich eine Zeit lang das Gerücht, dass die Pläne dieses Gebäudes mit denen für die Botschaft in Istanbul vertauscht worden seien.

Jugendstil-Fassade, Französische Botschaft

Stadtplan *siehe Seiten 256–267*

❶ Karlskirche

Während der Pest 1713 gelobte Kaiser Karl VI. den Bau einer Kirche zu Ehren des Pestheiligen Karl Borromäus (1560–84 Erzbischof von Mailand), sobald die Epidemie vorbei sein würde. Den Wettbewerb, der im folgenden Jahr stattfand, gewann der Architekt Johann Bernhard Fischer von Erlach, der ein von vielen Stilen beeinflusstes Meisterwerk des Barock schuf: Die gewaltige Kuppel und der Portikus sind der Architektur des antiken Griechenland und Roms entlehnt, während die Glockenhäuser und die minarettartigen Säulen orientalisch anmuten. Die Bauzeit betrug beinahe 25 Jahre. Der Innenraum ist mit Altarwerken und Fresken einiger der bedeutendsten Künstler der damaligen Zeit ausgeschmückt, unter ihnen Daniel Gran und Martino Altomonte.

Kanzel
Zwei Engel krönen die reich vergoldete Kanzel, die mit Rocaille (Muschelornament) und Blumengirlanden verziert ist.

★ Hochaltar
Der Hochaltar zeigt ein Stuckrelief von Albert Camesina mit dem hl. Karl Borromäus im Himmel auf einer Wolke voller Engel und Putten.

Außerdem

① **Engel als Symbol des Alten Testaments**

② **Das Giebelrelief** von Giovanni Stanetti stellt das Leiden während der Pest dar.

③ **Die beiden Glockenhäuser** bei den Seiteneingängen der Kirche erinnern an chinesische Pavillons.

④ **Treppe (nicht zugänglich)**

⑤ **Kuppelkreuz**

⑥ **Engel als Symbol des Neuen Testaments**

Haupteingang

★ Fresken in der Kuppel

Johann Michael Rottmayrs Fresken (1725–30) stellen die Glorie des hl. Karl Borromäus dar. Es war der letzte Auftrag des Malers.

Infobox

Information

Karlsplatz, A-1040. **Stadtplan** 4 E2. **Karte** G9. 📞 (01) 5056 294. 🚌 4A. 🕐 Mo – Fr 7.30 – 12.30, 13 – 18, So, Feiertage 9 – 19 Uhr. ✝ Mo – Sa 18, So 11, 18 Uhr. 📷 🔇 ♿ zur Kuppel. 🅦 **karlskirche.at**

Anfahrt

Ⓤ Karlsplatz.

Johann Bernhard Fischer von Erlach

Der Hofarchitekt Fischer von Erlach (1656 – 1723) entwarf viele der schönsten Gebäude Wiens, darunter Schloss Schönbrunn und Palais Trautson. Er starb vor Vollendung der Karlskirche, die sein Sohn 1737 fertigstellte.

★ Triumphsäulen

Sie wurden von der Trajanssäule in Rom inspiriert. Auf den Reliefbändern sind Szenen aus dem Leben von Karl Borromäus dargestellt, links vor allem Standhaftigkeit, rechts Mut.

Besucher-eingang und Kartenverkauf

⑥

Karl Borromäus

Den Giebel krönt eine Statue des Kirchenpatrons von Lorenzo Mattielli.

Stadtplan siehe Seiten 256 –267

❷ Wien Museum Karlsplatz

Karlsplatz 8. **Stadtplan** 4 E2. **Karte** G9.
☎ (01) 5058 7470. Ⓤ Karlsplatz.
⭘ Di–So 10–18 Uhr. ⬤ 1. Jan,
1. Mai, 25. Dez. ♿
🅦 wienmuseum.at

Das ehemalige Historische Museum der Stadt Wien bezog 1959 seine heutige Bleibe am Karlsplatz. Im Erdgeschoss sind Funde aus römischer und vorrömischer Zeit zu sehen, außerdem gotische Exponate wie Wasserspeier, Figuren aus dem 14. und 15. Jahrhundert und Bleiglasfenster vom Stephansdom sowie Holzfiguren früherer Herrscher Wiens. Von Zeit zu Zeit müssen diese Objekte allerdings für Sonderausstellungen weichen.

Zu den Exponaten aus dem 16. und 17. Jahrhundert im ersten Stock gehören Bilder der Türkenbelagerungen seit 1529, ein Porträt des türkischen Großwesirs Kara Mustafa sowie erbeutete Fahnen und Waffen. Zudem sind Johann Bernhard Fischer von Erlachs Pläne für Schönbrunn *(siehe S. 174–177)* und die originale Laterne der Schönlaterngasse Nr. 6 *(siehe S. 80)* zu besichtigen.

Im zweiten Stock finden sich ein Empire-Salon von 1798 aus dem Palais Caprara-Geymüller

Die im historisierenden Stil gestaltete Fassade des Musikvereinsgebäudes

in der Wallnerstraße und die Wohnung von Franz Grillparzer, Österreichs wohl berühmtestem Dichter, zudem Exponate, die die Popularität von Ballett, Theater und Operette dokumentieren.

Zu den Ausstellungsstücken aus dem 20. Jahrhundert gehören Richard Gerstls *Porträt von Arnold Schönberg (siehe S. 41)*, Gemälde von Egon Schiele und Gustav Klimt, ein Zimmer (1903) von Adolf Loos *(siehe S. 94)* aus dem Haus Bösendorferstraße 3, Silber und Glasarbeiten von Josef Hoffmann, Arbeiten der Wiener Werkstätte *(siehe S. 58)* und Bilder vom Wien der letzten 100 Jahre.

❸ Musikverein

Bösendorferstraße 12. **Stadtplan** 4 E2. **Karte** G8. ☎ (01) 5058 190.
Ⓤ Karlsplatz. ⭘ nur für Konzerte. ✉
♿ 🅦 musikverein.at

Das Gebäude des Musikvereins wurde 1867–69 von Theophil Hansen in einer Mischung verschiedener Baustile mit Terrakottastatuen, Kapitellen und Balustraden errichtet. Es ist die Heimstatt der Wiener Philharmoniker *(siehe S. 229)*, die das Orchester der Staatsoper bilden und hier regelmäßig Konzerte geben. Der Große Musikvereinssaal (auch »Goldener Saal«) gilt als einer der schönsten und akustisch besten Säle der Welt. Er hat rund 2000 Plätze. Die meisten Karten werden im Abonnement verkauft, einige sind aber oft noch am Tag der Aufführung erhältlich. Die berühmteste Veranstaltung des Hauses ist das Neujahrskonzert *(siehe S. 67)*.

❹ Stadtbahn-Pavillons

Karlsplatz. **Stadtplan** 4 D2. **Karte** G8.
☎ (01) 5058 747-851 77. Ⓤ Karlsplatz. ⭘ Di–So 10–18 Uhr. ✎

Otto Wagner (zu seinen Bauten *siehe S. 56f*) war Ende des 19. Jahrhunderts für Entwurf und Ausführung weiter Teile des U-Bahn-Netzes verantwortlich. Auch einige seiner Brücken und Tunnels sind bemerkenswert, können sich aber nicht mit den Stationsgebäu-

Sonnenblumenmotive auf der Fassade der Stadtbahn-Pavillons

Restaurants im Belvedereviertel *siehe Seiten 216f*

Der riesige Hochstrahlbrunnen auf dem Schwarzenbergplatz

❻ Hotel Imperial

Kärntner Ring 16. **Stadtplan** 4 E2 u. 6 D5. **Karte** G8. 📞 (01) 501 100. Ⓤ Karlsplatz. ♿
ⓦ imperialvienna.com

Neben dem Hotel Sacher *(siehe S. 142)* ist dies das bekannteste Hotel Wiens. Das Palais wurde 1863 als Privatresidenz des Fürsten von Württemberg errichtet. Hier kann man zu Klavierklängen Tee trinken oder in dem Zimmer nächtigen, in dem Richard Wagner logierte. Nach dem »Anschluss« 1938 *(siehe S. 38)* machte Adolf Hitler das Hotel zu seinem Hauptquartier.

❼ Schwarzenbergplatz

Stadtplan 4 E2. **Karte** H9. Ⓤ Karlsplatz.

Den Mittelpunkt des Platzes bildet das Reiterstandbild (1867) des Fürsten zu Schwarzenberg, Führer der österreichischen Truppen in der Völkerschlacht bei Leipzig (1813) gegen Napoléon. Wohn- und Bürohäuser säumen den Platz, an dessen hinterem Ende man das Palais Schwarzenberg und die Belvedere-Schlösser sieht. An der Kreuzung Prinz-Eugen- und Gußhausstraße steht der Hochstrahlbrunnen (1873), dahinter ein Denkmal für die Soldaten der Roten Armee.

Das Arnold Schönberg Center *(siehe S. 152)* im Osten des Platzes (Eingang Zaunergasse 1) präsentiert den Nachlass des Komponisten.

den am Karlsplatz (1898/99) messen, die zu Wagners bekanntesten Bauten gehören. Die grünen Dächer und Verzierungen passen zur Karlskirche, die weiße Marmorfassade ist mit goldenen Sonnenblumen geschmückt. Eindrucksvoll sind die anmutig geschwungenen Linien der Dächer. Die Pavillons stehen sich gegenüber. Einer dient heute als Café, der andere für Ausstellungen.

mals beliebten historisierenden Ringstraßen-Stil *(siehe S. 34f)* passten. August Weber (1836–1903) schuf den Bau im Stil eines Renaissance-Palazzos, der typisch für die Ringstraßen-Architektur ist. Mittlerweile ist das Haus für seine regelmäßigen Wechselausstellungen zeitgenössischer Kunst bekannt.

❺ Künstlerhaus

Karlsplatz 5. **Stadtplan** 4 D2 u. 6 D5. **Karte** G8. 📞 (01) 5879 663. Ⓤ Karlsplatz. 🕐 Di – So 10 – 18 Uhr (Do bis 21 Uhr). ✉ ♿ ⓦ k-haus.at

Die Gesellschaft der bildenden Künstler Wiens ließ 1868 ein Ausstellungsgebäude für ihre Mitglieder errichten. Die Gesellschaft hatte eine Vorliebe für großartige, akademisch geprägte Malstile, die zu dem da-

Palazzoartige Fassade des Künstlerhauses (1868)

Palais Schwarzenberg mit dem Brunnen von J. E. Fischer von Erlach

❽ Arnold Schönberg Center

Schwarzenbergplatz 6 (Eingang Zaunergasse 1–3). **Stadtplan** 4 E2. **Karte** H9. 📞 (01) 712 188. Ⓤ Karlsplatz. 🚌 4A. 🚋 71. 🕐 Mo – Fr 10 –17 Uhr. 🚫 Feiertage. 🌐 **schoenberg.at**

Das Arnold Schönberg Center ist seit 1998 Aufbewahrungsort für den Nachlass Schönbergs sowie Kulturzentrum. Schönbergs Nachlass, für den das Center eingerichtet wurde, ist seit 2011 UNESCO-Welterbe.

Schönberg – Komponist, Maler, Lehrer, Musiktheoretiker und Erfinder – wurde 1874 in Wien geboren. Er starb 1951 in Los Angeles, nachdem er 1933 in die USA emigriert war. Im Alter von neun Jahren begann er zu komponieren. Später betrachtete er sein Frühwerk als epigonenhaft und komponierte atonaler. 1921 begründete er die Zwölftontechnik.

Schönberg wurde von seinen Komponistenkollegen geschätzt, doch er erhielt wenig öffentliche Resonanz. 1913 dirigierte er ein Konzert im Musikverein *(siehe S. 150)*, das als »Skandalkonzert« bekannt wurde. Die Zuhörer waren entsetzt über die zeitgenössische Musik, es kam zum Tumult, sodass das Konzert abgebrochen werden musste.

Das Center beherbergt ein Archiv und eine Präsenzbibliothek. Es gibt zudem eine Sammlung von Schönbergs Gemälden, eine Nachbildung seines Arbeitszimmers in Los Angeles mit Originalmöbeln sowie eine Bibliothek zu Arbeiten der Wiener Schule. Das Center dient zudem als Veranstaltungsort für Ausstellungen, Konzerte, Vorlesungen, Workshops und Symposien. Seit 2001 wird der Arnold-Schönberg-Preis an Komponisten vergeben.

Schönberg ist auf dem Zentralfriedhof beerdigt *(siehe S. 170f)*. Das Ehrengrab wurde von Fritz Wotruba gestaltet.

❾ Palais Schwarzenberg

Schwarzenbergplatz 9. **Stadtplan** 4 E2. **Karte** H9. Ⓤ Karlsplatz.

Das Palais Schwarzenberg wurde 1697 von Johann Lukas von Hildebrandt *(siehe S. 154)* begonnen und ein Jahrzehnt später von Vater und Sohn Fischer von Erlach *(siehe S. 149)* vollendet. Ihre wichtigste Abänderung des Baus bestand in dem vorgewölbten Festsaaltrakt. Hinter dem Palais liegt ein idyllischer Park, in dessen Mittelpunkt ein Springbrunnen von Josef Emanuel Fischer von Erlach steht.

Das Palais Schwarzenberg dient als Veranstaltungsort für Konzerte und Bälle und beherbergt in Teilen die Schweizer Botschaft.

Karel Schwarzenberg, das heutige Oberhaupt der Familie, wurde 1989 nach der Demokratisierung der Tschechoslowakei Berater von Präsident Havel und 2007 – 2009 sowie 2010 – 2013 Außenminister.

❿ Rennweg

Stadtplan 4 E2. **Karte** H9 – K10. Ⓤ Karlsplatz. **Gardekirche** 🕐 tägl. 8 – 20 Uhr.

Der Rennweg führt vom Schwarzenbergplatz am Belvedere vorbei. Haus Nr. 3 wurde von Otto Wagner *(siehe S. 59)* errichtet und ist heute Botschaftsgebäude. Obwohl die Fassade in schlechtem Zustand ist, bildet das Haus ein interessantes Beispiel für Wagners Arbeit an der Schwelle vom Ring-

Teil der Fassade der Salesianerinnenkirche am Rennweg

Restaurants im Belvedereviertel *siehe Seiten 216f*

straßen-Pomp zur späteren Jugendstil-Architektur.

In Haus Nr. 5 lebte von 1898 bis 1909 Gustav Mahler *(siehe S. 41)*. Nr. 5a ist die Gardekirche (1755 – 63) von Maria Theresias Hofarchitekten Nikolaus Pacassi (1716 – 1799). Sie wurde als Kaiserspital-Kirche erbaut und wird seit 1897 von der polnischen Gemeinde Wiens genutzt. Das Innere überspannt eine riesige Kuppel, die es noch größer erscheinen lässt. Interessant ist die goldene Rokoko-Dekoration über den seitlichen Kapellen und zwischen den Rippen der Kuppel.

Direkt hinter den Toren des Belvedere steht Nr. 6a, ein barockes Herrenhaus. Der Vorhof von Haus Nr. 8 gehört seit 1988 zur Hochschule für Musik. Hinter den schmiedeeisernen Toren von Nr. 10 befindet sich die Salesianerinnenkirche (1717 – 30). Die Barockfassade wird von Klostergebäuden im gleichen Baustil flankiert. Der obere Stock verfügt über gekrümmte, hervorspringende Randfriese, auf denen Statuen thronen. Wie die Gardekirche ist auch diese Kirche ein Kuppelbau, dessen Entwurf teilweise von Joseph Emanuel Fischer von Erlach stammt. Im Innenraum ist vor allem die Kanzel interessant.

In Nr. 27 lebte Fürst Metternich, bevor er 1848 aus der Stadt fliehen musste. Heute ist hier die Italienische Botschaft untergebracht.

⓫ Belvedere: Schlösser und Gärten

Siehe S. 154 – 159.

⓬ Botanischer Garten

Rennweg 14. **Stadtplan** 4 F3. **Karte** J10. 📞 (01) 4277-541 00. 🚋 71. 🕐 tägl. ab 10 Uhr (Schließungen von 15.30 – 18 Uhr, je nach Jahreszeit). ♿

Der Haupteingang des Botanischen Gartens liegt an der Ecke von Prätorius- und Mechelgasse. Weitere Eingänge befinden

Der Botanische Garten, 1754 von Maria Theresia gegründet

sich in der Jacquingasse und auf der Rückseite des Oberen Belvedere, wo ein kleines Tor zum Alpinum führt.

Der Garten mit seinen mehr als 9000 Pflanzenarten wurde 1754 von Maria Theresia und ihrem Leibarzt van Swieten zur Kultivierung von Heilpflanzen angelegt. Im 19. Jahrhundert wurde er erweitert. Bis heute ist er ein wichtiges Forschungszentrum des Botanischen Instituts der Universität Wien. Doch auch für Laien bleibt er ein interessanter und beschaulicher Ort, um sich nach einer Stadtbesichtigung auszuruhen.

⓭ Theresianum

Favoritenstraße 15. **Stadtplan** 4 E3. **Karte** G11. Ⓤ Taubstummengasse. ⬤ für Besucher.

Die an dieser Stelle im frühen 17. Jahrhundert errichtete kaiserliche Sommerresidenz Favo-

rita wurde nach der Zerstörung durch die Türken (1683) u. a. vom Baumeister und Theateringenieur Lodovico Burnacini (1636 – 1707) im Barockstil neu erbaut und entwickelte sich zum Lieblingsaufenthalt von Leopold I., Joseph I. und Karl VI.

1746 überließ Maria Theresia, die in ihren Sommerpalast in Schönbrunn *(siehe S. 174 – 177)* gezogen war, die Residenz den Jesuiten, die hier eine Schule für die Söhne des ärmeren Adels einrichteten. Sie wurden für die Beamtenlaufbahn ausgebildet.

Auch heute noch ist das Theresianum eine Schule. Seit 1966 befindet sich in dem Gebäude zudem die österreichische Diplomaten- und Beamtenschule. Im Park des Theresianums in der Argentinierstraße steht das Funkhaus mit seiner schönen Eingangshalle. Es wurde 1935 von Clemens Holzmeister entworfen.

Theresianum, heute Schule und Diplomatenschule

Stadtplan siehe Seiten 256 – 267

⓫ Belvedere: Schlösser und Gärten

Das Belvedere wurde von Johann Lukas von Hildebrandt als Sommerresidenz für Prinz Eugen von Savoyen erbaut, den brillanten Feldherrn, der 1683 einen herausragenden Anteil am Sieg über die Türken hatte. Das Belvedere besteht aus zwei Schlössern, die durch einen ansteigenden, von Dominique Girard geometrisch gestalteten Garten miteinander verbunden sind. Die Grünanlage ist auf drei Terrassen angelegt: Das Parterre zeigt das Wirken der Elemente und Jahreszeiten, die mittlere Ebene stellt den Parnass dar und die obere Terrasse den Olymp.

★ **Obere Kaskade**
Wasser fällt aus dem oberen Becken über fünf Stufen in das Bassin darunter.

Putten bei den Treppen (1852)
Die symmetrischen Treppen im Mittelteil der Gartenanlage zieren Statuen von Kindern und Putten, die die zwölf Monate darstellen.

Johann Lukas von Hildebrandt

Hildebrandt wurde 1700 Hofarchitekt in Wien und war einer von J. B. Fischer von Erlachs größten Rivalen. Neben dem Belvedere entwarf er Palais Schönborn *(siehe S. 111)*, Palais Kinsky *(siehe S. 112)* und die Piaristenkirche *(siehe S. 118)*.

**Der kolorierte Stich (1784) von Karl Schütz
zeigt das Obere Belvedere mit Park**

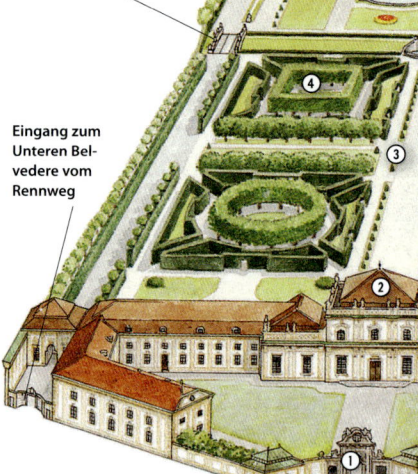

Eingang zum Unteren Belvedere vom Rennweg

1717–19 Dominique Girard gestaltet den Garten	**1765** Unteres Belvedere wird Militärkaserne		**1897** Thronerbe Erzherzog Franz Ferdinand bezieht das Obere Belvedere		
1720 Bau der Orangerie		**1781–1891** Belvedere beherbergt kaiserliche Gemäldegalerie, die öffentlich zugänglich ist		**1953** Museum mittelalterlicher österreichischer Kunst wird eröffnet	
	1750	**1800**	**1850**	**1900**	**1950**
1721–23 Bau des Oberen Belvedere	**1752** Habsburger erwerben das Belvedere		**1923–29** Barockmuseum und Galerie des 19. und 20. Jahrhunderts werden eröffnet		**1955** Im Marmorsaal wird der österreichische Staatsvertrag unterzeichnet
1714–16 Bau des Unteren Belvedere	**1779** Garten wird öffentlich	*Detail der Oberen Kaskade*			

Infobox

Information
Stadtplan 4 F3/4. **Karte** H9 – K12. **Oberes Belvedere** *siehe S. 156f.* **Unteres Belvedere und Orangerie** *siehe S. 158f.* **Gärten** ▢ tägl. 6.30 Uhr bis Sonnenuntergang. ♿

★ Haupttor zum Oberen Belvedere
Das Barocktor (1728) von Arnold und Konrad Küffner mit einem »S« für Savoyen und dem Savoyen-Kreuz führt zur Südseite des Oberen Belvedere.

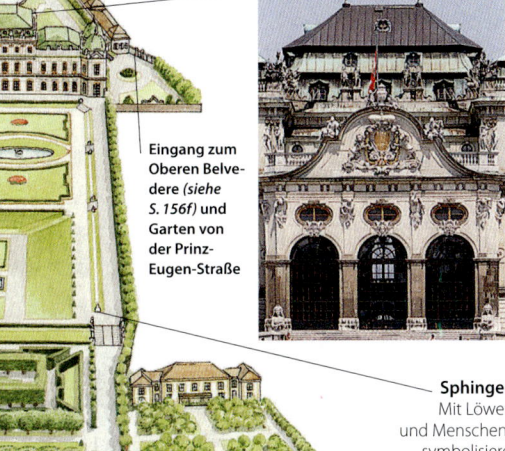

★ Fassade des Oberen Belvedere
Die üppige Fassade am Eingang zum Schloss *(siehe S. 156f)* ist auffällig. Die kuppelförmigen Kupferdächer der Eckpavillons gleichen türkischen Zelten und erinnern an Prinz Eugens Siege über die Osmanen.

Eingang zum Oberen Belvedere *(siehe S. 156f)* **und Garten von der Prinz-Eugen-Straße**

Sphingen-Statuen
Mit Löwenkörpern und Menschenköpfen symbolisieren die Sphingen Stärke und Intelligenz.

Außerdem

① **Portal zum Unteren Belvedere**
② **Unteres Belvedere** *(siehe S. 158f)*
③ **Statuen der acht Musen**
④ **Boskett (Heckengarten)**
⑤ **Untere Kaskade**
⑥ **Orangerie** *(siehe S. 158)*
⑦ **Prunkstall**

Eingang zur Orangerie

Stadtplan *siehe Seiten 256–267*

Oberes Belvedere

Das Obere Belvedere befindet sich am höchsten Punkt des Parks und besitzt eine prächtigere Fassade als das Untere Belvedere. In ihm sollte sich der Ruhm Prinz Eugens symbolisch widerspiegeln, ursprünglich wurde es für Repräsentationszwecke genutzt. Neben der imposanten Eingangshalle (Sala Terrena) mit ihrer breiten Treppe, der Kapelle und dem Marmorsaal befindet sich im Schloss auch eine wertvolle Sammlung von Gemälden und Skulpturen österreichischer Künstler.

★ Schlosskapelle
Mittelpunkt der in Braun, Weiß und Gold gehaltenen Kapelle ist der von Engeln flankierte Altar mit der *Auferstehung* von Francesco Solimena (1723). Prinz Eugen gelangte von seinen Gemächern aus in die Kapelle.

Balkon mit Blick auf die Kapelle

Lachendes Selbstbildnis (1908)
Das Bild stammt von Richard Gerstl, dem Wiener Maler, der sich mit 25 Jahren das Leben nahm. Er entwickelte einen eigenen Stil.

Kurzführer
Das Erdgeschoss beherbergt mittelalterliche Meisterwerke sowie moderne Kunst, der erste Stock barocke Werke und Kunst von 1900 bis zum Ersten Weltkrieg. Im zweiten Stock gibt es Kunst des Klassizismus und eine Biedermeier-Sammlung.

Legende

- Klassizismus, Romantik und Biedermeier
- Realismus und Impressionismus
- Barock und Kunst des frühen 19. Jahrhunderts
- Wien 1880–1914
- Mittelalterliche Kunst
- Kunst zwischen den Weltkriegen
- Kein Ausstellungsbereich

Haupteingang vom Park

★ Sala Terrena
Vier Atlanten von Lorenzo Mattielli stützen die gewölbte Decke der Eingangshalle. Weiße Stuckarbeiten von Santino Bussi schmücken Wände und Decke.

★ Gustav-Klimt-Sammlung

Die großartige Jugendstil-Sammlung mit den Werken von Gustav Klimt ist für viele das Highlight des Belvedere. Das Gemälde *Judith I* (1901) zeigt die Figur des Alten Testaments als Wiener »Femme fatale«.

Infobox

Information

Prinz-Eugen-St. 27, A-1030. **Stadtplan** 4 F4. **Karte** J11. ☎ (01) 7955 7134. ⏰ tägl. 10 – 18 Uhr. ♿ 🅿️ ♿ 📷 📷 🏠 🌐 belvedere.at

Anfahrt

Ⓤ Hauptbahnhof/Südtiroler Platz. 🚌 69A. 🚆 Quartier Belvedere. 🚊 D, O, 18.

Zweiter Stock

Marmorsaal

Der Tigerlöwe (1926)
Das Bild aus der Sammlung des 20. Jahrhunderts stammt von Oskar Kokoschka, einem führenden Expressionisten Österreichs.

Erster Stock

Treppen zu 🚻

Erdgeschoss

Die Ebene von Auvers (1890)
Van Goghs Landschaftsbild ist Teil einer Serie, die die Farben der Sommerwiesen von Auvers-sur-Oise einfängt, wo der Künstler die letzten Monate seines Lebens verbrachte.

Fronleichnamsmorgen (1857)
Die lebendige Genreszene ist typisch für den österreichischen Biedermeier-Maler Ferdinand G. Waldmüller.

Stadtplan *siehe Seiten 256 – 267*

Unteres Belvedere und Orangerie

Mit dem Bau des Unteren Belvedere beauftragte Prinz Eugen von Savoyen 1714 den Architekten Johann Lukas von Hildebrandt (1668–1745), nur zwei Jahre später war das Anwesen vollendet. Das Untere Belvedere ist für seine Wechselausstellungen bekannt. Weitere Attraktionen sind der Marmorsaal, das einstige Schlafzimmer von Prinz Eugen, der Groteskensaal und das Goldkabinett. Zum Unteren Belvedere gehören darüber hinaus die Orangerie und der Prunkstall.

Ausgang zur Orangerie

Einstiges Schlafzimmer von Prinz Eugen

★ Goldkabinett
In dem Raum, dessen Wände mit riesigen Spiegeln bedeckt sind, steht Balthasar Permosers *Apotheose des Prinzen Eugen* (1721).

Groteskensaal
Der Saal besitzt groteske Motive, inspiriert von alten römischen Fresken mit Fabelwesen. Sie stammen von dem deutschen Maler Jonas Drentwett.

Orangerie

Neben dem Unteren Belvedere erstreckt sich die Orangerie, in der einst frostempfindliche Pflanzen überwinterten. Später wurde eine Ausstellungshalle eingerichtet, die das Museum mittelalterlicher österreichischer Kunst mit Meisterwerken von Malern und Bildhauern der Gotik und Frührenaissance beherbergte. Heute finden hier regelmäßig wechselnde Ausstellungen statt. Von der südlichen Seite des hellen Gebäudes bietet sich eine wunderschöne Aussicht auf das Untere Belvedere und die Gartenanlagen.

Prunkstall
Die Sammlung von Tafelbildern und Skulpturen umfasst rund 150 Werke sakraler mittelalterlicher Kunst.

Orangerie und Gartenanlage im Winter

Unteres Belvedere
Der eindrucksvolle Barockpalast wird von einer schönen Parkanlage umrahmt. Die Fassade schmücken Säulen und Statuen.

Kurzführer

Im Unteren Belvedere und in der Orangerie sind Wechselausstellungen früherer Epochen und zeitgenössischer Kunst zu sehen. Neben der eigenen Sammlung sind auch Leihgaben von Museen aus aller Welt ausgestellt.

Infobox

Information
Rennweg 6, A-1030. **Stadtplan** 4 E3. **Karte** H9–J10. 📞 (01) 79557 134. 🕐 tägl. 10–18 Uhr (Mi bis 21 Uhr). **Prunkstall** 🕐 tägl. 10–12 Uhr. ♿ 🛍 🎧 🅦 belvedere.at

Anfahrt
🚌 71, D.

★ **Marmorsaal**
Der sich über zwei Stockwerke erstreckende Marmorsaal ist rundum mit Marmor versehen. Das meisterhaft gestaltete Deckenfresko zeigt den Sonnengott Apoll.

Legende
🟩 Wechselausstellungen

armorsaal

Haupt-eingang

Zu den Gärten

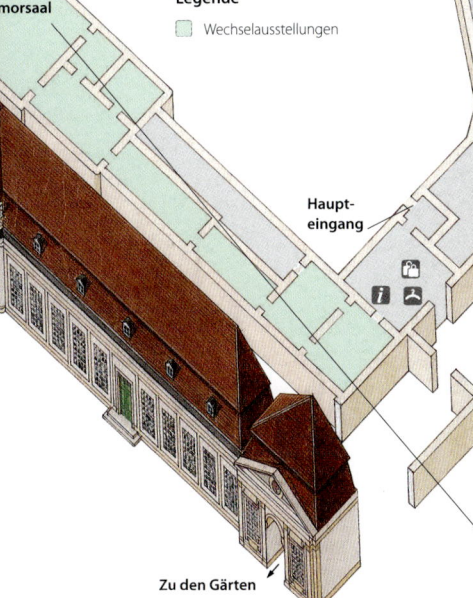

★ **Figuren des Providentia-Brunnen (1739)**
Im Marmorsaal stehen die Originalfiguren, die Georg Raphael Donner für den Providentia-Brunnen auf dem Neuen Markt *(siehe S. 107)* schuf. Zentrale Figur ist die *Voraussicht.*

Stadtplan *siehe Seiten 256–267*

Abstecher

Für eine Stadt mit über 1,7 Millionen Einwohnern ist Wien recht kompakt. Dennoch liegen einige der interessantesten Sehenswürdigkeiten abseits des Zentrums. In Schönbrunn befindet sich die riesige Anlage des Schlosses, das Maria Theresia so liebte. Das nahe Klosterneuburg bietet einige der schönsten Kirchenkunstschätze Österreichs. Viele Parks und Gärten, darunter Prater, Augarten und Lainzer Tiergarten, die früher in habsburgischem Besitz waren, sind heute öffentlich zugänglich.

Sehenswürdigkeiten auf einen Blick

Historische Gebäude
❶ Wagner-Villen
❼ Karl Marx Hof
❾ Augarten-Palais und Park
⓫ Hundertwasserhaus
⓯ Wasserturm in Favoriten
⓰ Amalienbad
⓳ *Schloss und Park Schönbrunn S. 174–177*
⓴ Otto-Wagner-Hofpavillon
㉑ Werkbundsiedlung

Kirchen und Klöster
❷ Kirche am Steinhof
❻ Klosterneuburg
㉓ Wotruba-Kirche

Museen und Sammlungen
❸ Geymüller-Schlössl
❿ Kriminalmuseum
⓭ *Heeresgeschichtliches Museum S. 168f*
⓲ Technisches Museum

Parks und Gärten
❽ Donaupark
⓬ *Prater S. 164f*
㉒ Lainzer Tiergarten
㉔ 21er Haus

Historische Viertel
❹ Grinzing
❺ Kahlenberg

Denkmal
⓱ Spinnerin am Kreuz

Friedhof
⓮ *Zentralfriedhof S. 170f*

Legende
██ Wien Zentrum
██ Außenbezirke
── Autobahn
···· Autobahntunnel
── Hauptstraße
══ Nebenstraße

0 Kilometer   5

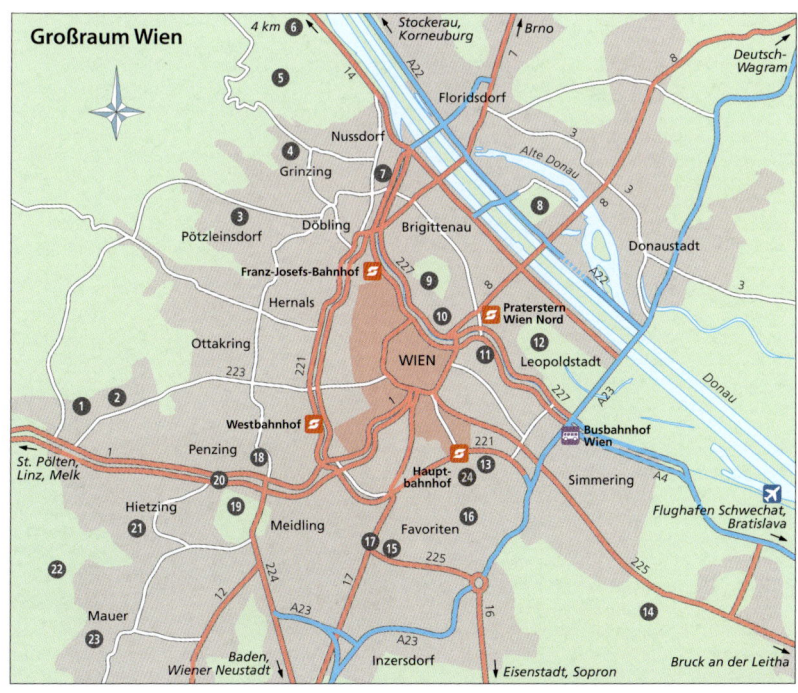

◀ **Brunnen vor Schloss Schönbrunn** *(siehe S. 174–177)*   **Zeichenerklärung** *siehe hintere Umschlagklappe*

Fassadendetail von Ernst Fuchs' Brunnenhaus

Ihre Marmorverkleidung ist mit Kupfernägeln fixiert. Schlanke, spiralförmige Pfeiler tragen das Portal. Auf vier Steinsäulen an der Fassade stehen Engel von Othmar Schimkowitz (1864 – 1947). Die Statuen an den Ecken stellen den hl. Leopold (links) und den hl. Severin (rechts) dar. Sie wurden von Richard Luksch entworfen und sitzen auf Stühlen von Josef Hoffmann *(siehe S. 58f)*.

Die Kirche ist ein einziger Raum mit niedrigen Seitenkapellen. Ihr Schmuck besteht aus goldenen und weißen Friesen sowie quadratischen Deckenpaneelen mit goldenen Befestigungsbolzen. Durch die blauen Glasfenster von Koloman Moser *(siehe S. 59)* fällt viel Tageslicht.

❸ Geymüller-Schlössl

Pötzleinsdorfer Straße 102, Währing. 📞 (01) 7113 6231. 🚌 41A. 🚊 41. ⭕ Mai – Nov: Sa, So 11 – 18 Uhr. 🎫 ♿

Das Geymüller-Schlössl in Pötzleinsdorf im Nordwesten, ein Biedermeier-Juwel, war ein Zentrum der Salonkultur. Es wurde 1808 für den Bankier J. H. von Geymüller erbaut und ist heute eine Außenstelle des Museums für angewandte Kunst *(siehe S. 84f)*. Das Gebäude beherbergt eine Sammlung wertvoller Biedermeier- und Empire-Möbel. Neben Gebrauchsgegenständen wie Schalen und Spucknäpfen finden sich auch Stillleben auf Porzellan und rund 200 Uhren von 1780 bis 1850, der Blütezeit der Wiener Uhrenfabrikation.

❶ Wagner-Villen

Hüttelbergstraße 26, Penzing. 📞 (01) 9148 575. Ⓤ Hütteldorf. 🚌 43B, 52A, 52B. ⭕ Di – Sa 10 – 16 Uhr. 🎫 Ⓦ ernstfuchs-zentrum.com

Die Villa, die sich Otto Wagner 1886 – 88 baute, liegt stilistisch zwischen seiner früheren Ringstraßen-Architektur und dekorativen Jugendstil-Elementen *(siehe S. 56 – 59)*. Es ist ein imposantes Haus mit klassischen Details, etwa ionischen Säulen, und würde vielleicht besser zu einem sonnigen norditalienischen Berghang passen als in das kühlere Klima Österreichs. Der Maler Ernst Fuchs *(siehe S. 38)*, der hier ausstellt, hat der Villa durch eine Fruchtbarkeitsstatue und grelle Farben seinen Stempel aufgedrückt.

Die schlichtere Villa nebenan wurde über 20 Jahre später erbaut und 1913 vollendet. Es ist eine moderne geometrische Stahl-Beton-Konstruktion mit dunkelblauen Scheiben und dekorativen Befestigungsbolzen. Die Gestaltung der Verglasung stammt von Koloman Moser *(siehe S. 59)*.

❷ Kirche am Steinhof

Baumgartner Höhe 1, Penzing. 📞 (01) 9106 011 007. 🚌 48A. 🎫 Sa 15, 16 Uhr (Führungen ohne tel. Anmeldung, ansonsten nach tel. Vereinbarung). ♿

Die verblüffende Kirche von Otto Wagner *(siehe S. 56 – 59)* wurde 1907 vollendet und liegt auf dem Gelände des Psychiatrischen Krankenhauses. Sie gilt als Juwel des Wiener Jugendstils.

Jugendstil: Engel von Othmar Schimkowitz bewachen Otto Wagners Kirche am Steinhof

❹ Grinzing

Ⓤ Heiligenstadt. 🚌 38A. 🚋 38.

Der Wiener Stadtteil Grinzing ist der wohl bekannteste Heurigenort *(siehe S. 188f)*, allerdings auch der überlaufenste, da viele der Lokale riesige Besuchergruppen bewirten.

Der malerische Flecken besteht aus dem oberen und dem unteren Ort. Im unteren Teil findet man in Straßen wie der Sandgasse die ursprünglicheren Lokale. Grinzing wurde während der Belagerungen Wiens *(siehe S. 28f)* mehrmals von türkischen Truppen zerstört und 1809 noch einmal durch Napoléons Soldaten *(siehe S. 32)* beschädigt.

❺ Kahlenberg

🚌 38A.

Mit 484 Metern ist der Kahlenberg *(siehe S. 188f)* die höchste Erhebung des Wienerwalds. Auf seinem Gipfel befinden sich ein Fernsehturm, eine Kirche, eine Aussichtsterrasse und ein Restaurant. Von hier aus hat man einen herrlichen Blick auf die unterhalb gelegenen Weinberge und die Stadt im Hintergrund mit den Donaubrücken links und dem Wienerwald rechts.

Der Kahlenberg spielt in der Geschichte der Stadt eine wichtige Rolle. 1683 kam von hier aus der polnische König Jan Sobieski mit seinem Heer den Wiener Truppen zu Hilfe.

❻ Klosterneuburg

Stift Klosterneuburg. 📞 (01) 02243-4110. Ⓤ Heiligenstadt. 🚌 237, 238, 239. 🕐 Sommer: tägl. 9 – 18 Uhr; Winter: tägl. 10 – 17 Uhr. 🎟️ 📷 tägl., auch Themenführungen.
🌐 stift-klosterneuburg.at

Oberhalb der Donau, 13 Kilometer nördlich von Wien, steht das riesige Stift Klosterneuburg (12. Jh.) in der gleichnamigen Stadt. Im Inneren birgt es den großartigen Verduner Altar aus dem Jahr 1181 *(siehe S. 25)*. Das Stift im Besitz der Augustiner-

Die pfirsich- und lachsfarbene Fassade des Karl Marx Hofs

Statue in Grinzing

Chorherren wurde von Kaiser Karl VI. im 18. Jahrhundert erweitert. Er wollten einen Komplex in der Größe des Escorial bei Madrid errichten lassen. Nach seinem Tod 1740 wurden die Arbeiten allerdings wieder eingestellt. 2011 wurde die neue Schatzkammer eröffnet.

❼ Karl Marx Hof

Heiligenstädter Straße 82 – 92, Döbling. Ⓤ Heiligenstadt. ● für Besucher. **Waschsalon** 🕐 Do 13 – 18, So 12 – 16 Uhr. 🎟️ 📷 So im Sommer (01-664 8854 0888).

Der Karl Marx Hof ist ein Gebäudekomplex mit 1382 Wohnungen, der 1927 – 30 erbaut wurde. Er ist der bekannteste Gemeindebau, den das »Rote

Wien« *(siehe S. 38)* 1919 – 34 errichtete. Architekt war Karl Ehn, ein Schüler Otto Wagners. Gezeigt wird eine Dauerausstellung zur Geschichte des »Roten Wien«.

❽ Donaupark

Ⓤ Alte Donau. 🚌 20B. 🕐 24 Std. tägl. **Donauturm** 📞 (01) 2633 572. 🕐 tägl. 10 – 24 Uhr. 🎟️ ♿
🌐 donauturm.at

Neben der UNO-City *(siehe S. 39)*, in der mehrere UN-Organisationen untergebracht sind, und der neuen Donau-City liegt der Donaupark. Er wurde 1964 anlässlich der Gartenschau angelegt und besitzt Radwege, eine Rollschuhbahn, Cafés und andere Einrichtungen. Ihn überragt der 252 Meter hohe Donauturm mit zwei Drehrestaurants und einer Aussichtsterrasse.

Blick auf Stift Klosterneuburg mit seiner Barockkuppel

⑫ Prater

Der Prater zwischen Donau und Donaukanal war kaiserliches Jagdrevier. Er wurde 1766 unter Joseph II. öffentlich
zugänglich. Im 19. Jahrhundert entstand am Westende ein
großer Vergnügungspark mit Schieß- und Schaubuden,
Biergärten und Wurstständen für Wiens Arbeiterschaft.
Neueste Attraktion ist das 2011 eröffnete Wachsfiguren-
kabinett Madame Tussauds mit Nachbildungen berühmter Österreicher (von Mozart bis Falco) und internationaler
Prominenz.

Liliputbahn
Die Bahn fährt eine vier
Kilometer lange Strecke.

Zur Station Praterstern

★ Riesenrad
Das gewaltige Rad dreht sich mit etwa
75 Zentimeter pro Sekunde sehr langsam und erlaubt einen großartigen
Blick über den Park und den Volksprater.

★ Volksprater
Einen Vergnügungspark gibt es seit
Ende des 19. Jahrhunderts. Heute
dominieren hier Hightech-Anlagen
– von Geisterbahnen über Auto-
skooter bis zur Achterbahn.

Außerdem

① Tennisplätze
② Planetarium
③ Messegelände
④ Stadion
⑤ Stadionbad
⑥ Radwege
⑦ Maria-Grün-Kirche
⑧ Golfplatz

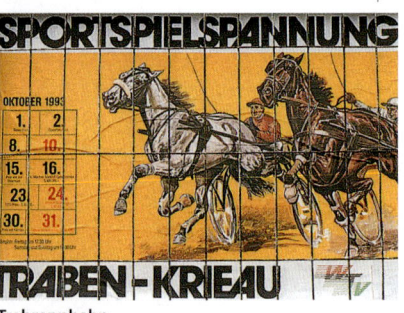

Trabrennbahn
Das 1913 erbaute Krieau-Stadion ist von September bis
Juni Schauplatz regionaler und internationaler Trabren-
nen *(siehe S. 231)*.

Geschichte des Riesenrads

Eines der bekanntesten Wahrzeichen Wiens ist das Riesenrad (Durchmesser 61 m) im Prater, das durch Carols Reeds Film *Der dritte Mann* nach Graham Greenes Roman weltberühmt wurde. Es wurde 1896 vom Engländer Walter Basset erbaut und besitzt seit einem Brand 1945 nur noch die Hälfte der Gondeln.

0 Meter   800

Infobox

Information
 (01) 7292 000 (Infos).
Volksprater Mitte März–Okt: tägl. 10–24 Uhr.
Riesenrad (01) 7295 430.
 tägl. (Zeiten variieren).
Planetarium Di, Do 8.30–12, 13–14.30, Mi 8.30–12, 18–20, Fr 13.45–20, Sa, So 14.15–19 Uhr.
Liliputbahn Mitte März– Mitte Okt: tägl. 10–18.30 Uhr (Einsatz historischer Dampflokomotiven Sa, So u. Feiertage).
Madame Tussauds (01) 890 3366. tägl. 10–18 Uhr.
Stadionbad Mai–Mitte Sep: Mo–Fr 8–20, Sa, So 9–20 Uhr.
Golfplatz Mo–Do 8–16 Uhr.
Maria-Grün-Kirche So 10– 15 Uhr.
Lusthaus (01) 7289 565.
 praterservice.at

Anfahrt
  Praterstern. 77A, 80A.
 0, 1 (Prater), 5 (Volksprater).

★ Hauptallee
Die kastaniengesäumte Allee durchzieht auf fünf Kilometer Länge die Prateranlagen.

Lusthaus
Das achteckige Jagdschlösschen aus dem 18. Jahrhundert beherbergt heute ein Restaurant.

Das barocke Gebäude, in dem die Porzellanmanufaktur Augarten residiert

❾ Augarten-Palais und Park

Obere Augartenstraße 1. **Stadtplan** 2 E2. **Karte** H1–2. 📞 (01) 2112 4201. 🚌 5A. 🚇 Taborstraße. 🚋 31, 32. **Augarten-Palais** ⭕ für Besucher. **Porzellanmanufaktur Augarten** 📷 Mo–Fr 10.15, 11.30 Uhr. **Porzellanmuseum** ⭕ Mo–Sa 10–18 Uhr. ♿ 🌐 augarten.at.

An dieser Stelle steht seit den Zeiten Leopolds I. ein Schloss, damals war es die Alte Favorita. Es wurde 1683 von den Türken zerstört und um 1700 wieder-aufgebaut, vermutlich nach Plänen von J. B. Fischer von Erlach (siehe S. 149). Seit 1948 ist es die Heimstatt der Wiener Sängerknaben (siehe S. 41) und nicht öffentlich zugänglich.

Der Park wurde in der zweiten Hälfte des 17. Jahrhunderts angelegt, 1712 ausgestaltet und 1775 von Joseph II. für seine Untertanen geöffnet.

Damit ist er der älteste Barockgarten Wiens. Die Eingangstore, die in den Park führen, entwarf Isidor Canevale 1775.

Im Gartenhaus gaben schon Mozart, Beethoven und Johann Strauß d. Ä. Konzerte. Während des Wiener Kongresses 1815 (siehe S. 32) fanden dort Empfänge und Versammlungen statt. Im 18. Jahrhundert wurde im Gartenhaus die kaiserliche Porzellanmanufaktur untergebracht (durch die Manufaktur gibt es Führungen). Das in einem Seitenflügel liegende Porzellanmuseum präsentiert die Geschichte des hochwertigen Wiener Porzellans.

Das Augarten Contemporary (vormals Atelier Augarten) dient seit 2012 als Performance-Raum und nicht mehr für Ausstellungen zeitgenössischer Kunst. Diese sind seit 2011 im 21er Haus (siehe S. 173) zu sehen.

Vom Augarten kann man in der Ferne zwei der riesigen Flaktürme sehen, die noch immer zu Wiens Stadtbild gehören. In den 1942 von den Deutschen erbauten Flugabwehr-Bollwerken fanden Tausende Soldaten Unterkunft. Die Betonmonolithen haben so dicke Mauern, dass bei ihrer Sprengung auch die umliegenden Wohngebiete zerstört werden würden. Vier weitere solcher Festungen befinden sich in der Stadt.

❿ Kriminalmuseum

Große Sperlgasse 24. **Stadtplan** 6 E1. **Karte** H3. 📞 (01) 0664 300 5677. 🚇 Nestroyplatz. 🚌 5A. 🚋 1. ⭕ Do–So 10–17 Uhr. ♿ 🌐 kriminalmuseum.at

Seit 1991 beherbergt das einstige Seifensiederhaus, ein mittelalterliches Gebäude, das

⓫ Hundert-wasserhaus

Löwen-/Kegelgasse. 🚇 Landstraße. 🚌 4A. 🚋 1. ⭕ für Besucher. **Kunst Haus Wien** Untere Weißgerberstraße 13. ⭕ tägl. 10–19 Uhr. 🌐 kunsthauswien.com

Der Künstler Friedensreich Hundertwasser (siehe S. 39) schuf 1985 das städtische Wohnungsbauprojekt, um damit ein Zeichen gegen die seiner Meinung nach seelenlose moderne Architektur zu setzen.

Eine Tramhaltestelle vor dem Hundertwasserhaus liegt das Kunst Haus Wien mit einer Dauerausstellung zu Hundertwasser.

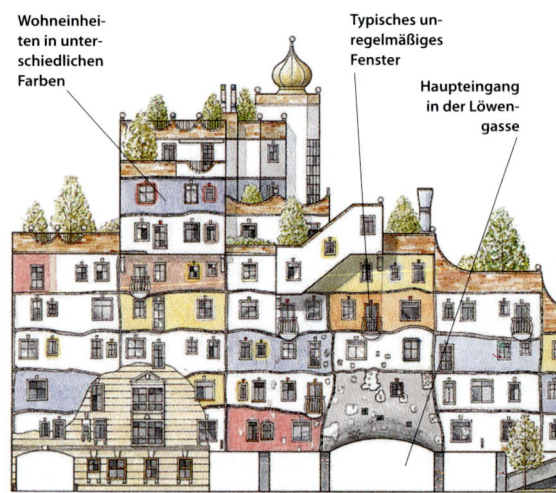

Wohneinheiten in unterschiedlichen Farben

Typisches unregelmäßiges Fenster

Haupteingang in der Löwengasse

Restaurants bei den Abstechern siehe Seiten 217–219

Wiener Kriminalmuseum. Die 20 Räume dokumentieren hauptsächlich Gewaltverbrechen, angefangen von spektakulären Morden in Wien vom Mittelalter bis zum 20. Jahrhundert. Das Museum beschäftigt sich zudem ausführlich mit der Justizgeschichte.

Viele Exponate stammen aus den Archiven der Wiener Polizei und sind sehr gruselig. Sie umfassen eine breite Palette an Mordwerkzeugen, mumifizierte Köpfe exekutierter Verbrecher, Totenmasken sowie Fotos und Drucke, die Fälle illustrieren. Auch politische Verbrechen werden dargestellt, etwa der Lynchmord an einem Minister während der Revolution von 1848. Viele Exponate vermitteln einen Eindruck, in welche Straftaten arme Wiener früher verwickelt waren. Das Museum bietet einen interessanten Mix aus Sozialgeschichte und Gruselkabinett, das mit Genuss auf die dunkleren Seiten des Wiener Lebens eingeht.

Darstellung eines Raubs, 1782

⓬ Prater

Siehe S. 164f.

⓭ Heeresgeschichtliches Museum

Siehe S. 168f.

⓮ Zentralfriedhof

Siehe S. 170f.

⓯ Wasserturm in Favoriten

Windtenstraße 3, Favoriten. ☎ (01) 5995 931 070. Ⓤ Reumannplatz. 🚌 15A, 65A. 🚊 1. ⭕ für Führungen tel. anmelden.

Die Favoriten-Pumpstation entstand 1889 nach Plänen von Franz Borkowitz im Rahmen eines städtischen Projekts. Ziel war es, Trinkwasser von den Alpen in die rasch wachsende Stadt zu leiten.

1910 mussten die Bauarbeiten aufgrund der Konstruktion anderer Anlagen um Wien eingeschränkt werden. Anstelle der sieben ursprünglich geplanten Bauten entstand daher nur der sehr dekorative, aus gelbem und rotem Backstein errichtete 67 Meter hohe Wasserturm. Faszinierend

an diesem etwas uneinheitlichen Bau ist vor allem die noch vorhandene originale Pumpenausrüstung, deren Zweckmäßigkeit im völligen Gegensatz zu den Türmchen und Dekorationen der Fassade steht. Das Innere ist heute restauriert und wird im Rahmen von Führungen erläutert.

Auf dem nahen Laaer Berg liegt der Böhmische Prater, ein kleiner Vergnügungspark mit einem 21,5 Meter hohen Riesenrad.

Wasserturm in Favoriten

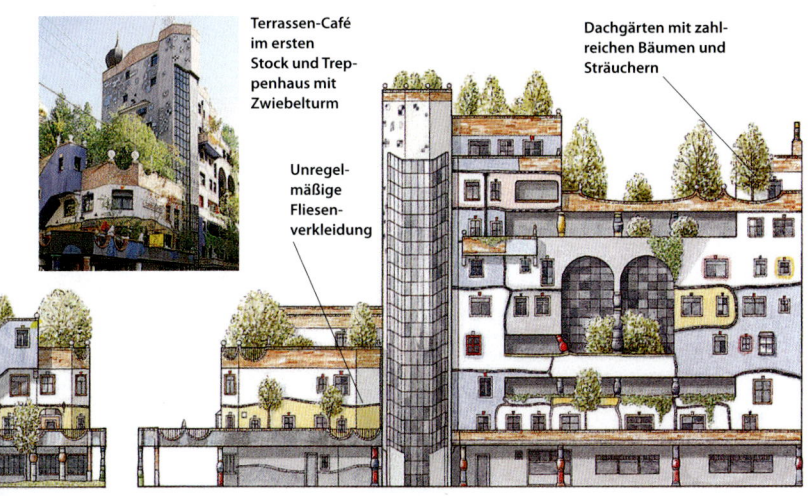

Terrassen-Café im ersten Stock und Treppenhaus mit Zwiebelturm

Unregelmäßige Fliesenverkleidung

Dachgärten mit zahlreichen Bäumen und Sträuchern

Stadtplan *siehe Seiten 256–267*

⓭ Heeresgeschichtliches Museum

Das Museum ist im Arsenal untergebracht, einem ehemaligen Militärkomplex, den Theophil Hansen 1850–56 im Stil einer Festung *(siehe Fassade unten)* erbaute. Es enthält wertvolle Sammlungen zur Heeres- und Kriegsgeschichte vom 16. Jahrhundert bis zum Zweiten Weltkrieg. Die Exponate erzählen von der türkischen Belagerung 1683, der Französischen Revolution und den Napoleonischen Kriegen. Man kann hier auch den Wagen sehen, in dem Erzherzog Franz Ferdinand ermordet wurde, sowie Waffen aus dem Ersten Weltkrieg.

Radetzky-saal

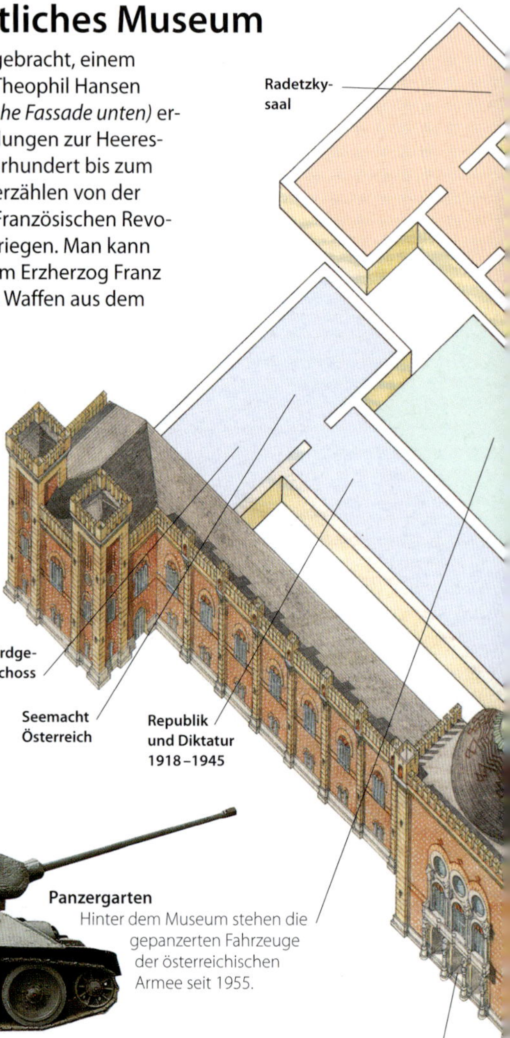

Fassade des Heeresgeschichtlichen Museums

Erdge-schoss

Seemacht Österreich

Republik und Diktatur 1918–1945

Panzergarten
Hinter dem Museum stehen die gepanzerten Fahrzeuge der österreichischen Armee seit 1955.

Haupteingang in der Ghegastraße

Attentat auf Franz Ferdinand

Am 28. Juni 1914 wurden Thronfolger Erzherzog Franz Ferdinand und seine Frau Sophie von Hohenberg in Sarajevo von Gavrilo Princip, einem serbischen Nationalisten, ermordet. Die dadurch ausgelöste internationale Krise führte zum Ersten Weltkrieg. Das Museum zeigt den Wagen, in dem das Paar damals fuhr.

Kurzführer

Das Museum erstreckt sich über zwei Etagen. Die Besichtigung beginnt man am besten im ersten Stock links, wo Exponate von der türkischen Belagerung erzählen. Andere Räume dokumentieren die Kriege des 18. Jahrhunderts und Napoléons Sieg über Österreich. Im Erdgeschoss befinden sich Objekte aus dem 19. und 20. Jahrhundert, darunter schwere Artillerie aus dem Ersten Weltkrieg.

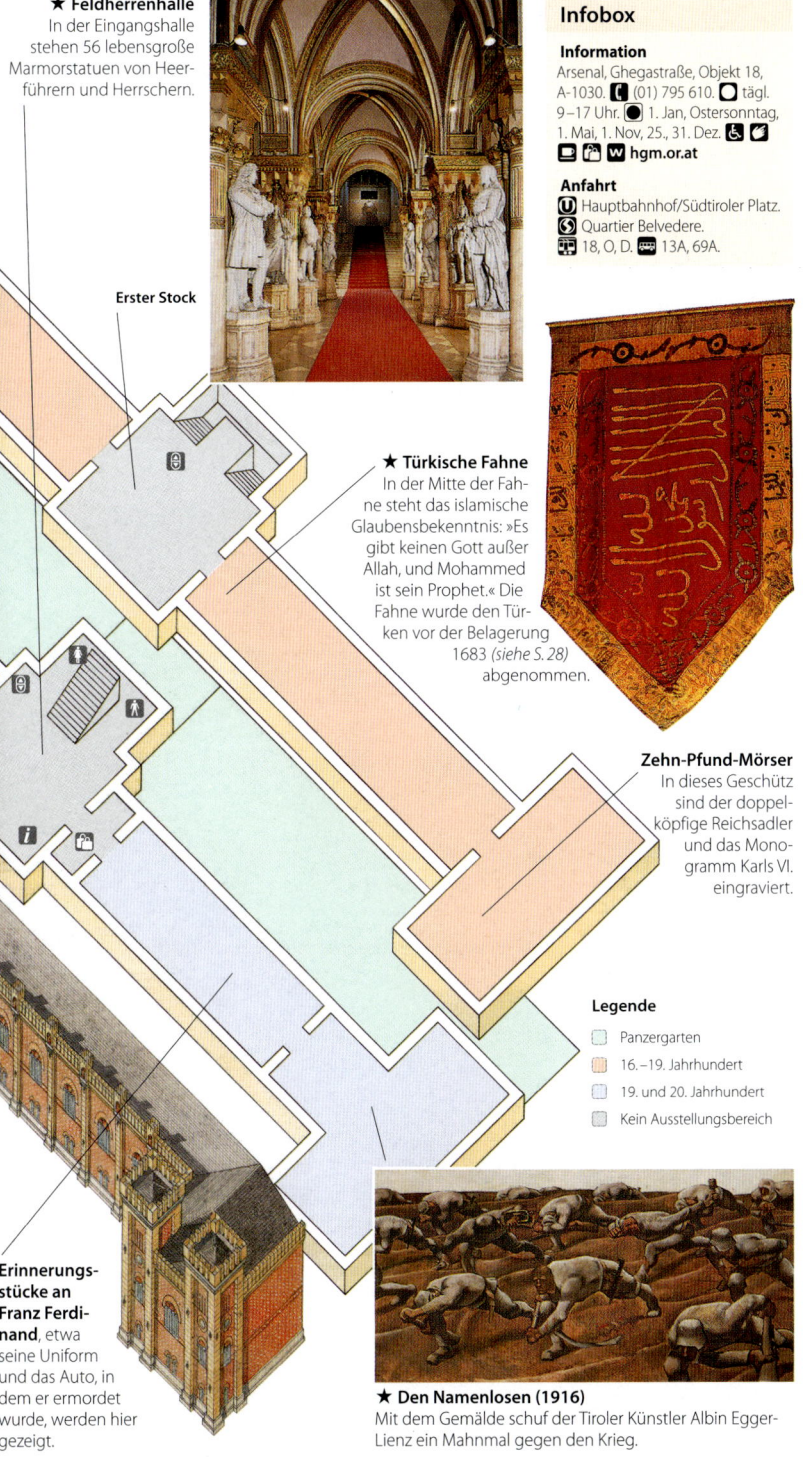

★ Feldherrenhalle
In der Eingangshalle stehen 56 lebensgroße Marmorstatuen von Heerführern und Herrschern.

Erster Stock

Infobox

Information
Arsenal, Ghegastraße, Objekt 18, A-1030. ☎ (01) 795 610. ⏰ tägl. 9–17 Uhr. ⛔ 1. Jan, Ostersonntag, 1. Mai, 1. Nov, 25., 31. Dez. ♿ 📷 💻 📁 🌐 hgm.or.at

Anfahrt
Ⓤ Hauptbahnhof/Südtiroler Platz. Ⓢ Quartier Belvedere. 🚋 18, O, D. 🚌 13A, 69A.

★ Türkische Fahne
In der Mitte der Fahne steht das islamische Glaubensbekenntnis: »Es gibt keinen Gott außer Allah, und Mohammed ist sein Prophet.« Die Fahne wurde den Türken vor der Belagerung 1683 *(siehe S. 28)* abgenommen.

Zehn-Pfund-Mörser
In dieses Geschütz sind der doppelköpfige Reichsadler und das Monogramm Karls VI. eingraviert.

Legende

🟩 Panzergarten
🟧 16.–19. Jahrhundert
⬜ 19. und 20. Jahrhundert
⬜ Kein Ausstellungsbereich

Erinnerungsstücke an Franz Ferdinand, etwa seine Uniform und das Auto, in dem er ermordet wurde, werden hier gezeigt.

★ Den Namenlosen (1916)
Mit dem Gemälde schuf der Tiroler Künstler Albin Egger-Lienz ein Mahnmal gegen den Krieg.

⑭ Zentralfriedhof

Österreichs größter Friedhof mit zweieinhalb Millionen Gräbern wurde 1874 am Südrand der Stadt eröffnet. Im Mittelteil liegen Gräber von Malern, Komponisten, Schriftstellern, Architekten und Politikern. Beerdigungen sind meist recht luxuriös, da viele Wiener – je nach ihrer Stellung im Leben – angemessen stilvoll bestattet werden wollen. Auf dem Friedhof befinden sich zahllose Denkmäler, manche bescheiden, andere bombastisch, die Zeugnis von der Wiener Verbundenheit mit dem Tod ablegen.

★ **Dr.-Karl-Lueger-Kirche**
Die Kirche von Max Hegele ist dem Wiener Bürgermeister (1907–10) gewidmet.

Gruft des Bundespräsidenten
Hier ruht u. a. Dr. Karl Renner, der erste Bundespräsident Österreichs nach dem Zweiten Weltkrieg.

Lageplan

Der Friedhof ist in nummerierte Bereiche unterteilt. In der Mitte befinden sich die Ehrengräber berühmter Persönlichkeiten. Es gibt einen alten und einen neuen jüdischen sowie einen protestantischen Friedhof, einen russisch-orthodoxen Teil, Kriegsgräber und Denkmäler. Zur Besichtigung nimmt man am besten den Bus, der hier verkehrt.

Das Ehrenmal für die Toten des Ersten Weltkriegs von Anton Hanak zeigt eine klagende Mutter.

Arnold Schönbergs Grab
Auf dem Grab des Wiener Komponisten Arnold Schönberg thront dieser prägnante Kubus von Fritz Wotruba.

Alter Jüdischer Friedhof

Islamischer Teil

Protestantischer Teil

Neuer Jüdischer Friedhof

Außerdem

① **Arkaden um die Dr.-Karl-Lueger-Kirche**

② **Fritz Wotrubas Grab** *(siehe S. 173)*

③ **Denkmal für Dr. Johann Nepomuk Prix** von Viktor Tilgner (1894)

④ **Das Bestattungsmuseum** zeigt die spezielle Wiener Beziehung von Tod und Pomp – mit schaurig-faszinierenden Exponaten.

Theophil Hansens Grab
Der Architekt des Wiener Parlaments *(siehe S. 123)* liegt dicht bei anderen Bauherren und Malern. Er starb 1891.

Infobox

Information
Simmeringer Hauptstraße 234, Tor 2, A-1110. (01) 760 410. März, Okt: tägl. 7–18 Uhr; Apr, Sep: tägl. 7–19 Uhr; Mai–Aug: tägl. 7–20 Uhr; Nov–Feb: tägl. 8–17 Uhr. **zentralfriedhof.at**

Anfahrt
Zentralfriedhof, Kledering.
6, 71.

Arkaden
Einige imposante Monumente finden sich in den halbrunden, zum Haupteingang ausgerichteten Arkaden, etwa das für den Bergmann August Zang von 1848. Es zeigt den Eingang einer Mine.

Haupteingang in der Simmeringer Hauptstraße

★ Komponistengräber
Folgende Wiener Komponisten sind hier begraben: Johann Strauß d. Ä. und d. J. *(Grab links)*, Beethoven, Brahms und Schubert. An Mozart, der auf dem Sankt Marxer Friedhof beigesetzt wurde, erinnert ein Grabstein.

Russisch-orthodoxe Kapelle
Die Kapelle (1894) wird von Wiens russischer Gemeinde genutzt.

⓰ Amalienbad

Reumannplatz 23, Favoriten. 📞 (01) 6074 747. Ⓤ Reumannplatz. 🚌 7A, 14A, 66A, 67A, 68A. 🚊 6. **Schwimmbad** ◯ Di 9–18, Mi 9–21.30, Do 9–21.30, Fr 9–21.30, Sa 7–20, So 7–18 Uhr. **Sauna** ◯ Di 13–21.30, Mi–Fr 9–21.30, Sa 7–20, So 7–18 Uhr. ♿

Ein Hallenbad ist vielleicht nicht unbedingt ein vorrangiges Besucherziel, doch das von 1923 bis 1926 im Art-déco-Stil errichtete Amalienbad zeigt, dass die Wiener Stadtverwaltung in den 1920er Jahren nicht nur notwendige öffentliche Einrichtungen schuf, sondern dies mit Engagement im Bereich der Ästhetik tat. Die beiden Architekten Otto Nadel und Karl Schmalhofer waren seinerzeit Angestellte des Stadtbauamts.

Über dem imposanten, von Galerien umgebenen Hauptbecken befindet sich ein Glasdach, das in Minutenschnelle geöffnet werden kann. Zudem sind im Gebäude Saunen und kleinere Becken für Therapiezwecke untergebracht.

Bei seiner Eröffnung war das Amalienbad für 1300 Personen eines der größten seiner Art in Europa. Das Innere ist mit fantasievollen Mosaiken und Fliesen geschmückt. Der im Zweiten Weltkrieg beschädigte Bau wurde 1986 restauriert und erstrahlt seither in alter Pracht.

Spinnerin am Kreuz

⓱ Spinnerin am Kreuz

Triester Straße 52, Favoriten. Ⓤ Meidling. 🚌 7A, 15A. 🚊 1.

Die gotische Bildsäule von 1452 in Wien-Favoriten markierte die Grenze der Wiener Stadtgerichtsbarkeit. Hier soll der Sage nach eine Ehefrau jahrelang spinnend auf die Heimkehr ihres Mannes von einem Kreuzzug gewartet haben. Die *Spinnerin am Kreuz* genannte Säule zeigt u. a. eine Kreuzigungsszene und eine groteske Figur, die Christus die Dornenkrone aufs Haupt setzt. In Wiener Neustadt steht eine ähnliche Säule mit demselben Namen.

⓲ Technisches Museum

Mariahilfer Straße 212, Penzing. 📞 (01) 899 980. 🚊 52, 58. ◯ Mo–Fr 9–18, Sa, So, Feiertage 10–18 Uhr. ♿ 🅆 tmw.ac.at

Den Grundstein für das Technische Museum legte Kaiser Franz Joseph 1908 mit habsburgischen Sammlungen. Zehn Jahre später öffnete es seine Pforten und zeigt seither die Entwicklung von Gewerbe und Industrie anhand von Exponaten wie Haushaltsgeräten bis hin zu Turbinen. Exponate der Sammlung, u. a. die Bereiche Energie, Physik, Musikinstrumente, Verkehr, sind in acht Dauerausstellungen zu sehen. Hinzu kommen Sonderausstellungen.

Zu den beliebten Attraktionen gehören ein Kohlebergwerk, eine Ölmühle aus dem 17. Jahrhundert, ein Alchemistenlabor, eine Apotheke (um 1720) und eine Goldschmiede. Darüber hinaus fasziniert modernere Technik wie Computertechnologie oder Erdölraffinierung. Das »mini« ist ein interaktiver Bereich für Kinder von zwei bis sechs Jahren.

⓳ Schloss und Park Schönbrunn

Siehe S. 174–177.

Dekorative geometrische Fliesenmuster aus den 1920er Jahren im Amalienbad

Restaurants bei den Abstechern *siehe Seiten 217–219*

⓴ Otto-Wagner-Hofpavillon

Schönbrunner Schloßstraße 13, Hietzing. 📞 (01) 8771 571. Ⓤ Hietzing. 🚌 10A, 51A, 56B. Ⓢ Westbahnhof nach Penzing. 🚃 10, 58, 60. 🕐 auf Anfrage. ♿

Den Bahnhof zwischen Schönbrunn und Hietzing entwarf Otto Wagner *(siehe S. 59)* 1899 für die kaiserliche Familie und Gäste des Hofs. Er besteht aus einem weißen Kubus mit grün lackiertem Eisenwerk und Kupferkuppel. Der Warteraum ist mit einer Holz-Glas-Vertäfelung, einem pfirsich- und rostfarbenem Teppich und einem Marmorkamin ausgestattet. Die Kuppel wurde mit Blumen- und Laubmotiven verziert. Wagner, der mit dem Pavillon sein Können zeigen wollte, baute ohne kaiserlichen Auftrag. Franz Joseph benutzte den Bahnhof allerdings nur zweimal.

Otto-Wagner-Hofpavillon

㉑ Werkbund-siedlung

Jagdschloßgasse, Veitingergasse u. Woinovichgasse, Hietzing. 🚌 54B, 55B. 🚃 62.

Die etwa 30 Musterhäuser im 13. Bezirk wurden zu Beginn der 1930er Jahre von führenden Architekten erbaut. Das Haus Woinovichgasse 19 entwarf Adolf Loos *(siehe S. 94)*, das Haus Veitingergasse 83–85 Josef Hoffmann *(siehe S. 58)*. Die Siedlung, nur als zeitlich befristete Übergangslösung geplant, blieb bestehen.

Hermesvilla auf dem Gelände des Lainzer Tiergartens

㉒ Lainzer Tiergarten

Lainzer Tiergarten, Hietzing. **Tiergarten** 📞 (01) 4000 49200. 🚌 60B. 🕐 tägl. 8 Uhr bis Sonnenuntergang. **Hermesvilla und Park** 📞 01) 8041 324. 🕐 Mitte März–Okt: Di–So 10–18 Uhr (für Ausstellungen). ♿ 🌐 lainzer-tiergarten.at

Der Lainzer Tiergarten, einst kaiserliches Jagdrevier, wurde in ein ausgedehntes Naturschutzgebiet im Wienerwald verwandelt *(siehe S. 178)*. Seit 1923 ist die Anlage öffentlich zugänglich. Eine 24 Kilometer lange Mauer umgibt sie, um Rotwild und Wildschweine zu schützen.

Vom Eingang gelangt man in 15 Minuten zur Hermesvilla, die 1884 von Karl von Hasenauer erbaut wurde und zu den Lieblingsdomizilen von Kaiserin Elisabeth und Kaiser Franz Joseph zählte. Wandgemälde im Haus zeigen Szenen aus Shakespeares *Mittsommernachtstraum*. Heute finden hier Ausstellungen statt.

㉓ Wotruba-Kirche

Georgsgasse/Rysergasse, Mauer. 📞 (01) 888 6147. 🚌 60A. 🕐 Sa 14–20, So, Feiertage 9–16.30 Uhr.

Die hochmoderne Kirche auf einer Anhöhe unweit des Wienerwalds wurde zwischen 1965 und 1976 erbaut. Sie besteht aus ku-bischen, ineinander verschachtelten Betonblöcken und Glasscheiben, von denen einige hoch hinaufreichen und damit viel Licht einlassen. Die Fenster ermöglichen die Aussicht auf Wälder und Hügel.

Das rohe, kompakt wirkende Gebäude, das aus jedem Blickwinkel anders aussieht, ist ein Entwurf des Bildhauers Fritz Wotruba (1907–1975).

㉔ 21er Haus

Schweizergarten, Arsenalstraße 1. 📞 (01) 7955 7285. **Stadtplan** 4 F5. **Karte** J12. Ⓤ Hauptbahnhof/Südtiroler Platz. Ⓢ Quartier Belvedere. 🚌 13A, 69A. 🚃 18, D, O. 🕐 Mi 10–21, Do–So 10–18 Uhr. ♿ ♿ 🌐 21erhaus.at

Das 21er Haus entwarf Karl Schwanzer als Österreich-Pavillon für die Weltausstellung 1958 in Brüssel. Die Stahlkonstruktion wurde danach zerlegt und von Belgien nach Österreich transportiert. Seit 2011 werden hier Kunstwerke von der Nachkriegsmoderne bis heute ausgestellt. Spannende Wechselausstellungen geben Einblicke in die Gegenwartskunst.

Die Wotruba-Kirche von Fritz Wotruba erinnert an eine moderne Plastik

⑲ Schloss und Park Schönbrunn

Die ehemalige Sommerresidenz der Kaiserfamilie verdankt ihren Namen einer schönen Quelle, die sich an dieser Stelle befand. Nachdem hier das Jagdschlösschen Katterburg von den Türken zerstört worden war, gab Leopold I. 1695 J. B. Fischer von Erlach den Auftrag, ein prächtiges Barockschloss zu schaffen, das erst Mitte des 18. Jahrhunderts unter Maria Theresia von Nikolaus Pacassi vollendet wurde. Das barocke Gesamtkunstwerk mit dem Park im französischen Stil ist seit 1996 UNESCO-Welterbe.

Außerdem

① Theater
② Orangerie
③ Obelisk
④ Öffentliches Schwimmbad
⑤ Japanischer Garten
⑥ Hietzing-Tor

Haupteingang

Irrgarten
Seinerzeit war es sehr beliebt, in Parks auch einen Irrgarten anzulegen. Heute erfreut das Labyrinth zahlreiche Besucher.

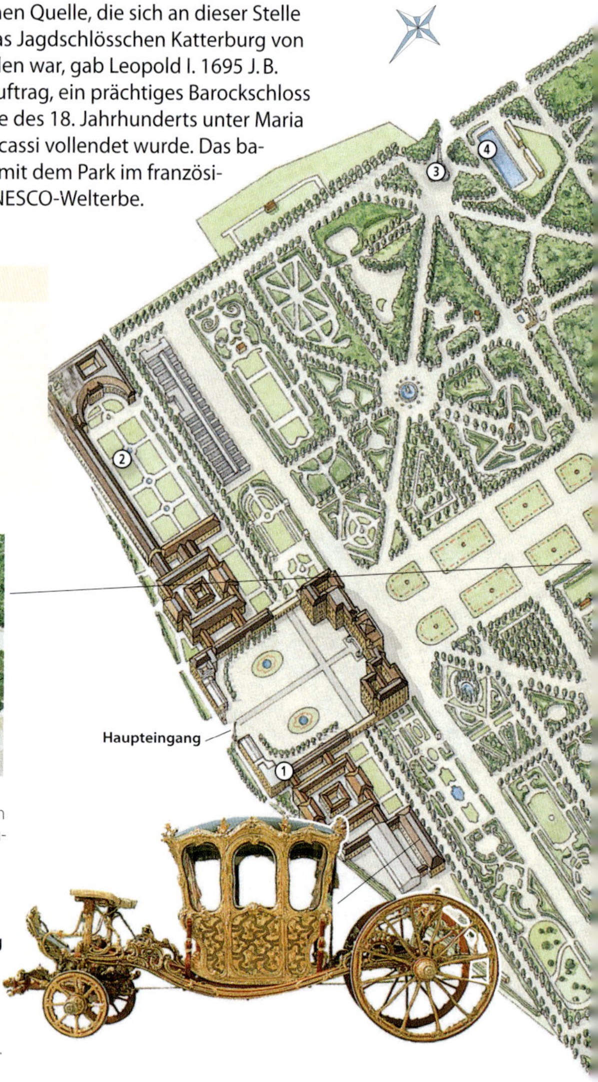

★ Wagenburg
In der ehemaligen Winterreitschule sind die Kutschen, Schlitten und Sänften des Kaiserhauses zu bewundern.

1683 Katterburg wird während der türkischen Belagerung zerstört

1705 Jean Trehet legt den Park an

1730 Vollendung des Schlosses

1744–49 Nikolaus Pacassi richtet das Schloss für Maria Theresia her

1916 Kaiser Franz Joseph stirbt hier im Alter von 86 Jahren

1918 Kaiser Karl I. legt im Blauen Salon (S. 176) die Kaiserkrone nieder

1650	1700	1750	1800	1850	1900	1950

1696 Leopold I. beauftragt J. B. Fischer von Erlach, ein neues Schloss zu bauen

Kaiser Leopold I.

1805 und 1809 Hauptquartier von Napoléon

1775 Bau der Gloriette

1752 Maria Theresias Gemahl, Franz I. Stephan, gründet die Menagerie, heute Zoo

1952 Abschluss der Wiederaufbauarbeiten nach dem Krieg

1882 Bau des Palmenhauses

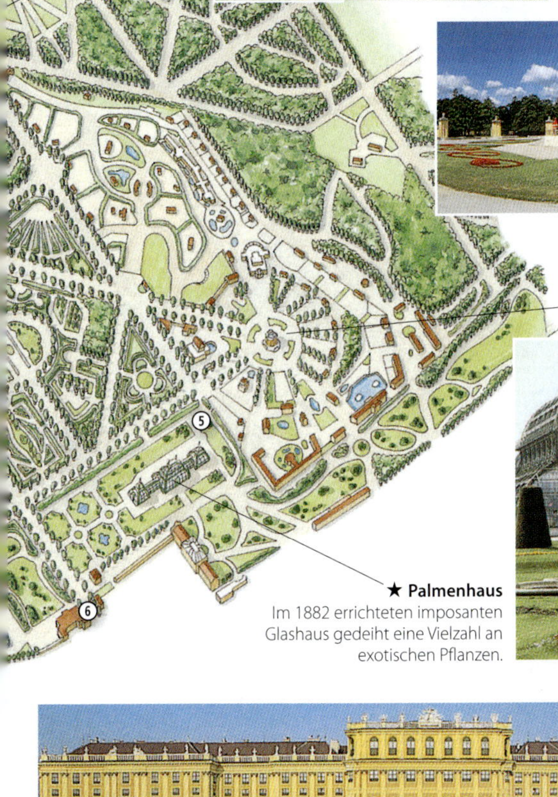

★ Gloriette
Der frühklassizistische Kolonnadenbau wurde 1775 von Ferdinand von Hohenberg errichtet und krönt den Hügel hinter dem Schloss.

Infobox

Information

Schönbrunner Schloßstraße 47, A-1130. 📞 (01) 8111 3239.
Schloss ⭕ Apr–Juni, Sep, Okt: tägl. 8.30–17.30 Uhr (Juli, Aug: bis 18.30 Uhr; Nov–März: bis 17 Uhr).

🦽♿🚻📷🖼️✏️🛍️📸

🌐 **schoenbrunn.at**
Park ⭕ tägl. 6 bzw. 6.30 Uhr bis Sonnenuntergang.
Wagenburg ⭕ Mai–Okt: tägl. 9–18 Uhr; Nov–Apr: 10–16 Uhr.
Tiergarten 📞 (01) 8779 2940.
⭕ tägl. ab 9 Uhr.

Anfahrt
Ⓤ Schönbrunn. 🚌 10A.
🚊 10, 58.

Neptunbrunnen
Der prächtige Brunnen am Fuß des Hügels wurde 1780 von Franz Anton Zauner gestaltet.

Tiergarten Schönbrunn
Der achteckige Kaiserpavillon steht in dem 1752 von Franz I. Stephan gegründeten Zoo.

★ Palmenhaus
Im 1882 errichteten imposanten Glashaus gedeiht eine Vielzahl an exotischen Pflanzen.

Grandioser Anblick von der Parkseite aus: die Fassade von Schloss Schönbrunn

Schloss Schönbrunn: Innenräume

Das von Nikolaus Pacassi geschaffene Rokoko-Dekor beherrscht die Staatsräume von Schloss Schönbrunn. Viele Gemächer sind weiß getäfelt und mit vergoldeten Ornamenten ausgestattet. Manche wirken recht einfach, etwa die Suiten, die Franz Joseph und Kaiserin Elisabeth bewohnten, andere ungemein prunkvoll, etwa das Millionenzimmer. Es ist mit Rosenholz getäfelt, in das persische Miniaturen eingelassen sind.

★ **Chinesisches Rundkabinett**
Maria Theresia nutzte es für Geheimkonferenzen mit ihrem Staatskanzler. Die Wände sind mit Lacktafeln und Vasen geschmückt.

★ **Große Galerie**
Einst war sie Schauplatz kaiserlicher Bankette, heute dient sie für Staatsempfänge.

Die verborgene Treppe
führt zu den Räumen des Staatskanzlers im darüberliegenden Stock. Über sie gelangte er zu den Geheimkonferenzen.

Blauer Salon
Der Raum, in dem Karl I. 1918 abdankte, besitzt handgemalte chinesische Reispapiertapeten mit Genreszenen

Napoléonzimmer

Millionenzimmer

Gedenkraum

Erster Stock

★ **Vieux-Lacque-Zimmer**
Dieser Raum ist mit erlesenen asiatischen Lacktafeln ausgestaltet. In ihm wohnte Maria Theresia als Witwe.

Haupteingang

Großes Rosa-Zimmer
Benannt ist der Raum nach Joseph Rosa, der die norditalienischen und Schweizer Landschaften schuf. Die Gemälde werden von vergoldetem Rokoko-Dekor eingerahmt.

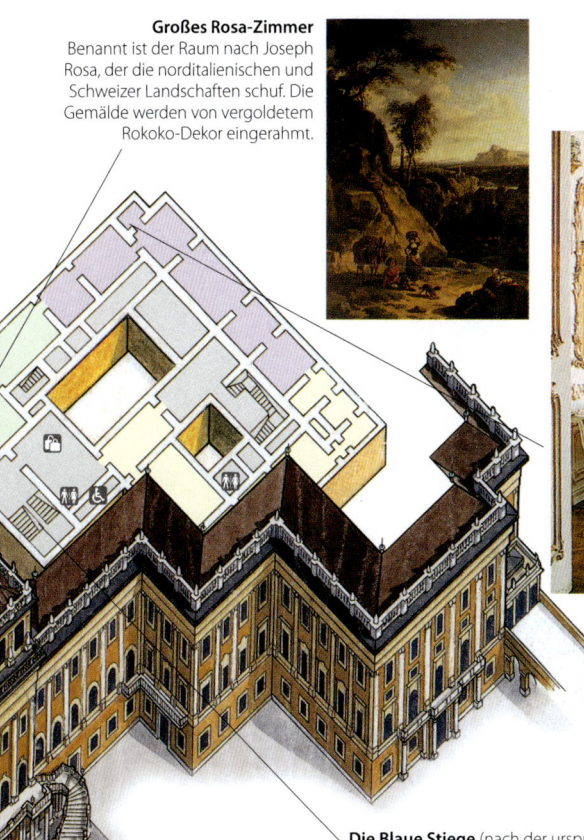

Frühstückskabinett
Der Frühstücksraum Maria Theresias besitzt eine weiße Holztäfelung. Die gestickten Blumenbilder stammen von der Kaiserin und ihren Töchtern.

Die Blaue Stiege (nach der ursprünglichen Dekoration benannt) führt zum Eingang für die Führungen durch die Prunkräume. Das Schloss kann auch auf eigene Faust besichtigt werden.

Kurzführer

Die Prunkräume liegen im ersten Stock. In den Räumen rechts der Blauen Stiege wohnten Franz Joseph und Elisabeth. Zwei Galerien trennen sie vom Ostflügel, in dem Maria Theresia lebte. Es gibt zwei Touren mit Audioguide: Imperial Tour (22 Räume, 35–40 Min.) und Grand Tour (40 Räume, 50–60 Min.), die Grand Tour gibt es auch mit Führung.

Legende

- ☐ Räume von Franz Joseph I.
- ☐ Räume von Kaiserin Elisabeth
- ☐ Staatstrakt
- ☐ Räume von Maria Theresia
- ☐ Räume von Franz Karl
- ☐ Kein Ausstellungsbereich

Porträt von Napoléon

Porträt von Marie-Louise

Marie-Louise und der König von Rom

Nach dem Fall Napoléons lebte der kleine Sohn seiner österreichischen Frau Marie-Louise in Schönbrunn wie ein Gefangener, bis er nach einer einsamen Kindheit im Jahr 1832 mit 21 Jahren an Schwindsucht starb. Er trug die Titel Herzog von Reichstadt und König von Rom. Im Gedenkraum sieht man ein Porträt, das ihn im Alter von fünf Jahren zeigt, seine Totenmaske kann man ebenfalls betrachten. Unter einer Glashaube sitzt eine ausgestopfte Haubenlerche, von der der unglückliche Junge behauptet hatte, dies sei sein einziger Freund im ganzen Schloss gewesen.

Ausflüge

Ein bis zwei Stunden von Wien entfernt stößt man auf eine abwechslungsreiche Landschaft – an Ungarn erinnernde Ebenen, hohe Berge, breite Flüsse und idyllische Seen. Wien liegt im Zentrum der österreichischen Weinbauregion und ist umgeben von Burgen, Kirchen und Hügeln, zwischen die sich malerische Winzerorte schmiegen. Alle diese Plätze sind auch per Bus oder Bahn erreichbar. Verschiedene Ausflugsziele lassen sich gut kombinieren.

Im Wienerwald, einem beliebten Naherholungsgebiet

❶ Mayerling und Wienerwald

Vienna Sightseeing organisiert Ausflüge (siehe S. 251). 🚌 552 oder 1130 vom Südtiroler Platz nach Alland, Hauptplatz, dann 365 nach Mayerling, Altes Jagdschloss und Heiligenkreuz. **Karmel Mayerling** 🕻 (02258) 2275. 🕐 Sommer: tägl. 9–13, 13.30–18 Uhr (Winter: bis 17 Uhr). ⬤ einige Feiertage. **Stift Heiligenkreuz** 🕻 (02258) 87030. 🕐 tägl. obligatorische Führungen. 📅 Mo – Sa 10, 11, 14, 15, 16, So, Feiertage 11, 14, 15, 16 Uhr.
W stift-heiligenkreuz.org

Wo die Alpen auf Donau und Wienerwald treffen, liegen mehrere Ausflugsziele, die einen halb- oder ganztägigen Aufenthalt lohnen. Das Jagdschloss Mayerling, heute ein Kloster, erlangte 1889 als Ort des Doppelselbstmords von Kronprinz Rudolf (siehe S. 34) und seiner 17-jährigen Geliebten Mary Vetsera, Tochter des Diplomaten Baron Albin Vetsera, traurige Berühmtheit. Ihr Tod erschütterte die Donaumonarchie. Nach dem Tod seines Sohns schenkte Franz Joseph das Jagdschloss den Karmelitinnen. Es wurde zwar vollständig umgestaltet, doch

einige Erinnerungsstücke an Rudolf blieben erhalten.

Wenige Kilometer weiter nördlich liegt das im Mittelalter gegründete Zisterzienserkloster Heiligenkreuz. Nach weitgehender Zerstörung durch die Türken 1529 und 1683 wurde es in der Barockzeit wiederaufgebaut. Das Mittelschiff stammt noch aus dem 12., der Kapitelsaal aus dem 13. Jahrhundert. Aus der Barockzeit sind Glockenturm und Dreifaltigkeitssäule erhalten.

In Heiligenkreuz liegen 13 der Babenberger, die Österreich im Mittelalter regierten, begraben (siehe S. 24f).

❷ Baden

🚌 360 von Karlsplatz/Oper. Ⓢ S2 oder 🚆 R2335 oder 2337 vom Hauptbahnhof. 🚋 Badner Bahn (WLB) von Karlsplatz/Oper. 🕻 (02252) 22600 600.

Südlich von Wien liegen in den Ausläufern des Wienerwalds mehrere Kur- und Weinorte. Der bekannteste ist Baden, in dessen heilenden Quellen schon die Römer ihre rheumatischen Leiden linderten. Neben warmen Schwefelquellen und Schlammbehandlungen gibt es ein Thermalfreibad mit 36 °C warmem Wasser.

Im frühen 19. Jahrhundert war Baden beim Wiener Hof sehr beliebt. Aus jener Zeit stammen viele elegante Villen, Bäder, Stadthäuser sowie ein Platz im Biedermeier-Stil. Auch der Kurpark, der sich von der Stadtmitte bis zum Wienerwald erstreckt, wurde damals angelegt. Neben dem Rosengarten bietet er ein Beethoven- und Mozart-Museum. Bekannt sind die regionalen Weine.

❸ Schloss Hof

🚌 Shuttlebusse von Blaguss-Reisen von Apr – Okt (Buchung: +43 1 610 90 200 oder online). **W** blaguss.at 🕐 Apr – Okt: tägl. 10 – 18 Uhr. 🕻 (02285) 20000. **W** schlosshof.at

Im Mai 2005 wurde die Anlage nach aufwendiger Renovierung als barocke Erlebniswelt wiedereröffnet. 1725 waren Schloss, Terrassengarten und der zugehörige Gutshof für Prinz Eugen von Savoyen errichtet worden. Unter Maria Theresia wurde daraus die größte Landschlossanlage der Habsburger.

Schloss Esterházy aus dem 17. Jahrhundert

Sehenswürdigkeiten auf einen Blick

Tagesausflüge

❶ Mayerling und Wienerwald
❷ Baden
❸ Schloss Hof
❹ Eisenstadt
❺ Rust und Neusiedler See
❻ Mariazell
❼ Donaufahrt von Krems nach Melk

Legende

🟫 Wien Zentrum
🟨 Außenbezirke
▬ Autobahn
▬ Hauptstraße
═══ Nebenstraße
── Eisenbahn
─ • Staatsgrenze

0 Kilometer   25

❹ Eisenstadt

🚌 566 vom Hauptbahnhof. 🚆 REX 7618 vom Hauptbahnhof bis Bahnhof Müllendorf, dann Bus 563. 🛈 (02682) 67390. **Schloss Esterházy** 📞 (02682) 6300 440. 🕐 15. März – Okt: tägl. 9 – 18 Uhr; Nov, Dez: Fr – So 9 – 17 Uhr. 🎫 obligatorisch. **Haydn-Haus** 📞 (02682) 719 3011. 🕐 März – Mitte Nov: Di – Sa 9 –17, So 10 – 17 Uhr. **Jüdisches Museum** 📞 (02682) 65145. 🕐 Mai – Okt: Di – So 10 – 17 Uhr; Nov – Apr: nur für Gruppen nach Voranmeldung.

In Eisenstadt südöstlich von Wien steht das Schloss der Fürsten Esterházy, das 1663 –73 für Paul Esterházy erbaut wurde. Sehenswert ist der Haydnsaal mit Fresken (18. Jh.), in dem Joseph Haydn *(siehe S. 40)* das fürstliche Orchester dirigierte. Haydn lebte 1766 – 78 in der Haydngasse (heute Museum). Nahe dem Schloss ist ein Jüdisches Museum.

❺ Rust und Neusiedler See

🚌 566 oder 765 vom Hauptbahnhof; 566 von Eisenstadt. 🛈 (02685) 50210.

Etwa 15 Kilometer östlich von Eisenstadt liegt der 320 Qua-dratkilometer große Neusiedler See, der teilweise zu Ungarn gehört. Er ist von dichtem Schilf umgeben, das vielen Vögeln ein Zuhause bietet. Um den See laden mehrere Wein- und Ferienorte zum Verweilen ein, darunter das sehenswerte Rust, die kleinste Freistadt Österreichs, bekannt für ihre Storchennester und den Wein.

❻ Mariazell

🚌 552 oder 1130 vom Hauptbahnhof. Ⓢ vom Westbahnhof, Mariazeller Alpenbahn ab St. Pölten. 🛈 (03882) 2366. **Kirche** 🕐 tägl. 7 – 19, 20 oder 21 Uhr. 🎫 📞 (03882) 25950 für Führungen. **Mariazeller Bahn mit Dampflok** 📞 (2742) 360 990-99. 🕐 Mai – Okt: 1. So im Monat (weitere Infos siehe Website). Ⓦ **noevog.at**

Blick auf Mariazell, seit 1377 Marienwallfahrtsort

Nach Mariazell gelangt man von St. Pölten aus mit der Eisenbahn. Die Stadt zählt zu den wichtigen katholischen Wallfahrtsorten. Die im 17. Jahrhundert vergrößerte gotisch-barocke Kirche zeugt von ihrer Bedeutung. Innen finden sich viele Stuckarbeiten.

Mit einer Seilbahn, die alle 20 Minuten verkehrt, kann man vom Ortszentrum auf den Berg fahren.

Zwischen Mariazell und St. Pölten verkehrt eine der ältesten Dampfeisenbahnen (1898).

❼ Donaufahrt von Krems nach Melk

Siehe S.180f.

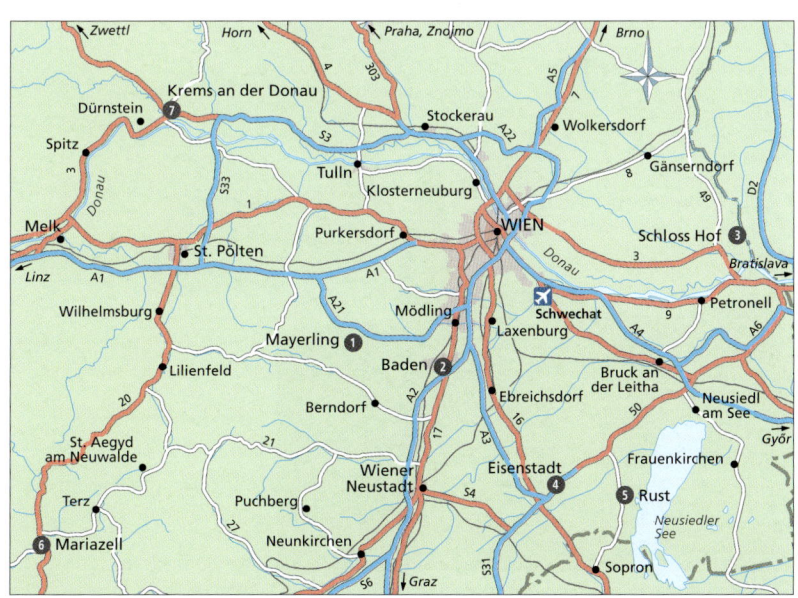

➐ Donaufahrt Krems – Melk

Etwa 80 Kilometer westlich von Wien liegt eine der großartigsten Flusslandschaften Europas. Zu beiden Seiten des Donautals schmiegen sich Kirchen und Weinorte an die Berghänge. Burgen krönen die Hügel. Die geschichtsträchtige, seit über 30 000 Jahren besiedelte Landschaft zwischen Krems und Melk wird Wachau genannt. Den besten Eindruck gewinnt man auf einer Flussfahrt, die u. a. Vienna Sightseeing oder DDSG Blue Danube *(siehe S. 251)* anbieten.

➃ **Dürnstein – ein gut erhaltenes mittelalterliches Städtchen**

Von Krems bis Dürnstein

Die schöne Renaissance-Stadt Stein ist heute mit Krems verwachsen, das einen mittelalterlichen Stadtkern besitzt ➀. Am Ende der Steinerstraße steht das Haus des Barockmalers Kremser Schmidt. Geht man eine der schmalen Straßen hinauf, kann man über die Donau auf die Abtei Göttweig ➁ sehen, ein gelungenes Beispiel des österreichischen Barock. Im 17. Jahrhundert war das Stift Zentrum der Gegenreformation. Zudem sieht man den kleinen Ort Mautern ➂, der

einst aus einer römischen Festung (1. Jh.) entstand. Dort liegt heute am Südtiroler Platz das bekannte Gourmetlokal Landhaus Bacher.

Das Boot fährt nach etwa acht Kilometern am mittelalterlichen Dürnstein ➃ vorbei, dessen Barockkirche von der Ruine einer Burg überragt wird. Herzog Leopold V. von Babenberg hielt hier nach dem dritten Kreuzzug (1192/93) den englischen König Richard Löwenherz gefangen *(siehe S. 25)* und ließ ihn erst gegen Zahlung eines enormen Lösegelds frei. Hier hat man einen schönen Blick auf die Donau, Seitenstraßen führen zu Spazierwegen am Fluss. Wer Dürnsteins mittelalterliches und barockes Flair genießen will, sollte den Ort gesondert besuchen.

Weinorte von Rossatz bis Wösendorf

Am anderen Ufer liegt Rossatz ➄, einst ein Hafen. Hier wird seit Jahrhunderten Wein produziert. Funde aus neolithischer und römischer Zeit zeugen von einer frühen Besiedlung. Im 10. Jahrhundert gehörte der Ort einem bayrischen Kloster, fiel dann aber den Ba-

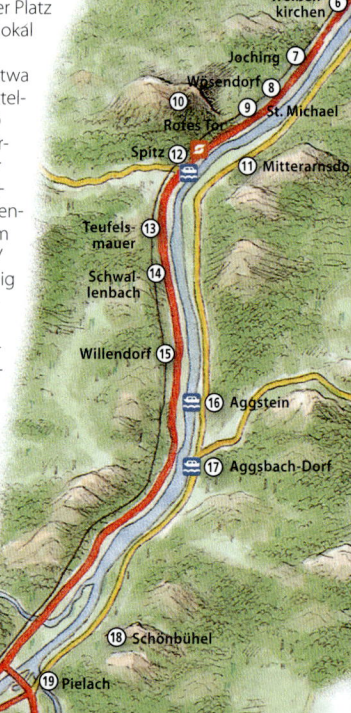

0 Kilometer   5

Legende

— Eisenbahn

≈ Fluss

▬ Hauptstraße

▬ Nebenstraße

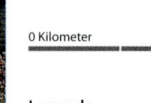

➅ **Weißenkirchen mit einstiger Wehrkirche zum Schutz vor den Türken**

benbergern zu. Die Renaissance-Burg und die gotische Kirche wurden barockisiert.

Die Kirche von Weißenkirchen ⑥ stammt größtteils aus dem 15. und 16. Jahrhundert. Der Ort ist, wie auch Joching ⑦ und Wösendorf ⑧, für seinen Wein bekannt.

Kirchen und Ruinen

Gut sichtbar liegt die Wehrkirche St. Michael ⑨ (1500 – 23) auf einer Anhöhe. Ein ungewöhnliches Detail sind die Steinhasen auf ihrem Turm. Der Sage nach fiel hier einmal so viel Schnee, dass sogar die Hasen auf das Dach springen konnten. Auf derselben Seite des Flusses thront auf einem Hügel die Ruine des Roten Tors ⑩ (14. Jh.), durch das die Schweden 1645 im Dreißigjährigen Krieg (siehe S. 27) auf ihrem Weg nach Spitz zogen. In Mitterarnsdorf ⑪ finden sich römische Ruinen.

Von Spitz nach Aggsbach-Dorf

Spitz ⑫, ein hübscher Weinort, war während der Reformation eine protestantische Hochburg. Es liegt am Fuß des 1000-Eimer-Bergs, dessen Weingärten in guten Jahren angeblich genügend Wein für 1000 Eimer liefern. Etwas weiter schiebt sich ein mauerähnlicher Fels an den Fluss heran. Um diese sogenannte Teufelsmauer ⑬ ranken sich einige Mythen. Eine besagt, des Teufels Großmutter hätte eine Sperrmauer errichten wollen, um Pilger und Kreuzfahrer aufzuhalten. Die Kirche von Schwallenbach ⑭ wurde wiederaufgebaut, nachdem die Böhmen 1463 das Dorf verwüstet hatten. Vom Boot nicht zu erkennen, kommt man nun dicht am Ort Willendorf ⑮ vorbei, der für seine prähistorischen Funde bekannt ist, darunter die »Venus von Willendorf« (siehe S. 22 und S. 130).

Weithin sichtbar erhebt sich die Burgruine Aggstein ⑯ über den Fluss. Der ursprüngliche Komplex wurde 1429 von Jörg Scheck umgebaut, der von einem Felsvorsprung am höchstgelegenen Punkt, seinem »Rosengärtlein«, Gefangene in den Tod springen ließ, wenn sie das geforderte Lösegeld nicht aufbrachten. Aggsbach-Dorf ⑰ wurde im 2. Jahrhundert von den Römern gegründet und befand sich im Mittelalter im Besitz der Raubritter von Kuenring.

Von Schloss Schönbühel nach Melk

Das malerische Schloss Schönbühel ⑱ steht auf einem Fels oberhalb der Donau. Obwohl es bereits im 9. Jahrhundert dokumentiert wurde, stammt das heutige Gebäude erst aus dem frühen 19. Jahrhundert. Etwas weiter, an der Mündung der 70 Kilometer langen Pielach ⑲, wurden 30 Gräber aus der Bronzezeit und die Fundamente eines römischen Turms gefunden.

Das höchstgelegene Ziel des Ausflugs ist das Benediktinerstift von Melk ⑳, einem hübschen Ort mit Renaissance-Bauten, romantischen kleinen Straßen, Türmen und Resten der mittelalterlichen Stadtmauer. Das Barockstift, in dem Umberto Ecos Roman Der Name der Rose beginnt und endet, ist eine wahre Schatzkammer mit zahllosen Kunstgegenständen. Die große Bibliothek enthält 2000 Bände (9. – 15. Jh.). Imposant ist die Orgel der Stiftskirche. Einige Schätze der Abtei sind nicht ständig zu sehen.

⑳ Das Benediktinerstift Melk beherrscht Fluss und Stadt

⑯ Die Ruinen der Burg oberhalb von Aggstein

Routeninfos

Start: Krems, Dürnstein, Melk, für Autoreisende auch jede andere Anlegestelle. Fahrkarten sind vor Ort erhältlich.

Anfahrt: Mit dem Zug vom Franz-Josefs-Bahnhof nach Krems oder Dürnstein bzw. vom Westbahnhof nach Melk.

Rasten: In Dürnstein gibt es Heurigenlokale, Cafés und Läden, im Stift Melk ein Restaurant.

Mit dem Fahrrad: An der Donau führt ein Radweg entlang. Mieträder gibt es an den Bootsanlegestellen und an den Bahnhöfen Krems, Melk, Spitz und Dürnstein (mit Bahnfahrkarte Sondertarif). Ausweis erforderlich.

Stift Melk ☎ (02752) 555 232. 🕐 Mai–Sep: 9–17.30 Uhr; letzte Woche März, Apr, Okt: 9–16.30 Uhr. 🎫 tägl. zur vollen Stunde. 🌐 stiftmelk.at

Spaziergänge

Wien ist eine relativ überschaubare Stadt, in der man viele Sehenswürdigkeiten zu Fuß erreichen kann. Für die sechs vorgestellten Stadtteile gibt es jeweils Detailkarten mit einer Routenempfehlung durch die interessantesten Straßen des Viertels. Doch auch die Außenbezirke sind es wert, zu Fuß erkundet zu werden.

Die folgenden Spaziergänge führen Sie durch einige der schönsten Ecken außerhalb des Zentrums, die alle mit öffentlichen Verkehrsmitteln leicht erreichbar sind. Der erste Spaziergang beginnt am Stadtpark und führt an der Karlskirche vorbei zu den Wagner-Häusern und zum Naschmarkt auf der Linken Wienzeile. Hietzing in der westlichen Ecke des

Parks von Schönbrunn ist Ziel des zweiten Spaziergangs. Die ruhigen Straßen des einstigen Dorfs säumen Biedermeier- und Jugendstil-Villen. Am Ende des Spaziergangs kommt man zum Schloss Schönbrunn und zum Botanischen Garten. Der dritte Spaziergang führt zum Weindorf Grinzing mit seinen vielen Heurigenlokalen. Auf dem Weg dorthin kommt man durch Heiligenstadt mit einigen Gebäuden namhafter Architekten des 20. Jahrhunderts.

In Ergänzung zu den folgenden Spaziergängen gibt es auch ausgewiesene Stadtwanderwege durch den Wienerwald und den Prater. Einzelheiten und entsprechende Karten erhalten Sie bei WienTourismus *(siehe S. 239)*.

Spaziergänge auf einen Blick

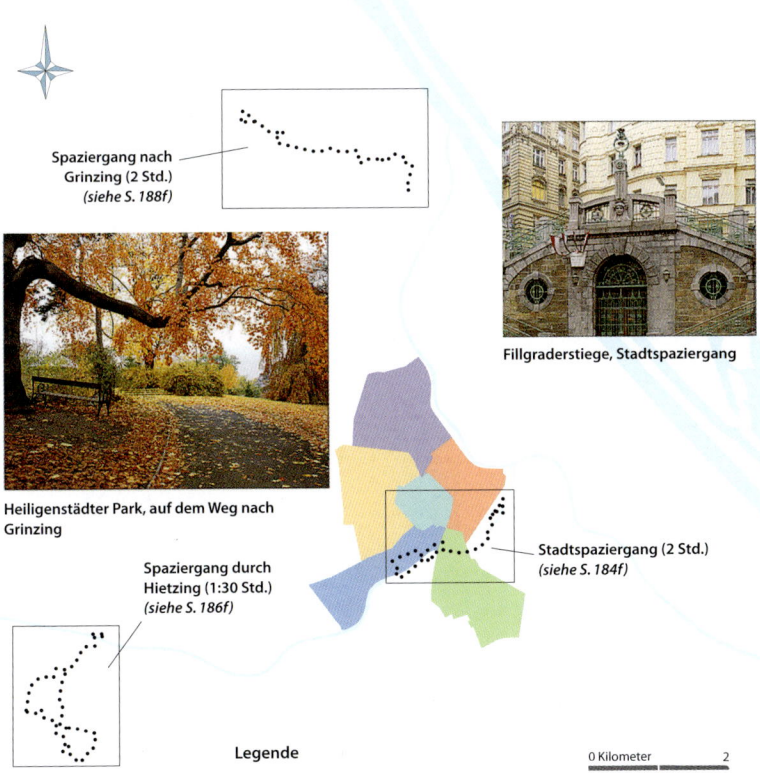

Spaziergang nach Grinzing (2 Std.) *(siehe S. 188f)*

Fillgraderstiege, Stadtspaziergang

Heiligenstädter Park, auf dem Weg nach Grinzing

Spaziergang durch Hietzing (1:30 Std.) *(siehe S. 186f)*

Stadtspaziergang (2 Std.) *(siehe S. 184f)*

Legende

··· Routenempfehlung

0 Kilometer   2

◀ **Jugendstil-Dekor an der Kirche am Steinhof von Otto Wagner** *(siehe S. 162)*

Stadtspaziergang (2 Std.)

Die zweistündige Tour führt am Südwestrand der Innenstadt und teilweise an der Wien entlang. Sie beginnt mit einem Spaziergang durch den im englischen Stil angelegten Stadtpark, der mit dem Bau der Ringstraße *(siehe S. 34)* entstand, und geht weiter über Schwarzenbergplatz und Karlsplatz zum Naschmarkt. Sie endet bei einigen Jugendstil-Meisterwerken auf der Linken Wienzeile.

⑪ **Jugendstil-Portal im Stadtpark, 1903/04 während der Flussregulierung errichtet**

Stadtpark

Am Eingang des Stadtparks gegenüber der Weihburggasse beginnt der Weg. Fast vis-à-vis liegt ein imposanter Seiteneingang ① mit dekorativen Portalen (1857–62). Zur Innenstadt hin finden sich im Park viele Denkmäler von Komponisten und Malern. Das erste ist die vergoldete Statue von Johann Strauß d. J. *(siehe S. 41)*, der auf seiner Geige spielt (1921) ②. Man geht links vorbei und wieder links zu einem runden Sitzbereich mit dem Donauweibchen-Brunnen ③. Von hier wendet man sich nach rechts zu einer Eisenbrücke über die Wien mit Ausblick auf die Ufer ④.

Dann geht der Weg weiter zum nahen Teich ⑤. Auf seiner Südseite steht ein recht schönes Denkmal für den Wiener Landschaftsmaler Emil Jakob Schindler (1895) ⑥. Man folgt dem Weg bis zum Ende, über-

⑳ **Linke Wienzeile 38**

quert links die Brücke und geht wieder links zum Franz-Schubert-Denkmal (1872) von Karl Kundmann ⑦. Rechts am Teich vorbei und dann wieder rechts kommt man zum Denkmal für den Maler Hans Makart, der die bildende Kunst Wiens in der zweiten Hälfte des 19. Jahrhunderts prägte. Es wurde 1898 von Viktor Tilgner geschaffen ⑧. Anschließend geht man am Parkausgang vorbei – rechts steht eine

Büste von Franz Lehár ⑨, dem Komponisten der *Lustigen Witwe* – und weiter zum Kursalon ⑩, der 1867 für Konzerte, Bälle und Walzer eröffnet wurde. Dann verlässt man den Park durch eines der Jugendstil-Portale *(siehe S. 59)* ⑪.

⑯ **Johannes-Brahms-Denkmal (1908) von Rudolf Weyr im Resselpark**

Routeninfos

Start: Weihburggasse, Tram 2 (am Parkring).
Länge: 3 km.
Anfahrt: Tram 2, die Zirkellinie der Ringstraße, oder U-Bahn-Station Stubentor, dann weiter zu Fuß zur Weihburggasse.
Rasten: Im Kursalon des Stadtparks gibt es ein Café mit Terrasse. An einer Seite besitzt es einen Biergarten. Außerdem stehen im Stadtpark viele Bänke zum Ausruhen. Weitere Cafés finden sich im Resselpark und am Naschmarkt. Am Ende der Route liegt das Café Sperl in der Gumpendorfer Straße.

Schwarzenbergplatz

Geradeaus weiter kommt man in die Lothringerstraße. Rechts steht ein Beethoven-Denkmal ⑫. Es zeigt den Komponisten von Figuren umgeben, die seine *Neunte Symphonie* symbolisieren (1880). Auf der anderen Straßenseite liegt das Konzerthaus (1912/13), Heimstatt des Wiener Symphonieorchesters *(siehe S. 228)* ⑬. Über eine belebte Kreuzung zur Linken fällt der Blick auf den Schwarzenbergplatz mit dem imposanten Hochstrahlbrunnen, der 1873 errichtet wurde, um die Versorgung Wiens mit reinem Trinkwasser aus den Bergen zu feiern. Dahinter steht ein Denkmal für die gefallenen sowjetischen Soldaten ⑭.

⑩ **Der Kursalon Wien, erbaut im Stil der Renaissance**

0 Meter   250

Legende

••• Routenempfehlung

Resselpark

Über die Lothringerstraße gelangt man, vorbei am Wien Museum Karlsplatz *(siehe S. 150)* ⑮, in den Resselpark. Links steht ein Johannes-Brahms-Denkmal (1908) von Rudolf Weyr ⑯. An diesem vorbei blickt man – linker Hand – auf die Karlskirche *(siehe S. 148f)* ⑰. Nach den Wagner-Pavillons ⑱ *(siehe S. 150f)* und der Technischen Hochschule ⑲ im klassizistischen Stil verlässt man den Park und überquert die Wiedner Hauptstraße, um dann gleich links in die Operngasse einzubiegen, die man ebenfalls überquert. Durch den Bärenmühldurchgang gelangt man zum Naschmarkt ⑳.

Naschmarkt

Der Markt *(siehe S. 142)* fand früher auf dem Karlsplatz statt, wurde jedoch hierher verlegt, nachdem Teile der Wien Ende des 19. Jahrhunderts kanalisiert worden waren. Von hier kann man gut die eleganten Gebäude aus dem 19. Jahrhundert auf dem linken Ufer, der Linken Wienzeile, sehen. Nach Verlassen des Markts geht es auf die

㉕ **Papageno-Tor, Theater an der Wien**

andere Straßenseite zu den Wagner-Häusern *(siehe S. 143)*. Nr. 38 ㉑ trägt goldene Medaillons von Koloman Moser, Nr. 40 ist das Majolikahaus ㉒. Wenn man neben Nr. 38 in die Köstlergasse einbiegt, sollte man auch den Eingang besichtigen.

⑰ **Beichtstuhl in der Karlskirche**

Gumpendorfer Straße

Am Ende der Köstlergasse geht man rechts die Gumpendorfer Straße hinauf. Durch die Fillgradergasse ist die Fillgraderstiege ㉓ zu sehen. Dann geht es weiter zum historischen Café Sperl *(siehe S. 60)* ㉔, wo Franz Lehár häufig Gast war. Man biegt rechts in die Millöckergasse, um das Papageno-Tor des Theaters an der Wien *(siehe S. 142)* ㉕ zu besichtigen. Die Figur über dem Eingang zeigt den ersten Theaterdirektor Emanuel Schikaneder als Papageno in Mozarts *Zauberflöte*. Am Ende der Millöckergasse liegt die Linke Wienzeile, in die man einbiegt. Links, am Secessionsgebäude *(siehe S. 142)* ㉖ vorbei, gelangt man zur U-Bahn-Station Karlsplatz.

Spaziergang durch Hietzing (1:30 Std.)

Der anderthalbstündige Spaziergang führt durch das einstige Dorf Hietzing im Westen von Schloss Schönbrunn *(siehe S. 174–177)*. Zur Zeit Maria Theresias war dies eine vornehme Gegend, in der der Adel den Sommer verbrachte. Später ließ sich hier der reiche Mittelstand nieder. In den ruhigen Straßen stehen prunkvolle Biedermeier- und Jugendstil-Villen. Der Platz um die Pfarrkirche strahlt kleinstädtische Atmosphäre aus.

⑤ **Fassade des Parkhotels**

⑥ **Das Kaiserstöckl, heute Postamt**

Von der U-Bahn zum Hietzinger Platz

Man verlässt die U-Bahn an der Station Hietzing ① und geht danach über Straßenbahnschienen zur Kennedybrücke. Dann biegt man rechts in die Hadikgasse und gelangt so zum Otto-Wagner-Hofpavillon *(siehe S. 173)* ②, einem Bahnhof, den Wagner für die Kaiserfamilie baute. Anschließend geht es zur U-Bahn-Station zurück und über die Straße in die Hietzinger Hauptstraße. Interessant ist das Haus Nr. 6 ③, an dem sich oben Engel an die Säulen schmiegen. Es wurde 1901/02 erbaut. Unten befinden sich heute Läden. Links liegt hinter einem Zaun der

Park von Schönbrunn ④. Auf der anderen Straßenseite erhebt sich das Parkhotel ⑤, dessen Fassade dem Schloss nachempfunden wurde. Ihm gegenüber steht das Kaiserstöckl (1770) ⑥, heute Postamt, einst Feriendomizil von Maria Theresias Außenministern. Danach öffnet sich der Hietzinger Platz mit seiner Pestsäule von 1730 ⑦. Daneben steht die Pfarrkirche Maria Geburt ⑧ aus dem 15. Jahrhundert. Sie wurde im 17. Jahrhundert umgestaltet. Der barocke Innenraum beherbergt Altäre von Matthias Steindl und Gewölbefresken von Georg Greiner. Wenn sich Maria Theresia in Schönbrunn aufhielt, besuchte sie diese Kirche. Vor der Kirche befindet sich ein Denkmal für Franz Josephs Bruder, Kaiser Maximilian von Mexiko ⑨, der 1867 hingerichtet wurde.

In der Nähe beherbergt ein klassizistisches Gebäude das

Legende

• • • Routenempfehlung

0 Meter   250

⑧ **Altar von Matthias Steindl in der Kirche Maria Geburt**

Routeninfos

Start: U-Bahn-Station Hietzing.
Länge: 5 km (Achtung: Sonntags ist das Maxingtor geschlossen).
Anfahrt: U4; Tram 10, 58, 60; Bus 51A, 56B, 58B, 156B.
Rasten: Im BAWAG-Café am Hietzinger Platz kann man Kaffee trinken. Im Park Schönbrunn gibt es Stände und ein Café.
Otto-Wagner-Hofpavillon *(siehe S. 173)*.
Bezirksmuseum Hietzing
⬤ Mi 14–18, Sa 14–17 Uhr.
Schloss und Park Schönbrunn *(siehe S. 174–177)*.
Villa Primavesi ⬤ für Besucher.

Bezirksmuseum Hietzing ⑩, vor ihm steht Wiens letzte Gaslaterne.

Trauttmansdorffgasse und Gloriettegasse

Man biegt nun links in die Maxingstraße, die ihren Namen von Maximilian erhielt, schließlich rechts in die Altgasse. Fast gegenüber der Fasholdgasse liegt in einem ockerfarbenen Biedermeier-Haus ⑪ ein altes Heurigenlokal. Über die Fasholdgasse gelangt man zur

⑲ Ausschnitt der Majolikafassade des Lebkuchenhauses

(siehe S. 41) ⑬. Nr. 48 und 50 sind zwei überaus gegensätzliche Beispiele Wiener Architektur der Jahrhundertwende ⑭. Weitere Biedermeier-Gebäude sind Nr. 54 und Nr. 56 ⑮. Am Ende der Straße biegt man rechts in die Gloriettegasse. Rechter Hand liegt eine Villa (Nr. 14 und 16) ⑯, die 1913–15 von Josef Hoffmann für den Financier Robert Primavesi errichtet wurde. Beachtenswert sind die Skulpturen an den Giebeln.

Nach dem Überqueren der Straße fällt der Blick auf weitere Biedermeier-Häuser. Nr. 38 und 40 haben Lünetten über den Fenstern ⑰. Nr. 21, die Villa Schopp, wurde 1901/02 von Friedrich Ohmann entworfen ⑱. Man biegt links in die Wattmanngasse, um Haus Nr. 29, das Lebkuchenhaus ⑲, zu besichtigen. Es wurde nach dem dunkelbraunen Majolikadekor seiner Fassade benannt. Das Haus wurde 1914 nach Plänen eines Schülers von Otto Wagner (siehe S. 56–59) errichtet. Zurück in der Gloriettegasse sticht Haus Nr. 9 ins Auge, das der Schauspielerin Katharina Schratt gehör-

Trauttmansdorffgasse mit zahlreichen interessanten Häusern. Haus Nr. 40 ist eine großartig renovierte Biedermeier-Villa ⑫. Gegenüber, in Nr. 27, lebte der Komponist Alban Berg

te, der Vertrauten von Kaiser Franz Joseph in späteren Jahren. Wie es heißt, pflegte der Kaiser in diesem Haus zu frühstücken ⑳.

Maxingpark und Park Schönbrunn

Man geht weiter bis zum Ende der Gloriettegasse, biegt rechts in die Maxingstraße ein und überquert sie beim Maxingpark. Wenn Sie den Spaziergang eine halbe Stunde verlängern wollen, können Sie ein Stückchen weiter oben den Hietzinger Friedhof besuchen, auf dem u. a. Otto Wagner, Gustav Klimt, Koloman Moser und Franz Grillparzer liegen. Alternativ durchquert man auf dem Hauptweg den Maxingpark ㉑. Dann geht es durch die Tore (Schild *Zum Tiergarten Schönbrunn*), vorbei am Forschungsinstitut. Obwohl es zum Gelände von Schönbrunn gehört, hat das stark bewaldete Gebiet wenig mit den Barockgärten gemein, bisweilen sieht man Rotwild. An der Kreuzung folgt man dem Schild zum Botanischen Garten. Bald kommt man zu einem Holzbau, dem Spielhaus von Kronprinz Rudolf ㉒.

Schließlich führt der Weg zum Botanischen Garten ㉓, der 1848 unter Kaiser Franz Joseph I. angelegt wurde. Man folgt dem Weg, der sich nahe der Grenzmauer zu Hietzing entlangwindet, bis zum Ausgang in der Maxingstraße und geht in nördlicher Richtung weiter. Im Haus Nr. 18 schrieb Johann Strauß d. J. 1874 seine Operette *Die Fledermaus* ㉔. Dann kehrt man nach Norden über die Maxingstraße zur U-Bahn-Station Hietzing zurück.

⑯ Figur am Giebel der Villa Primavesi

Zeichenerklärung *siehe hintere Umschlagklappe*

Spaziergang nach Grinzing

Der zweistündige Spaziergang durch den 19. Bezirk beginnt bei einer der bedeutendsten Sehenswürdigkeiten Wiens aus dem 20. Jahrhundert, dem Karl Marx Hof, und führt durch einen hübschen Park aus dem 19. Jahrhundert zum alten Weinort Grinzing. Obwohl das Dorf 1529 und 1683 von den Türken und 1809 von Napoléons Armee zerstört wurde und heute stark von Besuchern frequentiert wird, hat die alte Hauptstraße ihren Charme bewahrt.

⑮ **Fassade des Heurigenlokals Reinprecht (16. Jh.)**

Vom Karl Marx Hof zum Heiligenstädter Park

Beim Verlassen der Station Heiligenstadt fällt der Blick auf die Fassade des riesigen Karl Marx Hofs *(siehe S. 163)*, der 1927–30 von Karl Ehn im Rahmen des sozialen Wohnungsbaus errichtet wurde ①. Das 1200 Meter lange Gebäude hat über 1200 Wohnungen.

Man überquert die Straße und geht durch einen der vier Torbogen, um die Fassade auf der anderen Seite zu besichtigen. Über jedem Torbogen steht eine große Statue von Joseph Riedl (1928) ②.

Man überquert den Platz, geht an der Statue eines säenden Mannes (1928) von Otto Hofner ③ vorbei und biegt rechts in die Heiligenstädter Straße, die man am zweiten Zebrastreifen überquert. Der quadratische Durchgang im Gebäude, das sich gegenüber befindet, führt zu einer Treppe. Danach biegt der Weg links ab zum Heiligenstädter Park. An der Gabelung windet sich der linke Weg durch den Wald bergauf. Oben angekommen, biegt man rechts in den geometrisch angelegten Teil des Parks ④. Von hier bietet sich eine schöne Sicht auf den Kahlenberg ⑤.

① **Figur am Karl Marx Hof**

Steinfeldgasse

Der zweite, kleine Weg zur Rechten führt zur Steinfeldgasse hinab, wo mehrere Häuser des Secessionisten Josef Hoff-

mann stehen. Das erste ist die Villa Moser-Moll (Nr. 6–8) ⑥, erbaut für Carl Moll und Koloman Moser. Daneben liegt die Villa Spitzer ⑦, dahinter die »klassischere« Villa Ast (1909–11) ⑧. Wo die Steinfeld- auf die Wollergasse trifft, steht die hübsche Villa Henneberg von 1901 ⑨. In der Wollergasse 10 befindet sich das Mollhaus II (1906/07) mit hübschen schwarz-weißen Details ⑩.

Von der Steinfeldgasse zur Grinzinger Straße

An der Kreuzung Steinfeld- und Wollergasse führt rechts ein Weg in den Wald, dem man bald folgt, bis eine Treppe zur Kirche St. Michael ⑪ mit ihren schönen modernen Bleiglasfenstern

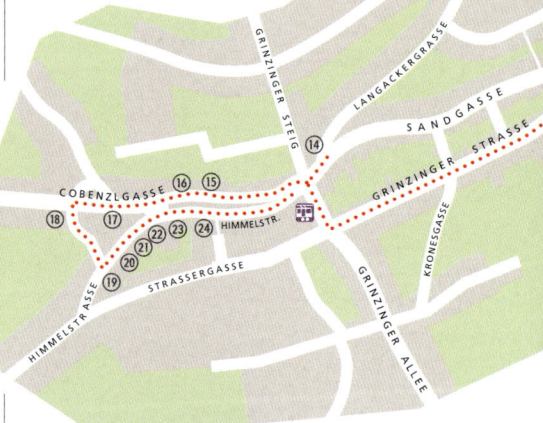

abzweigt. An der Kirche vorbei gelangt man über die Hohe Warte zur Grinzinger Straße, wo bald Haus Nr. 70 erreicht ist, in dem Albert Einstein von 1927 bis 1931 lebte ⑫. Auf der gleichen Straßenseite befindet sich Nr. 64 aus dem späten 18. Jahrhundert, ein Haus, in dem Beethoven und Grillparzer im Sommer 1808 logierten und Beethoven seine *Pastorale* komponierte ⑬.

Weiter oben in der Grinzinger Straße kommt man an mehreren Biedermeier-Häusern vorbei, bis man zur Grinzinger Allee gelangt, in die

④ **Der Heiligenstädter Park lädt zu einer Rast ein**

man rechts einbiegen sollte. Nach einigen kleinen Weingärten geht es sofort wieder nach rechts. Werfen Sie einen Blick in die Sandgasse, wo sich weitere alte Heurigenlokale ⑭ befinden.

Grinzing

Nun wenden Sie sich wieder in Richtung Grinzing-Zentrum und gehen die Cobenzlgasse hinauf, den oberen Teil von Grinzings Hauptstraße. Das Heurigenlokal Reinprecht

Die Cobenzlgasse, Grinzings Hauptstraße

0 Meter 500

⑰ Innenhof des Passauer Hofs, einer alten Weinkelterei

Routeninfos

Start: Bahnhof Heiligenstadt.
Länge: 3,5 km.
Anfahrt: Heiligenstadt erreichen Sie mit der U4, S40, S45 und den Buslinien 10A, 11A, 38A und 39A. Straßenbahnlinie D hält in der Heiligenstädter Straße.
Rasten: In Grinzing gibt es eine große Zahl an Heurigenlokalen, Cafés und Restaurants. Meiden Sie die größeren Lokale – die kleineren servieren ihren eigenen Wein. Gut sind die Heurigen am oberen Ende der Sandgasse.

Legende

• • • Routenempfehlung

▭▭▭ Eisenbahn

(Nr. 22) befindet sich in einem Haus aus dem 16. Jahrhundert, an dessen Fassade eine Tafel an den Komponisten Robert Stolz erinnert ⑮. Haus Nr. 30 ist der barocke Trummelhof, der an der Stelle einer Brauerei ⑯ von 1835 steht. Weiter oben liegt links der Passauer Hof (Nr. 9), eine Weinkelterei, die Reste eines weit älteren romanischen Gebäudes enthält ⑰. An der Ecke von Cobenzlgasse und Feilergasse erhebt sich das Alte Presshaus ⑱, in dessen Keller sich eine alte Weinpresse befindet.

Wenn Sie links in die Feilergasse einbiegen, gelangen Sie bald zu der imposanten weißen Jugendstil-Fassade der Himmelstraße 41–43 ⑲. Über

der Tür des Lokals Das Alte Haus (Nr. 35) ⑳ hängt eine hübsche Plakette mit der Jungfrau Maria. Ein ähnliches Bild ziert Haus Nr. 31 ㉑: Es zeigt einen Heiligen mit verschiedenen Gegenständen. Am Haus Nr. 29 ㉒ erinnert eine Tafel an Sepp Fellner, einen Schrammelmusiker (siehe S. 41), der »Schubert von Grinzing« genannt wurde. Eine Erinnerungstafel an den echten Schubert, der sich gern in Grinzing aufhielt, befindet sich am sehenswerten Haus Nr. 25 ㉓. Grinzing besitzt auch eine reizvolle spätgotische Kirche mit einer Kupferkuppel und einem restaurierten Innenraum ㉔.

Weiter unten gelangt man zu einer Straßenbahnhaltestelle. Von hier aus kann man mit der Linie 38 bequem in die Stadt zurückkehren.

㉑ Heiligenbild am Haus Nr. 31 in der Himmelstraße

Zeichenerklärung siehe hintere Umschlagklappe

ZU GAST
IN WIEN

Hotels

Mit mehr als 500 Hotels und Pensionen jeder Preisklasse bietet Wien für jeden ein passendes Quartier. Das Spektrum reicht von einigen der großartigsten Hotels Europas bis hin zu einfachen Pensionen oder Unterkünften für Selbstversorger. Hotels sind in der Regel großzügig und komfortabel ausgestattet und auch auf die Bedürfnisse von Geschäftsreisenden eingestellt. Pensionen sind üblicherweise Frühstückspensionen. Eine Kurzbeschreibung der Häuser finden Sie auf den Seiten 196 bis199 mit einer Unterteilung in die Kategorien Boutique, zeitgenössisch, familienfreundlich, Luxus und Pensionen. In diesen Kategorien sind die Unterkünfte nach Viertel und Preis gelistet.

Barockfassade des Mailberger Hofs, Annagasse *(siehe S. 197)*

Hotelauswahl

Erfreulicherweise kann man mitten in Wien gleichermaßen luxuriös wie bescheiden übernachten. Fast alle berühmten Hotels – Sacher, Imperial, Bristol *(siehe Hotelauswahl S. 196 – 199)* – liegen an oder nahe der Ringstraße, ebenso die meisten Häuser von Hotelketten.

Zudem befinden sich im Zentrum viele preisgünstigere komfortable Hotels und zahlreiche Pensionen, meist in relativ ruhigen Seitenstraßen. Im Museums- und Rathausviertel gibt es einige recht günstige kleine Hotels mit gutem Preis-Leistungs-Verhältnis. Ferner wurden in die Hotelauswahl einige Hotels in oder nahe bei den Weinorten im Norden aufgenommen.

Über **WienTourismus** *(siehe S. 193)* erhalten Sie Prospekte mit über 500 Hotels und Pensionen. Auf der Website (www.wien.info) gibt es eine gute Übersicht über aktuelle Angebote und Packages.

Hotelpreise

Für die Übernachtungskosten müssen Sie in Wien einen relativ hohen Preis veranschlagen. Viele Hotels und Pensionen in guter Lage sind recht teuer. Doch schon direkt hinter der Ringstraße sind Zimmer oft 20 bis 25 Prozent billiger – ein wenig weiter vom Zentrum entfernt sind sie sogar noch günstiger.

In den meisten Hotels oder Pensionen gibt es, je nach Komfort, Zimmer in verschiedenen Preiskategorien. Für ein Einzelzimmer muss man mit etwa 75 Prozent des Preises für ein Doppelzimmer rechnen. In einigen Hotels bekommt man auch Zusatzbetten, andere bieten Familien- oder Dreibettzimmer an. Es kann sich lohnen, nach Sonderkonditionen zu fragen.

Die Nebensaison dauert von November bis März (ausgenommen Weihnachten und Neujahr) sowie von Juli bis August (wenn die Wiener Ferien

Penthouse-Suite 663 im Hotel Bristol, Belvedereviertel *(siehe S. 199)*

machen). Im Sommer kann man aber kaum mit Rabatten rechnen, im Winter ist etwa die Hälfte der Hotels bis zu 25 Prozent billiger. Die großen Hotelketten senken in der Nebensaison und an Wochenenden die Preise. Sehen Sie auch auf die Websites der Hotels.

Außerhalb der Saison kann man sich nach einem Preisnachlass bei Barzahlung erkundigen. Viele Hotels gewähren bei Aufenthalten über eine Woche Preisermäßigungen. Zudem gibt es Sonderangebote, z. B. drei Übernachtungen zum Preis von zweien.

Opulente Lobby des Hotes Imperial im Belvedereviertel *(siehe S. 199)*

◄ Kopfsteingepflasterte Gasse in der Wiener Innenstadt

Moderne Ausstattung: Zimmer im Hollmann Beletage im Stephansdomviertel *(siehe S. 196)*

Versteckte Preisaufschläge

Mit Ausnahme der meisten Fünf-Sterne-Hotels ist das Frühstück im Preis enthalten, ebenso alle Steuern, wie etwa die Mehrwertsteuer.

Die Parkgebühren sind in Wien oft hoch. In der Ringstraße ist die Parkzeit auf 90 Minuten beschränkt, Privatgaragen gibt es nicht. Pensionsgäste müssen meist selbst eine Tiefgarage finden, auch Hotels haben nur teilweise Parkplätze. Einige verlangen dafür annehmbare Preise, andere jedoch völlig überhöhte Gebühren. Man sollte sich daher vorab erkundigen. Weiter außerhalb ist das Parken weniger eingeschränkt, Tiefgaragenparkplätze sind dort günstiger.

Teuer ist auf jeden Fall das Telefonieren vom Hotelzimmer aus. Die meisten Hotels verlangen einen Pauschalpreis pro Einheit, obwohl es verbilligte Nacht- und Wochenendtarife gibt. Die Gebühren können das Dreieinhalbfache des Standardtarifs betragen, daher sind öffentliche Telefone oder auch das Handy meist empfehlenswerter.

Da jeder zweite Wiener einen vierbeinigen Freund zu haben scheint, ist es nicht verwunderlich, dass man in vielen Hotels Hunde mitbringen darf. Manche Häuser berechnen dafür einen Extrapreis.

Reservierung

Ostern, Mai, Juni, September, Oktober, Weihnachten und Neujahr gelten als Hauptsaison. Dann sind viele gute Hotels und Pensionen bis zu zwei Monate im Voraus ausgebucht.

Achtung: Auch bei der Annullierung einer Reservierung muss das Zimmer möglicherweise bezahlt werden. Wer erst nach 18 Uhr eintrifft, sollte dies rechtzeitig mitteilen.

Das Zimmer Ihrer Wahl können Sie auf der Website von **WienTourismus** (www.wien. info) buchen. Auch über www.austria.info kommen Sie zu Hotelbuchungs-Seiten. Wien-Hotels & Info, ein Service von Wien-Tourismus, ist telefonisch erreichbar *(siehe S. 195)*. Vor Ort gibt es am Albertinaplatz (Ecke Mayersedergasse) ein Buchungsbüro.

Eine weitere Möglichkeit ist die Reservierung per Brief, Fax, Telefon oder online direkt beim Hotel. Bei Hotels, die Kreditkarten akzeptieren, reicht ein Anruf. Andernfalls muss man die Reservierung eventuell schriftlich bestätigen.

Schild des bekannten Hotels Bristol

Ausstattung

Hotels werden mit ein bis fünf Sternen bewertet, Pensionen nach einem Vier-Sterne-System. Die Ausstattung eines Drei-Sterne-Hotels entspricht etwa der einer Vier-Sterne-Pension. Fünf-Sterne-Hotels sind stets elegant und gut geführt. Vier- und Drei-Sterne-Hotels bezeichnen sich oft – nach Wiener Sprachverständnis vielleicht zutreffend – als Palais, doch sollte man nicht mehr als ein schönes Stadthaus erwarten.

Im preiswerteren Bereich sind kleine Pensionen mit mehr als zwei Sternen oft freundlicher und angenehmer als günstige Hotels. Hotels und Pensionen mit ein oder zwei Sternen sind generell weniger komfortabel, bieten aber üblicherweise Telefon und Kabel-TV. Gleichwohl: Hotels in historischen Stadthäusern haben Charakter, kein Zimmer ist wie das andere. Viele, auch kleinere Häuser, bieten Gästen Internet-Zugang zumindest in der Lobby oder auch WLAN.

Meist sind nur Spitzenhotels mit sämtlichen Einrichtungen – Bar, Restaurant, Café und Aufenthaltsraum – ausgestattet. In den kleineren ist der Gesellschaftsraum oft nur eine Erweiterung der Rezeption. Auch wenn es keine Bar gibt, werden möglicherweise Getränke serviert.

Lobby des Sans Souci im Museums- und Rathausviertel *(siehe S. 198)*

Mit Kindern reisen

Fast alle Hotels und Pensionen bieten Kinderbetten und organisieren auch Babysitter. Einige Häuser verlangen allerdings für ein Kinderbett im Elternzimmer ebenso viel wie für ein Erwachsenenbett. Gewöhnlich können nur in größeren Hotels Kinder bis zu einem bestimmten Alter gratis im Elternschlafzimmer übernachten.

Behinderte Reisende

Das es in Wien noch sehr viel Altbaubestand gibt, sind Zimmer für behinderte Reisende nicht im Überfluss vorhanden. Entsprechende Hotels sind in einer entsprechenden Broschüre von **WienTourismus** aufgelistet.

Jugendherbergen

In der Stadt gibt es mehrere Jugendherbergen. Eine Broschüre von **WienTourismus** informiert Sie ebenso wie die Website über Jugendherbergen. In besser ausgestatteten Herbergen kostet eine Übernachtung mit Frühstück zehn bis 15 Euro. Meist muss man bis Mitternacht zurück sein und benötigt einen internationalen Jugendherbergsausweis, der in jeder Herberge erhältlich ist. Infos gibt es beim **Österreichischen Jugendherbergsverband**.

Saisonhotels

Jedes Jahr vom 1. Juli bis zum 30. September dienen zwei Dutzend Studentenwohnheime als Saisonhotels, die ein bis drei Sterne haben. In Letzteren sind die Zimmer recht passabel. Auskünfte erhalten Sie ganzjährig bei zwei großen Anbietern – **Academia Hotels** und **Sommerhotel Wieden**. Man sollte rechtzeitig im Voraus reservieren und muss in den besseren Hotels für ein Doppelzimmer mit einem Betrag von bis zu 75 Euro rechnen.

Camping

In einem Umkreis von acht bis 15 Kilometer vom Stadtzentrum liegen fünf gut ausgestattete Campingplätze. Einer davon ist ganzjährig geöffnet. Die meisten Campingplätze bieten Kücheneinrichtungen, einige auch einen Supermarkt. Näheres zu Ausstattung und Preisen erfahren Sie in der Camping- und Jugendherbergsbroschüre von **WienTourismus**. Ebenso erhalten Sie Auskünfte beim **Österreichischen Camping Club** und beim **Camping- und Caravaningclub Austria**.

Ferienwohnungen

Es gibt viele Möglichkeiten für Unabhängigkeit liebende Wien-Besucher, sich in einer Ferienwohnung einzuquartieren. Unternehmen wie **Apartment Service Vienna** präsentieren auf ihrer Website Ferienwohnungen, Familienunterkünfte, Apartments, große Wohnungen und Zimmer in der Stadt – ohne Provision direkt von Privatvermietern.

Einige Apartments besitzen ein Wohn-Schlaf-Zimmer. Die meisten sind mit Fernseher und Telefon ausgestattet. Die Übernachtung ist oft günstiger als in einer Pension.

Privatzimmer

Es ist möglich, in Wien auch privat zu wohnen. Man kann über **WienTourismus** ein Zimmer mieten, allerdings nur bei persönlicher Vorsprache. Privatunterkünfte vermittelt auch **Odyssee Reisen/Mitwohnzentrale**. Meist muss man allerdings mehrere Nächte bleiben. Die Kosten liegen bei rund 40 Euro pro Nacht.

Campingplatz an der Hüttelbergstraße 40

Hotelketten

In Wien sind alle bekannten großen Hotelketten repräsentiert. Die Marriott-Gruppe etwa ist mit dem **Vienna Marriott** *(siehe S. 197)*, dem **Imperial Riding School Renaissance Vienna** *(siehe S. 199)* und dem **Renaissance Wien Hotel** vertreten. Weitere bekannte Namen sind **InterContinental** *(siehe S. 198)*, **Hilton** und **Hotel Novotel City**, die alle im Zentrum angesiedelt sind.

Hotelketten werden oft als relativ unpersönlich empfunden, die Standards sind allerdings überall verlässlich gleich. Hotelketten sind meist auf Geschäftsreisende ausgerichtet und bieten daher auch die beste Ausstattung für diese Klientel. Die Zimmerpreise variieren eher nach der Auslastung des Hauses, weniger nach der Saison. Beispiele für diese Geschäftspolitik sind das Lindner Hotel Am Belvedere *(siehe S. 197)* und das Radisson Blu Palais Hotel *(siehe S. 198)*.

Zimmer im Hotel Sacher *(siehe S. 199)*

Hotelkategorien

Die Hotelauswahl *(siehe S. 196 – 199)* dieses Reiseführers ist in die Kategorien Luxus, Boutique, Zeitgenössisch, Familienfreundlich und Pensionen unterteilt – die Hotels dieser Kategorien wiederum nach Lage und Preis. Sie haben also die Auswahl von der einfachen Pension über ein Boutique-Hotel mit minimalistischem Dekor und Hightech-Ausstattung bis zum puren Luxus. Viele Hotels liegen in der Innenstadt, einige aber auch in den Außenbezirken Wiens.

Die Vis-à-Vis-Tipps listen besondere Häuser auf – Hotels mit schönen Zimmern, historischem Flair, überdurchschnittlichem Service, grandiosem Ausblick, einem tollen Spa, familiärer Atmosphäre, ökologischer Ausrichtung – oder einer Kombination aus allem.

Auf einen Blick

Information

Österreich Werbung
Vordere Zollamtsstraße 13, A-1030.
Stadtplan 6 F4.
C (01) 588 660.
C (00800) 400 200 00 (gebührenfrei aus D, A und CH).
W austria.info

WienTourismus
Albertinaplatz/Ecke Maysedergasse, A-1010.
Stadtplan 5 C4.
C +43 (0)1 245 55.
W wien.info

Jugendherbergen

Österreichischer Jugendherbergsverband
Zelinkagasse 12, A-1010.
Stadtplan 2 D4.
C (01) 5335 353.
W oejhv.at

Saisonhotels

Academia Hotels
Pfeilgasse 3a, A-1080.
Stadtplan 1 A5.
C (01) 4017 655.
W academiahotels.at

Sommerhotel Wieden
Schelleingasse 36, A-1040.
Stadtplan 4 E1.
C (01) 5766 676.
W sommerhotel wieden.at

Camping

Camping- und Caravaningclub Austria
Donaustadtstraße 34, A-1220.
C (050) 123 22 22.
W cca-camping.at

Österreichischer Camping Club
Schubertring 1–3, A-1010.
Stadtplan 6 D5.
C (01) 713 61 51.
W campingclub.at

Ferienwohnungen

Apartment Service Vienna
W apartment.at

Privatzimmer

Odyssee Reisen/ Mitwohnzentrale
Westbahnstraße 19, A-1070. **Stadtplan** 3 A2.
C (01) 402 60 61.
W odyssee-reisen.at

Hotels von Hotelketten

Hilton
Am Stadtpark, A-1030.
Stadtplan 6 F4.
C (01) 717 00 0.
W hilton.com

Hotel Novotel City
Aspernbrückenstraße 1, A-1020.
Stadtplan 1 B5.
C (01) 903 030.
W accorhotels.com

Imperial Riding School Renaissance Vienna
Ungargasse 60, A-1030.
Stadtplan 4 F1.
C (01) 711 750.
W marriott.com

InterContinental

Johannesgasse 28, A-1037.
Stadtplan 6 E5.
C (01) 711 220.
W vienna. international.com

Lindner Hotel Am Belvedere
Rennweg 12, A-1030.
Stadtplan 4 E2.
C (01) 794 770.
W lindner.de

Radisson Blu Palais Hotel
Parkring 16, A-1010.
Stadtplan 6 E4.
C (01) 515 170.
W radissonblu.com

Renaissance Wien Hotel
Linke Wienzeile/Ullmannstraße 71, A-1150.
C (01) 891 020.
W marriott.com

Vienna Marriott
Parkring 12a, A-1010.
Stadtplan 6 E4.
C (01) 515 180.
W marriott.com

Stadtplan *siehe Seiten 256 – 267*

Hotelauswahl

Boutique
Stephansdomviertel

Alma Boutique Hotel €
Hafnersteig 7, A-1010
C (01) 5332 961   **SP** 6 E2   **K** H6
W hotel-alma.com
Das elegante Jugendstil-Hotel
bietet schön möblierte Zimmer
sowie eine Dachterrasse mit
Sonnendeck.

Hotel Kärntnerhof €
Grashofgasse 4, A-1010
C (01) 5121 923   **SP** 6 E3   **K** H6
W karntnerhof.com
Das um 1900 erbaute Hotel ver-
fügt über große Zimmer und
Suiten sowie eine Dachterrasse.

Vis-à-Vis-Tipp

Hollmann Beletage €€
Köllnerhofgasse 6, A-1010
C (01) 9611 960   **SP** 6 E2   **K** H6
W hollmann-beletage.at
Das familiengeführte Hotel in
einem Stadthaus (19. Jh.) mit
Granitdekor bietet 25 geräumi-
ge Zimmer mit allerlei Extras.
Riesiges Frühstücksbüfett,
freundliches Personal sowie
Sauna.

Hotel am Schubertring €€
Schubertring 11, A-1010
C (01) 717 020   **SP** 6 D5   **K** H8
W schubertring.at
Erfreuen Sie sich an Altwiener
Charme mit schön möblierten
Zimmern und nettem Personal.

Vis-à-Vis-Tipp

The Ring €€€
Kärntner Ring 8, A-1010
C (01) 221 22   **SP** 6 D5   **K** G8
W theringhotel.com
Hinter einer nüchternen Fassade (19. Jh.) verbirgt sich ein
freundliches Ambiente mit feinen Stoffen, schönem Design
und kreativ-luxuriösem Touch.
Die individuell eingerichteten
Zimmer verbinden historische
und moderne Elemente. Im Spa
hat man herrlichen Stadtblick.

Hofburgviertel

Graben Hotel €
Dorotheergasse 3, A-1010
C (01) 5121 5310   **SP** 5 C4   **K** F6
W kremslehnerhotels.at
Die Highlights in diesem Hotel
sind das üppige Frühstück und
der aufmerksame Service.

Schottering
und Alsergrund

Vis-à-Vis-Tipp

Hotel Boltzmann €
Boltzmanngasse 8, A-1090
C (01) 354 500   **SP** 1 C3   **K** D2
W hotelboltzmann.at
Das preiswerte Hotel ist nach
dem Wiener Physiker Ludwig
Boltzmann benannt. Es verfügt
über gemütliche Zimmer, eini-
ge sind für Familien geeignet.
Im Sommer können Sie das
herzhafte Frühstück im ruhigen
Hofgarten einnehmen.

Museums-
und Rathausviertel

Fleming's Deluxe Hotel €€
Josefstädter Straße 10–12, A-1080
C (01) 205 990   **SP** 1 B5   **K** C6
W flemings-hotels.com
Das schicke, elegante Luxushotel
besitzt eine sehr gute technische
Ausstattung und bietet hervorra-
genden Service.

Hotel Rathaus €€
Lange Gasse 13, A-1080
C (01) 4001 122   **SP** 1 B5   **K** C/D6
W hotel-rathaus-wien.at
Das Hotel pflegt die Weinkultur.
Dies spiegelt sich im Dekor und
auf der Karte der Weinbar.

Levante Parliament €€
Auerspergstraße 9, A-1080
C (01) 228 280   **SP** 1 B5   **K** D6
W thelevante.com
Außerordentlich stilvolles Hotel
mit hübschem Atrium, attraktiver
Bar und finnischer Sauna.

**Zimmer mit Blick auf den Stephans-
dom im Hotel am Parkring**

Preiskategorien
Die Preise gelten für ein Standard-
Doppelzimmer pro Nacht (Hochsaison),
inklusive Steuern und Service.

€	unter 150 Euro
€€	150 – 250 Euro
€€€	über 250 Euro

Belvedereviertel

Hotel am Konzerthaus €
Am Heumarkt 35 – 37, A-1030
C (01) 716 160   **SP** 4 F2   **K** J8
W mgallery.com
Das schicke Haus liegt unweit be-
rühmter Jugendstil-Bauten und
zieht anspruchsvolle Gäste an.

Abstecher

Art Hotel Vienna €
Brandmayergasse 7– 9, A-1050
C (01) 5445 108   **SP** 3 B5
W thearthotelvienna.at
Große, gut ausgestattete Zimmer
und eine Bar, die 24 Stunden
geöffnet ist.

Vis-à-Vis-Tipp

Boutique Hotel Stadthalle €
Hackengasse 20, A-1150
C (01) 9824 272
W hotelstadthalle.at
Das familiengeführt Öko-Hotel
mit Garten bietet Extras wie
DVD-Player, Blumen und Kerzen. Lotionen, Seifen und Öle
sind mit Lavendel vom hübschen Dachgarten des Hauses
versetzt.

Hein Boutique Hotel €
Mannswörther Straße 94, A-2320
C (01) 7071 950
W heinhotel.at
Individuell eingerichtete Zimmer,
Suiten und Apartments in ruhi-
ger Umgebung.

Zeitgenössisch
Stephansdomviertel

Vis-à-Vis-Tipp

Hotel am Parkring €€
Parkring 12, A-1010
C (01) 514 800   **SP** 6 E4   **K** H7
W schick-hotels.com
Das Vier-Sterne-Hotel ist bekannt für sein erstklassiges Restaurant und seinen gut sortier-
ten Weinkeller. Vom Balkon der
komfortablen Zimmer hat man
einen großartigen Blick auf die
Wahrzeichen der Stadt.

Zimmer mit integriertem Bad im DO & CO Hotel

Hotel am Stephansplatz €€
Stephansplatz 9, A-1010
(01) 534 050   SP 6 D3 K G6
hotelamstephansplatz.at
Zum Dekor des umweltfreundlichen Hauses gehören Werke zeitgenössischer Künstler und Naturmaterialien in warmen Farben.

Hotel Wandl €€
Petersplatz 9, A-1010
(01) 534 550   SP 5 C3 K G6
hotel-wandl.com
Genießen Sie komfortable Zimmer und vorbildlichen Service in einem familiengeführten Hotel.

DO & CO Hotel €€€
Stephansplatz 12, A-1010
(01) 241 88   SP 6 D3 K G6
doco.com
Luxushotel mit Weinbar für den anspruchsvollen Reisenden. Es bietet sehr gut ausgestattete Zimmer mit 24-Stunden-Service.

Hofburgviertel
Best Western Plus Hotel Das Tigra €€
Tiefer Graben 14 – 20, A-1010
(01) 5339 640   SP 5 C2 K F5
hotel-tigra.at
Geräumige, gut ausgestattete Zimmer in einem netten Hotel.

Pension A und A €€
Habsburgergasse 3, A-1010
(01) 890 5128   SP 5 C3 K F6
pensionaunda.at
Familiengeführte Pension mit acht Zimmern und einem schicken Luxusapartment.

Schottering und Alsergrund
Hotel Goldener Bär €
Türkenstraße 27, A-1090
(01) 3175 111   SP 1 C4 K F3
goldbearhotel.com
Preiswertes Hotel mit gut ausgestatteten, schallgedämmten Zimmern und üppigem Frühstück.

Museums- und Rathausviertel
Altstadt Vienna €
Kirchengasse 41, A-1070
(01) 5226 666   SP 3 B1 K D7
altstadt.at
Die Zimmer sind mit Kunstwerken geschmückt und verbinden traditionelle und moderne Elemente.

Cordial Theaterhotel €
Josefstädter Straße 22, A-1080
(01) 4053 648   SP 1 B5 K C6
cordial.at
Die schicken, komfortablen Zimmer zeigen unprätentiöse Eleganz.

Hotel Korotan €
Albertgasse 48, A-1080
(01) 4034 193   SP 1 A5 K B5
korotan.com
Kunstwerke schmücken die Wände, man hat einen wunderbaren Blick über die Stadt. Bibliothek und Babysitter-Service.

Mercure Josefhof Wien €€
Josefsgasse 4 – 6, A-1080
(01) 404 19   SP 1 B5 K G6
josefshof.com
Großes Hotel mit den neuesten Einrichtungen sowie Bar, Terrasse und Frühstücksbüfett bis Mittag.

Oper und Naschmarkt
Le Méridien Vienna €€
Opernring 13, A-1010
(01) 588 900   SP 4 D1 K F8
lemeridienvienna.com
In den eleganten Zimmern des Le Méridien bekommen Sie Kissen nach Ihrer Wahl. Es gibt ein preisgekröntes Restaurant.

Belvedereviertel
Clima Cityhotel €
Theresianumgasse 21A, A-1040
(01) 5051 696   SP 4 E4 K G11
climacity-hotel.com
Das stilvolle Hotel hat eine Galerie mit zeitgenössischer Kunst.

Hotel Daniel Vienna €
Landstraßer Gürtel 5, A-1030
(01) 901 310   SP 4 F4 K J12
hoteldaniel.com
Zu dem eleganten Hotel gehört auch eine Bäckerei. Extras: iPad und Vespa zum Mieten.

Lindner Hotel am Belvedere €€
Rennweg 12, A-1030
(01) 794 770   SP 4 E2 K H9
lindner.de
Wegen der technischen Ausstattung und dem Wellnessbereich bei Geschäftsreisenden beliebt.

Abstecher
Gartenhotel Glanzing €
Glanzinggasse 23, A-1190
(01) 4704 2720
gartenhotel-glanzing.at
Das Hotel bietet Zimmer und Apartments mit Balkon. Die Sauna ist 24 Stunden geöffnet.

Familienfreundlich
Stephansdomviertel
Hotel Post €
Fleischmarkt 24, A-1010
(01) 515 830   SP 2 E5 K H6
hotel-post-wien.at
Individuell eingerichtete Zimmer mit modernem Komfort.

Hotel Schweizerhof €
Bauernmarkt 22a, A-1010
(01) 5331 931   SP 6 D2 K G6
schweizerhof.at
Familiengeführtes Haus – auch mit Drei- und Vierbettzimmern.

Marc Aurel €
Marc-Aurel-Straße 8, A-1010
(01) 5333 6400   SP 6 D2 K G5
hotel-marcaurel.com
Freundliches Hotel in Familienbesitz mit hübschem Café.

Hotel Capricorno €€
Schwedenplatz 3 – 4, A-1010
(01) 5333 104-0   SP 6 E2 K H5
schick-hotels.com
Das Hotel bietet Einzelzimmer, aber auch Mehrbettzimmer.

Mailberger Hof €€
Annagasse 7, A-1010
(01) 5120 641-0   SP 4 E1 K G7
mailbergerhof.at
Große Auswahl an Zimmern und Apartments in einem großartigen Palais mit Barockfassade.

Vienna Marriott €€
Parkring 12a, A-1010
(01) 515 180   SP 6 E4 K H7
marriott.com
Großes Hotel mit Sauna, Fitness-Center, Bars und Restaurants.

Individuell gestaltete Suite im Sans Souci

Schottering und Alsergrund

Harmonie €
Harmoniegasse 5–7, A-1090
📞 (01) 3176 604   SP 1 C3 K E3
🌐 bestwestern-ce.com
Das Hotel bietet ein opulentes Frühstücksbüfett, ein Café, eine Bar und Konzertticket-Verkauf.

Hotel Mozart €
Julius-Tandler-Platz 4, A-1090
📞 (01) 3171 537   SP 1 C2 K E1
🌐 hotelmozart-vienna.at
Kostenloser Fahrradverleih und umweltfreundliche Bäder in einem familiengeführten Hotel.

Oper und Naschmarkt

Hotel Beethoven €€
Papagenogasse 6, A-1060
📞 (01) 5874 482-0   SP 3 C2 K F8
🌐 hotel-beethoven.at
In dem familiengeführten Hotel finden das ganze Jahr Kultur- und Musikveranstaltungen statt.

Belvedereviertel

Hotel Erzherzog Rainer €€
Wiedner Hauptstraße 27–29, A-1040
📞 (01) 221 11   SP 4 D3 K F10
🌐 schick-hotels.com
Sie haben eine Vielfalt an Zimmern zur Auswahl. Zum Hotel gehört ein beliebtes Restaurant.

Abstecher

Hostel Ruthensteiner €
Robert-Hamerling-Gasse 24, A-1150
📞 (01) 8934 202
🌐 hostelruthensteiner.com
Preiswertes, angenehmes Hotel, das bei Familien und Rucksack-reisenden sehr beliebt ist.

Hotel Capri €
Praterstraße 44–46, A-1020
📞 (01) 2148 404   SP 2 F4 K K4
🌐 hotelcapri.at
Gut ausgestattete Zimmer in einem preiswerten Hotel. Haustiere sind willkommen.

Hotel Jäger €
Hernalser Hauptstraße 187, A-1170
📞 (01) 4866 620-0
🌐 hoteljaeger.at
Das Hotel besitzt komfortable Zimmer und Apartments. Frühstücksbüfett auf der Terrasse.

Luxus
Stephansdomviertel

InterContinental €€
Johannesgasse 28, A-1037
📞 (01) 711 220   SP 6 E5 K H8
🌐 vienna.intercontinental.com
Hotel mit atemberaubender Aussicht über die Stadt, einem klassischen Restaurant und einem Spa.

Kaiserin Elisabeth €€
Weihburggasse 3, A-1010
📞 (01) 515 260   SP 6 D4 K G6
🌐 kaiserinelisabeth.at
Gut ausgestattete, elegante Zimmer in einem Hotel mit allen modernen Annehmlichkeiten.

König von Ungarn €€
Schulerstraße 10, A-1010
📞 (01) 515 84   SP 6 D3 K H6
🌐 kvu.at
Historisches Hotel, in dem viele namhafte Gäste absteigen.

Neorenaissance-Fassade des Hotels Beethoven

Radisson Blu Palais Hotel €€
Parkring 16, A-1010
📞 (01) 515 170   SP 6 E4 K H7
🌐 radissonblu.com/palaishotel-vienna
Elegante Zimmer und historischer Glanz in zwei schön restaurierten Palais (19. Jh.).

Schlosshotel Römischer Kaiser €€
Annagasse 16, A-1010
📞 (01) 5127 751-0   SP 6 D4 K G7
🌐 bestwestern.at/roemischerkaiser
Das historische Hotel in einem Barockpalais befindet sich seit 1904 in Familienbesitz und verfügt über auch architektonisch reizvolle Zimmer.

Palais Coburg €€€
Coburgbastei 4, A-1010
📞 (01) 518 180   SP 6 E4 K H7
🌐 coburg.at
Genießen Sie Luxus pur in einem Hotel mit opulenten Zimmern, Gourmetrestaurant und Spa.

Ritz-Carlton Vienna €€€
Schubertring 5–7, A-1010
📞 (01) 311 88   SP 6 D5 K H8
🌐 ritzcarlton.com
Das Hotel ist in vier Palais (19. Jh.) untergebracht. Es bietet luxuriöse Zimmer und Suiten mit grandiosem Blick über die Stadt sowie einen Innenpool.

Hofburgviertel

Hotel Steigenberger Herrenhof €€
Herrengasse 10, A-1010
📞 (01) 534 040   SP 5 B3 K F6
🌐 steigenberger.com
Erleben Sie hohen Komfort in einem angenehmen Hotel mit modernen Zimmern und Suiten sowie Fitness-Center und Spa.

Museums- und Rathausviertel

Palais Hansen Kempinski €€€
Schottenring 24, A-1010
📞 (01) 2361 000   SP 2 D4 K F4
🌐 kempinski.com
Das glamouröse Palais Hansen Kempinski gehört zu Wiens Nobelhotels und bietet opulent ausgestattete Zimmer sowie einen Ballsaal.

Sans Souci €€€
Burggasse 2, A-1070
📞 (01) 5222 520   SP 3 B1 K D7
🌐 sanssouci-wien.com
Das angesagte Hotel mit Restaurant, Cocktailbar und Spa ist mit vielen Kunstwerken geschmückt. Das Dekor ist vom Design Philippe Starcks beeinflusst.

Oper und Naschmarkt

Vis-à-Vis-Tipp

Hotel Sacher €€€
Philharmonikerstraße 4, A-1010
(01) 514 560 **SP** 4 D1 **K** G7
sacher.com
Das berühmte Hotel wurde
1876 von einem Sohn des Erfin-
ders der Sachertorte eröffnet
(siehe S. 206). Es zählt zu den lu-
xuriösesten Orten Wiens, entsprechend hoch sind natürlich
die Preise.

Belvedereviertel

NH Belvedere €
Rennweg 12a, A-1030
(01) 206 11 **SP** 4 F3 **K** H9
nh-hotels.com
Jugendstil-Hotel mit eleganten
Zimmern und edlem Mobiliar.

**Imperial Riding School
Renaissance Vienna** €€
Ungargasse 60, A-1030
(01) 711 750 **SP** 4 F1 **K** K9
marriott.com
Großes historisches Hotel mit
Lounges, Bars, Gärten, Innenpool
und luxuriösen Zimmern mit
modernen Annehmlichkeiten.

Hotel Bristol €€€
Kärtner Ring 1, A-1010
(01) 515 160 **SP** 4 D2 **K** G8
bristolvienna.com
Zum Dekor des Fünf-Sterne-
Hotels gehören viele Kunstwerke.

Imperial €€€
Kärtner Ring 16, A-1015
(01) 501 100 **SP** 4 D2 **K** G8
imperialvienna.com
Luxuriöses Hotel in einem Palais,
das in der ersten Hälfte des
1860er Jahre erbaut wurde. Die
Suiten bieten Butlerservice.

Abstecher

Landhaus Fuhrgassl-Huber €
Neustift/Walde 68, A-1190
(01) 4401 405
fuhrgassl-huber.at
Das herrliche Landhaus am
Stadtrand ist ein guter Start-
punkt, um Wien zu erkunden.

Pensionen

Stephansdomviertel

Domizil €
Schulerstraße 14, A-1010
(01) 5133 199 **SP** 6 D3 **K** H6
hoteldomizil.at
Hoher Komfort zu niedrigen Preisen in anheimelnden Zimmern.

Pension Aviano €€
Marco-d'Aviano-Gasse 1, A-1010
(01) 5128 330 **SP** 5 C4 **K** G7
aviano-pension-vienna.h-rez.com
Preiswertes, familiengeführtes
B & B in einem schönen Gebäude
mit traditionellem Wiener Dekor.

Hofburgviertel

Pension Nossek €
Graben 17, A-1010
(01) 5337 041-0 **SP** 5 C3 **K** F/G6
pension-nossek.at
Hübsches, familiengeführtes
Gästehaus mit gemütlichen
Zimmern. Großartiger Service.

Pertschy Palais Hotel €€
Habsburgergasse 5, A-1010
(01) 534 490 **SP** 5 C3 **K** F6
pertschy.com
Barockpalais mit unterschiedlichen geschmackvoll und individuell eingerichteten Zimmern.

Schottering
und Alsergrund

Pension Liechtenstein €
Nickelgasse 1, A-1020
(01) 2168 499 **SP** 2 E3 **K** H3
pension-liechtenstein.at
Familiengeführtes B & B mit gut
ausgestatteten Zimmern, ideal für
einen längeren Aufenthalt.

Pension Schottentor €
Hörlgasse 4, A-1090
(01) 3191 176 **SP** 1 C4 **K** E4
pensionschottentor.whizrooms.
com
Familiengeführte Drei-Sterne-
Pension mit Grundausstattung.

Museums-
und Rathausviertel

Academia €
Pfeilgasse 3a, A-1080
(01) 401 76 **SP** 1 A5 **K** B/C6
academiahotels.at
Angenehmes, bei Studenten
beliebtes B & B mit sehr schöner
Dachterrasse.

Arpi €
Kochgasse 15/9, A-1080
(01) 4050 033 **SP** 1 B4 **K** C5
hotelarpi.com
Kleine Zimmer mit WLAN und
Fernsehgerät. Das Frühstücksbüfett ist im Preis inbegriffen.

Hotel-Pension Museum €
Museumstraße 3, A-1070
(01) 5234 426 **SP** 3 B1 **K** D7
hotelmuseum.at
Beliebte Pension mit großen Zimmern und altmodischen Möbeln
in den Aufenthaltsräumen.

Oper und Naschmarkt

Pension Mariahilf €
Mariahilfer Straße 49, A-1060
(01) 5861 781 **SP** 3 B2 **K** C9
mariahilf-hotel.at
Die beliebte Pension bietet
ruhige Zimmer in verschiedenen
Größen und mit eigenem Bade-
zimmer.

Vis-à-Vis-Tipp

Pension Suzanne €
Walfischgasse 4, A-1010
(01) 5132 507 **SP** 4 D1 **K** G8
pension-suzanne.at
Die gehobene Pension in Familienbesitz ist mit ungewöhnli-
chem Mobiliar ausgestattet:
Sigmund Freuds Couch, Gustav
Klimts Sitzbank und Gustav
Mahlers Sessel. Einige Zimmer
blicken auf einen ruhigen Innenhof. Freundlicher Service.

Abstecher

A & O Hostel €
Lerchenfelder Gürtel 9–11, A-1160
(01) 4930 480 3900
aohostels.com
Hostel mit komfortablen, saube-
ren Zimmern, schicker Bar, einer
Bibliothek und einem schönen
Biergarten.

Hotel-Pension Continental €
Kirchengasse 1, A-1070
(01) 5232 418 **SP** 3 B2 **K** C8
hotel-continental.at
Preiswerte Einzelzimmer, aber
auch Mehrbettzimmer für Famili-
en. Frühstücksbüfett.

Pension Baronesse €
Lange Gasse 61, A-1080
(01) 4051 061 **SP** 1 B5 **K** C4
hotel-baronesse.at
Pension mit über 40 geräumigen,
gemütlichen Zimmern, darunter
Einzel-, Zweibett- und Mehrbettzimmer für Familien.

**Luxuriös möbliertes Zimmer im
historischen Hotel Sacher**

SP = **Stadtplan** *siehe Seiten 256 – 267* **K** = **Karte** *Extrakarte zum Herausnehmen*

Restaurants

Die Grundlagen der Wiener Küche wurden von ganz verschiedenen europäischen Einflüssen geprägt: Das Schnitzel kommt aus Norditalien, das Gulasch aus Ungarn, die Knödel stammen aus Böhmen und die Grillgerichte, Würstchen und Cevapcici aus den Balkanländern. Nach dem Zweiten Weltkrieg, als viele Einwanderer aus dem Osten nach Österreich kamen, hat sich dies noch verstärkt. Wien bietet eine reichhaltige Auswahl an Essensmöglichkeiten: vom Straßenverkauf an den einfachen Würstelständen bis zur hochpreisigen Nouvelle Cuisine. Das Angebot an Restaurants reicht von traditionellen Wirtshäusern über Wein- oder Heurigenlokale mit idyllischen Gärten in den Außenbezirken bis hin zu barocken Weinkellern. Warme Mahlzeiten werden in der Regel von 11.30 Uhr bis Mitternacht angeboten. Die Restaurantauswahl auf den Seiten 210 bis 219 listet ganz unterschiedliche Lokale auf, geordnet nach Stadtvierteln und Preiskategorien – mit einer gewissen Bevorzugung der österreichischen Küche, aber auch mit Alternativen.

Imbisse und Snacks

Die einfachen Würstelstände verkaufen die üblichen Imbissbudengerichte, etwa Käsekrainer, Hotdogs und Bosna. Etwas größer ist die Auswahl in den kleinen Snackbars, die Sandwiches, belegte Semmeln, Backwaren und Getränke anbieten. Bei **Trzesniewski** *(siehe S. 213)* gibt es hervorragende Snacks, die mit einem Pfiff (ca. 0,175 l Bier) besonders gut schmecken.

Weinkellerschild

Wer mittags etwas Kräftiges zu essen braucht, wird auch das Angebot der sogenannten Stehbeisln zu schätzen wissen. Sie sind meist in Metzgereien oder Lebensmittelmärkten situiert und bieten warme Gerichte und Suppen, die an einem kalten Wintertag aufwärmen. In besseren Restaurants erhalten Sie am späten Vormittag auch ein Gabelfrühstück, eine Art Lunch mit kalten oder warmen Gerichten. Eine andere, typisch wienerische Mahlzeit ist die Jause, eine »Brotzeit« mit Käse, Wurst und Brot, die in vielen Lokalen den ganzen Tag über serviert wird.

All diese Angebote lohnen sich vor allem für preisbewusste Reisende, denn in der Regel sind sie billiger und oft ebenso gut wie die Snackbars und Cafés in den Museen. Auch die meisten Selbstbedienungsrestaurants sind empfehlenswert.

Die meisten dieser Lokale schließen allerdings schon recht früh und eignen sich daher am besten für ein schnelles Mittagessen, während die Kaffeehäuser oder Weinkeller eher für eine kleine, unkomplizierte Mahlzeit am Abend oder späten Abend zu empfehlen sind.

Restaurant Dunkelbunt *(siehe S. 218)*

Weinkeller

Weinkeller gehören einfach zu Wien dazu. Sie sind oft in Residenzen untergebracht, die zu den alten Barockklöstern der Region gehören. Hier wird der regionale Wein aus Fässern ausgeschenkt. Dazu gibt es meist kalte und vereinzelt auch warme Mahlzeiten. Wer vor einem Theater- oder Opernbesuch noch etwas Wiener Flair tanken möchte, ist hier richtig. Manchmal wird auch Schrammelmusik gespielt.

Heurigenlokale

Heurige sind eine typisch österreichische Institution, der Begriff hat eigentlich zwei Be-

Lecker Belegtes gibt es bei Zum Schwarzen Kameel *(siehe S. 212)*

Auslage mit Torten und Gebäck im Café Mozart *(siehe S. 213)*

deutungen: Zum einen bezeichnet er den jungen Wein der letzten Ernte, zum andern auch das Lokal, die Buschenschank, die diesen Wein offen ausschenken und verkaufen darf. Ein Wein ist bis zum 11. November, dem Sankt-Martinstag des auf die Ernte folgenden Jahres, ein Heuriger.

In den Weinbaugebieten rund um Wien gibt es annähernd 200 Heurigenlokale (z. B. in Neustift am Walde, Grinzing, Heiligenstadt). Die meisten haben erst ab dem Nachmittag geöffnet. Lediglich die bei Besuchern beliebten Lokale und Gärten öffnen schon um die Mittagszeit.

Da viele Heurigenlokale idyllische Gärten oder Innenhöfe haben, sind sie vor allem im Sommer beliebt. Ursprünglich hatten die Lokale nur im Sommer geöffnet. Dass neuer Wein

Ein typischer Würstelstand
im Stadtzentrum

ausgeschenkt wurde, war am »Ausg'steckt«-Schild erkennbar – dies geht zurück auf die *ausg'steckten* Zweige über der Tür nach einem Erlass (1784) von Kaiser Joseph II. Doch die größeren Heurigenlokale haben inzwischen ganzjährig offen und bieten in den gemütlichen Gaststuben auch im Winter eine ungezwungene Atmosphäre.

Kaffeehäuser und Konditoreien

Wiens berühmte Kaffeehäuser *(siehe S. 60 – 63)* sind etwas gruppenspezifisch »eingefärbt«: Beispielsweise gehen Politiker ins **Landtmann** *(siehe S. 215)*, literarisch Interessierte kommen gern im **Hawelka** *(siehe S. 210)* zum Ideenaustausch zusammen. Die verschiedenen Kaffeearten sind eine Wissenschaft für sich – sie werden nach Stärke und Milchzugabe unterschieden *(siehe S. 62f)*.

Die Preise variieren nach Lage und Ausstattung. Traditionelle Wiener Institutionen wie das **Café Ministerium** *(siehe S. 210)*, in dem die Angestellten der nahen Ministerien verkehren, werden mehr verlangen als die kleinen verräucherten Cafés in irgendwelchen Gässchen und Seitenstraßen.

Während Sie in den Kaffeehäusern eine kleine Auswahl an einfachen warmen Gerichten erhalten, gibt es in Konditoreien hauptsächlich Kuchen, Torten und Gebäck (übrigens meist auch eine große Auswahl für Diabetiker). Wer sich mit den vielfältigen Spezialitäten nicht auskennt, kann direkt an der Kuchentheke wählen und bestellen. Meiden Sie jedoch die großen Konditoreien in der Innenstadt – zur Hauptsaison sind die Preise dort oft überhöht.

Sachertorte – am besten original im Café Sacher *(siehe S. 216)*

Im siebten Stock: DO & CO *(siehe S. 212)* mit Aussicht auf den Stephansdom

Wiener Beisln

Was dem Italiener seine Trattoria ist dem Wiener sein Beisl, ein einfaches Lokal, in dem Wiener Küche angeboten wird. Die Bezeichnung geht auf das hebräische Wort *beth* (Haus) zurück. Im 18. Jahrhundert gab es in Wien nämlich viele jüdische Gastwirte.

Inzwischen sind viele Beisln nobler und teurer geworden, doch in allen bekommt man noch die typischen Wiener Gerichte, etwa Tafelspitz, Vanillerostbraten, Kalbsbeuschel (Leber, Lunge und Herz) und

natürlich das obligatorische Wiener Schnitzel.

Auch bei den Suppen hat die Wiener Küche einiges zu bieten. Die beliebteste Suppe ist nach wie vor die Eierschwammerlsuppe, die mit Pfifferlingen zubereitet wird.

Vor allem aber die Desserts bzw. Süßspeisen lassen einem das Wasser im Mund zusammenlaufen. Powidltascherln (mit Pflaumenmusfüllung) und Zwetschgenknödel sind allseits beliebt, und die Portionen sind oft so groß, dass Sie das Hauptgericht weglassen können.

Gutbürgerliche und internationale Küche

Die besseren Beisln bieten in etwa die gleiche Qualität wie ein gutbürgerliches Restaurant. Der Begriff ist nicht abwertend gemeint – oft verbergen sich dahinter hochwertige Schmankerln. Auch griechische Lokale wie das **Kostas** *(siehe S. 216)* sind recht preisgünstig. Das gilt auch für einige asiatische Lokale, etwa das **Sri Thai Imbiss** *(siehe S. 218)*, japanische Restaurants sind hingegen meist teurer.

Italienisches Essen gibt es in Wien zuhauf, von Pasta und Pizza bis zu den Spezialitäten der Lombardei oder Toskana. Die Anzahl vegetarischer Restaurants nimmt zu, zu den ältesten gehört das **Wrenkh** *(siehe S. 211)*. **Lebenbauer** *(siehe S. 215)* bietet nur Bio-Produkte.

Luxusrestaurants

Auch die besten Gourmetrestaurants der Stadt integrieren oft typische Wiener Elemente in ihre Kochkünste. Luxushotels bieten in ihren Restaurants meist hervorragendes Essen, etwa das **Sacher** *(siehe S. 216)*, das **Bristol** *(siehe S. 217)* oder das **Imperial** *(siehe S. 217)*.

Das **Steirereck** *(siehe S. 212)*, das hübsch im Stadtpark liegt und den Fokus der Küche auf österreichische Traditionen legt, gilt nach wie vor als eines

At Eight *(siehe S. 212)*, das edle Restaurant des Hotels The Ring

der besten Gourmetlokale Österreichs. Die **Trattoria Martinelli** *(siehe S. 214)* ist auf traditionelle toskanische Küche auf hohem Niveau spezialisiert. Die Gerichte werden im barocken Ambiente des Palais Harrach serviert.

Preise und Bezahlung

Wiener Lokale bieten meist ein gutes Preis-Leistungs-Verhältnis. Wer sich allerdings an vielen kleinen Leckerbissen schadlos hält, kann schnell eine saftige Rechnung präsentiert bekommen. Auch die traditionsreichen Kaffeehäuser und Konditoreien verlangen zum Teil stolze Preise – eine Tasse Kaffee kostet um die drei Euro. Wenn man sich noch ein Stück Kuchen oder Torte oder einen kleinen Aprikosenschnaps genehmigt, kann sich die Rechnung leicht mehr als verdoppeln.

Snacks kosten um die fünf Euro. In Lokalen gibt es häufig preiswerte Tagesgerichte bzw. Tagesmenüs (oft Mittagsmenüs) für bis zu zehn Euro, wobei Sie in einem Selbstbedienungsrestaurant oder einem der stärker touristischen Weinkeller mit mehr rechnen müssen. In einem der üblichen Beisln bezahlt man für ein Abendessen mit einem Glas Wein schnell um die 20 Euro. Wer sich jedoch an die Menüangebote hält, speist um einiges billiger.

Die Terrasse des Vestibül im Burgtheater *(siehe S. 215)*

Die Preise der breiten Masse an Mittelklasse-Restaurants bewegen sich im Rahmen des Üblichen. In Gourmetrestaurants übersteigen sie dagegen sehr schnell die 50-Euro-Grenze pro Person. Abends sind die Preise generell höher als am Tag. Ein ähnlicher Preisanstieg ist leider bisweilen auch in der Hauptsaison zu beobachten.

Bitte beachten Sie, dass viele der kleineren Lokale keine Kreditkarten akzeptieren. Fragen Sie am besten vorher nach.

Reservierung

Besucher, die eine besondere Dienstleistung benötigen (z.B. Behinderte oder Familien mit Kindern), sollten sich erkundigen, ob das Lokal ihre Bedürfnisse (rollstuhlgerecht, Nichtraucherlokal oder -zone, Kinderstühle, Kinderkarte etc.) erfüllen kann. Meist genügt es, ein oder zwei Tage im Voraus zu reservieren. Bitte bedenken Sie: Selbst die einfachen Beisln haben treue Stammgäste und sind oft voll. Vermeiden Sie also eine Enttäuschung, indem Sie rechtzeitig reservieren.

Service und Trinkgeld

Aufmerksamer Service ist ein Markenzeichen fast aller Wiener Restaurants. Dieser Service ist zwar in der Rechnung inbegriffen, dennoch sollten Sie die Bedienung sowohl in Restaurants als auch in Kaffeehäusern mit Trinkgeld (etwa zehn bis 15 Prozent) honorieren.

Restaurantkategorien

Die Restaurantauswahl *(siehe S. 219 – 219)* dieses Reiseführers deckt eine Bandbreite an Küchen und Preiskategorien ab – von Beisln und Heurigen mit traditioneller Wiener Küche über Kaffeehäuser und Restaurants mit regionaler Küche bis zur Fusionsküche und Nouvelle Cuisine. Gelistet sind auch asiatische und japanische Lokale sowie italienisch-mediterrane und vegetarische Optionen.

Die Vis-à-Vis-Tipps machen auf besondere Häuser aufmerksam – etwa Lokale mit außergewöhnlich guter regionaler Küche, moderaten Preisen, romantischem Ambiente, spezifischem Wiener Flair, einem berühmten Koch – oder einer Kombination aus allem.

Anheimelnd: das Griechenbeisl, Wiens ältestes Gasthaus *(siehe S. 210)*

Ein auffälliger Mix an Farben: das trendige Motto *(siehe S. 219)*

Wiener Spezialitäten: Herzhaftes

Die Wiener Küche ist ein Erbe der Donaumonarchie, als die Köche des Wiener Hofs von unterschiedlichen europäischen Genüssen beeinflusst wurden. Sie ist daher ausgesprochen vielfältig. Italienische, polnische und ungarische kulinarische Traditionen inspirierten die Gerichte. Auch die Gewürze des Balkans machen sich bemerkbar. Das Wiener Schnitzel war einst ein Import aus Mailand, als die Stadt unter Habsburger Herrschaft stand. Das Gulasch ist die österreichische Version des Kesselgerichts aus der ungarischen Puszta. Aus Böhmen kamen Mehlspeisen, vor allem die Knödel.

Pfifferlinge

Käsestand auf einem Bauernmarkt

Fleisch, Geflügel, Milch

Rindfleisch essen Österreicher einen Tick lieber als Schweinefleisch. Es wird etwa im Gulasch verwendet, das man aus Ungarn übernommen hat. Das berühmteste Gericht ist das Wiener Schnitzel, das aus Kalbfleisch zubereitet wird. Schweinefleisch verwendet man eher für Schinken und Wurst. Schinken und Speck werden geräuchert und/oder luftgetrocknet, eine alpenländische Tradition. Bratwürste können aus Rind-, Kalb- oder Schweinefleisch bestehen. Beliebt sind Frankfurter (außerhalb Österreichs meist als »Wiener« bekannt) und Käsekrainer. Der Name »Bierwurst« zielt nicht auf die Zubereitungsart, sondern darauf, dass man sie gern zum Bier isst.

Das Backhendl ist seit dem 18. Jahrhundert eine Spezialität der Wiener Küche. Entenbraten wird oft mit süßer Sauce serviert, manchmal mit Blaukraut. Auch Gänsebraten und -leber sind beliebt. Die Milch der Kühe von den Almen ergibt exzellenten Käse, etwa würzigen Wälder oder den Vorarlberger Bergkäse.

Frankfurter (Rind)

Bierwurst

Frankfurter (Schwein)

Bratwurst

Schinken

Speck

Auswahl an österreichischen Wurstwaren

Typische Gerichte

Die meisten Wiener Klassiker findet man überall in Österreich, obwohl sich die Regionen auch ihre Eigenheiten bewahrt haben. Im Osten des Landes sind eher Knödel beliebt. Das gilt auch für Karpfen, Wild und Schweinefleisch. Rind- und Lammfleisch findet man eher im Westen und in den Bergen. Gutes Rindfleisch braucht es für den Tafelspitz, der oft als Nationalgericht gehandelt wird. Speck ist u. a. Bestandteil der Speckknödel. Das liebste Schweinefleisch ist den Österreichern wohl das Kassler (Surbraten), das gern mit Sauerkraut serviert wird. Fischgröstl ist eine Mischung aus Fischstücken, Zwiebeln, Kartoffeln und restlichen Fleischstücken – ein typisches Resteverwertungsgericht, deshalb findet man es selten auf einer normalen Speisekarte.

Paprika

Tafelspitz, ein Stück aus der Rinderkeule, wird mit Wurzelgemüse gekocht und mit Kren (Meerrettich) serviert.

Frische bunte Vielfalt – Gemüse auf einem Wiener Markt

Fisch

Österreich ist ein Binnenland, folglich gibt es keine Seafood-Tradition – wobei man natürlich heute in entsprechenden Lokalen von Hummer über Jakobsmuscheln bis zu verschiedenen Salzwasserfischen alles erhält. Heringe gibt es häufig als Vorspeise, an Ostern ist geräucherter Hering mit Apfelsalat beliebt. Scholle (Goldbutt) steht das ganze Jahr über auf den Speisekarten. Oft wird sie in Gemüsesauce serviert.

Süßwasserfische wurden in der Donaustadt schon immer gern gegessen, auch wenn heute nur noch wenige im Fluss geangelt werden. Forelle ist am beliebtesten, meist wird sie gegrillt oder als Forelle blau serviert. Karpfen ist ein beliebtes traditionelles Weihnachtsessen.

Gemüse

Österreichisches Gemüse zeichnet sich durch hohe Qualität aus. Zudem hat Österreich im Vergleich zu anderen europäischen Ländern einen hohen Anteil an Öko-Landbau. Die saisonale Verwendung von Obst und Ge-

Weißer Spargel: Angebot auf einem Markt

müse in der Küche wird hier immer noch favorisiert – am deutlichsten sichtbar bei der Spargelsaison von Ende April bis Juli –, obwohl Importware natürlich das ganze Jahr über erhältlich ist.

Küchenchefs richten die Speisekarte oft am saisonalen heimischen Marktangebot aus. Pilze stellen eine weitere Gruppe saisonaler Nahrungsmittel dar. Dies gilt insbesondere für Pfifferlinge (Eierschwammerl). Kartoffeln (Erdäpfel) werden nicht nur als Gemüsebeilage, sondern oft auch für Knödel (deftig oder süß) verwendet. Kohl ist eine häufige Beilage, etwa zur Ente. Beliebt ist auch Lauch.

Leckere Snacks

Burenwurst: Dies ist grobe österreichische Brühwurst, die zum Standardangebot der Würstelstände gehört.

Liptauer: Ziegen- oder Schafskäse, angemacht mit Paprika, Kümmel, Kapern, Senf, Schnittlauch und Zwiebeln, ist ein Klassiker in Weinlokalen.

Maroni: Im Winter liegt der Duft der Esskastanien überall in Wien in der Luft.

Saure Blunzen: Saure (in Essig eingelegte) Blutwurst mit Brot wird gern zum Bier gegessen.

Schmalzbrot: Aufs Schmalzbrot kommen Zwiebeln oder saure Gurken.

Wiener Schnitzel sollte klassischerweise vom Kalb stammen. Das Schnitzel wird ohne Sauce serviert.

Rindsgulasch kommt ursprünglich aus Ungarn. In Wien wird es mit Paprika und Kümmel gewürzt.

Forelle blau erhält man, wenn man den Fisch (mit äußerer Schleimschicht) in Essigwasser pochiert.

Wiener Spezialitäten: Süßes

Nur wenige Städte können mit Wiens Angebot an Süßspeisen konkurrieren. Ob vormittags oder nachmittags –
Wiener lieben ihren Kaffee mit Kuchen. Die besten Torten,
Kuchen und Feingebäck gibt es in den Konditoreien (siehe
S. 201), die auch gleich den Kaffee dazu anbieten. Traditionelle, recht kalorienreiche Desserts werden in allen besseren Lokalen serviert – vom klassischen Wiener Apfelstrudel
bis zum Guglhupf aus Tirol. Auch jede österreichische
Region ist stolz auf ihre jeweiligen Süßspeisen, doch Wien
war und ist das Zentrum der »Zuckerbäcker«.

Mohnsamen

Bei Kaffee und Kuchen in einem
Wiener Kaffeehaus

Torten und Kuchen

Die österreichische Zuckerbä-
ckerei und Süßspeisenherstel-
lung blickt auf eine lange Tradition zurück. Sogar Dörfer
haben ihre typischen Spezialitäten. Ungefähr nach jeder
österreichischen Stadt ist
auch ein Kuchen oder Gebäck
benannt. Die berühmteste
Torte des Landes ist allerdings
eine Wiener Kreation: die

Sachertorte, eine gehaltvolle
Schokoladentorte mit einer
Schicht Aprikosenmarmelade,
die Franz Sacher 1832 für Metternich erfand. Während sich
die Wiener der Sachertorte
rühmen, sind die Linzer stolz
auf ihre Linzertorte, ein mit
Teiggittern verzierter Kuchen,
der mit Himbeer- oder Johan-
nesbeermarmelade gefüllt ist.
Zudem soll das Rezept sehr

alt sein, nämlich bis ins
17. Jahrhundert zurückgehen.
An der Grenze zu Ungarn favorisiert man die Dobostorte,
die nach ihrem Schöpfer, dem
Budapester Konditor Josef
Dobos (19. Jh.), benannt ist.
Die Schichttorte aus Biskuit-
böden ist mit einer Schokola-
den-Butter-Creme gefüllt und
mit Karamellsauce glasiert.
Aus Salzburg stammen die

Linzertorte · Stollen · Sachertorte · Dobostorte · Esterházytorte

Auswahl an österreichischen Kuchen und Torten

Wiener süße Sünden

Haselnüsse

Vom Topfentascherl bis zum Kastanieneis:
Wiener Süßspeisen sind reichhaltig und
abwechslungsreich. Es gibt zarte Taschen, Knödel mit Fruchtfüllungen
(etwa Aprikosen), Fettgebackenes,
Palatschinken oder Strudel. Die sogenannten Mehlspeisen enthalten nicht
unbedingt Mehl, sondern oft Haselnüsse oder Mandeln. Nüsse, aber auch
Pinienkerne spielen eine wichtige Rolle –
Haselnüsse etwa gehören in den Apfelstrudel. Ungewöhnlicher sind andere
Mehlspeisen, beispielsweise die süßen Mohnnudeln oder Böh-
misches Omelett, das mit Schlagsahne und Pflaumenmus serviert wird. Dagegen gibt es die normalerweise süßen Palatschinken auch als herzhafte Variante.

Mohr im Hemd – der Schoko-
Nuss-Pudding wird in Schokola-
densauce und mit Schlagsahne
serviert.

Auslage in einer Wiener Konditorei

Salzburger Nockerln, ein warmes süßes Soufflé. Die Esterházytorte besteht aus Meringueböden mit Haselnusscreme und Fondantglasur. Der Stollen kommt zwar aus Deutschland, ist aber mittlerweile auch ein österreichisches Weihnachtsgebäck. Ob in Wien oder irgendwo auf dem Land: Süßes muss unbedingt sein.

Weitere Süßspeisen

Im perfekten globalen Dorf werden österreichische Konditoreien und Kaffeehäuser immer an der Hauptstraße liegen. Schon das französische *Viennoiserie* unterstreicht die Vorherrschaft der Österreicher für Feingebäck. Die österreichische Kaffeehauskultur soll ihren Anfang bei den Türkenbelagerungen genommen haben: Die Türken ließen angeblich ihre Kaffeevorräte zurück, als sie nach der erfolglosen Belagerung Wiens 1529 wieder abzogen. Auch die halbmondförmigen Kipferln – mindestens so beliebt wie Croissants – sollen auf die Zeit der türkischen Belagerung zurückgehen und dem Halbmond der osmanischen Flagge nachgebildet sein. Derartige Herleitungen sind

Schokoladengeschäft, in dem Mozartkugeln verkauft werden

mittlerweile in Vergessenheit geraten – doch die Kaffeehauskultur ist bis heute präsent geblieben. Noch immer betrachten die Wiener ihre Kaffeehäuser und Cafés quasi als die Verlängerung ihres Wohnzimmers und verbringen dort Stunden, um Zeitung zu lesen, zu plaudern, Billard zu spielen etc. Jedes Kaffeehaus bietet mindestens Apfelstrudel, Cremeschnitten und Punschkrapfen an. Letztere Leckerei ist ein Biskuit mit Marmelade, Rum und Schokolade, der mit einer rosa Glasur (eben der Punschglasur) überzogen ist.

Mozartkugeln

Edle Schokokugeln in aufwendiger Verpackung mit dem Porträt Mozarts – sie sind wahrscheinlich das beliebteste Österreich-Souvenir. Die Mozartkugeln kommen aus Salzburg, wo Mozart lebte, als er seine »Schokoladenoper« *Così fan tutte* komponierte. 1890 kreierte der Konditormeister Paul Fürst die ersten »Mozartbonbons«, kleine Kugeln aus Pistazienmarzipan mit Marmelade, ummantelt von Nugat und dunkler Kuvertüre. Die Mozartkugel fand sofort viele Nachahmer und führte zu einem Streit um das Namensrecht. Die Produkte der Konditorei Fürst fungieren mittlerweile als »Original Salzburger Mozartkugeln«.

Apfelstrudel enthält eine Füllung aus Äpfeln, Rosinen, Zimt, Nüssen und manchmal Mohnsamen.

Palatschinken – die ungarischen Pfannkuchen werden mit Süßem gefüllt oder mit Saucen serviert.

Topfenknödel – die Quarkknödel, bestreut mit in Butter gerösteten Bröseln oder Nüssen, gibt es mit Kompott.

Wiener Getränke

Österreich produziert exzellente Weine und viele verschiedene Biersorten. Wien liegt mitten in einem Weinbaugebiet. Rund um die Stadt befinden sich unzählige Weinberge und -dörfer, in denen der bekannte Heurige produziert und angeboten wird. Gute österreichische Weine findet man auch in den Restaurants *(siehe S. 210–219)*. Meist handelt es sich um Weißweine, wenngleich in letzter Zeit auch Rotweine an Bedeutung gewinnen. Der süße Eiswein wird aus Trauben gekeltert, die nach dem ersten Frost geerntet worden sind. Auch erstklassige Schnäpse werden in Österreich gebrannt.

In den Weinbergen nahe den Dörfern im Norden und Westen von Wien reift der Heurige

Chardonnay aus der Steiermark und Sekt aus Niederösterreich

Österreichische Weine

Der beliebteste Wein ist der Grüne Veltliner, der durch seine Frische besticht. Darüber hinaus gibt es trockene Riesling-Weine, vor allem aus der Wachau, und kräftige Weißburgunder aus dem Burgenland. Die Rotweine sind eher leicht und mild, sie werden meist aus der Blaufränkischen Traube gekeltert. 1999, 2000, 2002, 2003, 2006, 2007, 2009, 2010 und 2012 waren gute Weinjahre.

Riesling aus der Wachau kann leicht oder vollmundig sein.

St. Laurent ist ein leichter Rotwein mit Volumen vom Neusiedler See.

Name des Herstellers

Rebsorte

Qualitätsbezeicnung

Geschmacksnote

Jahrgang

Herstelleradresse

Alkoholgehalt

Mengenangabe

Grüner Veltliner ist ein frischer, fruchtiger Weißwein – normalerweise trocken –, der aber auch als Eiswein hervorragend schmeckt.

Blaufränkischer ist ein Rotwein aus dem Burgenland mit Charakter.

Krügerl,
Steinkrug (0,5 l)

Seidl,
Bierglas (0,3 l)

Krügerl,
Bierglas (0,5 l)

Pfiff,
Glas (max. 0,175 l)

Österreichische Biere

In Wien wird seit über 150 Jahren gutes Bier gebraut. Wiens Lagerbiere sind von goldbrauner Farbe und süß im Geschmack. Besonders gut schmecken sie zu den deftigen Gerichten, die in den Beisln *(siehe S. 202)* angeboten werden. *Gold Fassl* aus der Ottakringer Brauerei ist ein typisches Bier dieser Sorte. Leichtere Biere wie das *Weizengold* gibt es ebenfalls überall. Eines der beliebtesten österreichischen Biere ist das *Gösser*, das aus der Steiermark kommt. Als Spezialität gilt das *Eggenberger Urbock 23°*, eines der deftigsten Starkbiere der Welt, das in der seit dem 17. Jahrhundert bestehenden Brauerei Schloss Eggenberg hergestellt wird.

Kaiser, ein
leichtes Bier

Weizengold,
ein Weizenbier

Gösser Spezial,
kräftiges Bier

Bierhof-Bierdeckel
aus einem Lokal im
Haarhof

Null Komma Josef,
alkoholfreies Bier der
Ottakringer Brauerei

Weitere Getränke

Neben Alkoholika gibt es eine Vielzahl an nichtalkoholischen Getränken, vor allem Fruchtsäfte wie Johannisbeer- oder Himbeersaft. Eine nichtalkoholische österreichische Spezialität ist auch der *Almdudler,* eine Kräuterlimonade. Obst ist die Grundlage für viele hervorragende Schnäpse, etwa den Wacholderschnaps, den Marillen- (Aprikosen-) oder den Quittenbrand. Es lohnt sich, die hervorragenden Schnäpse zu probieren. Zur Weinlese im Herbst gibt es den *Sturm,* einen jungen, nicht durchgegorenen Wein, eine Art Federweißer, der leicht und süß schmeckt, aber recht schnell zu Kopf steigt.

Marillenbrand

Der Wiener Rathauskeller bietet viele verschiedene Biersorten an

Restaurantauswahl

Stephansdomviertel

Akakiko €
Japanisch   **SP** 6 D3   **K** G6
Rotenturmstraße 6, A-1010
C 057 333 190
Österreichs größte japanische
Restaurantkette bietet eine regelmäßig wechselnde Speisekarte
mit Misosuppen, Sushi, Maki,
Sashimi und Teriyaki.

Böhle Feinkost & Bistro €
Österreichisch   **SP** 6 E3   **K** H6
Wollzeile 30, A-1010
C (01) 5123 155   ⊙ So
Zum Angebot des winzigen Deli-
Bistros gehören feine Käsesorten,
Olivenöl, Wurstwaren und selbst
gebackenes Brot. Man verwendet
nur hochwertige Bio-Erzeugnisse.

Café Diglas €
Wiener Küche   **SP** 6 E3   **K** H6
Wollzeile 10, A-1010
C (01) 5125 765
Stammgäste lieben das herzhafte
Gulasch, aber auch Auflauf, Salate, Schnitzel und Wein – das alles
bekommt man in dem hübschen
Café zu vernünftigen Preisen.

Café Hawelka €
Wiener Küche   **SP** 5 C4   **K** G6
Dorotheergasse 6, A-1010
C (01) 5128 230
Das familiengeführte Café wurde
1939 von Leopold Hawelka eröffnet und etablierte sich als Treffpunkt für Schriftsteller und Journalisten. Probieren Sie die leckeren *Buchteln* (Rohrnudeln).

Café Korb €
Österreichisch   **SP** 6 D3   **K** G6
Brandstätte 9, A-1010
C (01) 5337 215
Das reizende Café ist der ideale
Ort für ein Frühstück, Würstchen,
Schnitzel oder Rote-Bete-Suppe.

Café Neko €
Japanisch-österreichisch
SP 6 D4   **K** H7
Blumenstockgasse 5, A-1010
C (01) 5121 466
Dies ist ein Café für Katzenfans.
Die fünf Schmusekatzen kommen aus dem Tierschutzhaus
und umschnurren die Gäste, die
japanischen Tee und österreichischen Kuchen genießen.

Café Prückel €
Wiener Küche   **SP** 6 F3   **K** J6
Stubenring 24, A-1010
C (01) 5126 115
Das Café ist beliebt wegen seines
exzellenten Kaffees, der leckeren
Mahlzeiten und des Gebäcks, serviert von Kellnern im Frack mit
Fliege. Das 50er-Jahre-Dekor
lockt Künstlervolk an.

Gasthaus Poschl €
Österreichisch   **SP** 6 D4   **K** G7
Weihburggasse 17, A-1010
C (01) 5135 288
Genießen Sie knuspriges Hähnchen, Schnitzel oder Kartoffeln
mit Käse überbacken, dazu ein
Glas Bier oder Wein. Das legere
Restaurant ist vor allem auch bei
Einheimischen sehr beliebt.

Griechenbeisl €
Wiener Küche   **SP** 6 D2   **K** H5
Fleischmarkt 11, A-1010
C (01) 5331 977
In Wiens ältester Kneipe (1447)
finden sich viele Fotos prominenter Gäste an den Wänden, darunter Politiker, Künstler, Schriftsteller
und Musiker. Man serviert gesunde, schmackhafte Kost.

Café Frauenhuber €
Wiener Küche   **SP** 6 D4   **K** G7
Himmelpfortgasse 6, A-1010
C (01) 512353
Genießen Sie einfache, traditionelle Küche an dem berühmten
Ort, wo Wolfgang Amadeus Mozart im März 1791 seinen letzten
öffentlichen Auftritt hatte.

Café-Restaurant Ministerium €€
Österreichisch   **SP** 6 F3   **K** J6
Georg-Coch-Platz 4, A-1010
C (01) 5129 225   ⊙ So
Im ehemaligen Speiseraum des
Ministeriums serviert man preiswerte Gerichte von der Tageskarte, darunter gefüllten Schweinebraten, außerdem Kaffee, Tee
und leichte Mahlzeiten.

**Fotografien berühmter Gäste im
Griechenbeisl**

Cantinetta Antinori €€
Italienisch   **SP** 6 D3   **K** G6
Jasomirgottstraße 3 – 5, A-1010
C (01) 5337 722
Das Lokal ist berühmt für seine
leckeren norditalienischen Spezialitäten, darunter Lammbraten
auf toskanische Art oder Steak
nach Florentiner Art, begleitet
von Antinori-Weinen.

Enoteca Cinque Terre €€
International   **SP** 6 D2   **K** G5
Marc-Aurel-Straße 10, A-1010
C (01) 5333 8265   ⊙ So
Speisen Sie in einem familienfreundlichen Lokal mit Gerichten
aus aller Welt. Serviert werden
Lendenbraten, gegrillter Seebarsch oder – eine besonders
exotische Option – Lamafleisch.

Figlmüller €€
Wiener Küche   **SP** 2 E5   **K** H6
Wollzeile 5, A-1010
C (01) 5126 177
Das Restaurant (seit 1905) ist bei
Einheimischen und Besuchern
beliebt. Es gibt gute Schnitzel,
Kaninchengerichte, Kalbsgulasch
und Wildschweinbraten. Die
Powidltascherln sind köstlich.

Haas & Haas €€
International   **SP** 6 D3   **K** G6
Stephansplatz 4, A-1010
C (01) 5122 666
Das freundliche Teehaus, eine
Wiener Institution, ist bekannt für
seinen schönen Innenhof. Vielseitige Speisekarte für Brunch, Mittagessen und Nachmittagstee.

Hansen €€
Österreichisch-mediterran
SP 5 C2   **K** F4
Wipplingerstraße 34, A-1010
C (01) 5320 542   ⊙ So
In den Räumen der historischen
Markthalle pflegen Küchenchef
Tom Frötsch und sein Team traditionelle Wiener Küche mit mediterraner Note. Versuchen Sie das
fabelhafte Risotto.

Hollmann Salon €€
Österreichisch   **SP** 6 E3   **K** H6
Grashofgasse 3, A-1010
C (01) 9611 960 40   ⊙ So
Reservieren Sie einen Tisch in
dem schönen barocken Innenhof
mit mittelalterlichen Gewölben,

und genießen Sie erstklassiges Essen an einem der schönsten Plätze Wiens.

König von Ungarn €€
Wiener Küche **SP** 6 D3 **K** H6
Schulerstraße 10, A-1010
(01) 515 84
Im Restaurant von Wiens ältestem Hotel aus dem Jahr 1746 bekommt man herzhafte Kost. Das Lokal ist insbesondere bei Familien sehr beliebt.

Le Loft €€
Französisch-österreichisch
SP 6 F2 **K** J5
Praterstraße 1, A-1020
(01) 906 160
In der 18. Etage des Luxushotels Sofitel genießt man einen überwältigenden Panoramablick über die Stadt. Hinzu kommen erstklassige kulinarische Genüsse und eine vorzügliche Weinkarte.

Le Siècle €€
International **SP** 6 E4 **K** H7
Parkring 16, A-1010
(01) 5151 734 40
Das preisgekrönte Restaurant ist für seine »dekadente« Küche bekannt. Die umfangreiche Speisekarte präsentiert u. a. Spanferkel, Kaviar, Lammbraten mit Kräutern und Steak Chateaubriand.

Meierei am Stadtpark €€
Wiener Küche **SP** 6 F4 **K** J8
Am Heumarkt 2a, A-1030
(01) 7133 168
Im Schwesterrestaurant des renommierten Steirereck *(siehe S. 212)* kann man ein gutes Frühstück, ein Mittagessen oder eine Abendmahlzeit einnehmen.

Ofenloch €€
Österreichisch **SP** 5 C2 **K** G5
Kurrentgasse 8, A-1010
(01) 5338 844 So
Besuchen Sie dieses Restaurant, um authentische österreichische

Tische in einem typischen Gastgarten, hier der Garten des Ofenlochs

Speiseraum und Theke des Wrenkh, des bekannten vegetarischen Lokals

Küche zu genießen. Die Speisekarte bietet erstklassige Suppen, Schnitzel und Kartoffelknödel. Der Service ist herausragend.

Österreicher im MAK €€
Modern **SP** 6 F3 **K** J6
Stubenring 5, A-1010
(01) 7140 121
Das Restaurant bietet exzellente Mittagsmahlzeiten zu moderaten Preisen. Dennoch ist es vor allem der überragende Sonntagsbrunch, der viele Gäste anlockt.

Parkring Restaurant €€
International **SP** 6 E4 **K** H7
Parkring 12a, A-1010
(01) 5151 868 00
Wählen Sie im Restaurant des Vienna Marriott ein Festpreismenü, speisen Sie à la carte, oder bestellen Sie das bemerkenswerte Sechs-Gänge-Menü.

Restaurant Das Schick €€
Österreichisch-spanisch
SP 6 E4 **K** H7
Parkring 12, A-1010
(01) 5148 0417
Der Küchenchef Johannes Reiser schafft eine einzigartige kulinarische Mischung aus österreichischer Tradition und spanischem Flair. Reis-, Auflauf-, Seafood- und Grillgerichte mit heimischen und mediterranen Erzeugnissen.

Salut €€
Fusionsküche **SP** 6 D3 **K** G6
Wildpretmarkt 3, A-1010
(01) 5331 322 So, Mo
Kerzenlicht schafft eine anheimelnde Atmosphäre. Weine begleiten Gerichte der französischen Gerichte mit arabischen und asiatischen Einflüssen.

Salzamt €€
Österreichisch-international
SP 6 D2 **K** G5
Ruprechtsplatz 1, A-1010
(01) 5335 332
Die Speisekarte im Salzamt bietet eine große Vielfalt an Gerichten,

zudem österreichische und internationale Weine, Bier und Weinbrand. Probieren Sie das Lendensteak mit rosa Pfeffersauce.

Schönbichler €€
Teesalon **SP** 6 D3 **K** H6
Wollzeile 4, A-1010
(01) 5121 816 So
Hier gibt es edle Tees – und dazu Scones und Sandwiches. Die exquisite Teezubereitung und der gute Service haben Schönbichler eine treue Stammkundschaft beschert.

Tian €€
Vegetarisch **SP** 6 D4 **K** G7
Himmelpfortgasse 23, A-1010
(01) 8904 665 So
Dieses Lokal ist eine seltene vegetarische Option in einer ausgesprochen karnivoren Gastroszene. Die Zutaten stammen aus dem hauseigenen Bio-Garten.

Toko-Ri €€
Japanisch **SP** 6 D2 **K** G5
Salztorgasse 4, A-1010
(01) 5327 777 So
In dem minimalistisch gestalteten Restaurant serviert man brutzelnde Platten mit scharfen Nudelgerichten, Garnelentempura und große Portionen Sushi.

Weibels Wirtshaus €€
Österreichisch **SP** 6 E3 **K** H6
Kumpfgasse 2, A-1010
(01) 5123 986
Das versteckt gelegene, urige Wirtshaus serviert vorzügliche Wurst- und Fleischgerichte sowie natürlich Schnitzel, zubereitet mit hochwertigen Produkten.

Wrenkh €€
Vegetarisch **SP** 6 D3 **K** G6
Bauernmarkt 10, A-1010
(01) 5331 526 So
Die einfache Speisekarte wird von vegetarischen Gerichten, die mit Bio-Erzeugnissen zubereitet werden, dominiert. Probieren Sie den Mangosalat mit Inkakorn.

Das schicke Interieur des DO & CO – mit Blick auf den Stephansdom

Zum Basilisken €€
Österreichisch **SP** 6 E5 **K** H6
Schönlaterngasse 3, A-1010
☎ (01) 5133 123
Das schummrige Lokal ist mit Möbeln aus längst vergangenen Zeiten ausgestattet. Genießen Sie traditionelle Gerichte wie Schweinebauch mit Rotkohl.

DO & CO €€€
International **SP** 6 D3 **K** G6
Stephansplatz 12, A-1010
☎ (01) 5353 969
Das Restaurant befindet sich im obersten Stockwerk des gehobenen DO & CO Hotels. Hier bekommen Sie liebevoll und einfallsreich zubereitete Gerichte.

Distrikt €€€
Modern **SP** 6 D5 **K** H8
Schubertring 5 – 7, A-1010
☎ (01) 3118 8150
Der vielfach ausgezeichnete kulinarische Zauberkünstler Wini Brugger pflegt übergreende Wiener Kochkunst mit internationalem Flair im Restaurant des Ritz-Carlton. Reservierung empfohlen.

Fabios €€€
Mediterran **SP** 5 C3 **K** G6
Tuchlauben 4 – 6, A-1010
☎ (01) 5322 222 ⬤ So
Atemberaubende Architektur und dramatische Lichteffekte sorgen für Atmosphäre bei Fabios. Probieren Sie den Hirschbraten mit Salbei-Gnocchi.

Kervansaray Hummerbar €€€
Seafood **SP** 4 E1 **K** G8
Mahlerstraße 9, A-1010
☎ (01) 5128 8430 ⬤ So
Schwelgen Sie in kulinarischen Genüssen mit einem schönen Seafood-Menü: saftiger norwegischer Hummer, Lachskaviar, Langusten oder Schollenfilet.

Oswald & Kalb €€€
Österreichisch **SP** 6 D3 **K** H6
Bäckerstraße 14, A-1010
☎ (01) 5121 371
Dieses spannende Speiselokal ist in einem Gebäude aus dem Mittelalter untergebracht. Die Speisekarte präsentiert klassische einheimische Gerichte mit kreativen Akzenten.

Plachutta €€€
Wiener Küche **SP** 6 E3 **K** H6
Wollzeile 38, A-1010
☎ (01) 5121 577
Zahlreiche österreichische Promis essen im Plachutta. Genießen Sie wohlschmeckende Speisen – z. B. den berühmten Tafelspitz.

Vis-à-Vis-Tipp

Restaurant at Eight €€€
Modern-österreichisch
SP 6 D5 **K** G8
Kärntner Ring 8, A-1010
☎ (01) 2212 2383-0
Dieses hochklassige Restaurant hat zwei Gesichter: hell und lebhaft tagsüber, kultiviert und lauschig abends. Dank dem Küchenzauber von Daniel Kraft wurde das Restaurant mit Lob überhäuft. Klassiker der österreichischen Küche werden hier zu Häppchen mit einer Vielfalt von Geschmacksrichtungen. Das Ergebnis ist eine exquisite »Aromaküche«. Tadelloser Service.

Steirereck €€€
Modern **SP** 6 F5 **K** J7
Am Heumarkt 2a/Stadtpark, A-1030
☎ (01) 7133 168 ⬤ Sa, So
Das Steirereck bietet ein grandioses siebengängiges Degustationsmenü mit Seafood, Wild und Geflügel. Dazu gibt es Roggenbrot mit Honig und Lavendel.

Walter Bauer €€€
Modern **SP** 6 E3 **K** H6
Sonnenfelsgasse 17, A-1010
☎ (01) 5129 871 ⬤ Sa, So
Das vorzügliche Restaurant verströmt eine Menge Altwiener Charme. Es ist bekannt für seine modernen Interpretationen klassischer, heimischer Gerichte.

Zu den drei Hacken €€€
Österreichisch **SP** 6 D4 **K** H7
Singerstraße 28, A-1010
☎ (01) 5125 895 ⬤ So
Nehmen Sie einen Aperitif in einem der ältesten Gasthäuser Wiens – und genießen Sie in der holzgetäfelten Stube Wildgulasch mit Beeren oder Platten mit gebratenem Fleisch.

Zum Schwarzen Kameel €€€
Österreichisch-international
SP 5 C3 **K** F6
Bognergasse 5, A-1010
☎ (01) 5338 125 11 ⬤ So
Die Weinkarte des Jugendstil-Lokals listet 800 Sorten. Unschlagbar: die delikat belegten Brote. Es gibt aber auch substanziellere Mahlzeiten, etwa Fischgerichte.

Hofburgviertel

Café Hofburg €
Österreichisch **SP** 5 B4 **K** F7
Michaelerkuppel, Hofburg, A-1010
☎ (01) 2410 0400
Das bezaubernde Café ist der perfekte Ort, um vor oder nach einem Besuch der Hofburg einen Kaffee, Snacks oder ein Mittagessen zu genießen. Nachmittags erklingt Klaviermusik.

Konditorei Gerstner €
Traditionell **SP** 5 C5 **K** G7
Kärntner Straße 13 – 15, A-1010
☎ (01) 5124 963
Gerstner ist einer der besten Schokoladen- und Gebäckanbieter der Stadt. Die Konditorei ist

Tische im Freien im angesagten Restaurant at Eight

---

bei Einheimischen beliebt. Genießen Sie himmlische Makronen, Törtchen und Mohnkuchen.

Reinthaler's Beisl €
Österreichisch   **SP** 2 D5   **K** G6
Dorotheegasse 2 – 4, A-1010
((01) 5131 249
Freuen Sie sich auf ein herzhaftes Essen in großen Portionen in einem bodenständigen Gasthaus. Klassiker wie Wiener Schnitzel oder Gulasch sind exzellent.

Trzesniewski €
Österreichisch   **SP** 5 C3   **K** G6
Dorotheegasse 1, A-1010
((01) 5123 291   ● So
Folgen Sie Ihrer Nase, um diese renommierte Bäckerei aufzuspüren. Hier bekommen Sie viele Brotsorten, leckeres Gebäck, Muffins, Bagels und Kuchen.

Beaulieu €€
Mediterran   **SP** 5 B2   **K** F5
Herrengasse 14, A-1010
((01) 532 1103
Coq au Vin und Risotto mit Meeresfrüchten ziehen viele Gäste an. Halten Sie Ausschau nach dem Tagesgericht oder der Käseplatte mit Brot, begleitet von heimischen Weinen.

Café Bräunerhof €€
Wiener Küche   **SP** 5 C4   **K** F6
Stallburggasse 2, A-1010
((01) 5123 893
Das Café bietet alle typischen Wiener Spezialitäten. Das 1920er-Jahre-Interieur und die intellektuelle Klientel machen seine Anziehungskraft aus.

Café Central €€
Österreichisch   **SP** 5 B3   **K** F5
Herrengasse 14, A-1010
((01) 5333 763
Das Café blickt auf eine reiche Tradition zurück. Hier trafen sich Koryphäen aus Kunst, Literatur, Politik und Wissenschaft. Wählen Sie das Zwei-Gänge-Menü.

Café-Konditorei Demel €€
Wiener Küche   **SP** 5 C3   **K** F6
Kohlmarkt 14, A-1010
((01) 5351 7170
Seit 1786 verwöhnt das stilvolle, prächtige Café Demel seine Kunden mit himmlischen Kuchen, Torten, Süßigkeiten und Gebäck aller Art.

Café Mozart €€
Österreichisch   **SP** 5 C4   **K** F7
Albertinaplatz 2, A-1010
((01) 2410 0200
Graham Greene arbeitete in diesem Café an seinem Drehbuch für Carol Reeds berühmten Spielfilm *Der dritte Mann* (1949) mit

Orson Welles in der Hauptrolle. Für zwölf Euro bekommen Sie hier ein exzellentes Mittagsmenü.

Ephesus €€
Türkisch   **SP** 5 C3   **K** G6
Bräunerstraße 8, A-1010
((01) 5339 091   ● So
Bestellen Sie schon mal Oliven und ein Glas *raki*, während Sie eine Hauptmahlzeit auswählen. Kosten Sie das schmackhafte *Iskender* mit dünn geschnittenem Lammfleisch, gegrilltem Paprika, Joghurt und Fladenbrot.

Vis-à-Vis-Tipp

Ilona Stüberl €€
Ungarisch   **SP** 5 C3   **K** G6
Bräunerstraße 2, A-1010
((01) 5339 029
Das 1957 eröffnete Restaurant befindet sich in Familienbesitz und ist ein hochangesehenes Mitglied der Wiener Gastroszene. Die Speisekarte präsentiert leckere Mahlzeiten in acht Sprachen, u. a. Kalb-, Rind- und Schweinefleischgerichte sowie Salate, Pasta, Suppen und Nachspeisen. Die Kellner warten mit Geschichten aus der k. u. k Monarchie (1867–1918) auf.

Oberlaa €€
Konditorei   **SP** 5 C4   **K** G7
Neuer Markt 16, A-1010
((01) 5132 9360
Diese charmante Konditorei ist eine Fundgrube für Naschkatzen. Kosten Sie leckere Obstkuchen und Gebäck. Unbedingt probieren: Dobostorte oder Apfelstrudel. Man kann im Freien auf der schönen Terrasse sitzen.

Restaurant Kanzleramt €€
Wiener Küche   **SP** 5 B3   **K** F6
Schauflergasse 6, A-1010
((01) 5331 309   ● Fr, So
Genießen Sie ein Glas österreichischen Wein oder ein frisch gezapftes Fassbier, während Sie ein Gericht auswählen, z. B. Kalbsle-

ber mit Petersilienkartoffeln oder Schweinesteak in Rahmsauce.

Yugetsu/Senkoma €€
Japanisch   **SP** 5 C4   **K** G7
Kärntner Straße 44, A-1010
((01) 5872 023   ● So
Probieren Sie Sushi, Teriyaki oder Tempura, bevor Sie die Karaokeräume mit japanischen, englischen, koreanischen und chinesischen Liedern aufsuchen.

Limes Restaurant €€€
Italienisch   **SP** 5 C3   **K** F/G6
Bräunerstraße 11, A-1010
((01) 905 800   ● So
Dieses reizende Restaurant bietet Menüs, aber auch Gerichte à la carte: von Salat mit Ziegenkäse bis hin zu Seeteufel-Fettuccine mit Dill-Crostini.

Palmenhaus €€€
International   **SP** 5 B4   **K** F7
Burggarten 1, A-1010
((01) 5331 033
Eines der vornehmsten Wiener Lokale ist in einem Jugendstil-Gebäude untergebracht. Nehmen Sie das Frühstück »Carpe Diem« mit Ananas, Roggenbrot, Ziegenkäse-Omelett und Pfannkuchen mit Marmelade.

Regina Margherita €€€
Italienisch   **SP** 5 B3   **K** F6
Wallnerstraße 4, A-1010
((01) 5330 812
Die Pizzas werden mit frischen Zutaten und hochwertigem Olivenöl zubereitet. Auf der Speisekarte stehen aber auch Pasta, Fleisch und Fisch sowie neapolitanische Spezialitäten.

Restaurant im Ambassador €€€
International   **SP** 6 D4   **K** G7
Kärntner Straße 22, A-1010
((01) 961 610
Das vorzügliche Restaurant im Hotel Ambassador hat einen ausgezeichneten Ruf in der Wiener Gastronomieszene. Die Küche des vornehmen Hauses genügt allerhöchsten Ansprüchen.

Terrasse des Café Mozart

Sapori Restaurant €€€
Mediterran **SP** 5 B2 **K** F5/6
Herrengasse 12, A-1010
📞 (01) 227 800 ⬤ Sa, So
Das Restaurant bietet hochrangige mediterrane Kochkunst mit Gerichten wie geschmortes Hähnchen mit Mandelpolenta und Salat von Kürbis, Roten Beten, Anchovis mit Dijon-Senf.

Sky Restaurant €€€
International **SP** 5 C5 **K** G7
Kärntner Straße 19, A-1010
📞 (01) 5131 712
Begeben Sie sich in den Gourmethimmel im obersten Stockwerk des Kaufhauses Steffl, und genießen Sie mediterrane und asiatische Gerichte sowie Wiener Spezialitäten.

Schottenring und Alsergrund

Konzert-Café Weimar €
Wiener Küche **SP** 1 B3 **K** C2
Währinger Straße 68, A-1090
📞 (01) 3171 206
Eines der letzten klassischen Altwiener Kaffeehäuser bietet Kaffee, Gebäck, Kuchen und Snacks, aber auch Gerichte wie Schnitzel.

Caffè Couture €€
International **SP** 1 B4 **K** D4
Garnisongasse 18, A-1090
📞 0676 3322 076 ⬤ Sa, So
Das angesagte Café brüht erstklassigen Kaffee. Die Gäste sitzen an einer großen Gemeinschaftstafel und erfreuen sich an der geselligen Atmosphäre.

Café Schottenring €€
Österreichisch **SP** 5 B1 **K** F4
Schottenring 19, A-1010
📞 (01) 3153 343
Das 1879 eröffnete Café serviert ein herzhaftes Frühstück, Kuchen und einen fabelhaften Kaffee.

Im trendigen Caffè Couture gibt es exzellente Kuchen

Anheimelndes Ambiente im historischen Café Schottenring

I Vecchi Amici €€
Italienisch **SP** 1 C3 **K** F4
Liechtensteinstraße 24, A-1090
📞 (01) 3191 286
Erleben Sie mediterrane Gastlichkeit in der freundlichen Atmosphäre des Restaurants I Vecchi Amici. Auf der Kreidetafel sind die saisonalen Spezialitäten angeschrieben. Hier bekommen Sie immer frisch zubereitete Pizzas und Nudelgerichte.

Orlando di Castello €€
International **SP** 5 B2 **K** F5
Freyung 1, A-1010
📞 (01) 5337 629
Genießen Sie ein unvergessliches kulinarisches Erlebnis an einem wunderschönen Ort. Empfehlenswert: spanischer Käse, Steak tartare, Burger oder Thai-Suppen.

Rembetiko €€
Griechisch **SP** 1 C3 **K** E2
Porzellangasse 38, A-1090
📞 (01) 3176 493
Die blau-weiß gefliste Taverne versetzt ihre Gäste nach Athen. Essen Sie gut zubereitete Schweinefleischgerichte, Salate mit Fetakäse oder Lammkoteletts.

Servitenwirt €€
Wiener Küche **SP** 2 D3 **K** F3
Servitengasse 7, A-1090
📞 (01) 31523 87
Wenn der Frühling beginnt, sind die Holztische im Freien beim Servitenwirt sehr beliebt. Sichern Sie sich also rechtzeitig einen Platz für eine Mittagsmahlzeit.

Stomach €€
Modern **SP** 1 C3 **K** F2
Seegasse 26, A-1090
📞 (01) 3102 099 ⬤ Mo, Di
Das ruhige, gemütliche Restaurant mit herrlichem Garten ist ein gut gehütetes Geheimnis. Er-

freuen Sie sich an modernen Interpretationen klassischer österreichischer Küche. Nur Barzahlung.

Trattoria Martinelli €€
Italienisch **SP** 2 D5 **K** F5
Freyung 3, A-1010
📞 (01) 5336 721
Das schöne Restaurant mit Innenhof bietet vorzüglich zubereitete Speisen zum Frühstück, Mittag- und Abendessen. Genießen Sie eine schmackhafte Mahlzeit im Innen- oder Außenbereich des historischen Gebäudes. Ein Highlight ist das Beefsteak.

Kim kocht €€€
Fusionsküche **SP** 1 B2 **K** C1
Lustkandlgasse 4, A-1090
📞 (01) 3190 242 ⬤ Sa – Mo
Die bekannte koreanische Köchin Kim Sohyi bereitet wundervolle Gerichte mit asiatischen und westlichen Aromen in einem schicken Restaurant. Es gibt ein »Überraschungsdinner« für 67 Euro. Die Tische sind Wochen im Voraus ausgebucht.

Livingstone €€€
Steakhouse **SP** 2 D4 **K** F4
Zelinkagasse 4, A-1010
📞 (01) 5333 3930
Langsam drehende Deckenventilatoren, große Topfpalmen und Holzböden schaffen eine Atmosphäre, die an die Vereinigten Staaten des 19. Jahrhunderts erinnert. Hier bekommen Sie die besten Steaks in ganz Wien sowie erstklassige Weine.

Museums- und Rathausviertel

Café Eiles €
Wiener Küche **SP** 1 B5 **K** D6
Josefstädter Straße 2, A-1080
📞 (01) 4053 410
Das Café ist nach wie vor ein beliebter Treffpunkt bei Schriftstellern, Schauspielern und Theaterkritikern. Fotografien an der Wand dokumentieren die glorreiche Vergangenheit. Es gibt Frühstück, leichte Mahlzeiten sowie Kaffee und Kuchen.

Café Maria Haag €
Wiener Küche **SP** 5 B2 **K** F5
Helferstorferstraße 2, A-1010
📞 (01) 5335 866 ⬤ So
Besuchen Sie dieses freundliche Café, und genießen Sie Kaffee oder Tee, Kuchen oder Gebäck. Das Speisenangebot wechselt täglich je nach Jahreszeit. Der Aprikosenkuchen und der Strudel sind sehr zu empfehlen.

Restaurantkategorien *siehe Seite 203* **Preiskategorien** *siehe Seite 210*

Der elegante Speisesaal des Vestibül im Burgtheater

Amerlingbeisl €€
Wiener Küche   SP 3 B1 K D7/8
Stiftgasse 8, A-1070
📞 (01) 5261 660
Auf der kleinen saisonalen Karte stehen eine Reihe von Spezialitäten und auch Cocktails. Die Pasta mit Räucherlachs und Weißweinsauce schmeckt lecker.

Café Bellaria €€
Wiener Küche   SP 3 C1 K E7
Bellariastraße 6, A-1010
📞 (01) 5235 320
Genießen Sie wunderbaren Kaffee und Klaviermusik in diesem typischen Wiener Café. Der Besitzer bietet auch Liederabende. Charmante Kellner servieren traditionelle Gerichte.

Café Leopold €€
International   SP 3 C1 K D7
Museumsplatz 1, A-1070
📞 (01) 5236 732
Das Café im Leopold Museum verfügt über ein vielfältiges Speisenangebot. Kosten Sie Hähnchen-Tandoori oder Falafel mit Hummus und Oliven. Am Wochenende herrscht abends Clubatmosphäre mit Live-Musik.

Centimeter II am Spittelberg €€
Österreichisch   SP 3 B1 K D8
Stiftgasse 4, A-1070
📞 (01) 4700 606
Essen Sie sich satt an leckeren Spareribs in großen Portionen – oder nehmen Sie ein Wurstgericht, einen Monsterburger oder ein saftiges Steak.

Halle Café €€
International   SP 3 C1 K E8
MuseumsQuartier 1, A-1070
📞 (01) 5237 001
Das beliebte Museumsrestaurant in der KUNSTHALLE Wien serviert von früh bis spät preisgünstige Mahlzeiten, beispielsweise Schweinebraten mit Rotkohl und Rösti, außerdem viele Salate, kleine Gerichte und köstliche Nachspeisen.

Kunsthistorisches Museum Café & Restaurant €€
Österreichisch   SP 3 C1 K E7
Burgring 5, A-1010
📞 0664 9664 546   ● Mo
Die schöne, prächtige Kuppelhalle des Kunsthistorischen Museums bietet eine wunderbare Kulisse für den beliebten Sonntagsbrunch oder auch für ein romantisches Dinner.

Lebenbauer €€
Vegetarisch   SP 1 C5 K E/F5
Teinfaltstraße 3, A-1010
📞 (01) 5335 556   ● Sa, So
In dem gehobenen vegetarischen Restaurant bekommt man ein einfallsreich gestaltetes fleischloses Menü. Die Speisen werden überwiegend mit Bio-Produkten ohne Fett, Eier und Mehl zubereitet. Ein Highlight auf der Karte ist das Kürbisrisotto.

Lux €€
Wiener Küche   SP 3 B1 K D7/8
Schrankgasse 4 / Spittelberggasse 3, A-1070
📞 (01) 5269 491
Genießen Sie schmackhafte, hausgemachte Würste, Rouladen und köstliche Saucen. Die Gäste schätzen das regelmäßig wechselnde Angebot an Suppen und Salaten.

Pizzeria-Osteria Da Giovanni €€
Italienisch   SP 3 B1 K D7
Sigmundsgasse 14, A-1070
📞 (01) 5237 778
Das einfache, einladende Restaurant bringt Bruschetta, Suppen, Salate, Pasta und Pizza aus frischen Erzeugnissen auf den Tisch. Die hausgemachten, traditionell zubereiteten Nachspeisen schmecken großartig.

Spatzennest €€
Österreichisch   SP 3 B1 K C7
Sankt-Ulrichs-Platz 1, A-1070
📞 (01) 5261 659   ● Fr, Sa
Die Gäste schwärmen von den wohlschmeckenden Kartoffelknödeln mit Schinken, Käse und Zwiebeln. Große Auswahl an heimischen Biersorten sowie Tische im Freien.

Zu ebener Erde und erster Stock €€
Wiener Küche   SP 3 B1 K D7
Burggasse 13, A-1070
📞 (01) 5236 254   ● Sa, So
Das herrliche Biedermeier-Café sorgt für authentische Wiener Gaumenfreuden, vom Candlelight-Dinner à la carte bis hin zu Festpreismenüs, u. a. Schnitzel mit Kartoffelknödeln.

Café Landtmann €€€
Wiener Küche   SP 1 C5 K E6
Universitätsring 4, A-1010
📞 (01) 2410 0100
Berühmtheiten wie Sigmund Freud, Hillary Clinton und Sir Paul McCartney haben das elegante Café von 1873 mit ihrem Besuch beehrt. Montag- und dienstagabends gibt es Klaviermusik.

Schnattl €€€
International   SP 1 B5 K C5
Lange Gasse 40, A-1080
📞 (01) 4053 400   ● Sa, So
Anspruchsvolle Gourmets besuchen Schnattl wegen des opulenten Drei- oder Neun-Gänge-Menüs. Wunderschöner Innenhof.

Vis-à-Vis-Tipp

Vestibül €€€
Modern-österreichisch
SP 1 C5 K E5
Universitätsring 2, A-1010
📞 (01) 5324 999   ● So
Das Restaurant im Burgtheater ist auf gesunde Gerichte aus saisonalen Zutaten spezialisiert. Alles ist hier hausgemacht und ohne Zusatzstoffe, vom Suppenfond bis zum Holundersaft. Das Lokal wurde mit zwei Hauben ausgezeichnet.

Oper und Naschmarkt

Café Drechsler €
Wiener Küche   SP 3 C2 K E9
Linke Wienzeile 22 / Girardigasse 1, A-1060
📞 (01) 5812 044
Das Drechsler besitzt klassischen Charme. Hier gibt es Frühstück und leichte Gerichte. WLAN.

Café Ritter €
Wiener Küche **SP** 3 B2 **K** C9
Mariahilfer Straße 73, A-1060
((01) 5878 238 ● So
Wählen Sie aus einer breiten Palette an Frühstücksgerichten, leichten Speisen, Mittagsmahlzeiten, Nachmittagstee und Abendessen. Spezialität des Hauses ist die Dorade auf Spinat.

Café Sperl €
Wiener Küche **SP** 3 C2 **K** E9
Gumpendorfer Straße 11, A-1060
((01) 5864 158
Kommen Sie ins Café Sperl für ein einfaches Frühstück mit Schinken, Eiern und frisch gebackenem Brot oder für Mittags- und Abendmahlzeiten von Knödelsuppe bis hin zu Eintopf mit Kaninchenfleisch. Köstlicher Kaffee.

Café Westend €
Wiener Küche **SP** 3 A3 **K** A10
Mariahilfer Straße 128, A-1070
((01) 5233 183
Das unkonventionelle Café mit Kunst serviert guten Kaffee, Gebäck und Standardgerichte.

Neni €
International **SP** 3 C2 **K** E9
510 Naschmarkt, A-1060
((01) 5852 020
Neni ist ein lebhaftes, einfaches Restaurant, das 24 Stunden geöffnet hat. Es gibt arabische, mediterrane und europäische Gerichte. Versuchen Sie Fladenbrot mit Hummus, Tahini und Oliven, *sish kebab* vom Lamm, israelischen Salat oder Linsensuppe.

Tewa €
International **SP** 3 C2 **K** E9
672 Naschmarkt, A-1040
(0676 847 741 211 ● So
Genießen Sie aufregend zubereitetes Essen in einem angesagten Restaurant. Probieren Sie Honigtoast oder Croissants zum Frühstück, und genießen Sie zum Abschluss Mango-Lassi.

Vis-à-Vis-Tipp

Café Sacher €€
Wiener Küche
SP 4 D1 **K** G7
Philharmonikerstraße 4, A-1010
((01) 514 560
Das Sacher ist eines der stilvollsten Wiener Kaffeehäuser – ein beliebter Treffpunkt, um vorzüglichen Kaffee, Kuchen, Apfelstrudel oder klassische Gerichte wie Wiener Schnitzel in elegantem historischem Ambiente zu genießen. Spezialität des Hauses ist die berühmte Sachertorte. Schöne Terrasse im Sommer.

Essen in Wiener Kaffeehausambiente im traditionellen Café Sperl

Kostas €€
Griechisch **SP** 4 D2 **K** F8
Friedrichstraße 6, A-1010
((01) 5863 729 ● So
Das freundliche Restaurant bietet authentische griechische Küche, beispielsweise leckeres *gyros* und knackige Salate.

Restaurant Hofbräu €€
Österreichisch **SP** 3 B2 **K** C9
Mariahilfer Straße 47, A-1060
((01) 9412 332 ● So
Lassen Sie sich nicht von dem schrillen Dekor irritieren. Was Speisen betrifft, geht es seriös zu. Kosten Sie gebratenen Käse mit Pflaumenkompott oder Wildragout mit Kartoffelknödeln.

Vis-à-Vis-Tipp

Saint Charles Alimentary €€
Vegetarisch **SP** 3 C2 **K** D9
Gumpendorfer Straße 33, A-1060
((01) 5861 365 ● Sa, So
Das ungewöhnliche Restaurant bietet gesunde Kost, das Dekor des Lokals erinnert mit seinen Krügen, Dosen und Flaschen an eine Apotheke. Die Gerichte bestehen aus Kräutern, Pflanzen, Nüssen und Samen mit heilkräftiger Wirkung. Probieren Sie die duftende Wildwurzelsuppe oder gebratenen Kürbis mit Walnüssen.

Anna Sacher €€€
Wiener Küche **SP** 4 D1 **K** G7
Philharmonikerstraße 4, A-1010
((01) 514 560 ● Mo
Anna Sacher ist eines der renommierten Wiener Gourmetrestaurants. Serviert werden Vier-, Fünf- oder Sechs-Gänge-Menüs und erlesene Weine. Traditionelle Gerichte erhalten hier eine moderne Akzentuierung.

Aux Gazelles €€€
Französisch-marokkanisch
SP 3 C2 **K** E8
Rahlgasse 5, A-1060
((01) 5856 645 ● So
Restaurant mit Wellness-Center in einer ehemaligen Ziegelfabrik. Die Gäste haben die Möglichkeit, nach dem Essen eine Wasserpfeife zu schmauchen.

Shambala €€€
International **SP** 4 D1 **K** F8
Opernring 13, A-1010
((01) 588 900
Beim Sonntagsbrunch im Shambala gibt es Früchte, Tee, Kaffee, Eierspeisen, Fisch, Wurst, diverse Brotsorten, Gebäck und Champagner – alles für 38 Euro.

Belvedereviertel

Café Dialog €
Wiener Küche **SP** 5 E2 **K** K10
Rennweg 43, A-1030
((01) 7126 208
Das authentische Café ist bei den Wienern ausgesprochen beliebt. Schlürfen Sie ein »Kaffeetscherl« in gemütlicher Atmosphäre, während Sie Zeitung lesen. 20 Stunden offen.

Café Museum €
Wiener Küche **SP** 4 D2 **K** F8
Operngasse 7, A-1010
((01) 2410 0620
Zahlreiche kreative Köpfe suchten seit 1899 dieses hübsche Café auf, darunter die Maler Gustav Klimt und Egon Schiele, der Komponist Oscar Straus sowie die Architekten Otto Wagner und Adolf Loos. Genießen Sie Frühstück und herzhafte Gerichte. Abends erklingt Klaviermusik.

Verführerische Süßigkeiten im eleganten Café Sacher

Café Schwarzenberg, ein traditionelles Wiener Kaffeehaus

Kunsthalle Café €
Österreichisch **SP** 4 D2 **K** F9
Treitlstraße 2 / Karlsplatz, A-1040
(01) 5870 073
Ein großartiger Ort, um ein herzhaftes Frühstück oder eine Mahlzeit einzunehmen. Eines der vibrierendsten Lokale des Wiener Nachtlebens mit Partys im Freien bis zum Morgengrauen.

Bistro Menagerie €€
International **SP** 4 F4 **K** H11
Prinz-Eugen-Straße 27, A-1030
(01) 1720 4465
Gönnen Sie sich ein kreativ präsentiertes Gericht wie rosa gebratenen Thunfisch, Hähnchen, gefüllt mit Polenta, oder eine typisch wienerische Nachspeise aus der sehr großen Auswahl.

Café Schwarzenberg €€
Wiener Küche **SP** 4 E2 **K** G8
Kärntner Ring 17, A-1010
(01) 5128 998
Wählen Sie aus Dutzenden von Tee- und Kaffeesorten. Die Vitrine ist gefüllt mit verlockendem Gebäck, leckeren Torten und Obstkuchen. Das alles erhalten Sie zu vernünftigen Preisen.

Entler €€
Österreichisch **SP** 4 D3 **K** F10
Schlüsselgasse 2, A-1040
(01) 5043 585 ● So, Mo
Genießen Sie als Appetitanreger Roggenbrot mit Nüssen oder Karotten in Kräuteröl und als Hauptmahlzeit ein Wild- oder Entengericht in dem lockeren Lokal mit freundlichem Dekor.

Salm Bräu €€
Traditionell **SP** 4 F3 **K** J9
Rennweg 8, A-1030
(01) 7995 992
Probieren Sie geräuchertes Wild, Knoblauchbrot oder die Biersuppe mit Knödeln in diesem populären Restaurant mit lebhafter Atmosphäre. Auch im Angebot: preiswerte Tagesgerichte.

Tenmaya €€
Japanisch **SP** 6 D5 **K** G7
Krugerstraße 3, A-1010
(01) 5127 397
Das elegante Restaurant serviert authentische Sushi sowie Tempura und Seafood. Nehmen Sie ein Menü, oder speisen Sie à la carte. Cocktailkarte mit Longdrinks.

Wiener Wirtschaft €€
Wiener Küche **SP** 4 D3 **K** F9
Wiedner Hauptstraße 27– 29, A-1040
(01) 2211 1364
Das Restaurant ist bei Einheimischen und Besuchern gleichermaßen beliebt. Serviert werden gut zubereitete Speisen in großen Portionen. Exzellente Weine, Fassbier und Schnaps.

Café & Restaurant Imperial €€€
Wiener Küche **SP** 4 D2 **K** G8
Kärntner Ring 16, A-1015
(01) 501 106 389
Das Edelrestaurant bietet Essen in repräsentativer Umgebung mit Kristallschmuck und Porträts der Kaiser. Sonntags gibt es Champagner-Brunch.

Vis-à-Vis-Tipp

Restaurant Bristol €€€
Modern **SP** 4 D2 **K** G8
Kärntner Ring 1, A-1010
(01) 5151 6546
Erfreuen Sie Ihren Gaumen in diesem renommierten Wiener Restaurant. Zum Angebot gehören Kürbissuppe, Wildgulasch und zarter Räucherfisch. Erleben Sie hochklassigen Service, der auf eine lange Gastrotradition zurückblickt – und werfen Sie sich in Schale für den kulinarischen Hochgenuss.

Abstecher

Arjuna €
Indisch
Payergasse 12, A-1160
(01) 9233 955 ● So
Wählen Sie aus einem kleinen Angebot preiswerter bengalischer Gerichte, z. B. Suppen, *thalis* (serviert auf rundem Tablett), Brot, *pakoras* und *samosas*.

Café Aida €
Österreichisch
Schönthalergasse 1,
A-1210 Floridsdorf
(01) 2625 8110
Die Konditoreikette hat über 20 Filialen. Die Leitfarbe ist Rosa – von den Kuchen und Tassen bis zum Outfit der Kellnerinnen. Pralinen sind ein hübsches Souvenir.

Café Cobenzl €
Österreichisch
Am Cobenzl 94, A-1190
(01) 3205 120
Das Café Cobenzl ist ein beliebter Ort für Kaffee und Kuchen. Zu den Spezialitäten des Cafés gehört Strudel mit einem großen Klecks Schlagsahne.

Café Cuadro €
International **SP** 3 C4 **K** E10
Margaretenstraße 77, A-1050
(01) 5447 550
Das Dekor aus Chrom, Buchenholz und dunklem Glas verleiht dem Café skandinavisches Flair. Man bekommt ein preiswertes Frühstück, Burger und Cocktails.

Café San Marco €
Italienisch
Schwaigergasse 21, A-1210
(01) 2701 713 ● So, Feiertage
Das schlicht eingerichtete Restaurant bietet große Portionen mit gesunden, knackigen Salaten, Pasta und wunderbar duftendes Knoblauchbrot.

Restaurant Bristol, eines der renommierten Restaurants in Wien

Im Café-Restaurant Dunkelbunt sitzt man hübsch im Garten

Café Schmid Hansl €
Wiener Küche SP 1 A2 K C1
Schulgasse 31, A-1180
☎ (01) 4063 658 ◉ Sa, So
Abseits der Besucherströme bietet das Lokal Standardgerichte wie Schnitzel und erfreut sich bei den Einheimischen großer Beliebtheit. Programm mit Live-Musik und Lesungen.

Café Schopenhauer €
Wiener Küche SP 1 A3 K B2
Staudgasse 1, A-1189
☎ (01) 4063 288
Die Vielfalt an Kaffee- und Teesorten ist riesig. Dazu gibt es Snacks und Strudel. Als volle Mahlzeit ist die Platte mit Schinken, Eiern und Brot eine gute Option. Tische auf dem Bürgersteig.

Café-Restaurant Dunkelbunt €
Österreichisch
Weißgerberlände 14, A-1030
☎ (01) 7152 689 ◉ So
Dunkelbunt ist mit seinem Garten eine Oase der Ruhe. Das Lokal ist bekannt für seine fabelhaften vegetarischen Gerichte, die bevorzugt aus frischen Bio-Produkten zubereitet werden.

Café-Restaurant Residenz €
Österreichisch
Kavalierstrakt 52, A-1130
☎ (01) 241 00300
Ergattern Sie einen Tisch auf der Terrasse oder im Speiseraum, um ein herzhaftes Frühstück, Kaffee und Kuchen oder eine Hauptmahlzeit zu genießen. Hier gibt es exzellente Wildgerichte.

Gasthaus Reinthaler €
Wiener Küche
Stuwerstraße 5, A-1020
☎ (01) 5123 366 ◉ Sa, So
Die Einheimischen kommen in Scharen in das freundliche Gasthaus Reinthaler, um leckere Hausmacherkost zu essen, bei-

spielsweise Kohlrouladen und als Nachtisch Aprikosenknödel mit Vanilleeis.

Rasouli €
International
Payergasse 12, A-1160
☎ (01) 4031 347 ◉ Mo
Frühstücken Sie hier ein Omelett mit Fetakäse oder Pfannkuchen mit Marmelade. Mittags gibt es etwa ein Wurstgericht mit Kichererbsen. Das Hähnchen-Couscous ist himmlisch.

Restaurant Isola €
Österreichisch
Arena OG Top 925, Donau Zentrum, A-1220
☎ (01) 2034 719 ◉ So
Die große offene Küche ist mit ihrer Vielzahl von Düften und Aromen das Kraftzentrum des Restaurants. Die Speisekarte listet österreichische Gerichte wie Frankfurter mit Bratkartoffeln, aber auch Lamm-Couscous.

Rote Rübe €
Vegetarisch SP 3 A1 K B8
Zieglergasse 37, A-1070
☎ (01) 791 3860 ◉ So, Mo
Das Dekor des Cafés zeigt sich in kunstvollem Rot und Weiß. Das Speiseangebot ist komplett fleischlos. Griechische Aromen in Verbindung mit heimischen Zutaten ergeben wunderbare Mahlzeiten.

Sri Thai Imbiss €
Thai
Baumgasse 18, A-1030
☎ (01) 7079 296 ◉ So
Die Gäste können zusehen, wie Frau Sri in der offenen Küche aus frischen Zutaten authentische nordthailändische Spezialitäten liebevoll zubereitet. Auf der Speisekarte befindet sich eine Vielzahl von leckeren Nudel-, Curry- und Reisgerichten.

Vegetasia €
Vegetarisch
Ungargasse 57, A-1030
☎ (01) 7138 332
Das Restaurant ist ein Paradies für ausgehungerte Vegetarier. Es bietet ein erstaunliches All-You-Can-Eat-Mittagsbüfett. Empfehlenswert: Linsensuppe mit Olivenbrot, Tofupfanne, Aubergineneintopf und Pasta mit Pesto.

Wetter €
Italienisch
Payergasse 13, A-1160
☎ (01) 4060 775 ◉ So
Der ehemalige Waschsalon ist nun ein lebendiges kleines Esslokal. Sein Industriedekor ist ebenso charakteristisch wie seine gesunde Küche des italienischen Nordwestens.

Zum Schmankerlwirt €
Wiener Küche
Salmgasse 23, A-1030
☎ (01) 9619 464 ◉ Sa, So
Die Speisekarte bietet erstklassige Gerichte wie Schnitzel, gegrilltes Schweinefleisch oder Brathähnchen mit Kartoffelsalat. Es gibt eine herrliche Auswahl an Desserts, z.B. Erbeeren und Vanilleeis mit Kürbiskernöl.

Café Oberlaa-Dommayer €€
Wiener Küche
Dommayergasse 1, A-1130
☎ (01) 8775 4650
Lassen Sie es sich im klassischen Ambiente dieses Cafés gut gehen. Entspannen Sie bei einer dampfenden Tasse Melange im schattigen Garten oder auf einer Couch unter Kristalllüstern.

Café Europa €€
Österreichisch SP 3 B2 K C8
Zollergasse 8, A-1070
☎ (01) 5263 383
Hier gibt es 16 Stunden am Tag vorzügliches Frühstück. Das Schnitzel ist lecker. Am Wochenende legen DJs auf.

Café Goldegg €€
International SP 4 E4 K G10
Argentinierstraße 49, 1040
☎ (01) 5059 162
Das schöne, alte Café mit Ledersesseln und Billardtisch serviert u.a. englisches Frühstück und Sandwiches ebenso wie traditionelle heimische Gerichte.

Café-Restaurant Oktogon
Am Himmel €€
Österreichisch
Himmelstraße 125, A-1190
☎ (01) 4065 938 ◉ Mo, Di
Abseits vom Trubel der Stadt lockt dieses wunderbare Lokal in wundervoller Umgebung viele

Besucher an. Auf der Speisekarte finden sich Gerichte wie Schnitzel, Gulasch und Schweinebauch.

Dellago €€
Italienisch
Payergasse 10, A-1160
(01) 9574 795
Das reizende Restaurant serviert ein vorzügliches Frühstück und zieht zahlreiche Gäste mit frischem Obst, Säften, Kaffee, selbst gebackenem Brot und Gebäck sowie als Mahlzeit etwa Lachs-Fettuccine an.

Kulinarium 7 €€
International   **SP** 3 B2   **K** D8
Sigmundsgasse 1, A-1070
(01) 5223 377   Mo, So
Nehmen Sie ein Menü, oder wählen Sie ein exzellentes Gericht wie Risotto mit Schweinefleisch, Rindergulasch oder Artischocken mit Parmesan. Umfangreiche Weinkarte.

Pan e Wien €€
Mediterran   **SP** 4 F2   **K** J9
Salesianergasse 25, A-1030
(01) 7103 870   Sa, So
Die Gerichte zeigen eine deutlich italienische Note. Das Restaurant mit Ziegelwänden zieren vergoldete Spiegel, es herrscht viel Küchentrubel.

Strandcafé €€
Österreichisch
Florian-Berndl-Gasse 20, A-1220
(01) 2036 747
Große Portionen herzhafter Gerichte sind das Markenzeichen des renommierten Restaurants nahe dem Donauufer. Genießen Sie ein Schweinefleisch-, Steak-, Fisch- oder Nudelgericht.

Taverna Lefteris €€
Griechisch
Hörnesgasse 17, A-1030
(01) 7137 451   Fr, So
Erleben Sie Live-Musik in einer pulsierenden griechischen Taverna, und erfreuen Sie sich an dem vielfältigen Angebot an kalten Vorspeisen, Halloumi-Käse, Zaziki, Kebab vom Schwein, Hummus und Lammkotelett.

Xu's Cooking €€
Vegetarisch
Kaiserstraße 45, A-1070
(01) 5231 091
Im Xu's legt man Wert auf gesunde Ernährung. Die chinesischen Gerichte sind reich an Proteinen, Vitaminen und Mineralstoffen – ohne Zusatz von Geschmacksverstärkern. Versuchen Sie das preiswerte Büfett.

Dining Room €€€
Mediterran
Maygasse 31, A-1130
(01) 8048 586   Di, Do, Sa, So
Das elegante, kleine Restaurant in einem Privathaus birgt eine der kreativsten Küchen Wiens. Ideal für Gäste, die außergewöhnliche kulinarische Experimente zu schätzen wissen.

Flatschers Restaurant & Bar €€€
Steakhouse
Kaiserstraße 113–115, A-1070
(01) 5234 268
Das beliebte Restaurant bringt Speisen wie Rindertatar, Räucherfleisch, Steaks und Burger mit einer reichen Auswahl an Beilagen auf den Tisch. Versuchen Sie das ausgezeichnet zubereitete argentinische Filetsteak, eine Spezialität des Hauses.

Motto €€€
Fusionsküche
Schönbrunner Straße 30, A-1050
(01) 5870 672
Das Motto ist eines der angesagtesten Restaurants in ganz Österreich – ein Treffpunkt für Prominente. Die Küche biete viele Varianten: Wiener Klassiker, Sushi, Thai-Currys und Salate.

Mraz und Sohn €€€
International   **SP** 2 E1
Wallensteinstraße 59, A-1200
(01) 3304 594   Sa, So
Einfallsreiche Kochkunst. Wählen Sie den Lammrücken oder das fabelhafte Neun-Gänge-Menü und dazu den passenden Wein.

Vis-à-Vis-Tipp

Noir €€€
International   **SP** 3 B2   **K** C9
Neubaugasse 8/II, A-1070
(0800) 101 999   So, Mo
Das Noir bietet ein einzigartiges Erlebnis: Die Besucher essen in vollständiger Dunkelheit – Geruch, Geschmack und Struktur der Speisen werden zur Steigerung des sinnlichen Genusses eingesetzt. Das Gourmetmenü umfasst Fleisch, Geflügel, Seafood und Vegetarisches.

Restaurant Cobenzl €€€
Österreichisch
Am Cobenzl 94, A-1190
(01) 3205 120
Highlights auf der Speisekarte des historischen Restaurants sind österreichische Klassiker wie Backfleisch oder Leberschnittensuppe. Man hat einen wunderschönen Blick über die Stadt.

Das farbschrille Dekor des angesagten Motto

Shopping

Wien eignet sich zu allen Jahreszeiten hervorragend für einen ausgedehnten Shopping-Bummel. Die wichtigsten Geschäftsstraßen sind Fußgängerzonen mit vielen netten Cafés und gemütlichen Restaurants – folglich kann man hier sehr entspannt flanieren und ab und an eine Pause einlegen. Typisch österreichische Produkte wie Glas, Lebensmittel oder Kunsthandwerk findet man überall, wobei sie häufig einen eher konservativen Geschmack bedienen. Es gibt eine Vielzahl von Märkten, die von exotischen Früchten über Bücher und Schmuck bis zu Trödel alles anbieten. In der Fußgängerzone um die Kärntner Straße, den Graben und den Kohlmarkt sind die teureren Läden angesiedelt. Die Adressen von Läden und Märkten finden Sie im Kasten *Auf einen Blick (siehe S. 225)*.

Shopping-Tipps

Vieles von dem, was man in Wien gut einkaufen kann, ist klein und leicht zu transportieren: Kaffeeliebhaber sollten nicht versäumen, eine Packung der stets frisch gerösteten Bohnen mitzunehmen. In Wien gibt es hervorragende Kaffeesorten.

Wenn Sie Süßes mögen, sind Sie hier richtig. Die Stadt ist berühmt für ihre Torten *(siehe S. 206f)*, Kuchen und ihr Gebäck. Fast jede gute Konditorei in Wien verschickt ihre Waren auch per Post. Im November oder Dezember sollten Sie auf jeden Fall einen Christstollen probieren, den Sie bei **Julius Meinl** *(siehe S. 223)* oder in jeder anderen guten Bäckerei erhalten. Oder kaufen Sie eine der schön verpackten Sachertorten *(siehe S. 206)*, die das ganze Jahr über angeboten werden. Die Confiserien *(siehe S. 223)* sind schon aufgrund der großen Vielfalt an Schokoladen- und Pralinensorten und der überaus schönen Verpackungen einen Abstecher wert.

Süßer Eiswein (so genannt, weil die Trauben nach dem ersten Frost geerntet werden) ist ein ungewöhnlicher und köstlicher Dessertwein. **Zum Schwarzen Kameel** *(siehe S. 223)* bietet auch den seltenen roten Eiswein an.

Glaswaren, auch wunderschöne Leuchten, Kandelaber und Augarten-Porzellan *(siehe S. 222)*, zählen zu den typischen, wenngleich eher exklusiven Andenken aus der Donaustadt.

Ein typisch österreichisches Produkt ist Lodenbekleidung. Nicht nur Trachtengeschäfte *(siehe S. 223)* bieten eine reiche Auswahl an Jacken, Mänteln und Hüten. Auch landestypische Hosen, Röcke und Blusen für Erwachsene wie für Kinder sind reizvoll.

INLIBRIS Gilhofer *(siehe S. 223)* verkauft alte Karten und Drucke. Frühe Ausgaben von Sigmund Freud oder Karl Kraus finden Sie in Antiquariaten *(siehe S. 223)*.

Wenn Sie noch viel Stauraum in Ihrem Auto oder genügend

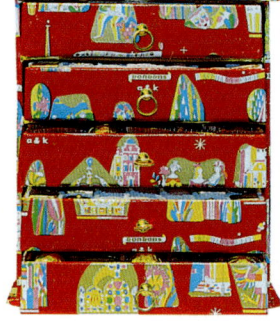

Süßes in Kommodenverpackung bei Altmann & Kühne *(siehe S. 223)*

Platz im Koffer haben, dann lassen Sie sich doch Betttücher nach Maß anfertigen, oder kaufen Sie ein exklusives Federbett »Made in Austria«.

Öffnungszeiten

Die Läden öffnen meist um 8.30 oder 9 Uhr und schließen um 18 oder 19 Uhr. Immer mehr Läden haben an Werktagen auch bis 20 Uhr oder noch später geöffnet. Den Läden in Wien ist es mittlerweile erlaubt, am Samstagnachmittag zu öffnen, viele tun dies bis 18 Uhr.

An Sonn- und Feiertagen sind die meisten Läden geschlossen. Blumen, Bücher, Filme und dergleichen kann man dann am Bahnhof kaufen. Auch der Supermarkt am Flughafen hat sieben Tage pro Woche geöffnet.

Bezahlung

Mit Kreditkarte zu zahlen ist in Wien inzwischen fast überall möglich. Viele Geschäfte akzeptieren die gängigen Karten. Für Einkäufe in kleinen Läden ist allerdings Bargeld üblicher.

J. & L. Lobmeyrs Glasgeschäft in der Kärntner Straße *(siehe S. 222)*

Shopping-Meilen

In der Fußgängerzone zwischen Graben, Kohlmarkt und Kärntner Straße liegen die bekanntesten und teuersten Läden Wiens. Hier konzentrieren sich Nobelboutiquen, Flagship-Stores und Juweliere, etwa Helmut Lang, Hermès und Cartier am Graben oder Gucci, Chanel und Chegini am Kohlmarkt. In der Kärntner Straße liegen die Österreichischen Werkstätten mit einer großen Auswahl an österreichischem Kunsthandwerk, ebenso wie Prada, die Wiener Filiale der Mailänder Modepäpstin. Das Kaufhaus Steffl bietet nicht allein Shoppingspaß, sondern auch eine Bar und ein exklusives Restaurant.

Billiger und beliebter sind die Läden entlang der Mariahilfer Straße. Hier findet man auch die großen Kaufhäuser, die nicht nur Mode, sondern auch Haushaltswaren führen, sowie Ketten wie C&A, H&M oder The Body Shop.

Umtausch und Service

Ist etwas, das Sie gekauft haben, defekt, haben Sie das Recht, es umzutauschen. Dies trifft bei reduzierter Ware nicht immer zu – prüfen Sie entsprechende Artikel also stets genau, bevor Sie sie kaufen. Viele Läden in Wien verpacken die Ware auch für Sie, oft ohne zusätzliche Gebühr, und verschicken sie, wohin auch immer Sie möchten.

Mehrwertsteuer

Die Mehrwertsteuer in Österreich liegt für die meisten Waren bei 20 Prozent. Der ermäßigte Steuersatz (10 %) gilt u. a. für Lebensmittel und Bücher. Nur Besucher aus Ländern außerhalb der EU können sich die Mehrwertsteuer rückerstatten lassen.

Souvenirs

Besucher, die nach typischen Mitbringseln Ausschau halten, werden sicher leicht fündig. Die Auswahl an Artikeln, die mit charakteristischen Motiven Wiens verziert sind, ist groß. Neben Kunstgegenständen

Blick auf den Kohlmarkt, eine von Wiens Fußgängerzonen

(siehe S. 224f) aus den Wiener Werkstätten sind dies vor allem Porzellan, Gläser und Bilder mit dem Stephansdom, dem Riesenrad, den berühmten Lipizzanerpferden oder Konterfeis von Komponisten, darunter Mozart, Haydn oder Beethoven. Auch kulinarische Spezialitäten sowie österreichische Weine und Spirituosen sind beliebte Mitbringsel.

Schlussverkauf

Zweimal im Jahr, im Januar und im Juli, findet ein Saisonschlussverkauf statt. Dann sind viele Waren, vor allem Kleidung und Haushaltswaren, entsprechend herabgesetzt.

Für Loden berühmt: Mantel von Loden-Plankl (siehe S. 223)

Shopping-Zentren

Die schönsten Shopping-Zentren in der Innenstadt sind die **Ringstraßen-Galerien**, das prächtige **Haas-Haus** und das schicke **Generali-Center**. Die **Freyung-Passage** im Palais Ferstel (siehe S. 110 und 112) bietet elegante Geschäfte. Das **Gerngross** in der Mariahilfer Straße ist nach Umbauarbeiten 2010 als modernes, stylishes Einkaufszentrum hinzugekommen.

Shopping-Center etwas weiter außerhalb sind Donau Zentrum, Millennium City, Shopping Center Nord, Stadion Center, Q19 und Shopping City Süd.

Adressen

Generali-Center
Mariahilfer Straße 77–79.
Stadtplan 3 A3.

Gerngross
Mariahilfer Straße 42 – 48.
Stadtplan 3 A3.

Haas-Haus
Stock-im-Eisen-Platz 4.
Stadtplan 2 D5 u. 5 C3.

Freyung-Passage
Palais Ferstel 1, Freyung 2.
Stadtplan 2 D5 u. 5 B2.

Ringstraßen-Galerien
Kärntner Ring 5 – 7.
Stadtplan 6 D5.

Stadtplan siehe Seiten 256 – 267

Läden und Boutiquen

Auch wenn Wien nicht ganz so viele exklusive Läden wie manch andere Hauptstadt Europas anzubieten hat, kann es doch eine ganze Reihe von Produkten vorweisen, die man kaum anderswo bekommt. So sind beispielsweise österreichische Glaswaren wegen ihrer hohen Qualität zu Recht international bekannt. Einige Geschäfte wie etwa Knize (am Graben), geplant und eingerichtet von Adolf Loos, lohnen allein wegen ihrer Jugendstil-Architektur den Besuch.

Fachgeschäfte

In Wien werden zwar immer noch Lederwaren hergestellt, doch ein Großteil der angebotenen Artikel stammt mittlerweile aus Italien. **Robert Horn** entwirft und produziert Taschen, Reisekoffer und Accessoires aus Leder. So bietet er etwa ein leicht verändertes Modell der Aktentasche an, die Metternich beim Wiener Kongress bei sich trug und die noch heute jedem Vergleich standhält.

Petit-Point-Stickereien sind ebenfalls etwas sehr Spezielles. Einige der schönsten Beispiele findet man im **Petit Point** (wo sogar die Türklinke bestickt ist) und bei **Maria Stransky**.

Kober (siehe S. 232) ist eine renommierte Adresse für schön gearbeitete Puppen und Spielzeug. Einen Einkauf im Spiel- und Spaß-Laden **Witte Zauberklingl** können Sie mit dem Besuch des Naschmarkts verbinden. Witte verkauft Kostüme, Masken und ausgefallene Papierdekorationen im alten Stil, die sich gut für eine Feier eignen. **Metzger** ist ein Laden, der sich auf Produkte aus Bienenwachs spezialisiert hat und selbst gezogene Kerzen, Kerzenleuchter und Mitbringsel aus Honigkuchen und Schokolade anbietet.

Musik

Wie zu erwarten, gibt es in der »Stadt der Musik« auch viele Musikgeschäfte. Die größte Auswahl an CDs und Schallplatten mit klassischer Musik bieten **EMI** und **Gramola**. Erwarten Sie allerdings keine Schnäppchen. CDs und DVDs sind in Österreich teurer als in anderen EU-Ländern. Auf Opern- und Operettenaufnahmen hat sich **Arcadia** spezialisiert. **VIENNA WORLD** verkauft alle möglichen Produkte im Zusammenhang mit Musik.

Doblinger ist der Spezialist für Noten, zudem gibt es CDs und eine Secondhand-Abteilung für CDs und Platten.

Schmuck

Wiens Juweliere waren schon immer berühmt für ihre erlesenen Arbeiten. Frucht- und Blumenornamente in Halbedelsteine eingraviert und teils mit Diamanten besetzt sind die neuesten Kreationen.

Juwelier Wagner bietet eine große Auswahl an Schmuck unterschiedlichster Preislagen. Sowohl **Köchert** als auch **Heldwein** waren einst k. u. k. Hofjuweliere, und noch heute schaffen sie in den eigenen Werkstätten wunderbaren Schmuck. Köchert verkauft auch antike Stücke, Heldwein ist bekannt für seine bunten Ketten aus Halbedelsteinen. Im Jahr 2010 gewann eines der Schmuckstücke, das von **Schullin** entworfen worden war, den begehrten Diamonds International Award. Vor den Schaufenstern des Geschäfts drängen sich fast immer Menschen, die die neuesten Kreationen des Hauses bewundern. Lassen Sie sich nicht abschrecken: Die Preise beginnen hier auf erschwinglichem Niveau.

Glaswaren

Die Lüster in Wiens Opernhaus, in der Metropolitan Opera New York, im Kreml und an vielen anderen Orten der Welt schuf **J. & L. Lobmeyr**. Der Familienbetrieb, heute in der fünften Generation, produziert seit Beginn des 19. Jahrhunderts wunderschöne Kristallleuchter, oft entworfen von berühmten Künstlern. Eine der Jugendstil-Glasserien, die heute auf dem Markt sind, wurde von Josef Hoffmann (siehe S. 58) entworfen. Sie besteht aus Musselinglas, einer besonders feinen und zerbrechlich wirkenden Glassorte. Zum Haus gehört auch ein kleines, ausgezeichnetes Glasmuseum, in dem Lobmeyr außer seinen eigenen Produkten auch ausgesuchte Stücke ungarischen Herend-Porzellans verkauft.

Inneneinrichtung

Albin Denk (gegründet 1702) ist das älteste Porzellangeschäft Wiens und war seinerzeit Hoflieferant. **Augarten** ist der zweitälteste Betrieb dieser Art in Europa. Die Manufaktur wurde 1718 gegründet und 1744 vom Haus Habsburg übernommen. Seit jener Zeit sind die Augarten-Produkte mit dem Habsburger Wappen signiert. Jedes einzelne Stück von Augarten ist handgearbeitet und bemalt. Alle Muster und Formen basieren auf Originalen aus der Zeit des Barock, des Rokoko, des Biedermeier, des Jugendstils und auf Entwürfen zeitgenössischer Künstler. Die Manufaktur steht für Besucher offen. **Ostovics** führt Glaswaren und Porzellan sowie Küchenutensilien.

Backhausen wurde 1849 gegründet und ist bekannt für seine exklusiven Möbel- und Dekostoffe, die nach originalen Jugendstil-Mustern gewebt werden, sowie für Seidenschals und passende Handtaschen aus Samt. Zudem gibt es hier qualitativ hochwertige Federbetten und Haushaltswäsche.

Bettzeug und Leinen sehr guter Qualität führt auch **Gans** in verschiedenen Geschäften. In der Filiale am Flughafen Wien-Schwechat kann man kurz vor dem Abflug noch ein Geschenk erstehen. Auch **Gunkel** ist ein gut sortiertes Wäschegeschäft. Seit Generationen sind die Wiener der

Schwäbischen Jungfrau treu. 1720 wurde der Laden gegründet, in dem man Leinen aller Art nach Maß anfertigen lassen oder auch Produkte von der Stange kaufen kann.

Delikatessen

Eines von Wiens bekanntesten und beliebtesten Feinkost- und Weingeschäften heißt **Zum Schwarzen Kameel** *(siehe S. 212)*. Hier verkauft man exquisite Köstlichkeiten, bei denen einem das Wasser im Mund zusammenläuft.

Auch **Julius Meinl** bietet leckere Feinkost an. Wenn Sie das Geschäft über die Naglergasse betreten, können Sie, wenn Sie möchten, in Meinls Lukullus Bar einen Drink oder einen kleinen Imbiss zu sich nehmen.

Eine Kette von Weinhandlungen firmiert unter dem Namen **Wein & Co**, eine Filiale befindet sich in der Jasomirgottstraße.

Altmann & Kühne ist bekannt für seine kleinen, handgefertigten Schokoladen-Köstlichkeiten. Sie sind in schönen Schachteln verpackt, die die Form von Kommoden, Büchern und Engeln haben.

Geschenke

Als Nachfolger der berühmten Wiener Werkstätte bieten die **Österreichischen Werkstätten** eine große Auswahl exklusiver österreichischer Produkte an. Sie können emaillierten Schmuck der Designerin Michaela Frey, Keramik, mundgeblasenes Glas, Kerzen und – etwa ab Spätherbst – auch die unterschiedlichsten Weihnachtsdekorationen kaufen. Verschiedene Märkte für Kunst und Kunsthandwerk *(siehe S. 224)* bieten ebenfalls reichlich Gelegenheit, das eine oder andere Mitbringsel – auch günstig – zu erwerben.

Kristallschmuck, Figuren und andere Accessoires des in Tirol ansässigen Unternehmens **Swarovski** sind weltberühmt.

Bücher

Die renommierte Buchhandelskette **Thalia** ist in Wien mit mehreren Filialen vertreten.

Antiquarische Raritäten und neue Bücher bekommen Sie bei **Heck**. **INLIBRIS Gilhofer** ist auf alte Karten und Drucke spezialisiert. Der **Taschenbuchladen** führt, wie schon der Name verspricht, vor allem Paperbacks.

Zeitungen und Zeitschriften

Die meisten Zeitungskioske innerhalb der Ringstraße bieten auch ausländische Zeitungen an. Gleiches gilt für die besseren Kaffeehäuser Wiens, wo man sie zudem umsonst lesen kann. Bei **Morawa** gibt es eine große Auswahl von Zeitungen und Zeitschriften in fast allen Sprachen.

Kleidung und Accessoires

Wien war noch nie als Fashion-Metropole bekannt, was sich allerdings mittlerweile etwas geändert hat *(siehe Kasten)*. Hingegen war qualitativ hochwertige Bekleidung schon immer ein Faible der Wiener. **Loden-Plankl** ist bekannt für schicke Trachtenmode mit Jacken, Mänteln und Capes aus Loden. Ursprünglich herrschten bei Lodenbekleidung dunkle Grau- und Grüntöne vor, heute gibt es den unverwüstlichen Stoff in vielen modischen Farben.

Auch **Tostmann** ist vor allem für Trachten bekannt. Seine Dirndln sind für alle Gelegenheiten geeignet und aus einer Vielfalt von Stoffen gefertigt – von Baumwolle bis hin zu Brokat. Insbesondere die Kindertrachten sind entzückend.

Ein alteingesessenes Wiener Traditionshaus für Herrenbekleidung ist **Knize**, zu k. u. k. Zeiten ein berühmter Schneider und Hoflieferant. Allein das von Adolf Loos entworfene elegante Geschäft ist sehenswert. In den 1920er Jahren wurde Knize unter der Leitung von Ernst Dryden zu einer der ersten Adressen der Modewelt.

Kettner – etwas versteckt in einer Seitenstraße gelegen – führt schicke Damen- und Herrenoberbekleidung. **Steffl**, das älteste Kaufhaus Wiens, bietet auch Designermode.

Einige hippe Läden gibt es in der Mariahilfer Straße, etwa Benetton oder die Kette **H & M**. (Die H & M-Filiale am Graben besitzt einen alten Lift, der mit seinem vergoldeten Käfig einzigartig ist.) Im exklusiven Shop von **D. G. Linnerth** können sich Männer jeglichen Alters modisch einkleiden.

Bally importiert alle seine hochwertigen Schuhe aus Italien, auch **D'Ambrosio** führt schicke italienische Schuhe zu annehmbaren Preisen. **Kurt Denkstein** ist für relativ günstige Schuhe bekannt. Hier bekommt man viele Marken und schicke Accessoires aus Leder.

Der Optiker **Erich Hartmann** kaufte 1980 einen Laden mit großem Warenbestand an Horn und Schildpatt. Heute umfasst sein Sortiment neben handgearbeiteten Brillen auch aus Horn gefertigte Kämme und Ketten. Sein Geschäft am Stephansdom erinnert an ein Kaffeehaus und ist in ganz Wien bekannt.

Wiener Mode

Wien gilt zwar nicht gerade als Modehauptstadt, doch inzwischen haben sowohl internationale Modeschöpfer wie Escada, Hermès, Gucci und Chanel in Wien ihre Dependancen bzw. Flagship-Stores eröffnet als auch renommierte Designer österreichischer Provenienz wie Lena Hoschek (Gutenberggasse 17) oder Susanne Bisovsky (Seidengasse 13/6).

Die Vienna Fashion Week ist der Laufsteg für junge einheimische Talente, etwa Pitour, Tiberius, Elfenkleid, Michel Mayer, Callisti, Shakkei, Kayiko, And_i und Anelia Peschev.

Abseits der Flagship-Stores hat sich eine junge Modeszene entwickelt: im 7. Bezirk, in den kleinen Boutiquen in der Judengasse, in der Zollergasse, Kirchengasse, Lindenstraße und rund um den Naschmarkt. Hier gibt es hippe junge Mode.

Antiquitäten und Märkte

Viele Bezirke Wiens haben ihre eigenen Märkte – einige sogar mehrere –, die Kunst und Kunsthandwerk, Lebensmittel, Blumen, importierte oder Secondhand-Ware anbieten. Bekannt sind überdies die Weihnachtsmärkte, die sich auch bei den Wienern großer Beliebtheit erfreuen. Wenn Sie sich für Antiquitäten oder Trödel interessieren, lohnt es sich, in die Antiquitätengeschäfte und Auktionshäuser der Stadt zu gehen. Alternativ hierzu bietet sich der Naschmarkt an, ursprünglich Wiens größter Lebensmittelmarkt.

Antiquitäten

Wien ist bekannt für seine Antiquitätengeschäfte. Die meisten liegen rund um den Stephansdom und in der Schönbrunner Straße, wo wertvolle alte Stücke und Secondhand-Ware angeboten werden. Das **Dorotheum** *(siehe Auktionen)*, den **Kunst- und Antikmarkt** und den **Flohmarkt** *(siehe Kunstmärkte)* sollten Sie nicht versäumen. Hier kann man vor allem Schmuck und alte Gemälde finden. Zu den besten Adressen für alten Schmuck zählt die **Galerie Rauhenstein**, sie bietet Schmuck bis etwa 1940.

Wenn Sie an altem Schmuck oder Silber bzw. an wirklichen Antiquitäten interessiert sind, lohnt sich ein Besuch bei **Herbert Asenbaum**. Größere Stücke in reicher Auswahl finden Sie bei **Subal & Subal** in der Spiegelgasse oder bei **Reinhold Hofstätter** in der Bräunerstraße. Beide Geschäfte führen sehr schöne Antikmöbel.

Auktionen

Es wurde 1707 als Pfandleihhaus für die »neuen Armen« eröffnet und wird noch immer als Armenhaus bezeichnet: das **Dorotheum**, heute das bedeutendste Auktionshaus Wiens. 1788 wurde es an die Stelle des ehemaligen Konvents Dorotheenkirche, so benannt wegen eines Bilds der hl. Dorothea, verlegt. Das Dorotheum lädt zum Bummeln ein. Da es keine festgesetzten Auktionszeiten gibt, kann man jederzeit zu günstigen Preisen etwas Schönes erstehen. In der Stadt gibt es verschiedene Zweigstellen.

Naschmarkt

Zwischen Linker und Rechter Wienzeile liegt der **Naschmarkt** *(siehe S. 142)*, der allemal einen Besuch lohnt. Exotisches Obst und Gemüse, griechische, türkische und asiatische Spezialitäten stapeln sich hier an Ständen und Buden. Die Atmosphäre ist faszinierend. Der Markt ist das ganze Jahr über geöffnet und Treffpunkt der verschiedensten Nationalitäten, die hier Obst und Gemüse, Kräuter, Tee und Gewürze kaufen und verkaufen. Der Bereich nahe dem Karlsplatz ist den teureren Ständen vorbehalten, Richtung Flohmarkt kommt man zu den bunten und reichhaltigen türkischen Ständen.

Neben Buden mit exotischen Spezialitäten bieten tschechische Verkäufer Handpuppen an, russische Händler offerieren Matrjoschka-Puppen und Türken Unmengen an Kleidung. Übrigens: Hier bekommt man auch um Mitternacht noch einen Imbiss.

Passionierte Marktgänger sollten nicht versäumen, den **Bauernmarkt** aufzusuchen. Verschiedenste Lebensmittel, zum Teil aus biologischem Anbau, werden hier am Samstagvormittag in großer Auswahl feilgeboten.

Kunstmärkte

Antikmärkte und Märkte für Kunst und Kunsthandwerk sind relativ neu in Wien, doch der Flohmarkt am **Naschmarkt** *(siehe S. 142)* und der **Kunst- und Antikmarkt** gelten als etablierte Orte für Secondhand-Ware und Antiquitäten. Man erwartet hier nicht, dass Sie die angeschriebenen Preise bezahlen – im Gegenteil, hier heißt es handeln.

Der Spittelbergmarkt *(siehe S. 117)* nahe am Volkstheater bietet die bessere Qualität in Bezug auf Kunsthandwerk. Hier verkaufen Künstler und Handwerker ihre eigenen Werke und keine Massenware. In dem attraktiven Ambiente findet man auch schöne Geschenke. In der näheren Umgebung gibt es einige Cafés und Galerien mit Kunstausstellungen.

Der Kunstmarkt im **Heiligenkreuzerhof** *(siehe S. 81)* liegt in einem ruhigen, abgeschlossenen Innenhof. Ausgewählte Gruppen von Ausstellern sind hier vertreten und diskutieren gern mit Ihnen über ihre Werke. Verkauft werden Schmuck, Keramik und Kunsthandwerk. Unterhaltung bietet ein Akkordeonspieler und Sänger, der österreichische Volksmusik zum Besten gibt.

Weihnachtsmärkte

Weihnachtsmärkte in Wien sind etwas Besonderes. Der berühmteste von allen ist der **Christkindlmarkt** *(siehe S. 66)* vor dem Rathaus. Die Attraktionen wechseln von Jahr zu Jahr, doch gibt es immer Darbietungen, schön geschmückte Weihnachtsbäume und Advents- oder Weihnachtsspiele auf einer Bühne sowie natürlich unzählige Buden und Stände, aber auch Bastel- und Backstuben für Geschenke und Weihnachtsbäckerei. Hier kann man Honigkuchen, Bienenwachskerzen, Baumschmuck und vieles mehr kaufen. Am schönsten ist die Atmosphäre abends, wenn alle Lichter funkeln. Der **Alt Wiener Christkindlmarkt** *(siehe S. 66)* findet auf der Freyung statt, ist kleiner und eher traditionell. Zwei Wochen vor Ostern wird hier ein Ostermarkt abgehalten, auf dem ausgeblasene und handbemalte Eier verkauft werden. Christkindlmärkte gibt es auch am Spittelberg, im Heiligenkreuzerhof, vor Schloss Schönbrunn, bei der Karlskirche und am Maria-Theresien-Platz.

Auf einen Blick

Fachgeschäfte

Kober
Wollzeile 16. **Stadtplan**
6 E3. **C** (01) 5336 018.

Maria Stransky
Hofburg-Passage 2.
Stadtplan 5 C4.
C (01) 5336 098.

Metzger
Stephansplatz 7. **Stadt-plan** 2 E5 u. 6 D3. **C** (01)
5123 433. *Eine Filiale.*

Petit Point
Kärntner Str. 16. **Stadtplan**
6 D4. **C** (01) 5124 886.

Robert Horn
Bräunerstraße 7.
Stadtplan 5 C4.
C (01) 5138 294.

Witte Zauberklingl
Linke Wienzeile 16.
Stadtplan 3 A4.
C (01) 5864 305.

Musik

Arcadia
Kärntner Straße 40.
Stadtplan 4 D2 u. 5 C5.
C (01) 5139 568.

Doblinger
Dorotheergasse 10.
Stadtplan 5 C3.
C (01) 5150 30.

EMI
Kärntner Str. 30. **Stadtplan**
6 D4. **C** (01) 5137 974.

Gramola
Graben 16. **Stadtplan**
5 C3. **C** (01) 5335 5034.

VIENNA WORLD
Führichgasse 6. **Stadtplan**
5 C4. **C** 512 0057

Schmuck

Heldwein
Graben 13. **Stadtplan**
5 C3. **C** (01) 5125 781.

Juwelier Wagner
Kärntner Str. 32. **Stadtplan**
4 D1. **C** (01) 5120 512.

Köchert
Neuer Markt 15. **Stadtplan**
5 C4. **C** (01) 5125 828.

Schullin
Kohlmarkt 7. **Stadtplan**
5 C3. **C** (01) 5339 007.

Glaswaren

J. & L. Lobmeyr
Kärntner Straße 26.
Stadtplan 2 D5 u. 6 D4.
C (01) 5120 50888.

Inneneinrichtung

Albin Denk
Graben 13.
Stadtplan 2 D5 u. 5 C3.
C (01) 5124 439.

Augarten
Stock-im-Eisen-Platz 3–4.
Stadtplan 2 D5 u. 5 C3.
C (01) 5121 494.

Backhausen
Schwarzenbergstraße 10.
Stadtplan 6 D5.
C (01) 5140 40.

Gans
Brandstätte 1–3.
Stadtplan 4 D1 u. 6 D3.
C (01) 5333 560.
Mehrere Filialen.

Gunkel
Tuchlauben 11.
Stadtplan 2 D5 u. 5 C3.
C (01) 5336 3010.

Ostovics
Stephansplatz 9.
Stadtplan 6 D3.
C (01) 5331 411.

Zur Schwäbischen Jungrau
Graben 26.
Stadtplan 2 D5 u. 5 C3.
C (01) 5355 356.

Delikatessen

Altmann & Kühne
Graben 30.
Stadtplan 2 D5 u. 5 C3.
C (01) 5330 927.
Eine Filiale.

Julius Meinl
Graben 19.
Stadtplan 2 D5 u. 5 C3.
C (01) 5323 334.

Wein & Co
Jasomirgottstraße 3–5.
Stadtplan 6 D3.
C 050 706 3121.

Zum Schwarzen Kameel
Bognergasse 5.
Stadtplan 5 C3.
C (01) 5338 12527.

Geschenke

Österreichische Werkstätten
Kärntner Straße 6.
Stadtplan 4 D1 u. 6 D4.
C (01) 5122 418.

Swarovski
Kärntner Straße 24.
Stadtplan 6 D4.
C (01) 3240 000.
Mehrere Filialen.

Bücher

Heck
Kärntner Ring 14.
Stadtplan 4 E2 u. 6 D5.
C (01) 5055 152.

INLIBRIS Gilhofer
Rathausstraße 19.
Stadtplan 1 C5.
C (01) 4096 1900.

Taschenbuchladen
Garnisongasse 7.
Stadtplan 1 B4.
C (01) 4056 857.

Thalia
Mariahilfer Straße 99.
Stadtplan 3 A2. **C** (01)
5054 550. *Mehrere Filialen.*

Zeitungen und Zeitschriften

Morawa
Wollzeile 11. **Stadtplan**
6 D3. **C** (01) 5137 513.

Kleidung und Accessoires

Bally
Graben 12. **Stadtplan**
5 C3. **C** (01) 5130 550.

D'Ambrosio
Jasomirgottstraße 6.
Stadtplan 6 D3.
C (01) 5326 35225.
Mehrere Filialen.

D. G. Linnerth
Lugeck 1–2. **Stadtplan**
6 D3. **C** (01) 5138 318.

Erich Hartmann
Singerstraße 8, Ecke Lilien-
gasse. **Stadtplan** 6 D3.
C (01) 5121 489.

Flamm
Neuer Markt 12. **Stadtplan**
5 C4. **C** (01) 5122 889.

Fürnkranz
Kärntner Straße 39. **Stadt-plan** 6 D4 u. 5 C5. **C** (01)
4884 426. *Mehrere Filialen.*

H & M
Graben 8. **Stadtplan** 2 D5
u. 5 C3. **C** (0810) 90 90
90. *Mehrere Filialen.*

Kurt Denkstein
Stephansplatz 4. **Stadt-plan** 6 D3. **C** (01) 5127
465.

Kettner
Plankengasse 7. **Stadtplan**
5 C4. **C** (01) 5132 239.

Knize
Graben 13.
Stadtplan 2 D5 u. 5 C3.
C (01) 5122 119.

Loden-Plankl
Michaelerplatz 6.
Stadtplan 5 C3.
C (01) 5338 032.

Steffl
Kärntner Straße 19.
Stadtplan 5 B2.
C (01) 930 560.

Tostmann
Schottengasse 3a.
Stadtplan 5 B2.
C (01) 5335 331.

Antiquitäten

Galerie Rauhenstein
Rauhensteingasse 3.
Stadtplan 6 D4.
C (01) 5133 009.

Herbert Asenbaum
Kärntner Straße 28.
Stadtplan 4 D1 u. 6 D4.
C (01) 522 847.

Reinhold Hofstätter
Bräunerstraße 12.
Stadtplan 5 C4.
C (01) 5335 069.

Subal & Subal
Spiegelgasse 8.
Stadtplan 4 D1 u. 5 C4.
C (01) 5131 349.

Auktionen

Dorotheum
Dorotheergasse 17.
Stadtplan 4 D1 u. 5 C4.
C (01) 5156 00.

Märkte

Alt Wiener Christkindlmarkt
Freyung. **Stadtplan** 2 D5 u.
5 B2. ○ 17. Nov–24. Dez:
tägl. 9.30–19.30 Uhr.

Bauernmarkt
Freyung. **Stadtplan** 2 D5
u. 5 B2. ○ März–Ende
Okt: Di, Do 10–18.30 Uhr.

Christkindlmarkt
Am Neuen Rathaus. **Stadt-plan** 5 A2. ○ Mitte Nov–
24. Dez: tägl. 10–19 Uhr.

Heiligenkreuzerhof
Stadtplan 6 E3. ○ Apr–
Sep: 1. Sa u. So im Monat;
Ende Nov–März: Sa, So
10–18 Uhr.

Kunst und Antikmarkt
Donaukanal-Promenade.
Stadtplan 6 F2. ○ Mai–
Ende Sep: Sa 14–20, So
10–20 Uhr.

Naschmarkt
Stadtplan 3 C2. ○ Mo–
Fr 6–18.30 Uhr (Sa bis 18 Uhr).

Stadtplan *siehe Seiten 256–267*

Unterhaltung

Die Donaustadt bietet viele Möglichkeiten der Unterhaltung, vor allem im Bereich der Musik. In der Staatsoper *(siehe S. 140f)* werden die großen Opern aufgeführt. Weitere Opern können Sie im Theater an der Wien *(siehe S. 142)* sehen. Die pompösen Bälle während der Faschingssaison werden von Orchestermusik und natürlich vom eleganten Wiener Walzer begleitet. Letzterer ist auch in entspannterer Umgebung im Stadtpark zu genießen. Sogar die edlen Lipizzaner treten zu Wiener Musik auf – schon deshalb ist ein Besuch der Spanischen Hofreitschule *(siehe S. 100f)* quasi ein Muss. Wien verfügt auch über sehr gute Theater. Das Burgtheater genießt hohes Renommee. Einige Kinos sind auf Filmklassiker spezialisiert. Restaurants schließen zwar relativ früh, doch gibt es z. B. innerhalb der Ringstraße eine Vielzahl an Jazzclubs wie den Roten Engel, diverse Discos, Casinos und Bars mit Live-Musik. Sie können aber auch in einem der bekannten Kaffeehäuser in aller Ruhe noch einen Mitternachtskuchen und -kaffee genießen.

Bühnenraum des Theaters in der Josefstadt *(siehe S. 118)*

Information

WienTourismus *(siehe S. 238)* bringt monatlich einen kostenlosen Veranstaltungskalender heraus. In den meisten Hotels und auf Plakaten an allen Litfaßsäulen kann man die Wochenprogramme der Oper und der Theater mit den wichtigsten Rollenbesetzungen lesen. Die vier großen Tageszeitungen der Stadt – *Presse, Kronen Zeitung, Standard* und *Kurier* – veröffentlichen täglich Veranstaltungsprogramme, informieren über Kinofilme, Konzerte und die wichtigsten Sportveranstaltungen und drucken natürlich auch Rezensionen. Daneben gibt es diverse Magazine *(Wienmagazin, Falter)* bzw. Online-Magazine.

Tickets

Eintrittskarten kann man an den jeweiligen Veranstaltungsorten kaufen (Kassenöffnungszeiten variieren), dort telefonisch oder online bestellen. Auch bei Ticketagenturen wie Vienna Ticket u. a. können Sie online buchen. Die Telefonnummern der Vorverkaufsstellen finden Sie unter den Rubriken Musik, Theater und Kino im Kasten *Auf einen Blick (siehe S. 229f)*.

Karten für die vier Wiener Staatstheater, **Staatsoper** *(siehe S. 140f)*, **Volksoper** *(siehe S. 229)*, **Burgtheater** *(siehe S. 134f)* und **Akademietheater** *(siehe S. 230)*, er-halten Sie bei den **Bundestheaterkassen** *(siehe S. 229)*. Der Verkauf für eine Vorstellung beginnt mindestens einen Monat, meist deutlich länger im Voraus.

Sie können ab diesem Termin auch im Internet (www.bundestheater.at) reservieren. Telefonische Reservierungen (Zahlung mit Kreditkarte) werden ab einen Tag nach Beginn des Vorverkaufs angenommen. Schriftliche Vorbestellungen für die vier Staatstheater müssen mindestens drei Wochen vor dem Vorstellungstermin eingegangen sein.

Stehplätze (über 500 in der Oper und 100 in der Volksoper) werden an der Abendkasse, direkt vor Beginn der Veranstaltung, verkauft. Die Staatstheater bieten Schülern, Studenten, Lehrlingen und Arbeitslosen Ermäßigungen: Ab 30 Minuten vor Beginn der Veranstaltung können Sie alle nicht verkauften Restkarten sehr günstig bekommen.

Karten für die Staatstheater, das **Theater an der Wien** *(siehe S. 138)*, das **Konzerthaus** *(siehe S. 228)* und das **Raimund Theater** *(siehe S. 229)* gelten mittlerweile in den öffentlichen Verkehrsmitteln *nicht* mehr als Fahrscheine – diese frühere Regelung wurde gestrichen.

Theater

Wenn Sie Ihre Karte im Vorverkauf persönlich erwerben, können Sie sich

Litfaß-säule

Cellist an der Pestsäule

auf einem in den Vorverkaufsstellen ausgelegten Plan des Zuschauerraums über die Anordnung der Sitzplätze informieren und dann Ihre Wahl treffen. Die monatlichen Veranstaltungskalender der Staatstheater verfügen ebenfalls über einen solchen Plan, sodass Sie auch bei telefonischen Reservierungen Ihre Platzwünsche äußern können. In vielen Hotels liegen die Pläne ebenfalls aus, auch online sind sie einzusehen.

Bedenken Sie bei Reservierungen immer, dass mit *Parkett* die vordersten Sitzplätze gemeint sind, die auch am teuersten sind. In manchen Theatern werden diese Plätze auch als *Orchestersitze* bezeichnet. *Parterre* ist etwas billiger, dann folgen *Erster* und *Zweiter Rang* oder *Balkon*. Burgtheater und Staatsoper haben eine zusätzliche Kategorie, die *Galerie*. Je höher man sitzt, umso billiger sind die Plätze. Dies gilt auch für die *Logen*, wo hintere Reihen ebenfalls weniger kosten.

An der Wiener Volksoper gibt es noch die sogenannten *Säulensitze*, von denen aus die Sicht auf die Bühne durch eine Säule zum Teil verstellt ist. Solche Plätze werden vor allem von Musikliebhabern bevorzugt, denen es weniger auf den optischen als auf den akustischen Genuss ankommt. Die Volksoper bietet vier Kategorien an Sitzplätzen: *Parterre*, *Balkon*, *Erster* und *Zweiter Rang*.

Die Büfetts in den großen Wiener Theatern bieten alkoholische und nichtalkoholische Getränke, belegte Brötchen mit Kaviar, Ei, Lachs, Käse und Salami sowie Eis und Süßigkeiten an.

Die Büfetts öffnen meist eine Stunde vor Beginn der Vorstellung und eignen sich hervorragend, um in entspannter Atmosphäre noch ein Glas Wein oder Sekt zu trinken und auch eine Kleinigkeit zu essen.

In den Theatern ist es nicht üblich, Trinkgelder zu geben, jedoch kann man beim Kauf des Programmhefts z. B. durchaus den Betrag nach oben aufrunden.

Mäntel, Hüte oder Schirme gibt man vor Beginn der Vorstellung an der Garderobe ab. Hier gibt es keine festgesetzten Preise, die Höhe des Trinkgelds bleibt Ihnen überlassen.

Behinderte Reisende
Viele Veranstaltungsorte in Wien haben Einrichtungen für Rollstuhlfahrer, zum Teil auch für Hörbehinderte. Doch sollten Sie immer nachfragen, bevor Sie die Karte reservieren.

Die Broschüre *Wien für Gäste mit Handicaps* von WienTourismus *(siehe S. 238)* informiert über Einrichtungen für Behinderte. Im Internet finden Sie unter www.wien.info ebenfalls Informationen über behindertengerechte Veranstaltungsorte.

Öffentliche Verkehrsmittel
Busse und Trams fahren bis etwa 23.30 Uhr, U-Bahnen bis etwa Mitternacht *(siehe In Wien unterwegs, S. 250–255)*. In den Nächten von Freitag auf Samstag und Samstag auf Sonntag fährt die U-Bahn durch. Nachtbusse sind beliebt. Es fahren diverse Linien (mit »N« gekennzeichnet) auf den normalen Routen (Infos: www.wiener linien.at). Sie starten ab 0.30 Uhr bis etwa 4 Uhr jede halbe Stunde. Normale Fahrscheine sind gültig *(siehe S. 254)*.

Taxis können Sie telefonisch bestellen oder auf der Straße anhalten. Nach Veranstaltungen stehen Taxis meist in großer Anzahl direkt vor dem entsprechenden Veranstaltungsort. Ansonsten gehen Sie zu einem Taxistand, der sich oft an der nächsten Straßenecke befindet. Taxis, die schon besetzt sind, halten nicht, wenn man sie herbeiwinkt.

Casino Wien im Palais Esterházy

Spielcasino
Casinos Austria ist zum Gütesiegel für Casinos weltweit geworden. **Casino Wien** ist ein Spielcasino im barocken Palais Esterházy *(siehe S. 82)* mit Roulette und Kartenspielen wie Poker. Zum Anwesen gehören auch eine Bar, ein Restaurant und das **Jackpot Casino**, ein typisches Wiener Etablissement.

Casino Wien
Kärntner Straße 41. **Stadtplan** 4 D1.
Casino Wien ◯ tägl. 15–3 Uhr (Fr, Sa bis 4 Uhr).
Jackpot Casino ◯ tägl. 11–2.30 Uhr (Fr, Sa bis 3.30 Uhr).
☎ (01) 5124 836.

Alles Walzer: Wiener Opernball *(siehe S. 141)*

Stadtplan siehe Seiten 256–267

Musik

Die Wiener Staatsoper *(siehe S. 140f)* ist eine der größten der Welt und wird, wie alle vier Staatstheater, subventioniert. Die Akustik des Hauses ist exzellent – der weltberühmte Dirigent Arturo Toscanini war hier beratend tätig, als die Oper nach dem Zweiten Weltkrieg wiederaufgebaut wurde. Das Orchester des Hauses, die Wiener Philharmoniker, spielt zwischen September und Juni. Die meisten Opern werden in der Originalsprache gesungen. Neben den Philharmonikern spielen auch das Wiener Symphonieorchester und einige Kammermusik-Ensembles. Regelmäßig gibt es Gastspiele von Musikern aus aller Welt. Die Kirchenmusik hat oft Konzertqualität. Im Stadtpark, wo im Sommer regelmäßig ein Orchester gastiert, wird eher leichtere Musik geboten. Live-Rock gibt es in den Discos. Alljährlich findet das Jazz Fest Wien *(siehe S. 65)* statt.

Oper und Musical

Karten für die **Staatsoper** *(siehe S. 140f)* kosten zwischen zwölf (Stehplätze) und über 200 Euro. Sie werden mindestens einen Monat im Voraus verkauft (mit Ausnahme der Stehplätze, die erst eine Stunde vor Beginn der Aufführung zu haben sind). Die Neujahrsvorstellung in der Oper zeigt traditionell *Die Fledermaus*, im zweitem Akt treten hin und wieder Überraschungsgäste auf.

Die **Wiener Volksoper** ist bekannt für ihre hervorragenden Operettenproduktionen berühmter Komponisten – von Strauß über Millöcker und Ziehrer bis zu Léhar und Kálmán. Sie bietet auch Musicals und leichtere Opern von Mozart, Puccini und Bizet in deutscher Sprache. Karten kosten zwischen vier (Säulenplätze) und 150 Euro (Stehplätze: 1,50 €).

In einer schmalen Seitenstraße nahe dem Stephansdom liegt eine der bedeutendsten kleinen Bühnen Wiens, die **Wiener Kammeroper**. Viele Sänger wie Waldemar Kmentt, Eberhard Waechter und Walter Berry starteten hier ihre Karriere. Gespielt wurden klassische Operetten, auch Rock-Versionen von *Hoffmanns Erzählungen* oder *Carmen*. Mittlerweile stehen Barockoper, Opera buffa, Kammer-Musical und zeitgenössisches Musiktheater auf dem Programm.

Das historische **Theater an der Wien** *(siehe S. 142)*, das große **Raimund Theater** und das sanierte **Ronacher** gehören zu den Vereinigten Bühnen Wiens. Das Raimund Theater und das Ronacher präsentieren große internationale Musical-Produktionen. Das Theater an der Wien, das früher ebenfalls Musicals zeigte, ist seit 2006 das neue, zusätzliche Opernhaus der Stadt.

Im Mai/Juni finden an mehreren Veranstaltungsorten der Stadt die Wiener Festwochen *(siehe S. 65)* mit Opern- und Theateraufführungen statt. Zentrale Spielstätte ist Halle G im MuseumsQuartier. Der Kaiserhof in Klosterneuburg ist im Juli Schauplatz des Festivals **Oper Klosterneuburg**.

Die **Seefestspiele Mörbisch** *(siehe S. 63)* finden meist donnerstags bis sonntags im Juli und August am Neusiedler See statt.

Klassik

Die bedeutendsten Konzertsäle Wiens, in denen klassische Musik gespielt wird, sind der **Musikverein** *(siehe S. 150)* mit Großem Saal, Brahmssaal und drei weiteren Sälen sowie die Säle im **Konzerthaus**. Konzertaufführungen bieten auch die **Stadthalle** *(siehe S. 231)*, Schuberts Geburtshaus in Nussdorf und viele Wiener Palais.

Das Neujahrskonzert *(siehe S. 67)*, das jedes Jahr im Musikverein stattfindet, wird live im Fernsehen übertragen. Karten kann man schriftlich bei den **Wiener Philharmonikern** bestellen, Reservierungen müssen am 2. Januar für das Konzert des darauf folgenden Jahres eingegangen sein.

Walzerkonzerte und Operetten mit den Stars der Wiener Volksoper werden von April bis Oktober dienstags, donnerstags und samstags im Musikverein, in der Neuen Burg *(siehe S. 97)* und im Konzerthaus gegeben. Mittwochs finden in der Neuen Burg Mozart- und Strauß-Konzerte statt. Sänger und Solisten des Wiener Mozart Orchesters spielen in historischen Kostümen u. a. in Staatsoper, Musikverein und Konzerthaus.

Häufig gilt für diese Konzerte ein Einheitspreis – für einen guten Platz sollte man rechtzeitig erscheinen.

Die Saison für Konzerthaus und Musikverein dauert von Oktober bis Juni (besondere Veranstaltungen für Juli und September *siehe S. 65f*).

Kirchenmusik

Einzelheiten über die vielen Kirchenkonzerte in Wien können Sie den Zeitungen, Zeitschriften und Online-Magazinen entnehmen. Achten Sie vor allem auf die Sonntagsmessen in den folgenden Kirchen: Augustinerkirche *(siehe S. 104)*, Minoritenkirche *(siehe S. 105)*, Jesuitenkirche *(siehe S. 79)*, Stephansdom *(siehe S. 74–77)* und Michaelerkirche *(siehe S. 94)*. Im Juli und August bieten auch viele andere Kirchen Orgelrezitationen.

Die Wiener Sängerknaben *(siehe S. 41)* singen (ausgenommen von Juli bis Mitte September) jeden Sonn- und Feiertag um 9.15 Uhr während der Messe in der Burgkapelle *(siehe S. 105)*, Kartenverkauf ist am Freitag davor. Im Mai, Juni, September und Oktober treten sie öfter im **Konzerthaus** auf. Karten hierfür erhalten Sie auf der Website (www.muth.at), im Hotel oder in Reisebüros. Achtung: Bei größeren Veranstaltungen sind sie begehrt.

Salonmusik

Am Haus des **Konzertcafés Schmid Hansl** steht zu lesen: »Haus des Wiener Liedes«. Der ursprüngliche Besitzer des kleinen Cafés, das warme Gerichte serviert, bis es schließt, war Hansl Schmid, ein Musiker. Und manchmal ergab es sich, dass ein berühmter Sänger hier mit ihm zusammen im Duett sang oder auch eigene Vorstellungen gab. Der heutige Besitzer, ein Sohn von Hansl Schmid und einst Mitglied der Wiener Sängerknaben, führt die Tradition des Vaters fort. Auf diese Weise kommt es bisweilen zu spontanen Vorträgen von anwesenden Opernstars.

Beliebt ist auch der **Kursalon Wien**, hier finden Dinners und Walzerabende mit dem Johann Strauß Salonorchester statt, aber auch klassische Ballettaufführungen. Im Sommer gibt es Konzerte im Stadtpark.

Rock, Pop und Jazz

Was heute in der Musikszene »in« ist, kann morgen schon wieder »out« sein. Viele Discos bieten nur an bestimmten Tagen Live-Musik. Die Disco **U4** bietet jede Nacht Programm mit einem anderen Motto – von Techno bis »Flowerpower«. Die **Volksgarten Clubdiskothek** gehört zu den am längsten bestehenden Discos. Gespielt wird House, Hip-Hop und Salsa. Im **Roten Engel** im Bermuda-Dreieck gibt es jede Nacht Live-Musik. **Praterdome** im Prater in der Nähe des Riesenrads bietet (sehr populäre) Nächte unter besonderem Motto. Live-Konzerte finden im **Chaya Fuera**, im **Jazzland** und sonntags im **Chelsea** statt. Im **Ost Klub** treten – wie der Name schon vermuten lässt – überwiegend Bands aus Osteuropa auf, darunter aus Russland und einigen Balkanstaaten.

Die verschiedensten Musikstile – von Techno über House bis hin zu alternativer Musik – hört man im **Café Leopold**, in der **Schikaneder Bar** und im **Flex**.

Für Jazzfans interessant ist der **Jazz & Music Club Porgy & Bess** sowie das alljährliche **Jazz Fest Wien** Mitte Juni bis Mitte Juli mit Veranstaltungen an mehreren Orten der Stadt: in der Staatsoper *(siehe S. 140f)*, im Volkstheater *(siehe S. 230)*, im Neuen Rathaus *(siehe S. 132)* und auch in Form von Open-Air-Events.

Auf einen Blick

Oper und Musical

Bundestheaterkassen
Haupt-Kartenvorverkauf.
Operngasse 2.
Stadtplan 5 C4.
☎ (01) 514 44-7810.
🕐 Mo–Fr 8–18 Uhr, Sa, So 9–12 Uhr.
🌐 bundestheater.at

Oper Klosterneuburg
Kaiserhof, Klosterneuburg.
☎ (02243) 444 424. 🌐 operklosterneuburg.at

Raimund Theater
Wallgasse 18.
☎ (01) 588 85.
🌐 musicalvienna.at

Ronacher
Seilerstätte 9.
Stadtplan 4 E1 u. 6 D4.
☎ (01) 588 85.
🌐 musicalvienna.at

Seefestspiele Mörbisch
Mörbisch, Neusiedler See, Burgenland. ☎ (02685) 8181-0 (Juli, Aug.).
🌐 seefestspiele-moerbisch.at

Staatsoper
(siehe S. 140f)

Theater an der Wien
(siehe S. 142)

Wiener Kammeroper
Fleischmarkt 24.
Stadtplan 2 E5 u. 6 D2.
☎ (01) 588 85.
🌐 theater-wien.at

Wiener Volksoper
Währinger Straße 78.
Stadtplan 1 B2.
☎ (01) 5144 43670.
🌐 volksoper.at

Klassik

Konzerthaus
Lothringerstraße 20.
Stadtplan 4 E2 u. 6 E5.
☎ (01) 242 002.
🌐 konzerthaus.at

Musikverein
Bösendorferstraße 12.
Stadtplan 6 D5.
☎ (01) 5058 190.
🌐 musikverein.at

Wiener Hofburg-Orchester
Margaretenstraße 3.
Stadtplan 4 D2.
☎ (01) 5872 552.
🌐 hofburgorchester.at

Wiener Philharmoniker
☎ (01) 50565 25 (Kartenbüro). 🌐 wiener philharmoniker.at

Salonmusik

Konzertcafé Schmid Hansl
Schulgasse 31. **Stadtplan** 1 A2. ☎ (01) 406 3658.
🕐 Mo–Fr 17–4 Uhr.
🌐 cafeschmidhansl.at

Kursalon Wien
Johannesgasse 33.
Stadtplan 6 E5.
☎ (01) 5125 790.
🌐 soundofvienna.at

Rock, Pop, Jazz

Café Leopold
Museumsplatz 1. **Stadtplan** 5 A5. ☎ (01) 5236 732. 🌐 cafe-leopold.at

Chaya Fuera
Kandlgasse 19–21.
Stadtplan 3 A1.
☎ (01) 5440 036250.

Chelsea
Lerchenfelder Gürtel, U-Bahnbögen 29–32.
☎ (01) 4079 309.

Flex
Donaukanal, Augartenbrücke. **Stadtplan** 1 D3. ☎ (01) 5337 589. 🌐 flex.at

Jazz & Music Club Porgy & Bess
Riemergasse 11.
Stadtplan 5 E4.

☎ (01) 5128 811.
🌐 porgy.at

Jazz Fest Wien
🌐 viennajazz.org

Jazzland
Franz-Josefs-Kai 29.
Stadtplan 2 D5 u. 6 D2.
☎ (01) 5332 575.
🌐 jazzland.at

Ost Klub
Schwarzenbergplatz 10.
Stadtplan 4 E2. ☎ (01) 5056 228. 🌐 ost-klub.at

Praterdome
Riesenradplatz 7.
☎ (01) 9081 1920.
🌐 praterdome.at

Roter Engel
Rabensteig 5. **Stadtplan** 6 D2. ☎ (01) 5354 105.
🌐 roterengel.at

Schikaneder Bar
Margaretenstraße 22–24.
Stadtplan 3 C3.
☎ (01) 5852 867.

Volksgarten Clubdiskothek
Burgring/Heldenplatz.
Stadtplan 5 B4.
☎ (01) 5330 5180.

U4
Schönbrunner Straße 222.
Stadtplan 3 A4. ☎ (01) 8171 1920. 🌐 u-4.at

Stadtplan *siehe Seiten 256–267*

Theater und Kino

Wien bietet eine große Auswahl an Theatern, die vom klassischen Drama bis hin zur Avantgarde alles spielen. Einige davon, etwa das Theater in der Josefstadt *(siehe S. 118)* oder das kürzlich restaurierte Ronacher, lohnen allein schon wegen ihrer Architektur einen Besuch. In Wien werden auch eine Vielzahl von Performances dargeboten. Einige Kinos bringen Filme in der Originalsprache. Ein Filmklassiker, der in Wien immer irgendwo läuft, ist Carol Reeds *Der dritte Mann*, der im Wien der Nachkriegszeit spielt.

Später war es ein Restaurant, doch als das Burgtheater im Zweiten Weltkrieg zerstört wurde, fanden bis zum Wiederaufbau hier erneut Theateraufführungen statt. Vor Kurzem wurde es saniert. Nun ist es eine Musical-Bühne *(siehe S. 228)*.

Theater

Wiens Theater zählen zu den besten Bühnen in Europa, das **Burgtheater** *(siehe S. 134f)*, eines der vier Staatstheater in Wien, ist das berühmteste. Hier und in der zweiten Spielstätte des Burgtheaters, im **Akademietheater**, werden klassische wie moderne Stücke gespielt. Falls möglich, sollte man einmal eine der Theaterproduktionen erleben.

Das **Theater in der Josefstadt** *(siehe S. 118)* lohnt einen Besuch allein schon wegen des Interieurs. Darüber hinaus bietet es exzellente Produktionen österreichischer Autoren wie auch fremdsprachiger Klassiker, bisweilen auch Musicals.

Die **Kammerspiele** sind das »Kleine Haus« des Theaters in der Josefstadt (und werden derzeit renoviert). Das seit Langem etablierte **Volkstheater** führt vor allem moderne Stücke auf, gelegentlich auch Klassiker und Operetten. Modernes, unangepasstes Theater kann man im **Schauspielhaus** sehen. Zudem gibt es in Wien eine große Anzahl freier Theater, die, angefangen von Ein-Mann-Stücken bis hin zum Cabaret, alles bieten. Sehr unterhaltsam ist es z. B. im renommierten **Kabarett Simpl**.

Es gibt auch drei Theater, die englischsprachige Aufführungen inszenieren, darunter das English Theatre.

Das Ronacher war einst Wiens glamouröisestes Theater, eine Varietébühne, auf der sogar Josephine Baker auftrat.

Kinos

Das Kino, das die neuesten Filme in Originalfassung bringt, ist das **Burg Kino**, auch **Haydn Kino** und **Artis International** haben sich auf Filme in Originalsprache spezialisiert. Einige Kinos zeigen vor allem alte und neue Klassiker oder Filme jenseits des Mainstreams. Dazu gehören insbesondere das **Österreichische Filmmuseum**, **Filmhaus Stöbergasse**, **Filmcasino** und **Votiv-Kino**, das sonntags sogar ein Kino-Frühstück anbietet. Das Österreichische Filmmuseum sammelt und restauriert Filme. Diese restaurierten Fassungen werden im hauseigenen Kino gezeigt. Der älteste Film des Filmarchivs ist ein Thomas-Edison-Film von 1883. Das Muliplex **Apollo Center** ist eines der modernsten Kinos in ganz Österreich.

Mitte bis Ende Oktober findet das Filmfestival Viennale statt *(siehe S. 66)*.

Auf einen Blick

Theater

Akademietheater
Lisztstraße 1, A-1030.
Stadtplan 4 E2.
📞 (01) 514 444 740.

Burgtheater
Dr.-Karl-Lueger-Ring, A-1014.
Stadtplan 1 C5 u. 5 A2.
📞 (01) 514 444 145.
🌐 burgtheater.at

Kabarett Simpl
Wollzeile 36, A-1010.
Stadtplan 2 E5 u. 6 E3.
📞 (01) 5124 742.
🌐 simpl.at

Kammerspiele
Rotenturmstraße 20, A-1010. **Stadtplan** 2 E5 u. 6 E2. ⏺ wg. Sanierung.
🌐 josefstadt.org.at

Schauspielhaus
Porzellangasse 19, A-1090. **Stadtplan** 1 C3.
📞 (01) 3170 101.

Theater in der Josefstadt
Josefstädter Straße 26, A-1080. **Stadtplan** 1 B5.
📞 (01) 427 00 (-300 Tickets).
🌐 josefstadt.org

Volkstheater
Neustiftgasse 1, A-1070.
Stadtplan 3 B1.
📞 (01) 5211 1400.
🌐 volkstheater.at

Kinos

Apollo Center
Gumpendorfer Straße 63, A-1060. **Stadtplan** 5 B5.
📞 (01) 5879 651.

Artis International
Schulgasse 5, A-1010.
Stadtplan 1 A2.
📞 (01) 5356 570.

Burg Kino
Opernring 19, A-1010.
Stadtplan 4 D1 u. 5 B5.
📞 (01) 5878 406.
🌐 burgkino.at

Filmcasino
Margaretenstraße 78, A-1050. **Stadtplan** 3 C3.
📞 (01) 5879 062.
🌐 filmcasino.at

Filmhaus Stöbergasse
Stöbergasse 11–15, A-1070. **Stadtplan** 3 B5.
📞 (01) 5466 630.

Haydn Kino
Mariahilfer Straße 57, A-1060. **Stadtplan** 3 B2.

📞 (01) 5872 262.
🌐 haydnkino.at

Österreichisches Filmmuseum
Augustinerstraße 1, A-1010.
Stadtplan 4 D1 u. 5 C4.
📞 (01) 5337 054.
🌐 filmmuseum.at

Votiv-Kino
Währinger Straße 12, A-1090.
Stadtplan 1 C4.
📞 (01) 3173 571.
🌐 votivkino.at

Tickets online

🌐 bundestheater.at
🌐 viennaticket
office.at

Sport und Tanz

Outdoor-Aktivitäten erfreuen sich in Österreich allgemeiner Beliebtheit, Fußballspielen ist hier ebenso populär wie in anderen Ländern. Wenn Sie gern schwimmen gehen, können Sie dies in einem der vielen Bäder der Stadt tun. Schlittschuhlaufen ist ebenfalls sehr beliebt. Die Trabrennbahn Krieau veranstaltet Pferderennen. In der gut ausgebauten Stadthalle finden Box- und Ringkämpfe statt, sie besitzt außerdem ein Schwimmbad, eine Bowling- und eine Eisbahn. Viele Wiener Tanzschulen bieten während der Faschingssaison spezielle Kurse für Walzer an.

Eislaufen

Schlittschuhlaufen ist in Wien beliebt. Der **Wiener Eislaufverein** und Wiener Eistraum (vor dem Rathaus) bieten Bahnen *(siehe S. 234)*.

Schwimmen

Die Stadt besitzt eine Reihe von Freibädern, etwa das **Schönbrunner Bad** im Schönbrunner Schlosspark *(siehe S. 174f)*. Das **Krapfenwaldlbad** bietet einen wunderschönen Blick über Wien. Im **Schafbergbad** gibt es dienstags und donnerstags Unterwassergymnastik. Die **Therme Wien** hat 26 Wasserbecken und einen großen Wellness-Bereich. Das **Kinderfreibad Augarten** *(siehe S. 234)* ist vor allem bei kleinen Gästen beliebt – sie werden hier auch im flachen Pool beaufsichtigt. An der Alten Donau kann man im **Strandbad Gänsehäufel** oder im **Strandbad Alte Donau** Badehäuschen für einen Tag mieten, Gleiches gilt für Boote. Das Strandbad Gänsehäufel bietet einen Strand, ein beheiztes Becken und Tischtennisplatten. Die **Donauinsel** besitzt die längste Wasserrutschbahn der Welt, Grillplätze – und am Wochenende fährt der Nachtbus zurück ins Stadtzentrum.

Fußball

Die Wiener sind fußballbegeistert. Es gibt zwei überdachte Fußballstadien: das **Ernst-Happel-Stadion** (ca. 50 000 Plätze) im Prater, wo das Finale der Fußball-EM 2008 stattfand, und das **Hanappi-Stadion** (etwa 20 000 Plätze) in Hütteldorf.

Pferderennen

Die Galopprennbahn Freudenau im Prater wird anderweitig genutzt. Trabrennen finden von September bis Juni auf der **Trabrennbahn Krieau** *(siehe S. 164f)* statt.

Tanz und Tanzschulen

Mitte Juli bis Mitte August findet das Avantgarde-Tanzfestival **ImPulsTanz** *(siehe S. 65)* mit Workshops statt.

Im Fasching gibt es in Wien viele Bälle und Maskenbälle, vor allem in der Wiener Hofburg, im Neuen Rathaus *(siehe S. 132)* und im Musikverein *(siehe S. 229)*. Das größte Ereignis ist der Opernball *(siehe S. 141)* am Donnerstag vor dem letzten Faschingswochenende, der traditionell vom Staatsopernballett eröffnet wird und die Debütantinnen Wiens vorstellt. Karten hierfür bekommen Sie an den bekannten Verkaufsstellen. In der Neuen Burg findet an Silvester der Kaiserball statt. WienTourismus *(siehe S. 238)* gibt für diese Bälle einen eigenen Kalender heraus.

Während der Faschingssaison können Sie Tanzkurse für Wiener Walzer belegen. Bei **Elmayer-Vestenbrugg** kann man auch an Benimmkursen teilnehmen.

Auf einen Blick

Allgemein

Stadthalle
Vogelweidplatz 15.
Schwimmbad
📞 (01) 9810 0433.
🕐 Mo, Mi, Fr 8 – 21.30, Di u. Do 6.30 – 21.30, Sa 7 – 21.30, So u. Feiertage 7 – 18 Uhr.

Eislaufen

Wiener Eislaufverein
Lothringerstraße 28.
📞 (01) 7136 353.
🕐 Mitte Okt – Anfang März: Sa – Mo 9 – 20, Di – Fr 9 – 21 Uhr.
🌐 wev.or.at

Schwimmen

Donauinsel
U1, Haltestelle Donauinsel.

Krapfenwaldlbad
Krapfenwaldgasse 65 – 73.
📞 (01) 3201 501.
🕐 Mai – Mitte Sep: Mo – Fr 9 – 20, Sa u. So 8 – 20 Uhr.
🌐 wien.gv.at

Schafbergbad
Josef-Redl-Gasse 2.
📞 (01) 4791 593.
🕐 Mai – Sep: Mo – Fr 9 – 20, Sa u. So 8 – 20 Uhr.

Strandbad Alte Donau
Arbeiterstrandbadstraße 91.
📞 (01) 2636 538.

🕐 Mai – Sep: Mo – Fr 9 – 20, Sa u. So 8 – 20 Uhr.

Strandbad Gänsehäufel
Moissigasse 21.
📞 (01) 269 9016
🕐 Mai – Sep: Mo – Fr 9 – 20, Sa u. So 8 – 20 Uhr.

Therme Wien
Kurbadstraße 14.
📞 (01) 68009 9600.
🕐 Mo – Sa 9 – 22, So, Feiertage 8 – 22 Uhr.
🌐 thermewien.at

Fußball

Ernst-Happel-Stadion
Meiereistraße 7.
📞 (01) 7280 854.

Hanappi-Stadion
Keißlergasse 6.
📞 (01) 9145 519.

Pferderennen

Trabrennbahn Krieau
Nordportalstraße 247.
📞 (01) 7280 046 (Infos).
🌐 kriau.at
(siehe S. 66 u. 164).

Tanz und Tanzschulen

ImPulsTanz
🌐 impulstanz.com

Elmayer-Vestenbrugg
Bräunerstraße 13.
Stadtplan 5 C4.
📞 (01) 5127 197.
🌐 elmayer.at

Stadtplan *siehe Seiten 256 – 267*

Wien mit Kindern

Früher sagte man den Wienern nach, sie seien nicht besonders kinderfreundlich, doch das hat sich längst geändert. Die meisten Lokale haben sich auf kleine Gäste eingestellt und bieten Kindergerichte an, in einigen der teureren Restaurants können Kinder sonntags zum halben Preis essen. Unkompliziert geht es in den Heurigenlokalen zu: Hier können Sie im Sommer mit den Kindern draußen sitzen. Wien verfügt über eine ganze Reihe von Spielplätzen und viele unterhaltsame Museen mit speziellen Abteilungen, Veranstaltungen und Programmen für Kinder. Es gibt zudem einige großzügige Parkanlagen zum Toben und Spielen, hübsche Schwimmbäder, Eisbahnen und auch einen Zoo.

Kinder lieben Tramfahrten

Praktische Tipps

In Wien halten Autofahrer an Zebrastreifen nicht unbedingt automatisch, wenn Fußgänger die Straße überqueren möchten. Sicherer ist dies an Fußgängerampeln. Achten Sie hier vor allem auf Radfahrer, die oft sehr schnell sind und sich auch nicht immer regelkonform verhalten.

Kinder bis zu sechs Jahren fahren in den öffentlichen Verkehrsmitteln kostenlos. Kinder bis zu 15 Jahren bezahlen den halben Preis. Während der Schulferien und an gesetzlich schulfreien Tagen dürfen alle Schüler (bis maximal 19 Jahre) kostenlos fahren. Sie müssen allerdings einen Schülerausweis vorlegen können.

Kinderspielplätze gibt es in allen Bezirken, nicht jedoch direkt im Zentrum. Sie sind meist gut ausgestattet. An einigen Orten lässt die Sauberkeit allerdings zu wünschen übrig. Hier macht sich leider oft die Liebe der Wiener zu Hunden unangenehm bemerkbar.

Auch kleine Menschen haben Bedürfnisse. Für öffentliche Toiletten, die in der Regel sehr sauber sind, sollten Sie etwas Kleingeld parat haben.

Läden für Kinder

Traditionelle österreichische Kleidungsstücke wie Trachten gibt es auch für Kinder. **Lanz Trachtenmoden** verkauft u. a. Lederhosen und Dirndln, bietet aber auch eine gute Auswahl an Strickmoden in allen Farben und Ausführungen. Den meisten Kindern gefallen vor allem die hübschen bunten Hüttenschuhe aus Wolle, die aus Tirol kommen.

Dohnal verkauft Kleidung aus Österreich für Kinder und Jugendliche bis zu 16 Jahren. Internationale Ladenketten wie **Benetton 012**, **Jacadi** oder **H & M** bieten ebenfalls eine große Auswahl an modischer Kinderbekleidung.

Haas & Haas führt schön gearbeitetes Kunsthandwerk, darunter auch diverse Artikel für Kinder, etwa Holzspielzeug oder Puppen. Außerdem können Sie hier im wintergartenähnlichen Teehaus auch gut mit Kindern essen gehen, etwa Palatschinken.

Eher konventionelles Kinderspielzeug, jedoch in großer Auswahl, bietet **Kober** am Graben.

Kinderausflug zum Josefsplatz, Hofburg

Mit Kindern essen

Auch in Wien gehen viele Familien mit Kindern zu **McDonald's**, **Da Bizi** oder in

Kostümiertes Kind auf einer Faschingsveranstaltung *(siehe S. 67)*

Pizza-Restaurants. Die **Wienerwald-Restaurants** bieten Kindermenüs, einige haben auch einen Garten, z. B. die Filiale an der Freyung. Ein weiterer Tipp ist das **Markt-Restaurant Rosenberger**, wo man viele Gerichte zu günstigen Preisen in kleinen Portionen serviert.

Einige der etwas teureren Hotelrestaurants bieten sonntags spezielle Kinder- und Familienmenüs. Das beste dieser Art gibt es wohl im Vienna Marriott *(siehe S. 197)*, wo Kinder unter sechs Jahren kostenlos essen und Kinder zwischen sechs und zwölf Jahren nur zum halben Preis. Hier steht auch ein Spielzimmer mit Aufsicht zur Verfügung.

Das Radisson Blu Palais Hotel *(siehe S. 198)* offeriert einen Brunch, jedoch gibt es hier kein Spielzimmer.

Ein Heurigenlokal, wo man im Sommer auch draußen sitzen kann, ist vor allem für Familien mit kleineren Kindern gut geeignet. Gehen Sie am

Besucher schauen den Pinguinen im Zoo zu

besten ab etwa vier Uhr am Nachmittag dorthin, wenn noch nicht so viel los ist. Das Heurigenlokal Zimmermann in der Armbrustergasse in Grinzing hat einen Streichelzoo, der Kinder begeistert.

Kinderbetreuung

Viele Hotels organisieren Ihnen einen Babysitter. Nach 23 Uhr wird erwartet, dass Sie für die Heimfahrt des Babysitters ein Taxi bestellen und bezahlen.

Sie können sich auch an die **Babysitterzentrale** (www.babysitter zentrale.at) wenden, die ohne Profit arbeitet und daher relativ preiswert ist. Zusätzlich zur Stundenpauschale müssen Sie hier das Fahrgeld erstatten bzw. nach 22 Uhr ein Taxi stellen.

Sollten Sie einen vereinbarten Babysitter-Termin kurzfristig absagen, müssen Sie bei der Agentur dennoch für drei Stunden bezahlen. Am besten ist es, Sie versuchen schon ein paar Tage im Voraus, einen entsprechenden Termin zu bekommen.

Sightseeing mit Kindern

Wien besitzt eine erstaunliche Anzahl an Attraktionen für Kinder jeden Alters, darunter Themenparks, Vergnügungsparks, Museen, Sportanlagen, Bäder und natürlich den Zoo.

Köstlich: heiße Schokolade

Der Eintritt in Museen kostet für Kinder meist die Hälfte. Diverse Museen haben auch Kinderabteilungen oder bieten Führungen oder Veranstaltungen speziell für Kinder an.

Eine grüne Alternative sind die vielen Parks. In manchen darf man zwar bestimmte Flächen nicht betreten, doch in einigen kann man ein Picknick veranstalten. Essen und Trinken kann man im Supermarkt kaufen, oder Sie greifen auf einige der süßen Sünden in den Konditoreien zurück. Auch eine Fahrt auf der Donau macht Spaß.

Spielplätze sind in Wien generell sicher und meist gepflegt. Die »Robinson-Insel« (Greinergasse 7, Nähe Karl Marx Hof) ist ein naturnaher Abenteuerspielplatz.

Auf einen Blick

Läden für Kinder

Benetton 012
Kärntner Straße 14. **Stadtplan** 5 C3. (01) 5128 773.

Dohnal
Kärntner Straße 12. **Stadtplan** 4 D1 u. 6 D4. (01) 5127 311.

H & M
Kärntner Straße 28. **Stadtplan** 4 D1. (01) 8109 09090.

Haas & Haas
Stephansplatz 4. **Stadtplan** 2 E3 u. 6 D3. (01) 5129 770.

Jacadi
Trattnerhof 1. **Stadtplan** 5 C3. (01) 5358 866.

Kober
Wollzeile 16. **Stadtplan** 2 D5 u. 5 C3. (01) 5336 018.

Lanz Trachtenmoden
Kärntner Straße 10. **Stadtplan** 4 D1 u. 6 D4. (01) 5122 456.

Mit Kindern essen

Da Bizi
Rotenturmstraße 4. **Stadtplan** 6 D3. (01) 5353 457.

Markt-Restaurant Rosenberger
Maysedergasse 2. **Stadtplan** 5 C4. (01) 5123 458.

McDonald's
Singerstraße 4. **Stadtplan** 4 E1 u. 6 D3. (01) 5139 279.

Wienerwald
Annagasse 3. **Stadtplan** 4 D1 u. 6 D4. (01) 51237 66.
Goldschmiedgasse 6. **Stadtplan** 6 D3. (01) 5354 012.

Familienausflug mit dem Fahrrad im grünen Teil des Praters

Stadtplan siehe Seiten 256 –267

Elefanten des Tiergartens Schönbrunn im Schlosspark *(siehe S. 174f)*

Zoo und Lainzer Tiergarten

Der **Tiergarten Schönbrunn** liegt im Schönbrunner Schlosspark *(siehe S. 174–177)*. Hübsch sind die barocken Tierhäuser, in denen u. a. die Elefanten untergebracht sind. Es gibt Tierfütterungen und Attraktionen wie Tropengewitter. Durch Zoo und Park fährt eine Panoramabahn, »der Schönbrunner«.

Im Wienerwald liegt der Lainzer Tiergarten *(siehe S. 173)*, einst Jagdrevier, heute ein Naturpark mit Hirschwild, Wildschweinen und Pferden. Hier gibt es Spielplätze und einen Weiher. Ein Spaziergang führt zum ehemaligen Jagdsitz Hermesvilla mit Café und Ausstellungen zur Naturgeschichte.

Tiergarten Schönbrunn
Maxingstraße 13b. 🅲 (01) 8779 294.
🆄 Hietzing. 🚌 51A, 56B, 58B, 156B.
🚋 10, 58, 60. 🕐 tägl. ab 9 Uhr.
🆆 zoovienna.at

Vergnügungsparks

Ideal für einen Familienausflug ist der Prater *(siehe S. 164f)* mit dem berühmten Riesenrad. Im Park gibt es Spielplätze, kleine Teiche und Bäche – und viel Platz zum Herumtoben.

Minopolis ist eine Stadt im Kinderformat mit 25 Themenstationen: Bank, Krankenhaus, Polizei etc. – für Kinder von vier bis zwölf geeignet.

Minopolis
Wagramer Straße 2. 🅲 (0810) 970 270.
🕐 Fr – So 13 –19 Uhr (Juli, Aug: auch Mi, Do). ⚫ 25. Dez, 1. Jan.
🆆 minopolis.at

Schwimmen und Eislaufen

Einige Schwimmbäder *(siehe S. 231)*, etwa das Dianabad, sind für Kinder unter sechs Jahren kostenlos. Das **Kinderfreibad Augarten** hat ein sehr seichtes Becken, Kinder zwischen sechs und 15 Jahren haben freien Eintritt. Jugendliche und Erwachsene dürfen nur mit Kindern hinein. Das **Stadionbad** besitzt drei Kinderbecken und eine Wasserrutsche. Mittwochs ist hier der Eintritt für alle Gäste unter 15 Jahren frei. Im Sommer kann man auch auf der Donauinsel *(siehe S. 231)* Badefreuden erleben, im Winter in der beheizten Therme Wien *(siehe S. 231)*.

In der kalten Jahreszeit kann man sich mit Eislaufen im **Wiener Eislaufverein** und beim

Wiener Eistraum vor dem Rathaus vergnügen. Anschließend macht es sicherlich Spaß, in einem der Cafés der Ringstraße, etwa im Café Prückel *(siehe S. 61)* oder im Café Schwarzenberg *(siehe S. 62)* am Kärntner Ring, eine heiße Schokolade zu trinken.

Wiener Eislaufverein
Lothringerstraße 28. **Stadtplan** 4 E2.
🅲 (01) 7136 353. 🕐 Mitte Okt – Anfang März: Sa – Mo 9 –20, Di – Fr
9 –21 Uhr. 🆆 wev.or.at

Eislaufen im Wiener Eislaufverein

Wiener Eistraum
Rathausplatz. 🅲 (01) 4090 040.
🕐 Ende Jan – Anfang März: tägl.
9 –23 Uhr. 🆆 wienereistraum.com

Unterhaltung

Das Theater **Märchenbühne der Apfelbaum** führt beliebte Märchengeschichten auf. Märchen, mit Musik und Liedern untermalt, bietet auch das **Lilarum Puppentheater**. Im **Konzerthaus** stehen sechsmal im

Das Riesenrad, das bekannte Wahrzeichen des Praters *(siehe S. 164f)*

Jahr, jeweils an einem Samstag- oder Sonntagnachmittag, Konzerte für Kinder auf dem Programm.

Im Januar sollten Sie auf die zahlreichen Faschingsfeste für Kinder achten, zu denen diese natürlich verkleidet kommen können. Im November und Dezember bieten Staatsoper *(siehe S. 140f)* und Wiener Volksoper *(siehe S. 229)* traditionell den Kinderzyklus. Die Produktionen schließen bekannte Werke wie Mozarts *Zauberflöte* mit ein, ebenso Engelbert Humperdincks *Hänsel und Gretel*.

Einige Kinos in Wien zeigen auch Kinderfilme – informieren Sie sich im Veranstaltungsprogramm der Tageszeitungen und unter »Kinos« *(siehe S. 230)*.

Besondere Aktivitäten

Das Rathaus *(siehe S. 132)* bietet einmal im Monat Aktivitäten für Kinder. Ab Mitte November gibt es hier einen Christkindlmarkt *(siehe S. 224f)*, der auch einen Kinderzug, Ponyreiten und Stände mit Spielzeug und Nüssen bietet. In der Volkshalle des Rathauses finden dann täglich von 9 bis 19 Uhr (am Wochenende bis 14 Uhr) Workshops, beispielsweise für Weihnachtsbäckerei, Weihnachtsdekorationen und Seidenmalerei, statt.

Museen

Die Wiener Museen und Schlösser bemühen sich sehr um junge Besucher. In der Hofburg hat man im Sisi Museum manchmal die Möglichkeit, sich zu verkleiden. Unter dem Motto »Schloss Schönbrunn erleben« werden Kinderführungen und Kinderaktivitäten angeboten.

Im Haus der Musik *(siehe S. 82)* kann man mit Geräuschen und Musik experimentieren, im Theatermuseum *(siehe S. 106)* erfährt man viel über die Abläufe auf einer Bühne. Das Naturhistorische Museum *(siehe S. 130f)* beher-

Stand auf dem Christkindlmarkt vor dem Rathaus *(siehe S. 132)*

***Attacus atlas* im Naturhistorischen Museum** *(siehe S. 130f)*

bergt zahlreiche Fossilien, u. a. auch von Dinosauriern. Im **Haus des Meeres** kann man über 3000 Meerestiere, darunter Piranhas, Krokodile und Haie, besichtigen. Fütterung ist um 15 Uhr. Das Weltmuseum Wien *(siehe S. 97)* zeigt Kunsthandwerk aus allen Kontinenten, darunter Musikinstrumente und Masken.

Kinder bis zu zehn Jahren haben im **Kunst Haus Wien** freien Eintritt. Die farbenfrohe Privatgalerie wurde von Friedensreich Hundertwasser entworfen.

Das **Wiener Straßenbahnmuseum** beherbergt die weltweit größte Sammlung von alten Straßenbahnen und Bussen. Bis Ende 2014 wird es saniert und neu gestaltet. Interessant sind zudem das **Circus- und Clownmuseum** sowie – ganz besonders – das ZOOM Kindermuseum *(siehe S. 122)* im MuseumsQuartier mit seinen interaktiven Exponaten und dem ZOOM-Lab.

Montezumas Haarschmuck im Weltmuseum Wien *(siehe S. 97)*

GRUND-
INFORMATIONEN

Praktische Hinweise

Zu Fuß lässt sich die Donaumetropole am besten erkunden, da die meisten Sehenswürdigkeiten relativ nahe beieinanderliegen. An Wochenenden sind Museen und Sammlungen oft sehr voll, weitaus angenehmer ist es, sie während der Woche zu besuchen. Immer wieder werden einzelne Sehenswürdigkeiten restauriert: Bevor Sie ein weiter entferntes Ziel ansteuern, erkundigen Sie sich besser rechtzeitig über eventuell geänderte Öffnungszeiten oder sogar Schließungen. Bei WienTourismus erhalten Sie eine kostenlose Broschüre mit aktuellen Informationen zu Museen und Sammlungen. Die Tourismusbüros haben auch samstags bis mindestens 18 Uhr geöffnet.

Einreise und Zoll

Mit dem Schengener Abkommen wurden die Grenzkontrollen zwischen Deutschland, der Schweiz und Österreich abgeschafft, sodass Sie seither ohne Kontrolle nach Österreich fahren können. Dennoch herrscht auch in Österreich Ausweispflicht, Sie sollten also immer einen Personalausweis oder Pass mit sich führen. Auch Kinder jeden Alters benötigen einen eigenen Ausweis. Waren für den persönlichen Gebrauch dürfen zollfrei eingeführt werden. Für die Mitnahme eines Haustiers ist der EU-Heimtierausweis erforderlich.

Information

Sowohl zu Hause als auch in Wien bekommen Sie eine Reihe von Broschüren von **WienTourismus** oder der **Österreich Werbung**. Auch für Tagesausflüge ins Umland von Wien (*siehe S. 178–181*) ist die Österreich Werbung eine gute Adresse.

Das zentrale Büro von WienTourismus befindet sich am Albertinaplatz / Ecke Maysergasse nahe der Oper. Ein weiteres »Tourist-Info«-Büro von WienTourismus gibt es in der Ankunftshalle des Flughafens

Wien-Schwechat, das täglich von 6 bis 22 Uhr geöffnet hat. In beiden Büros erhalten Sie hilfreiche Informationen für Ihren Aufenthalt in Wien, darunter auch einen Innenstadtplan mit den wichtigsten Sehenswürdigkeiten der Stadt und eine detaillierte Übersicht über die öffentlichen Verkehrsmittel (*siehe hintere Umschlaginnenseiten*). Darüber hinaus können Sie sich hier über Stadtführungen und -rundfahrten (*siehe S. 251*) informieren sowie Zimmerbuchungen vornehmen. In der Zentrale am Albertinaplatz werden zudem Eintrittskarten für einzelne Theateraufführungen und andere kulturelle Veranstaltungen verkauft – häufig zu ermäßigten Preisen.

Interessantes für junge Menschen findet man auf der Internet-Seite von **WienXtra – jugendinfo**. Hier können Sie auch eine ganze Reihe von Broschüren bestellen – das breite Angebot reicht vom Familientage-Service bis zum monatlichen Printmagazin *jugendinwien*. Besonders interessant ist *Vienna young & clever*. In diesem »Wien-Guide für junge Leute« bekommt man neben allgemeinen Tipps für einen spannenden wie preisgünstigen Aufenhalt auch Hilfe bei der Suche nach dem nächsten Club.

Eintrittspreise

Die Eintrittspreise der Museen variieren, für Wechselausstellungen muss oft ein Aufschlag bezahlt werden. Für Kinder ist häufig nur der halbe Preis zu entrichten, auch Senioren und Studenten (mit Ausweis!) haben in der Regel verbilligten

Fußgängerzone vor der Hofburg (*siehe S. 98 –103*)

Eintritt. Am 26. Oktober, dem österreichischen Nationalfeiertag, ist der Eintritt frei oder verbilligt.

Achten Sie auf Kombi-Tickets wie das »Duo«. Es bietet für 17 Euro Zugang zu Leopold Museum und mumok. Für 25 Euro bekommt man ein Kombi-Ticket für Leopold Museum, mumok, KUNSTHALLE wien und Architekturzentrum Wien. Diese vier Kulturstätten befinden sich im MuseumsQuartier Wien (*siehe S. 120 – 122*), einem bedeutenden Kunstareal südwestlich der Altstadt.

Öffnungszeiten

Montags haben viele Museen geschlossen, prüfen Sie dies rechtzeitig vor Ihrem Besuch. Die Öffnungszeiten finden Sie in diesem Reiseführer direkt bei den einzelnen Museen. Informationen zu Eintrittskarten für Oper, Konzerte, Theater und Musicals bekommen Sie auf den Seiten 226 –230.

Eingang zu einer Tourist-Info im Zentrum von Wien

◀ Beliebt für Sightseeing: die Fiaker

Öffentliche Toiletten

Die öffentlichen Toiletten in Wien werden gut gepflegt, die Anlagen sind sicher. Vor allem die Toiletten in U-Bahn-Stationen sind bis spät am Abend geöffnet. Für die Benutzung muss in der Regel ein kleiner Betrag entrichtet werden, den man beim Personal oder an einem Automaten zahlt. Sie sollten dafür Kleingeld bereithalten.

Einige der »Bedürfnisanlagen« sind architektonisch bemerkenswert, darunter die im Jugendstil gestaltete, unter Denkmalschutz stehende unterirdische »Öffentliche Bedürfnisanstalt am Graben« oder die »Toilet of Modern Art« im Hundertwasserhaus *(siehe S. 166f)*.

Behinderte Reisende

In den letzten Jahren wurde viel in Einrichtungen für Behinderte investiert. So wurden etwa die Zugänge von Wiener Museen rollstuhlgerecht gestaltet. Die Busse der Wiener Linien sind Niederflurbusse, die meisten Bahnhöfe und auch die U-Bahn-Stationen haben Lifte. Flugreisende, die Unterstützung benötigen, sollten die Airline spätestens 48 Stunden vor dem Flug informieren. WienTourismus hält eine Broschüre für Reisende mit Handicap bereit, die auf der Website auch zum Download zur Verfügung steht.

Senioren

Ältere Reisende erhalten in öffentlichen Verkehrsmitteln Tickets zum reduzierten Preis. Auch für kulturelle Veranstaltungen und Museen gibt es für Senioren zum Teil erhebliche Vergünstigungen.

Studenten

Alle großen Wiener Theater bieten auch Stehplätze an. Diese Karten werden ab einer Stunde vor Beginn der jeweiligen Aufführung verkauft. Bei sehr beliebten Vorstellungen müssen Sie sich allerdings schon Stunden vorher in die Schlange vor der Kasse einreihen.

Mit einem internationalen Studentenausweis (ISIC) kann man auch verbilligte Fahrkarten sowie Ermäßigungen für Museen und Sportveranstaltungen erhalten.

WienTourismus bietet jederzeit aktuelle Informationen über die Verfügbarkeit von Zimmern in preisgünstigen Hotels und Pensionen sowie Infos über Jugendherbergen *(siehe S. 195)*.

Elektrizität

Wie in ganz Europa beträgt auch in Österreich die Stromspannung 230 Volt, 50 Hertz Wechselstrom. Es ist daher vollkommen unproblematisch, mitgebrachte elektrische Geräte zu benutzen.

Umweltbewusst reisen

Ökologie und Nachhaltigkeit werden in Österreich großgeschrieben. Mehr als 70 Prozent der landesweit benötigten Energie wird aus erneuerbaren Ressourcen produziert, rund 60 Prozent der gesamten Abfallmenge werden wiederverwertet.

Das Österreichische Umweltzeichen ist ein staatlich vergebenes Gütesiegel für besonders umweltfreundliche Produkte und Dienstleistungen, mit dem auch Hotels und Restaurants mit hohen Umweltstandards ausgezeichnet werden können. Das **Hotel Stadthalle** nahe dem Westbahnhof war als Passivhaus das erste Null-Energie-Bilanz-Hotel weltweit.

Biologisch angebaute Lebensmittel aus der Region bekommt man freitags und samstags auf dem Bauernmarkt *(siehe S. 225)*.

Marktstand mit frischem Obst und Gemüse

Auf einen Blick

Botschaften

Deutsche Botschaft
Metternichgasse 3,
A-1030 Wien (Eingang Konsularabteilung: Reisnerstraße 44).
📞 +43 (0)1 711 540.
🌐 wien.diplo.de

Schweizer Botschaft
Kärntner Ring 12,
A-1010 Wien.
📞 +43 (0)1 795 05.
🌐 eda.admin.ch/wien

Österreichische Botschaft in Deutschland
Stauffenbergstraße 1,
10785 Berlin.
📞 +49 (0)30 202 870.
🌐 bmeia.gv.at/berlin

Österreichische Botschaft in der Schweiz
Kirchenfeldstrasse 77 – 79,
3005 Bern.
📞 +41 (0)31 3565 252.
🌐 bmeia.gv.at/bern

Information

WienTourismus / Wiener Tourismusverband
Albertinaplatz, Ecke Maysedergasse, A-1010 Wien.
Stadtplan 4 D1 u. 6 C4.
📞 +43 (0)1 245 55.
🕐 tägl. 9 – 19 Uhr.
Postadresse:
WienTourismus,
A-1020 Wien.
🌐 wien.info

Österreich Werbung
Margaretenstraße 1,
A-1040 Wien.
Stadtplan 4 D2.
📞 00800 400 200 00 (kostenlos aus D, A CH).
🌐 austria.info

WienXtra – jugendinfo
Babenbergerstr. 1 / Ecke Burgring,
A-1010 Wien.
Stadtplan 3 C1 u. 5 B5.
📞 (01) 400 084 100.
🌐 jugendinfowien.at

Umweltbewusst reisen

Hotel Stadthalle
Hackengasse 20, A-1150.
📞 (01) 9824 272.

Stadtplan *siehe Seiten 256 – 267*

Sicherheit und Gesundheit

Wien ist im Vergleich zu anderen europäischen Großstädten eine überaus sichere Stadt. Besucher werden in Österreichs Metropole kaum mit Kriminalität konfrontiert. Dennoch sollte man die üblichen Sicherheitsvorkehrungen treffen, um z. B. vor Taschendieben gewappnet zu sein. Im Ernstfall sind sowohl die sehr effektiv arbeitende Polizei als auch die Notfalldienste rasch zur Stelle. In Apotheken können Sie jederzeit medizinische Hilfe erwarten.

Polizei

Die verschiedenen Gruppen der österreichischen Polizei wurden 2005 zur Bundespolizei zusammengelegt. Alle Polizisten tragen seit 2008 eine einheitliche dunkelblaue Uniform. Sicherheitskräfte patrouillieren vor allem im Stadtzentrum und an belebten Plätzen wie Bahnhöfen oder dem Flughafen häufig und stehen Ihnen im Notfall zur Seite.

Wenn Sie Opfer einer Straftat wurden oder ein anderes Verbrechen melden möchten, können Sie sich an jedes Polizeirevier wenden bzw. die Notrufnummern 112 oder 133 wählen. Ihre Angaben werden zu Protokoll genommen und sind anschließend von Ihnen zu unterschreiben.

Verhaltensregeln

Gefährliche Übergriffe ereignen sich in Wien nur sehr selten. Dennoch sollten Sie die für Großstädte üblichen Vorsichtsmaßnahmen treffen, um die

Polizisten tragen dunkelblaue Uniformen

Risiken weitestmöglich einzuschränken. Taschendiebe suchen die Enge und treten verstärkt bei Menschenansammlungen auf, z. B. in Bahnhöfen, an Haltestellen, in öffentlichen Verkehrsmitteln sowie auf Märkten und in Kaufhäusern. Auch in dem als Bermuda-Dreieck (siehe S. 86) bekannten Kneipenviertel treten Taschendiebe gern in Aktion. Achten Sie immer auf Ihre Wertgegenstände, sofern Sie diese nicht ohnehin im Safe Ihres Hotels lassen wollen. Verteilen Sie das mitgeführte Bargeld sowie girocard und Kreditkarten auf mehrere Stellen – möglichst unter Verwendung von Gürteltaschen oder Brustbeuteln. Nehmen Sie für unterwegs nicht mehr mit als nötig. Tragen Sie Umhängetaschen immer mit der Verschlussseite zum Körper. Seien Sie jederzeit wachsam, wenn ein Fremder Sie in ein Gespräch zu verwickeln und damit abzulenken versucht. Taschendiebe arbeiten nämlich häufig in Gruppen zusammen.

Es gibt nur wenige Plätze in Wien, von denen man sich fernhalten sollte. Die U-Bahn ist grundsätzlich Tag und Nacht sicher. Die U-Bahn-Station Karlsplatz jedoch, bekannt als Drogenumschlagplatz, ist vor allem nachts, wenn Dealer und Kunden sich hier treffen, eher unangenehm. Nachts sollten Sie im Prater vorsichtig sein. Rund um die großen Bahnhöfe der Stadt ist es zwar nicht gerade schön, jedoch sicher. Ein Teil des Gürtels zwischen West- und Hauptbahnhof gilt als Rotlichtbezirk.

Notfälle

Sollten Sie während Ihres Aufenthalts einmal in größere Schwierigkeiten geraten, wird Ihnen schnell geholfen. In diesem Reiseführer finden Sie Telefonnummern für den Notfall: für medizinische Hilfe, Polizei und Feuerwehr (Kasten rechts), bei Verlust von girocard oder Kreditkarten (siehe S. 242). Fertigen Sie vor Ihrer Reise von wichtigen Dokumenten wie Ausweispapieren oder Führerschein Kopien an, und bewahren Sie diese getrennt von den Originaldokumenten auf. Bei größeren Problemen hilft Ihnen auch das Personal der Botschaft Ihres Landes.

Alle U-Bahn-Stationen sind mit Notrufsäulen ausgestattet, von denen aus man Sicherheitskräfte rufen kann. Die Mitarbeiter der medizinischen Notdienste (u. a. des Roten Kreuzes) sind im Fall eines Notrufs schnell vor Ort, um Hilfe zu leisten.

Rotes Kreuz

Verlust von Wertsachen

Wenn Ihnen etwas gestohlen wurde oder Sie Wertgegenstände oder wichtige Dokumente verloren haben, sollten Sie sich möglichst umgehend an das nächste Polizeirevier wenden, um dort Anzeige zu erstatten – im Stadtzentrum am besten an das Revier am Stephansplatz. Im Fall eines Diebstahls lassen Sie sich zur späteren Vorlage bei Ihrer Versicherung eine Kopie des Protokolls mit genauer Auflistung der gestohlenen Gegenstände aushändigen.

Wenn Sie etwas im Zug oder in der Schnellbahn verloren haben, gehen Sie zum Fundbüro am **Westbahnhof**. Ist Ihnen unterwegs etwas abhandengekommen, wenden Sie sich an das Fundamt. Dort werden verlorene und gefundene Sachen längere Zeit aufbewahrt. Wenn Sie sich erinnern, wo Sie etwas verloren haben, und bei der richtigen Stelle vorsprechen, haben Sie gute Chancen, Ihr Eigentum wiederzubekommen.

Polizeiauto

Krankenwagen

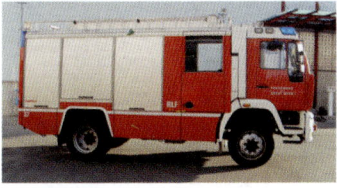
Feuerwehrauto

Krankenhäuser und Apotheken

Bei leichteren Krankheitsfällen oder gesundheitlichen Problemen können Sie zunächst in eine Apotheke gehen, die es in Wien in großer Zahl gibt. Man erkennt sie am großen roten »A«. Für Apotheken gelten die auch für Läden üblichen Öffnungszeiten. Nachts und am Sonntag weisen Schilder an den Türen darauf hin, wo die nächste geöffnete Apotheke zu finden ist. Diese Informationen können Sie auch Tageszeitungen entnehmen. Benötigen Sie ein bestimmtes Medikament, sollten Sie es entweder in ausreichender Menge mitnehmen oder ein Rezept Ihres Arztes bei sich haben.

Bei schwerwiegenderen Erkrankungen oder Verletzungen rufen Sie die **Ambulanz** oder den **Medizinischen Notdienst**. In Wien gibt es mehrere Krankenhäuser, das größte der Stadt ist das **Allgemeine Krankenhaus der Stadt Wien**. In Österreich gilt die Widerspruchsregelung, d. h., wer hier stirbt, kann einer Organentnahme nur durch Eintrag im »Widerspruchsregister« entgehen.

Gefahren im Freien

Die allermeisten Besucher werden keine Hilfe in Anspruch nehmen müssen. Allerdings sollten Sie beachten, dass es in den Sommermonaten in der Stadt durchaus sehr heiß werden kann. Eine weitere mögliche Gefahr für Ihre Gesundheit können beim Aufenthalt in der Umgebung von Wien Zeckenbisse sein (Infektion mit Frühsommer-Meningoenzephalitis und Borreliose). Sie sollten also eventuell eine FSME-Impfung erwägen. Wenn Sie von einer Zecke gebissen wurden, versuchen Sie vorsichtig, das Tier zur Gänze (mit Kopf!) herauszuziehen. Nehmen Sie anschließend medizinische Hilfe in Anspruch. Die Lobau, der Lainzer Tiergarten und der Wienerwald sind Zeckengebiete. Wenn Sie sich hier aufhalten, sollten Sie feste Schuhe, lange Hosen und langärmlige Oberbekleidung tragen.

Benötigen Sie für kleinere Beschwerden einen Arzt, wird Ihnen das Personal im Hotel einen empfehlen können.

Übrigens: Im Unterschied zu vielen anderen Großstädten hat das Wiener Leitungswasser durchaus Trinkwasserqualität.

Versicherungen

Die medizinische Versorgung ist in Österreich kostenlos, sofern Sie Ihren Ausweis und Ihre Europäische Krankenversicherungskarte (EHIC) vorlegen. Darüber hinaus empfiehlt sich vor allem bei einem längeren Aufenthalt der Abschluss einer Auslandsreisekrankenversicherung. Diese sollte im Notfall auch den Rücktransport bzw. spezielle Zahnbehandlungen abdecken. Setzen Sie sich vorher mit Ihrer Krankenkasse in Verbindung.

Auf einen Blick

Notfallnummern

Ambulanz (Rettung)
112 (Euro-Notruf) oder 144.

Feuerwehr
112 oder 122.

Polizei
112 oder 133.

Gift-Notruf
(01) 4064 343.

Ärzte-Funkdienst
144.

ViennaMed Ärzte-Hotline (für Besucher)
(01) 513 9595 (24 Std.).

Zahnärztlicher Nacht- und Wochenenddienst
(01) 512 2078.

Verlust von Wertsachen

Fundamt
Bastiengasse 36; Am Modenapark 1–2. (01) 4000 8091.
Mo–Fr 8–15.30 Uhr (Do bis 17.30 Uhr).

Polizeirevier Stephansplatz
Stephansplatz, A-1010.
Stadtplan 2 D5.
(01) 3134 7202.

Westbahnhof
Europaplatz 1.

Krankenhäuser und Apotheken

Internationale Apotheke
Kärntner Ring 17.
Stadtplan 4 E2 u. 6 D5.
(01) 5122 825.

Infos zu Nacht- und Sonntagsapotheken
1455.

Schweden-Apotheke
Schwedenplatz 2.
Stadtplan 2 E2 u. 6 E2.
(01) 5332 911.

Allgemeines Krankenhaus der Stadt Wien (AKH)
Währinger Gürtel 18–20.
Stadtplan 1 C4 u. 5 A1.
(01) 404 000.

Zum Heiligen Geist
Operngasse 16. **Stadtplan** 4 D2.
(01) 5877 367.

Stadtplan siehe Seiten 256 – 267

Banken und Währung

Wien ist nicht nur Hauptstadt, sondern auch bedeutendstes Finanzzentrum von Österreich und Sitz mehrerer großer Banken und Kreditinstitute. Zahlreiche Hotels und Restaurants akzeptieren Kreditkarten, bei kleineren Beträgen wird allerdings weiterhin Barzahlung bevorzugt. Mit der Einführung des Euro hat sich für Urlauber innerhalb der Euro-Zone viel vereinfacht: Es gibt viele Geldautomaten (ATMs), Euro und Devisen können ohne Begrenzung ein- und ausgeführt werden.

Banken, Geldautomaten und Geldwechsel

Offizielle Währung Österreichs ist der Euro. Wenn man also aus einem anderen Land der Euro-Zone nach Österreich kommt, erübrigt sich jeder Geldwechsel. Ansonsten sollte man Geld in einer Bank umtauschen. Sie bietet gegenüber Hotels oder Wechselstuben in der Regel den wesentlich günstigeren Kurs und verlangt darüber hinaus eine geringere Kommission.

Die meisten Banken in Wien haben von 8 bis 12.30 Uhr und von 13.30 bis 15 Uhr geöffnet, donnerstags bis 17.30 Uhr. Die Banken an den Bahnhöfen und am Flughafen sind in der Regel länger geöffnet. Einige Filialen in der Innenstadt schließen mittags nicht.

Die Banken verfügen in der Regel über ein dichtes Netz an Geldautomaten, vor allem im Zentrum von Wien findet man fast an jeder Ecke einen. An

Geldautomaten können Sie rund um die Uhr bis zu Ihrem individuellen Tageslimit Geld abheben. Viele funktionieren mit Kreditkarten (mit PIN) und mit Debitkarten wie der girocard. Welche Karten akzeptiert werden, sehen Sie an den Logos.

Wechselstuben befinden sich an touristischen Hotspots wie Bahnhöfen und am Flughafen. Sie haben meist längere Öffnungszeiten als Banken, viele von ihnen sind auch sonntags geöffnet.

Große österreichische Banken sind neben der Österreichischen Nationalbank die Bank Austria, die BAWAG und die Raiffeisenbank.

Reiseschecks

Reiseschecks sind heute nicht mehr sehr gebräuchlich. Selbst wenn sie auf Euro ausgestellt sind, können sie nur noch selten direkt zum Bezahlen verwendet werden, sondern müssen in einer Bank oder Wechselstube eingetauscht werden.

Kredit- und Debitkarten

In den meisten Hotels, Restaurants und Läden können Sie mit den gängigen Kreditkarten zahlen, bisweilen allerdings erst ab einer bestimmten Summe. **Visa**, **MasterCard**, **American Express** und **Diners Club** haben die größte Akzeptanz. Kreditkarten sind jedoch in Österreich noch nicht ganz so verbreitet wie in einigen anderen Ländern. Sie sollten also immer auch etwas Bargeld bei sich haben.

Wer mit seiner Kreditkarte oder der girocard in Hotels,

Restaurants oder Läden bezahlen will, muss entweder nur einen Beleg unterschreiben oder aber seine Geheimnummer eingeben. Sehr häufig kann man mit der **girocard** (früher Maestro-/EC-Karte) bezahlen. Diese Debitkarten gibt es in einer Ausführung mit Maestro-Logo oder VPay-Logo, beide funktionieren in Österreich.

Bei Verlust Ihrer Kredit- oder Debitkarte sollten Sie diese unverzüglich telefonisch sperren lassen *(Notrufnummern siehe Kasten unten).* Erst dann kann Ihnen kein Schaden mehr entstehen. Um die Karte sperren zu lassen, müssen Sie Ihre Kartennummer bzw. Kontonummer angeben – am besten notieren Sie diese vor der Reise an sicherer Stelle.

Auf einen Blick

Banken

Bank Austria
Kärntner Ring 1.
Stadtplan 4 D2 u. 6 D5.
☏ +43 (0) 50505-0.
☏ +43 (0) 50505-25 (Service-Line).
Stephansplatz 2.
Stadtplan 2 E5 & 6 D3.
☏ +43 (0) 50505-32120.

Österreichische Nationalbank
Otto-Wagner-Platz 3.
Stadtplan 1 B4
☏ (01) 404 200.

Kartenverlust

Allgemeine Notrufnummer
☏ (0049) 116 116.
🆆 116116.eu

American Express
☏ (0049) 69 97 971 2000.

Diners Club
☏ (01) 5013 514.

MasterCard
☏ 0800 218 235.

Visa
☏ 0800 200 288 oder
(800 892 8134.

girocard
☏ (0049) 69 740 987.

Zentrale der Bank Austria

Stadtplan *siehe Seiten 256–267*

Währung

Der Euro (€), die europäische Gemeinschaftswährung, gilt mittlerweile in 18 EU-Staaten: Belgien, Deutschland, Estland, Finnland, Frankreich, Griechenland, Irland, Italien, Lettland, Luxemburg, Malta, Niederlande, Österreich, Portugal, Slowakei, Slowenien, Spanien und Republik Zypern.

Alte Schillinge sind ungültig. Schilling-Scheine können allerdings bei der Österreichischen Nationalbank umgetauscht werden (www.oenb.co.at).

Alle Euro-Banknoten sind einheitlich gestaltet, bei den Münzen prägt jedes Land unterschiedliche Rückseiten. Seit 2004 kann jeder Euro-Staat einmal jährlich eine Zwei-Euro-Gedenkmünze bedeutender Ereignisse (z. B. Olympische Spiele) herausgeben. Alle diese Münzen gelten in jedem Staat der Euro-Zone.

Euro-Banknoten

Euro-Banknoten gibt es in sieben Werten (5, 10, 20, 50, 100, 200 und 500 €). Die unterschiedlich großen Scheine wurden vom Österreicher Robert Kalina entworfen und zeigen Architekturelemente und Baustile verschiedener Epochen, eine Europakarte und die EU-Flagge mit den zwölf Sternen.

Alter 5-Euro-Schein
(Baustil: Klassik)

Alter 10-Euro-Schein (Baustil: Romanik)

20-Euro-Schein (Baustil: Gotik)

50-Euro-Schein
(Baustil: Renaissance)

100-Euro-Schein (Baustil: Barock & Rokoko)

200-Euro-Schein (Eisen- und Glasarchitektur)

500-Euro-Schein (Moderne Architektur des 20. Jh.)

2-Euro-Münze

1-Euro-Münze

50-Cent-Münze

20-Cent-Münze

10-Cent-Münze

Euromünzen

Euromünzen gibt es in acht Werten (2 €, 1 € sowie 50, 20, 10, 5, 2 und 1 Cent). Die einheitlichen Vorderseiten entwarf der Belgier Luc Luycx. Die Rückseiten sind in jedem Land anders gestaltet.

5-Cent-Münze

2-Cent-Münze

1-Cent-Münze

Kommunikation

Durch den verbreiteten Gebrauch von Mobiltelefonen und die zunehmende Nutzung des Internets hat sich die Welt der Kommunikation nachhaltig verändert – Wien bildet in dieser Hinsicht natürlich keine Ausnahme. Postfilialen bieten diverse Dienstleistungen an. Das Angebot an Fernseh- und Radiosendern ist groß. Neben einheimischer Presse sind auch ausländische (darunter auch deutsche) Zeitungen und Zeitschriften leicht zu bekommen.

Öffentliches Telefon mit Touch-screen-Funktion

Telefonieren

Wenn Sie von Wien aus ins Ausland telefonieren wollen, sollten Sie dies nicht vom Hotel aus tun, denn dafür fallen in den meisten Fällen recht hohe Gebühren an. Nutzen Sie für Ihre Gespräche stattdessen lieber ein öffentliches Telefon. Besonders günstig telefoniert man in Österreich montags bis freitags zwischen 18 und 8 Uhr sowie am Wochenende und an Feiertagen.

Für internationale Gespräche von öffentlichen Telefonen, die es in der ganzen Stadt und auf Postämtern gibt, bietet sich der Kauf einer österreichischen Telefonkarte an.

Sie können natürlich auch ein Handy oder Smartphone benutzen, die anfallenden Gebühren richten sich nach dem jeweiligen Vertrag bzw. nach dem Provider.

Viele Reisende nutzen für Telefonate eine VoIP-Software wie Skype. Sie ermöglicht kostenlose Videotelefonie zwischen einzelnen Kunden des Anbieters über das Internet sowie kostenpflichtiges Telefonieren ins Festnetz und zu Mobiltelefonen.

Mobiltelefone

Das Mobiltelefonnetz ist in Wien (inklusive UMTS) flächendeckend. Gängige GSM-Handys (und natürlich auch Smartphones) funktionieren problemlos. Die Roaming-Verordnung der EU gibt verbindliche Obergrenzen der Kosten sowohl für Vertrags- als auch für Prepaid-Kunden vor: Der Minutenpreis für ein abgehendes Telefonat beträgt ab 1.7.2014: 0,19 Euro, für ein ankommendes 0,05 Euro. Eine SMS kostet 0,06 Euro, Daten-Roaming pro MB 0,20 Euro – alle Angaben verstehen sich ohne Mehrwertsteuer.

Günstige Mobilfunkanbieter in Österreich sind **A1 Telekom**, **yesss!** und **tele.ring**.

Öffentliche Telefone

Bei der Benutzung der öffentlichen Telefone in Postfilialen benötigt man kein Kleingeld, sondern zahlt die Gebühr für sein Gespräch am Schalter. Mit den in Österreich als Telefonwertkarten bezeichneten Karten kann man die meisten öffentlichen Telefone der Stadt benutzen. Karten zu unterschiedlichen Preisen bekommt man in Postfilialen und Tabakläden (Trafiken).

Münztelefone verschwinden allmählich aus dem Stadtbild. Für die Benutzung benötigt man Kleingeld, die Annahme reicht von 10-Cent- bis zu 2-Euro-Münzen. In den Telefonzellen liegen Telefonbücher bereit, die allerdings oft zerrissen sind. Die in den Postfilialen sind meist in besserem Zustand. Sie können sich auf der Suche nach einer Nummer aber auch an die Auskunft wenden (siehe Kasten).

Internet

Mittlerweile bieten die meisten Hotels in Wien WLAN im Haus an, die Benutzung ist für Gäste häufig kostenlos. Eine Übersicht über Hotspots, an denen Sie kabellos online gehen kön-

Internet-Café in der Wiener Innenstadt

Nützliche Nummern

- Vorwahl von Wien: (0)1. Achtung: Handy-Nummern beginnen mit 06.
- Auslandsvorwahl für Österreich: 0043.
- Auskunft für Österreich, Deutschland und weitere EU-Länder: 118877.
- Internationale Auslandsauskunft: 0900 118877 (Anfragen 1,35 Euro/Min.).
- Bahnauskunft (ÖBB): 05 17 17.
- Straßenbericht: 15 84.
- Deutschland Direkt: 0800 200 206.

- Auslandsvorwahl für Deutschland: 0049.
- Auslandsvorwahl für die Schweiz: 0041.
- Von Österreich nach Deutschland (bzw. in die Schweiz) wählen Sie 0049 (bzw. 0041), dann die Ortsvorwahl (erste 0 auslassen) und die Teilnehmernummer.
- Notrufnummern zur Sperrung von SIM-Karten (jeweils nach der Landesvorwahl): *Vodafone* 172 1212; *T-Mobile* 1803 302 202; *E-Plus* 177 1000; O_2 179 55 222.

nen, finden Sie auf der Website von **Freewave**. Zu diesen Standorten gehören neben Hotels auch viele Restaurants und Bars.

Darüber hinaus gibt es in Wien – vor allem in Zentrumsnähe – eine ganze Reihe von Internet-Cafés. Zu den meistfrequentierten zählen **BIGnet Internet**, **Café Einstein**, **Café Stein**, **Café-Bar Blue Box** und **Surfland Internet Café**. Eine weitere Option ist die Benutzung der Computer einiger öffentlicher Einrichtungen, darunter etwa die in Bibliotheken. Hierfür fallen Gebühren an, die in der Regel stundenweise abgerechnet werden.

Post
Die Postfilialen sind am gelben Symbol, das ein Posthorn darstellt, leicht zu erkennen. Hier kann man Briefmarken (auch Sammelmarken) und Telefonwertkarten kaufen sowie Telegramme, Einschreiben, Pakete und Päckchen verschicken. Sollten Sie postlagernde Sendungen abholen, vergessen Sie Ihren Ausweis nicht. In den Filialen der Post kann man auch Reiseschecks einlösen, darüber hinaus wechseln größere Postämter in der Regel ausländische Währungen.

Die österreichische Post arbeitet zuverlässig und effektiv. Kunden können für ihre Sendungen zwischen zwei Tarifen wählen: Economy und Priority. Letzterer ist teurer, sichert aber eine schnellere Zustellung.

Für Paketsendungen sind internationale Kurierdienste wie **DHL** und **FedEx** geeignete Alternativen.

Die meisten Wiener Postfilialen sind montags bis freitags von 8 bis 18 Uhr geöffnet, einige außerdem am Samstag von 8 bis 10 Uhr. Die **Hauptpost** hat montags bis freitags von 7 bis 22 Uhr, samstags und sonntag von 9 bis 22 Uhr geöffnet, die Filiale am Westbahnhof montags bis freitags von 7 bis 21 Uhr, samstags von 9 bis 18 Uhr und sonntags von 9 bis 14 Uhr. Das Postamt am Flughafen Schwechat ist täg-

lich von 8 bis 20 Uhr offen. Die SB-Zonen sind 24 Stunden lang geöffnet.

Briefmarken kann man auch in Zeitungsläden kaufen oder aus Briefmarkenautomaten ziehen, die oft außen an den Postämtern angebracht sind. Standardbriefe (bis 20 g) und Postkarten kosten innerhalb Europas 70 Cent (weitere Infos zu Tarifen auf www.post.at).

Zeitungen und Zeitschriften
Das Boulevardblatt *Kronen Zeitung* ist die meistgelesene Zeitung in Österreich, die zweitgrößte Auflage unter den Tageszeitungen erreicht der *Kurier*. Älteste Tageszeitung ist *Die Presse*, die ebenso wie *Der Standard* für seriöse Berichterstattung bekannt ist. Das Magazin *Falter* bietet viele Infos zu Veranstaltungen aller Art. Ausländische Zeitungen und Zeitschriften erhält man an Zeitungskiosken, in Tabakläden und in größeren Bahnhöfen.

Fernsehen und Radio
Die beiden Fernsehsender ORF 1 und ORF 2 sowie deutsche und schweizerische Fernsehstationen und große Privatsender können praktisch überall empfangen werden.

Österreich hat mehrere öffentlich-rechtliche Radiosender. Ö1 spielt vorwiegend klassische Musik, auf Ö3 läuft vor allem aktuelle Popmusik. Daneben gibt es eine Reihe von privaten Radiostationen.

Zeitungsständer vor einem Kiosk im Zentrum von Wien

Eingang zu einer Postfiliale – erkennbar am gelben Symbol

Stadtplan *siehe Seiten 256 – 267*

Anreise

Durch seine Lage an der Nahtstelle zwischen West und Osteuropa ist Wien sowohl mit dem Flugzeug als auch mit der Bahn und dem Schiff gut zu erreichen. Es gibt von allen europäischen Hauptstädten Direktflüge in die Donaumetropole, ebenso von Übersee. Züge und Busse verbinden Wien mit vielen europäischen Städten – zahlreiche Züge sind Nachtzüge. Verglichen mit den Bahnpreisen in Deutschland ist das Zugfahren in Österreich relativ preisgünstig. Alle Autobahnen und manche Schnellstraßen in Österreich sind mautpflichtig. Denken Sie daran, sich vor oder an der Grenze eine Vignette (»Pickerl«) zu besorgen. Vergessen Sie nicht, vor allem wenn Sie aus Deutschland kommen, dass auf österreichischen Autobahnen eine Höchstgeschwindigkeit von maximal 130 Stundenkilometern gilt. Wer es gern anders mag: Man kann auch mit dem Schiff anreisen.

Flughafen Schwechat – Vienna International Airport

Mit dem Flugzeug

Von allen größeren Flughäfen in Deutschland und in der Schweiz kann man das ganze Jahr über direkt in die österreichische Metropole fliegen. Die Flugzeit beträgt jeweils maximal 90 Minuten. An vielen Airports werden täglich mehrere Flüge angeboten.

Bei Linienflügen hat man die Wahl zwischen der nationalen österreichischen Fluglinie **Austrian** sowie **Lufthansa** und **Swiss**. Darüber hinaus fliegen **Air Berlin** und **NIKI**, die Fluggesellschaft des ehemaligen Formel-1-Weltmeisters Niki Lauda, von Zürich und mehreren deutschen Städten aus Wien an.

Sie können bei der Buchung auch auf Airlines anderer Länder zurückgreifen. So bieten etwa KLM und **Air France** ebenfalls von mehreren deutschen Städten Flüge an. Zudem lohnt sich ein Blick auf die Angebote von Billigfluglinien wie **germanwings**, die Airline bedient Wien z. B. von Köln aus.

Flughafen Schwechat

Der internationale Flughafen befindet sich etwa 19 Kilometer südöstlich des Stadtzentrums. Der Airport hat zwei Terminals und wird von über 100 Airlines angeflogen. Schwechat gehört zu den modernsten Flughäfen Europas. Man findet sich auf dem Gelände gut zurecht – die Wege sind kurz, die Orientierung ist wegen der guten Beschilderung einfach.

Der Flughafen bietet alle Annehmlichkeiten, die man als Flugreisender erwartet, darunter Reisebüros, Autovermietungen, einen Duty-free-Shop, eine abwechslungsreiche Gastronomie mit Bars und Restaurants, eine Touristen-Information, Geschäftseinrichtungen sowie Post- und Bankdienstleistungen (inklusive Geldautomaten). Der gut sortierte Supermarkt hat täglich (auch an Feiertagen) von 6.30 bis 22 Uhr geöffnet. Alle Bereiche des Flughafens sind behindertengerecht gestaltet.

Anreise über Bratislava

Obwohl die Flugverbindungen von Deutschland und der Schweiz nach Wien sehr gut sind, kann man auch – vor allem bei begrenztem Budget – eine Anreise über die slowakische Hauptstadt Bratislava in Erwägung ziehen. Der neun Kilometer nordöstlich der Stadt gelegene Airport Bratislava wird auch von Fluglinien des Low-Cost-Segments angeflogen. Mit der Bahn ist man vom Hauptbahnhof Bratislava in gut einer Stunde in Wien. Eine weitere Option, nach Wien zu kommen, ist eine Schiffsfahrt auf der Donau.

Da die Slowakei Mitglied der Schengen-Zone ist, entfallen Grenzkontrollen. Für die Einreise genügt für Deutsche und Schweizer die Mitnahme eines Personalausweises.

Flugpreise

Wer eine Flugreise nach Wien plant, sollte die Preise vergleichen. Vor dem Hintergrund eines harten Konkurrenzkampfes zwischen den Airlines findet man von Zeit zu Zeit geradezu sensationell günstige Flüge. Allerdings müssen Sie bei derartigen Sonderangeboten in der Regel mehrere Wochen im Voraus buchen. Außerdem sind Sie an feste Hin- und Rückflugzeiten gebunden und können den Flug nur mit Verlust stornieren. Berücksichtigen Sie darüber hinaus, dass die angegebenen Flugpreise häufig noch keine Steuern und Flughafengebühren enthalten. Auch für das Reisegepäck ist eventuell eine

Im Flughafen Wien-Schwechat (VIE)

Extragebühr zu entrichten. Dies gilt auch für Verpflegung an Bord.

Eine preisgünstige Alternative kann eine Pauschalreise sein, die neben dem Transport auch die Unterkunft in Wien umfasst. Achten Sie bei diesen Angeboten aber auf die Lage Ihres Hotels, damit Sie nicht zu weit außerhalb wohnen. Wien hat nämlich auch günstige Unterkünfte in der Innenstadt zu bieten.

Vom Flughafen in die Stadt

Die einfachste Möglichkeit, in die Stadt zu kommen, ist per Taxi oder **CAT (City Airport Train)**. Wenn Sie im Terminal ankommen, sehen Sie schon die Hinweisschilder zum Taxistand. Taxis brauchen rund 20 Minuten ins Zentrum, der Fahrpreis beträgt ungefähr 35 Euro.

Mit dem im Untergeschoss des Airports abfahrenden CAT gibt es eine schnelle Direktverbindung zwischen dem Flughafen Schwechat und dem Bahnhof Wien Mitte (City Air Terminal). Züge fahren ab Flughafen täglich von 6.05 Uhr bis 23.35 Uhr (ab Bahnhof Wien Mitte von 5.38 Uhr bis 23.08 Uhr) im 30-Minuten-Takt, die Fahrt dauert 16 Minuten. Der Fahrpreis liegt bei 12 Euro (einfache Fahrt). Sie können das CAT-Ticket auch online und via Handy kaufen. Kinder unter 15 Jahren und Rollstuhlfahrer werden kostenlos befördert.

Die S-Bahn, die ebenfalls im Untergeschoss des Flughafens nach Wien Mitte abfährt, ist die preiswerteste Möglichkeit, in die Stadt zu gelangen. Die im 30-Minuten-Takt fahrenden Züge legen die Strecke – mit einem Stopp an der Station Praterstern – in rund 25 Minuten zurück, die Fahrpreise beginnen ab 4,20 Euro.

Busse (Vienna Airport Lines) fahren im gleichen Zeittakt von 6 Uhr bis Mitternacht zum Schwedenplatz, nach Meidling und zum Westbahnhof. Die einfache Fahrt kostet 8 Euro.

CAT (City Airport Train) – schnelle Verbindung vom Flughafen ins Zentrum

Stadtplan siehe Seiten 256–267

Mit dem Zug

Wien ist ein überregional bedeutender Eisenbahnknotenpunkt. Derzeit wird die Streckenführung neu strukturiert. Seit Dezember 2012 ist der neue **Hauptbahnhof** beim Südtiroler Platz teilweise in Betrieb. Anstelle des einstigen Südbahnhofs, der abgerissen wurde, entsteht ein Durchgangsbahnhof. Derzeit fahren Züge des Ostbahn-Nahverkehrs. Ab Dezember 2014 sollen auch Fernzüge im Hauptbahnhof halten. Nach seiner für 2015 geplanten Fertigstellung wird er ein wichtiges Zentrum im transeuropäischen Schienennetz sein, alle international verkehrenden Züge von, bis und durch Wien werden hier ankommen bzw. abfahren. Angebunden ist er an die U1 und an die Schnellbahn.

Durch den Abriss des Südbahnhofs und alter Gleisanlagen entstand neben dem neuen Bahnhof auch Platz für zwei neue Stadtteile.

Weitere Informationen zum neuen Hauptbahnhof finden Sie auf der Website der **Österreichischen Bundesbahn** (www.oebb.at bzw. unter www.hauptbahnhof-wien.at).

Bis zur Eröffnung werden internationale Verbindungen von anderen Wiener Bahnhöfen bedient. Züge in den Westen Österreichs und andere Länder Westeuropas wie Deutschland und die Schweiz fahren am Westbahnhof ab. Von ihm besteht Anschluss an U-Bahn (U3 und U6) und Schnellbahn.

Komfortabler Reisebus des Unternehmens Eurolines

Der Bahnhof Meidling ist die Station für nationale und internationale Zugverbindungen in Richtung Süden, u. a. nach Italien, Slowenien und Kroatien. Am Bahnhof hält auch die U6.

Nördlich des Zentrums von Wien liegt der Franz-Josefs-Bahnhof. Er ist Start- bzw. Endpunkt für Verbindungen nach Nordösterreich und ins benachbarte Ausland (u. a. in die Tschechische Republik). Anschluss an den öffentlichen Nahverkehr besteht über die Schnellbahn.

An allen Wiener Bahnhöfen gibt es Taxistände, Läden, Imbissstände, Geldautomaten und Gepäckaufbewahrungen. Das Informationsbüro von WienTourismus am Westbahnhof hat jeden Tag von 8 bis 19 Uhr und samstags von 8 bis 13 Uhr geöffnet. Sie erhalten hier Informationen für Ihren Aufenthalt in Wien und können ein Zimmer reservieren lassen.

Zugtickets kauft man in den Bahnhöfen an Schaltern oder Automaten sowie online auf der ÖBB-Website.

Es gibt eine ganze Reihe von ermäßigten Fahrkarten – u. a. für Gruppen und Familien.

Zudem erhalten Sie Vergünstigungen bei frühzeitiger Buchung. Nähere Infos finden Sie auf der ÖBB-Website.

Die Österreichischen Bundesbahnen (ÖBB) bieten moderate Preise und hervorragenden Service. Vor allem für Nachtzüge sollten Sie (gegen eine entsprechende Gebühr) einen Sitz-, Liege- oder Schlafplatz an Bord reservieren. Viele Züge verfügen über einen Speisewagen. Seit 2007 besteht in allen Zügen Rauchverbot.

Mit dem Bus

Der Internationale Busbahnhof Wien (Vienna International Bus Terminal; VIB) befindet sich nahe der U-Bahn-Station Erdberg (U3). Hier halten Busse diverser Anbieter, darunter auch die Busse von **Eurolines**, die Reisende aus anderen europäischen Großstädten (z. B. aus Berlin) in die Donaumetropole bringen. Die Busse von **Postbus** bieten Verbindungen mit allen Teilen Österreichs. Sie halten am Busterminal am Bahnhof Wien Mitte.

Mit dem Auto

Wer aus dem benachbarten Ausland mit dem Auto nach Wien reist, bemerkt den Grenzübertritt kaum, da es keine Kontrollen mehr gibt. Autobahnen und einige Schnellstraßen sind mautpflichtig, die Vignette erhalten Sie u. a. an der Grenze, an Tankstellen und beim ADAC. 2014 kostet die Pkw-Vignette für zehn Tage 8,50 Euro, für zwei Monate 24,80 Euro und für ein Jahr 82,70 Euro.

Kleben Sie die Vignette an die linke Ecke der Windschutzscheibe, sonst ist sie ungültig. Strafen für Fahrten ohne gülti-

Mit dem Zug auf dem Weg nach Wien

ge Vignette können bis zu 3000 Euro betragen.

Sie müssen im Auto Führerschein und Fahrzeugpapiere dabeihaben. Die Grüne Versicherungskarte ist nicht Pflicht, aber anzuraten. Sinnvoll ist auch das Mitführen eines Europäischen Unfallprotokolls (bei Ihrer Versicherung erhältlich). Im Auto sind mitzunehmen: Erste-Hilfe-Kasten, rotes Warndreieck und Warnweste. Es besteht Gurtpflicht. Mobiltelefone dürfen nur mit Freisprecheinrichtung verwendet werden. Die Alkoholgrenze liegt bei 0,5 Promille (weitere Infos rund ums Auto finden Sie unter www.oeamtc.at, www.arboe.at und www.adac.de).

Von Westen erreichen Sie Wien über die A1 (Westautobahn), von Süden über die A2 (Südautobahn) und die A3, von Norden über die A22 (Donauufer-Autobahn), von Osten über die A4 (Ostautobahn). Alle münden in den äußeren Straßenring um Wien, den Gürtel, der die Bezirke der Innenstadt von den Vororten trennt. Für das Parken im Zentrum brauchen Sie einen Parkschein (in Tabakläden oder bei den Wiener Linien erhältlich).

Mit dem Schiff

Eine Schiffsfahrt ist eine schöne Option für die Anreise nach Wien. Von April bis Oktober kann man von Bratislava und Budapest, aber auch von Passau aus mit dem Schiff auf der Donau nach Wien fahren. Anlegestelle der Schiffe der **DDSG Blue Danube** ist der Landungsplatz an der Reichsbrücke nahe der U-Bahn-Station Vorgartenstraße (U1). Am Kai befindet sich ein Informationsbüro des DDSG, bei dem Sie Fahrkarten erhalten. Fahrten auf der Donau (u.a. nach Budapest) bieten auch andere Veranstalter, zu den renommiertesten gehört **Viking Flusskreuzfahrten**.

Auf einen Blick

Mit dem Zug

Österreichische Bundesbahnen (ÖBB)
☎ +43 (0)5 17 17 (Zugauskunft).
🌐 oebb.at

Mit dem Bus

Eurolines
🌐 eurolines.com

Postbus
🌐 postbus.at

Mit dem Auto

ADAC-Notruf
☎ (01) 2512 060 (in A).
☎ +49 (0)89 22 22 22 (in D).
🌐 adac.de

ÖAMTC
🌐 oeamtc.at

Mit dem Schiff

DDSG Blue Danube
🌐 ddsg-blue-danube.at

Viking Flusskreuzfahrten
🌐 viking-flusskreuzfahrten.de

Wiens wichtigste Bahnhöfe und Busbahnhöfe

Die wichtigsten Ankunftspunkte in Wien liegen sehr zentral und bieten direkten Anschluss an U-Bahnen oder die Schnellbahn. Die Kästen zeigen, ob eine Bus- oder Bahnlinie eine Verbindung zur Schnell- oder U-Bahn hat.

🔵🚊 **Franz-Josefs-Bahnhof**
Von hier fahren die Züge in den Norden Österreichs und in die Tschechische Republik (Prag).

🚢 **DDSG Reichsbrücke**
Anlegestelle für Donauschiffe nach Bratislava und Budapest.

🔵Ⓤ🚌 **Wien Mitte**
Zentraler Knotenpunkt im öffentlichen Personennahverkehr. Schnellbahn und City Airport Train (CAT) fahren von hier zum Flughafen.

🚊🔵Ⓤ **Westbahnhof**
Bis 2015 fahren vom Westbahnhof die Züge in den Westen von Österreich und in andere westeuropäische Staaten (u.a. Deutschland und die Schweiz).

Ⓤ🚌 **Internationaler Busbahnhof Wien (VIB)**
Von hier bestehen Verbindungen mit vielen europäischen Metropolen – u.a. Berlin, Paris und London im Westen sowie Bratislava, Prag, Budapest im Osten.

Schottenring und Alsergrund

Museums- und Rathausviertel

Stephansdomviertel

Hofburgviertel

Oper und Naschmarkt

Belvedereviertel

🔵Ⓤ **Bahnhof Meidling**
Bis 2015 ist der Bahnhof Meidling Station ins südliche Österreich sowie nach Italien, Slowenien und Kroatien.

🚊🔵🚌 **Hauptbahnhof**
Im teileröffneten Hauptbahnhof fahren derzeit Züge des Ostbahn-Nahverkehrs, ab Ende 2014 auch Fernzüge.

Legende

🚊 Bahnhof (ÖBB)
Ⓤ U-Bahn-Station
🔵 Schnellbahn-Station
🚌 Busbahnhof
🚢 Schiffsanlegestelle

In Wien unterwegs

Die vielen Sehenswürdigkeiten in Österreichs Hauptstadt lassen sich am einfachsten und angenehmsten zu Fuß entdecken. Die Orientierung im Stadtzentrum und auch in den angrenzenden Bezirken ist recht einfach, die Attraktionen sind gut ausgeschildert. Viele interessante Gebäude oder Plätze liegen in Gehweite voneinander. Wenn Sie müde oder hungrig sind, finden Sie schnell ein Kaffeehaus oder ein Lokal. Auch die vielen Grünanlagen laden zu einer Rast ein. Für Fußgänger

wirkt es sich positiv aus, dass viele Wiener Autofahrer die Innenstadt meiden, da diese fast nur aus Fußgängerzonen bzw. einem für Autofahrer komplizierten System von Einbahnstraßen besteht und es zudem kaum Parkmöglichkeiten gibt. Wenn Sie nicht gern zu Fuß gehen, nehmen Sie einen der Busse, die kreuz und quer durch die Innenstadt fahren. U-Bahnen, Busse und Straßenbahnen bilden einen Verkehrsverbund und fahren von etwa 5 Uhr morgens bis 0.30 Uhr.

Im Schönbrunner Schlosspark, im Hintergrund die Gloriette

Wege zwischen vielen Sehenswürdigkeiten sind angenehm kurz, außerdem kann man jederzeit eine Pause einlegen, um in einem Park oder einem Kaffeehaus zu entspannen und Leute zu beobachten. Vor allem im Gebiet südlich und westlich des Stephansdoms sind weite Teile als Fußgängerzonen ausgewiesen, u. a. Kärntner Straße, Graben, Naglergasse und Kohlmarkt.

Bei einem gemütlichen Bummel durch die Stadt sollten Sie allerdings ein paar Dinge beachten: Autofahrer bleiben bei Fußgängerüberwegen nur selten stehen – hier ist also Vorsicht geboten. Achten Sie immer auch auf Fahrradfahrer. Sie teilen sich die Bürgersteige mit den Fußgängern und sind häufig so schnell, dass sie nicht mehr rechtzeitig bremsen können, wenn Fußgänger auf dem Fahrradweg stehen. Überqueren Sie die Straßen nach Möglichkeit immer bei Fußgängerampeln, oder benutzen Sie die Fußgänger-Unterführungen. Auf die Missachtung von roten Ampeln steht in Österreich ein Bußgeld. Auf der Ringstraße fährt die Straßenbahn entgegen der allgemeinen Fahrtrichtung. Beim Überqueren der Straße müssen Sie also immer nach beiden Seiten schauen.

In der warmen Jahreszeit bieten einige Veranstalter geführte Stadtrundgänge zu verschiedensten Themen an. Nähere Informationen erhalten Sie bei WienTourismus *(siehe S. 239)*.

Umweltbewusst reisen

Wien zählt zweifellos zu den grünsten Metropolen in ganz Europa – nicht nur wegen der zahlreichen, schön gepflegten Grünflächen, die auch im Zentrum wahre Erholungsareale schaffen. Vielmehr setzt man auch im öffentlichen Nahverkehr konsequent und sehr erfolgreich auf Umweltfreundlichkeit. Das dichte Netz an Radwegen hat eine Gesamtlänge von rund 1500 Kilometern und wird von vielen Einheimischen genutzt. An ungefähr 100 günstig gelegenen Standorten, die über die gesamte Stadt verteilt sind, können Fahrräder von Citybike gegen Gebühr benutzt und wieder zurückgegeben werden.

Alle Stadtviertel sind hervorragend an das öffentliche Nahverkehrsnetz angeschlossen. Fahrpläne und Taktfrequenzen von Bussen, Trams, U-Bahnen und Schnellbahnen sind relativ

gut aufeinander abgestimmt. Moderate Preise für die Benutzung der öffentlichen Verkehrsmittel tragen ebenfalls dazu bei, dass sowohl Einheimische als auch Besucher der Stadt dieses effiziente Verkehrssystem gern benutzen.

Die jüngste Innovation im Bereich umweltfreundlicher Verkehrsmittel sind die Fahrradtaxis des Anbieters **Faxi** *(siehe S. 252)*. Die dreirädrigen Gefährte für jeweils maximal zwei Passagiere befahren das gesamte Zentrum. Bei einer Fahrt erlebt man die Stadt aus einer völlig neuen Perspektive, geht jedem Stau aus dem Weg und kommt den Sehenswürdigkeiten ganz nahe. Außerdem ist der Fahrpreis günstiger als der für ein motorisiertes Taxi.

Zu Fuß

Durch Wien zu gehen ist eine sinnvolle wie entspannte Art, die Stadt zu erkunden. Die

Radfahrer im Prater, der »grünen Lunge« Wiens

Mit dem Fiaker

Wien mit einer Pferdekutsche, einem Fiaker, zu besichtigen ist sehr entspannend und angenehm. Ein Stück weit geht die Fahrt auch über die belebte Ringstraße. Fiaker können Sie am Stephansdom, am Helden- und Albertinaplatz mieten. Um unangenehme Überraschungen zu vermeiden, sollten Sie zuerst Preis und Dauer einer solchen Fahrt aushandeln. Schon eine kurze Fahrt mit dem Fiaker kann nämlich recht teuer sein.

Mit dem Fahrrad

Mit seinem ausgedehnten Radwegenetz ist Wien geradezu ein Paradies für Radfahrer, sofern man die verkehrsreichsten Straßen in der Innenstadt meidet. Der etwa sieben Kilometer lange Radweg an der Ringstraße führt an vielen historischen Sehenswürdigkeiten vorbei. Es gibt auch Radwege zum Hundertwasserhaus *(siehe S. 166f)* oder zum Prater *(siehe S. 164f)*. Die Broschüre *Radwege* (in Buchläden erhältlich) verzeichnet alle Radwege der Stadt.

An einigen Bahnstationen kann man Fahrräder ausleihen, eine weitere Option ist **Citybike** mit vielen Mietstationen im Zentrum. Sie müssen sich an einem Terminal (oder online) anmelden. Zum Mieten benötigen Sie eine Kreditkarte, eine österreichische Bankomatkarte oder eine Citybike Card. Diese können Sie online bestellen oder in den Geschäftsstellen von **Royal Tours** oder **Pedal Power** erwerben. Für die Gäste einiger Hotels ist

die Citybike Card inbegriffen. Die genannten Unternehmen bieten im Sommer geführte Radtouren *(siehe unten)* an. Die dreistündige Stadttour von Pedal Power startet täglich um 9.45 Uhr am Schillerplatz / Ecke Elisabethstraße.

Führungen

Die größten Anbieter von Stadtbesichtigungstouren sind **Vienna Sightseeing Tours** und **Cityrama**. Die Busse dieser beiden Agenturen sind im Sommer auf Wiens Straßen kaum zu übersehen.

An Bord der Vienna Ring Tram *(siehe S. 254)* passiert man die architektonischen Schätze entlang der Ringstraße. Das Straßenbahnmuseum organisiert Fahrten mit Oldtimer-Trams der 1920er Jahre. Die Touren starten bei Otto Wagners Stadtbahn-Pavillons am Karlsplatz *(siehe S. 150f)*.

Die Boote von **DDSG Blue Danube** befahren die Donau und den Donaukanal. Von Juni bis Oktober fährt der Hochgeschwindigkeits-Katamaran **Twin City Liner** dreimal täglich nach Bratislava und zurück.

Man kann Wien auch mit einem Segway erkunden. **City Segway Tours** bietet von April bis Oktober Touren an, die auch eine Einweisung in das Fahren mit diesem neuartigen Elektroroller umfassen.

Ganz gemütlich – in Wiener Manier – kann man die Sehenswürdigkeiten der Stadt mit einem Gefährt von **Oldtimer City Tour** genießen.

Mit dem Auto

Grundsätzlich gilt die Vorfahrtsregel »rechts vor links«, es sei denn, es ist anders ausgewiesen. Im Hinblick auf Unfälle oder Pannen ist es von Vorteil, Mitglied bei einem Automobilclub wie dem ADAC *(siehe S. 249)* zu sein, der mit dem Österreichischen Automobilclub (ÖAMTC) kooperiert. Verkehrsnachrichten und Staumeldungen laufen im Radio u. a. auf Ö3.

Die Geschwindigkeitsbegrenzung in österreichischen Städten liegt bei 50 km/h, auf Landstraßen bei 100 km/h, auf Autobahnen bei 130 km/h. In und um Wien führt die Polizei regelmäßig Radarkontrollen durch. Wenn Sie mit mehr als 0,5 Promille Alkohol im Blut Auto fahren, droht Ihnen eine hohe Geldstrafe.

In Österreich gibt es ausschließlich bleifreies Benzin und Diesel. Die meisten Tankstellen akzeptieren die gängigen Kreditkarten (weitere Infos für Autofahrer: *siehe S. 248f*).

Parken

Außer am Sonntag, wenn die Läden geschlossen sind, ist es frustrierend und zeitraubend, in Wien einen Parkplatz zu suchen. Fast überall in der Innenstadt herrscht Parkverbot.

Wenn Ihr Wagen abgeschleppt wurde, wenden Sie sich an die nächste Polizeidienststelle. Dort erfahren Sie, von welchem der Wiener Depots Sie Ihr Auto – gegen Bezahlung – abholen können. Sie

Parkzeichen

können auch unter (01) 760 43 anrufen.

Für das Parksystem im 1. bis 9. sowie im 20. Bezirk kann man Parkscheine in Tabakläden, bei den Wiener Linien und an Tankstellen kaufen (Parkzeit: maximal zwei Stunden). Parkgebühren kann man übrigens auch per Handy zahlen (Informationen unter www.handyparken.at). In den anderen Bezirken sind Parkplätze durch blaue Linien gekennzeichnet. Parkhäuser sind meist relativ teuer.

Fahrradtaxis von Faxi – eine beliebte wie umweltbewusste Option

Taxis

Wenn ein Taxi frei ist, ist das Schild auf dem Wagendach beleuchtet. Im Stadtzentrum ist es oft einfacher, ein Taxi am Taxistand zu bekommen, als eines unterwegs anzuhalten. Sie können auch über eine der drei Taxi-Rufnummern (31300, 40100 oder 60160) telefonisch ein Taxi bestellen, das dann meist wenige Minuten später eintrifft.

Eine kurze Taxifahrt in der Stadt kostet etwa sieben bis zehn Euro. Zusätzliche Gebühren werden für Gepäck sowie für Nacht- und Wochenendfahrten erhoben. Für eine Fahrt zum Flughafen müssen Sie mit rund 35 Euro rechnen. Ein Trinkgeld von etwa zehn Prozent des Fahrpreises ist üblich.

Die Fahrradtaxis von **Faxi** (siehe S. 250) sind eine Alternative zu motorisierten Taxis und eignen sich sehr gut für eine Stadtrundfahrt.

Öffentlicher Nahverkehr

Die öffentlichen Verkehrsmittel in Wien sind ideal für die Fortbewegung in der Stadt. Das Verkehrsnetz umfasst Busse, Trams und U-Bahnen, die von den **Wiener Linien** betrieben werden, sowie Schnellbahnen (S-Bahnen) der ÖBB.

Kinder unter sechs Jahren fahren umsonst. Jugendliche bis einschließlich 14 Jahre haben an Sonntagen und Feiertagen freie Fahrt mit den Wiener Linien, an anderen Tagen müssen sie den halben Fahrpreis entrichten.

Versuchen Sie möglichst, die Stoßzeiten zu meiden, da die öffentlichen Verkehrsmittel dann sehr voll sein können. Die Hauptverkehrszeiten dauern werktags ungefähr von 7 bis 9.30 Uhr und von 16.30 bis 18.30 Uhr. Rauchen ist in allen genannten Verkehrsmitteln sowie an den Bahnhöfen verboten.

Fahrscheine und Karten

Die Benutzung öffentlicher Verkehrsmittel ist unkompliziert. Am besten kaufen Sie Tickets im Voraus in einer Tabaktrafik oder an einem Fahrkartenschalter oder Automaten in den U- und S-Bahnhöfen. Mit einem normalen Fahrschein können Sie auch umsteigen, sooft Sie wollen, und das Verkehrsmittel wechseln, jedoch dürfen Sie Ihre Fahrt nicht länger unterbrechen.

Ein Ticket für eine Fahrt kostet 2,10 Euro beim Kauf im Voraus, im Fahrzeug 2,20 Euro. Eine Wochenkarte (15,80 €), gültig von Montag bis Montag (9 Uhr), lohnt sich bereits, wenn Sie länger als vier Tage bleiben. Mehrere Personen können sie nutzen. Sinnvoll für Gruppen ist die 8-Tage-Karte (35,80 €). Jede Karte hat acht Streifen, die, abgestempelt, jeweils für einen Tag gültig sind (bis 1 Uhr des Folgetages). Die Tage müssen nicht aufeinander folgen. Jede Person muss einen Streifen entwerten. Es gibt auch 24-, 48- und 72-Stunden-Tickets für 7,10, 12,40 bzw. 15,40 Euro, Handy-Tickets (Einzelfahrt 2,60 €) und Karten für Kinder, Schüler und Senioren. Die Wien-Karte (19,90 €) gilt ab Entwertung 72 Stunden. Benutzer können ein Kind bis 15 Jahre mitnehmen, zudem gibt es Rabatte in Museen und einigen Lokalen.

Auf einen Blick

Umweltbewusst reisen

Faxi Taxi
☎ 0699 1200 5624.
ⓦ faxi.at

Cycling

Citybike
☎ 0810 500 500.
ⓦ citybikewien.at

Pedal Power
☎ (01) 7297 234.
ⓦ pedalpower.at

Royal Tours
Herrengasse 1–3.
☎ (01) 710 4606.
ⓦ royaltours.at

Führungen

City Segway Tours
☎ (01) 7297 234.
ⓦ segway-vienna.at

Cityrama
Börsegasse 1. **Stadtplan** 2 D4 u. 5 B1. ☎ (01) 5047 500. ⓦ cityrama.at

DDSG Blue Danube
Handelskai 265.
☎ (01) 588 80. ⓦ ddsg-blue-danube.at

Oldtimer City Tour
ⓦ oldtimertours.at

Twin City Liner
Schwedenplatz.

Stadtplan 6 E2.
☎ (01) 588 80-101.
ⓦ twincityliner.com

Vienna Sightseeing Tours
Weyringergasse 28a–30.
Stadtplan 4 E4.
☎ (01) 7124 683-0. ⓦ viennasightseeing.at

Parken

Am Hof.
Stadtplan 2 D5 u. 5 C2.
Börsegasse.
Stadtplan 2 D4 u. 5 C1.
Universitätsring.
Stadtplan 1 C5 u. 5 A2.
Morzinplatz.

Stadtplan 2 E4 u. 6 D.
Stephansplatz 6.
Stadtplan 2 E5 u. 6 D3.
Weitere Parkplätze finden Sie auf dem Stadtplan (siehe S. 256–267).

Mit dem Auto

ADAC
ⓦ adac.de

ÖAMTC
ⓦ oeamtc.at

Öffentlicher Nahverkehr

Wiener Linien
ⓦ wienerlinien.at

Stadtplan siehe Seiten 256–267

Mit der U-Bahn unterwegs

Die Wiener U-Bahn gehört zu den modernsten in Europa und ist ein schnelles wie verlässliches Verkehrsmittel. Seit der Eröffnung 1978 wurde das U-Bahn-Netz in mehreren Bauabschnitten umfassend erweitert und optimiert. Mittlerweile beträgt die gesamte Streckenlänge etwa 75 Kilometer, es gibt 101 Stationen. Aktuelle Pläne sehen bis 2019 eine erhebliche Erweiterung des Netzes vor.

U-Bahnen fahren täglich etwa von 5 bis 0.30 Uhr. Am Tag liegt die Taktfrequenz oft bei fünf Minuten, ab 20 Uhr sind die Zeitabstände etwas größer. Seit 2010 fahren U-Bahnen freitags und samstags auch nachts. An Werktagen stehen Nachtbusse bereit (siehe S. 254f). Die fünf betriebenen Linien sind U1, U2, U3, U4 und U6. Bis 2019 wird das Netz im Rahmen einer Erweiterung des gesamten öffentlichen Nahverkehrs verlängert. Neben weiteren Strecken werden auch neue Stationen angelegt. Auf der Website der **Wiener Linien** (siehe S. 252) können Sie sich jederzeit über den Stand der Baumaßnahmen informieren.

U-Bahn-System

Das Wiener U-Bahn-Netz umfasst fünf Linien. Insgesamt ist die U-Bahn ein sehr sicheres Verkehrsmittel. Sollten Sie dennoch Hilfe brauchen, finden Sie auf allen Bahnhöfen Notruftelefone. Schilder über den Zugtüren zeigen die Bahnhöfe der Linien sowie Verkehrsverbindungen an, die von diesen Bahnhöfen aus bestehen. Die nächste Station und weitere Verbindungen werden auch im Zug durchgesagt.

Kinderwagen werden neben der Tür abgestellt, ein Schild zeigt den Platz. Zu bestimmten Zeiten und auf bestimmten Linien kann man Fahrräder mitnehmen. Die Türen sind mit der Hand zu öffnen.

Fahrt mit der Wiener U-Bahn

1 Die Linien auf dem U-Bahn-Plan haben unterschiedliche Farben und Nummern. Suchen Sie die richtige Linie, und merken Sie sich, wo Sie umsteigen müssen. Verbindungen zu anderen Verkehrsmitteln sind ebenfalls verzeichnet.

Ziehen Sie den Griff, um die Tür zu öffnen

Die Tür schwingt zur Seite

2 Fahrscheine können Sie in Tabaktrafiken, am Fahrkartenschalter oder -automaten kaufen. Bevor Sie den Bahnsteig betreten, stecken Sie Ihren Fahrschein in Pfeilrichtung in einen Stempelautomaten (Entwerter). Ein Klingelzeichen zeigt an, dass Ihr Fahrschein entwertet ist.

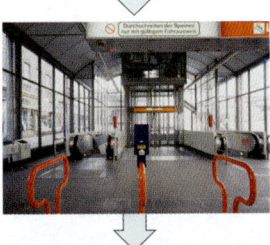

U-Bahn-Pläne zeigen auch die Verbindungen zu anderen Verkehrsmitteln an

3 Achten Sie auf Richtung und Fahrtziel, sie stehen auf der elektronischen Anzeigetafel.

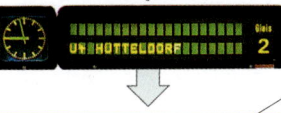

4 Bahnhöfe der Linie stehen auf einem Plan. Ein roter Pfeil zeigt die Richtung.

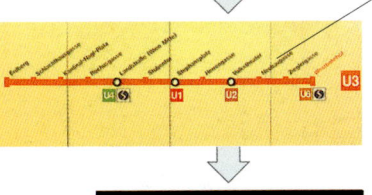

5 Am Zielort folgen Sie dem Schild »Ausgang«.

← Ausgang

6 Bei mehreren Ausgängen orientieren Sie sich auf dem Stadtplan, welchen Ausgang Sie nehmen müssen.

Mit Tram, Bus und Zug unterwegs

Mit den öffentlichen Verkehrsmitteln kommt man in der Innenstadt von Wien rasch voran. Die rot-weißen Trams sind ein vertrauter Anblick, eine Fahrt mit diesem nostalgisch wirkenden Verkehrsmittel ist ein Muss für Besucher. Kleinere Busse fahren in der Innenstadt, größere verkehren zwischen Zentrum, Prater, Ringstraße und den Außenbezirken. Die vor allem von Pendlern genutzte Schnellbahn (S-Bahn) eignet sich für Ausflüge in die Umgebung.

Trams

Das Straßenbahnnetz von Wien gehört zu den größten Europas, nicht weniger als 28 Linien sind im Einsatz. Wegen ihres charakteristischen Klingelgeräusches wird die Tram von Wienern liebevoll als »Bim« bezeichnet. Sehr stimmungsvoll ist die Fahrt in einem der alten Wagen mit Holzbänken und altmodischer Ausstattung.

Die meisten der wichtigsten Sehenswürdigkeiten im historischen Zentrum – darunter Staatsoper, Parlament und Hofburg-Komplex – befinden sich an der Ringstraße, die von der Vienna Ring Tram befahren wird. Das Ticket für eine knapp halbstündige Tour entlang der Prachtstraße kostet 7 Euro, ein 24-Stunden-Ticket mit beliebig vielen Fahrtunterbrechungen

9 Euro. Mittels LCD-Bildschirm und Kopfhörer erhält man Informationen über die an der Strecke liegenden Attraktionen. Die Route wird ganzjährig bedient (Sep – Juni: 10 –18 Uhr; Juli, Aug: 10 –19 Uhr), die Fahrt startet alle 30 Minuten.

Alle Trams sind mit Sitzen für Behinderte ausgestattet. Die moderneren Niedrigflurstraßenbahnen ULF (Ultra Low Floor) bieten Einstiegshilfen für Rollstuhlfahrer.

Busse

Sehr bequem und entsprechend beliebt sind Busfahrten. Die Busse sind geräumig und mit Klimaanlagen ausgestattet. Die Haltestellten erkennt man am grünen »H«. An ihnen zeigen Schilder die Nummern und Endhaltestellen der hier haltenden Buslinien an. Dar-

über hinaus finden Sie an den Haltestellen Fahrpläne und Streckennetzpläne.

Fahrkarten für Busse können beim Einsteigen im Bus selbst gelöst werden. Es ist allerdings praktischer (und billiger), sich schon vorher ein Einzelticket bzw. eine Streifenkarte oder Zeitkarte zu kaufen *(siehe S. 252)*. In diesem Fall müssen Sie Ihr Ticket im Fahrzeug entwerten.

Steigen Sie aus Straßenbahn oder U-Bahn in den Bus um, brauchen Sie nicht nochmals abzustempeln.

Alle Busse in Wien sind für Behinderte zugänglich.

Nachtbusse

In Wien kommt man an allen Wochentagen auch nachts mit öffentlichen Verkehrsmitteln gut durch die Stadt. Nachtbusse fahren täglich zwischen 0.30 und 5 Uhr im 30-Minuten-Takt. Die Abfahrtszeiten einzelner Linien können sich zwischen Werktagen und den Wochenenden geringfügig unterscheiden.

Nachtbusse fahren unter dem Namen »NightLine«, man erkennt sie am »N«. Die Routen der Busse starten an U-Bahn-

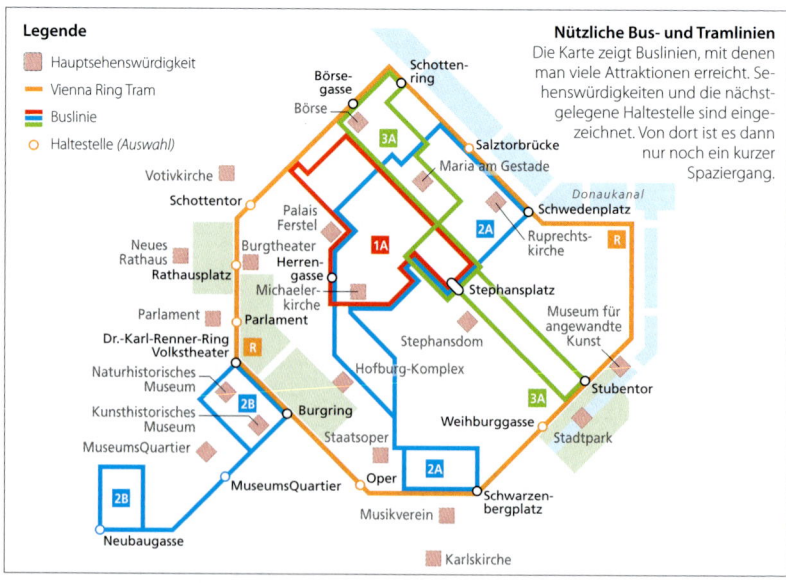

Legende

- Hauptsehenswürdigkeit
- Vienna Ring Tram
- Buslinie
- Haltestelle *(Auswahl)*

Nützliche Bus- und Tramlinien

Die Karte zeigt Buslinien, mit denen man viele Attraktionen erreicht. Sehenswürdigkeiten und die nächstgelegene Haltestelle sind eingezeichnet. Von dort ist es dann nur noch ein kurzer Spaziergang.

Ein Bus der Wiener Linien an der Station Leopoldau

Stationen oder anderen Haltestellen und führen in fast alle Vororte Wiens. Für Nachtbusse gelten die normalen Fahrscheine, die man – wie in anderen Bussen – beim Fahrer oder bereits vorher kauft. Wenn man ein weiter entferntes Ziel ansteuern möchte, kann man ein Taxi vorbestellen, das an der entsprechenden Haltestelle wartet.

Züge

Die Schnellbahn (S-Bahn) mit ihrem blau-weißen Logo ist ein Nahverkehrsmittel, das von vielen Einheimischen für Fahrten zwischen Wohnung und Arbeitsplatz genutzt wird. Die Haltestellen im Zentrum liegen zum Teil in den Zugbahnhöfen *(siehe S. 249)*, doch meist fährt man S-Bahn, um in die nähere Umgebung zu gelangen. Die

Österreichischen Bundesbahnen (ÖBB) haben auch Nahverkehrszüge – in Fahrplänen teils als Regionalbahnen ausgewiesen, um sie von anderen Zügen zu unterscheiden. Fahrpläne erhalten Sie in den Bahnhöfen. Abfahrts- und Ankunftszeiten sind auch den Anzeigetafeln der Bahnhöfe zu entnehmen. Bei Fahrten innerhalb Wiens gelten für S-Bahnen die gleichen Tickets wie für andere öffentliche Verkehrsmittel, für längere Fahrten aber andere Tarife, die Sie der ÖBB-Website entnehmen können.

Auf einen Blick

Österreichische Bundesbahnen (ÖBB)
W oebb.at

Wiener Linien
W wienerlinien.at

Abstecher

Wien ist ein guter Ausgangspunkt, um andere Teile Österreichs zu erkunden oder für Ausflüge in angrenzende Staaten – vorausgesetzt, man hat genügend Zeit. Städte wie Salzburg, Innsbruck, Graz und Linz erreicht man per Flugzeug, Zug oder Bus. Für Ausflüge in ländliche Regionen nimmt man am besten das Auto.

Inlandsflüge

Regelmäßige Flugverbindungen von Wien in andere österreichische Großstädte wie Graz, Klagenfurt, Salzburg, Innsbruck und Linz bietet **Austrian** an. Die Preise liegen häufig unter 100 Euro für die einfache Strecke.

Berücksichtigen Sie aber, dass Sie neben den reinen Flugkosten auch für Fahrten zum und vom Flughafen einen gewissen Zeitbedarf und weitere Kosten einkalkulieren müssen.

Züge

Vom Westbahnhof bestehen Zugverbindungen in den Westen Österreichs. Nach Salzburg fahren stündlich Züge, die Fahrt (ca. 3½ Std.) kostet etwa 45 Euro einfach. Vom Franz-Josefs-Bahnhof kommt man in die Wachau.

Logo eines Mietwagenanbieters

Autos

Sofern Sie nicht mit dem eigenen Auto anreisen, können Sie eines mieten. Sie benötigen dafür Führerschein, Ausweis und Kreditkarte. Fahrer von Mietwagen müssen mindestens 21 Jahre alt sein.

Boote

Von Wien aus befahren Boote die Donau in beiden Richtungen. Flussaufwärts gelangen Sie dabei beispielsweise in die Wachau, in der anderen Richtung in einer Stunde nach Bratislava oder in rund vier Stunden nach Budapest. Alle Boote verfügen über Restaurants und Sonnendecks.

Der Veranstalter DDSG Blue Danube bietet zu diesen beiden Metropolen Fahrten mit dem Tragflügelboot. Abfahrt ist am Landungsplatz an der Reichsbrücke *(siehe S. 249)*. Vor allem im Sommer ist die Nachfrage hierfür groß, buchen Sie möglichst ein paar Tage vorher.

Auf einen Blick

Inlandsflüge

Austrian
W austrian.com

Mietwagen

Avis City
C (01) 7007 32700 (Flughafen).
W avis.at

Budget City
C (01) 7007 32700 (Flughafen).
W budget.at

Europcar
C (01) 7146 717.
C (01) 7007 32812 (Flughafen).
W europcar.at

Hertz City
C (01) 5128 677.
C (01) 7007 32661 (Flughafen).
W hertz.at

Stadtplan

Alle Sehenswürdigkeiten, Hotels, Restaurants, Läden und Veranstaltungsorte in den in diesem Reiseführer behandelten Stadtteilen Wiens sind mit den Koordinaten für die jeweilige Seite des *Stadtplans* versehen und im Kartenregister der folgenden Seiten aufgeführt. Die Koordinaten erlauben Ihnen ein rasches Auffinden der Sehenswürdigkeiten, Straßen und Plätze in den Karten (Erläuterungen zu den verwendeten Symbolen *siehe*

unten). Die Übersichtskarte *(rechts)* zeigt, welches Stadtgebiet von welcher Kartenseite abgedeckt wird. Die im Buch besprochenen Stadtteile sind farbig hervorgehoben. Darüber hinaus werden mit dem *Stadtplan* noch weitere Stadtteile abgedeckt, die für Wien-Besucher von Interesse sein können.

> *Verweise auf die **Karte** beziehen sich auf die Extrakarte zum Herausnehmen.*

Am Hof im Stephansdomviertel *(siehe S. 89)* hat man einen wunderschönen Blick über die Dächer Wiens

Legende

🟧	Hauptsehenswürdigkeit
🟨	Sehenswürdigkeit
⬜	Gebäude
🆄	U-Bahn-Station
🚆	Bahnhof (ÖBB)
🚈	Bahnhof (Badner Bahn)
🆂	Schnellbahn-Station
🛈	Information
➕	Krankenhaus mit Notaufnahme
🏛	Polizei
✚	Kirche
✡	Synagoge
—	Eisenbahn
	Fußgängerzone

Maßstab der Karten 1–4

0 Meter   250   1 : 14 000

Maßstab der Karten 5–6

0 Meter   125   1 : 9000

Blick auf den Austriabrunnen (1846) von Schwanthaler und auf Schottenkirche *(siehe S. 112)*, Schottenring und Alsergrund

0 Kilometer   1

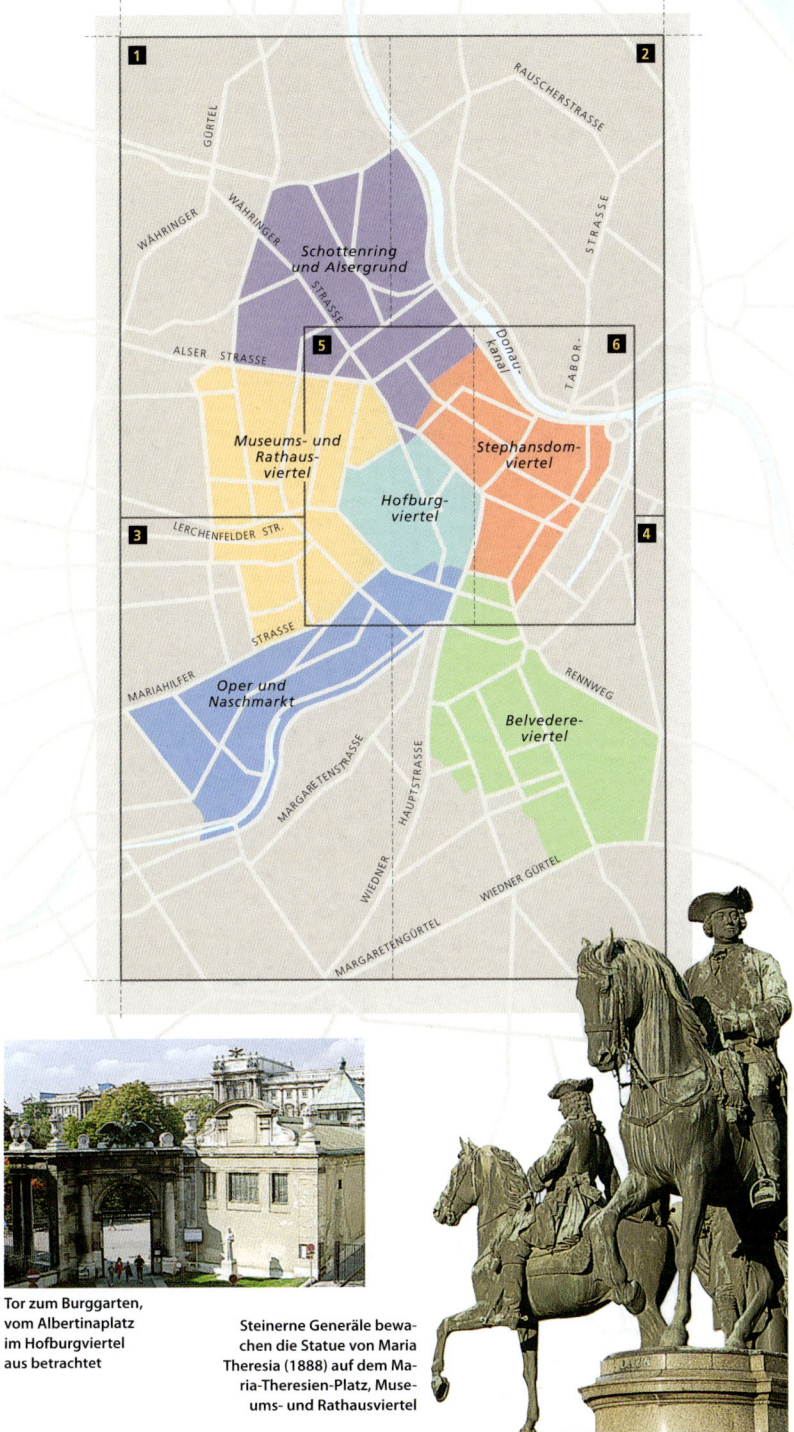

Tor zum Burggarten, vom Albertinaplatz im Hofburgviertel aus betrachtet

Steinerne Generäle bewachen die Statue von Maria Theresia (1888) auf dem Maria-Theresien-Platz, Museums- und Rathausviertel

Schottenring und Alsergrund

Museums- und Rathausviertel

Stephansdomviertel

Hofburgviertel

Oper und Naschmarkt

Belvedereviertel

Kartenregister

Einige der hier aufgeführten Straßen, Plätze und Sehenswürdigkeiten sind mit zwei Kartenverweisen versehen. Der erste bezieht sich auf die Seiten 1–4, die das Stadtgebiet von Wien abdecken, der zweite auf die Seiten 5–6, die im größeren Maßstab lediglich die Viertel um den Stephansdom und die Hofburg umfassen.

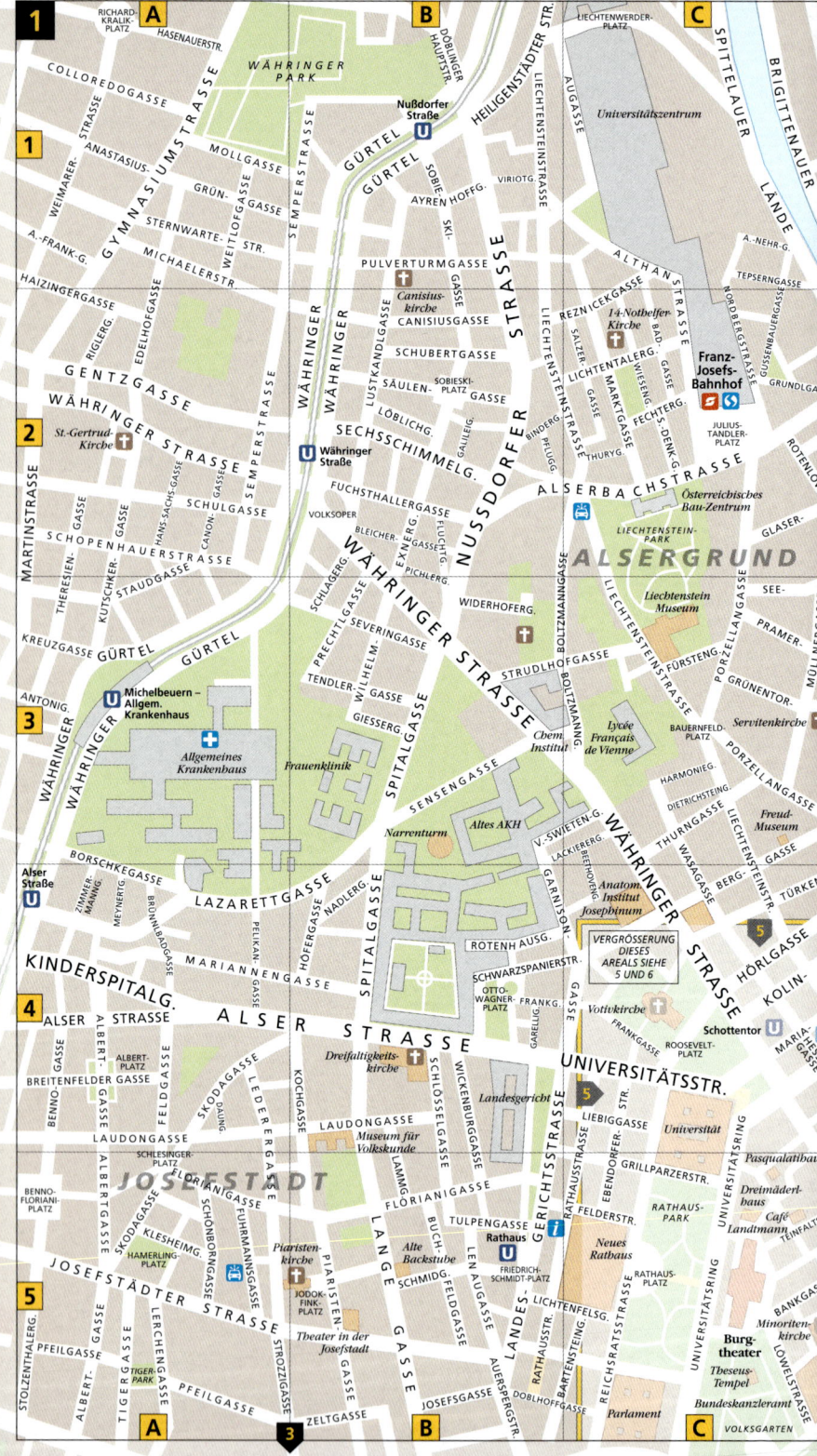

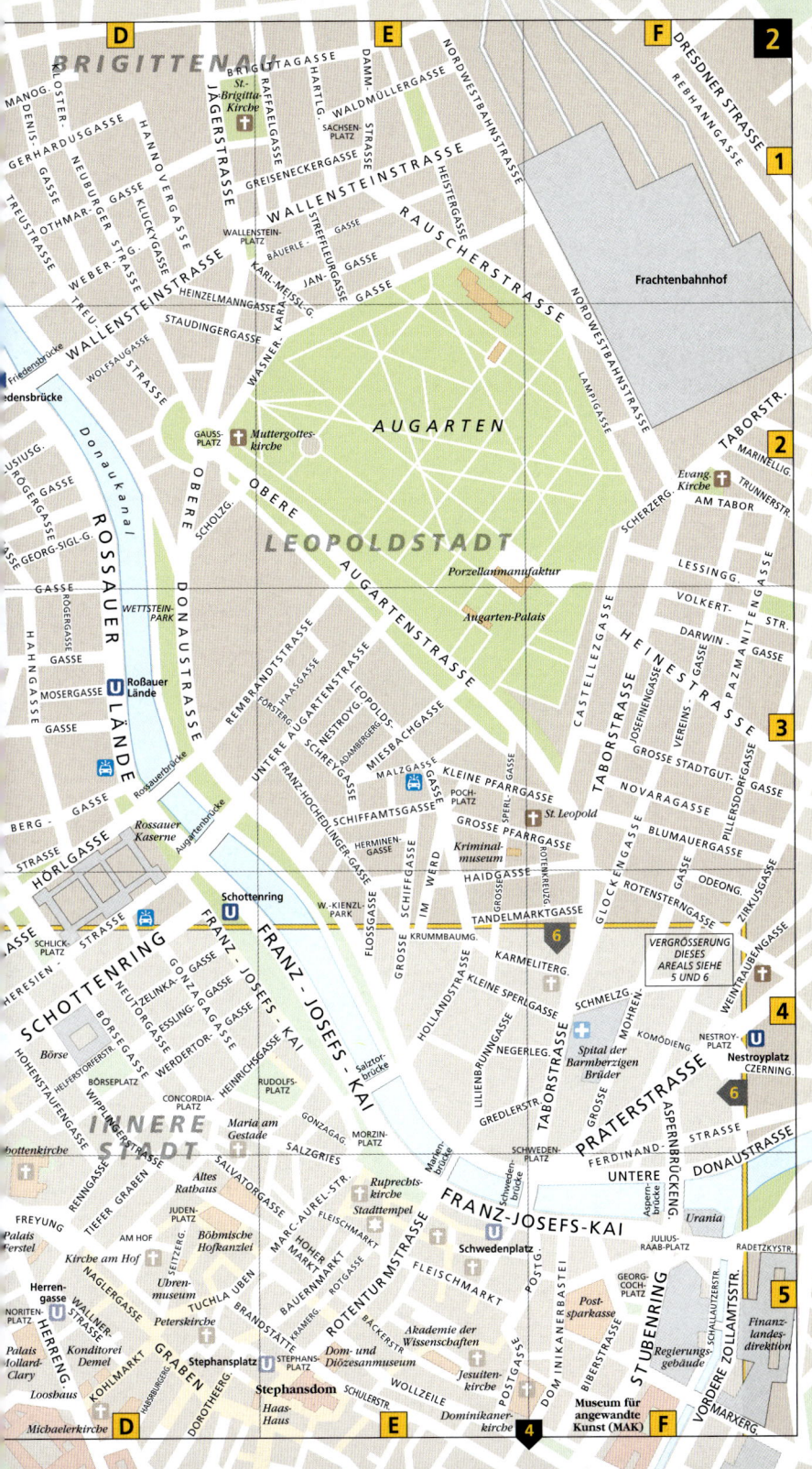

Textregister

Danksagung und Bildnachweis

Dorling Kindersley bedankt sich bei allen, die an der Herstellung dieses Buchs mitgewirkt haben.

Hauptautor
Der gebürtige Londoner Stephen Brook studierte in Cambridge. Nachdem er in Boston und London als Redakteur tätig war, begann er 1982 seine Karriere als Autor. Zu seinen Veröffentlichungen gehören *New York Days, New York Nights*; *Honkytonk Gelato*; *The Double Eagle*; *Prague* und *L. A. Lore*. Er schreibt Artikel über Wein und Reisen für zahlreiche Zeitungen und Zeitschriften.

Weitere Autoren
Gretel Beer, Rosemary Bircz, Caroline Bugler, Dierdre Coffey, Fred Mawer, Nicholas Parsons, Christian Williams, Sarah Woods.

Redaktion und Grafik
Publisher Douglas Amrine.
Managing Editor Carolyn Ryden.
Managing Art Editor Steve Knowlden.
Senior Editor Georgina Matthews.
Senior Art Editor Vanessa Courtier.
Editorial Director David Lamb.
Art Director Anne-Marie Bulat.
Beratung Robert Avery.
Korrektorat Diana Vowles.

Mitarbeit Grafik und Redaktion
Louise Abbott, Ashwin Adimari, Emma Anacootee, Ros Angus, Claire Baranowski, Marta Bescos, Tessa Bindloss, Jane Edmonds, Gadi Farfour, Emer FitzGerald, Fay Franklin, Rhiannon Furbear, Camilla Gersh, Sally Gordon, Emily Green, Alistair Gunn, Swati Gupta, Elaine Harries, Melanie Hartzell, Mohammed Hassan, Paul Hines, Laura Jones, Priya Kukadia, Joanne Lenney, Carly Madden, Hayley Maher, Ella Milroy, Deepak Mittal, Sonal Modha, Kate Molan, Melanie Nicholson-Hartzell, Catherine Palmi, Helen Partington, Sangita Patel, Alice Peebles, Marianne Petrou, Robert Purnell, Rada Radojicic, Nicki Rawson, Sadie Smith, Sands Publishing Solutions, Simon Ryder, Andrew Szudek, Samia Tadros, Lynda Warrington, Susannah Wolley Dod, Johanna Wurm.

Ergänzende Illustrationen
Kevin Jones, Gilly Newman, John Woodcock, Martin Woodward.

Kartografie
Uma Bhattacharya, Mohammad Hassan, Jasneet Kaur, Peter Winfield, James Mills-Hicks (Dorling Kindersley Cartography), Colourmap Scanning Limited, Contour Publishing, Cosmographics, European Map Graphics, Street Finder maps: ERA Maptec Ltd (Dublin).
Koordination: Simon Farbrother, David Pugh.
Recherche: Jan Clark, Caroline Bowie, Claudine Zante.

DTP
Vinod Harish, Vincent Kurian, Azeem Siddiqui.

Ergänzende Fotografien
DK Studio/Steve Gorton, Ian O'Leary, Poppy, Rough Guides/Natascha Sturny, Steve Shott, Clive Streeter, Daniel Wurm.

Fakten-Check
Dieter Löffler, Melanie Nicholson-Hartzell.

Weitere Hilfe gewährten
Marion Telsnig und Ingrid Pollheimer-Stadtlober vom Austrian Tourist Board, London; Frau Preller, Heeresgeschichtliches Museum; Frau Wegscheider, Kunsthistorisches Museum; Frau Stillfried und Mag. Czap, Hofburg; Herr Fehlinger, Museen der Stadt Wien; Mag. Schmid, Naturhistorisches Museum; Mag. Dvorak, Österreichischer Bundestheaterverband; Dr. Michael Krapf und Mag. Grabner, Österreichische Galerie; Robert Tidmarsh und Mag. Weber-Kainz, Schloss Schönbrunn; Frau Zonschits, Wien-Tourismus.

Fotografier-Erlaubnis
Dorling Kindersley bedankt sich bei folgenden Institutionen für die freundlich gewährte Erlaubnis zum Fotografieren:
Alte Backstube, Bestattungsmuseum, Schloss Belvedere, Bundesbaudirektion, Deutschordenskirch, Dom- und Diözesanmuseum, Sigmund-Freud-Gesellschaft, Josephinum, Institut für Geschichte der Medzin der Universität Wien, Kapuzinerkirche, Pfarramt St. Karl, Stift Klosterneuburg, Wiener Kriminalmuseum, Niederösterreichisches Landesmuseum, Österreichischer Bundestheaterverband, Österreichische Postsparkasse (P.S.K.), Dombausekretariat Sankt Stephan, Spanische Hofreitschule und Museum für Volkskunde. Ferner bedanken wir uns bei allen anderen nicht namentlich erwähnten Läden, Restaurants, Cafés, Hotels, Kirchen und Einrichtungen.

Bildnachweis
l = links, r = rechts, o = oben, u = unten, m = Mitte, d = Detail.

Kunstwerke wurden mit freundlicher Genehmigung folgender Copyright-Inhaber reproduziert: *Brunnenhaus*, Ernst Fuchs © DACS, London 2011; *Der Tigerlöwe*, 1926 Oskar Kokoschka © DACS, London 2011 157o; © The Henry Moore Foundation: 146ul.

Dorling Kindersley hat sich bemüht, alle Urheber ausfindig zu machen und zu nennen. Sollte dies in Einzelfällen nicht gelungen sein, so bitten wir, dies zu entschuldigen. In der nächsten Auflage dieses Buchs werden wir die versäumten Nennungen selbstverständlich nachholen:

4corners Images: Damm Stefan 11ur.
Alamy Images: David Coleman 238mro; Christopher Gannon 250mlo; imagebroker/ Christian Handl 205u; INSADCO: Photography/ Martin Bobrovsky 205m; John Kellerman 108; Art Kowalsky 10mlo; John Lens 178mr; LOOK Die Bildagentur der Fotografen GmbH 12or; Barry Mason 207m; mediacolor's 178 mlo, 206mlo; David Noble 207ol; Robert Harding Picture Library Ltd/ Richard Nebesky 204mlo; Jack Sullivan 241mlo; vario images/ Stefan Kiefer 245or, 251mru; vario images/ Thomas Jantzen 245um; Ken Welsh 10um.
Albertina, Wien: 28–29.
Ancient Art and Architecture Collection: 26u(d), 27om, 31mro.
AKG-Images: 18(d), 21om(d), 21ur(d), 23um, 24–25, 26mlo, 26–27, 27mu, 27ul, 28mlo, 28ur(d), 29om, 30ml, 30ur(d), 31om, 30–31, 30ml, 31ul, 32ml, 34ml, 34ur, 35um, 36ur, 38ol, 40ul, 57ur(d), 89u(d), 100ml, 112ur(d), 149mro, 154mlu, 174ul, 237 (Einklinker); Erich Lessing 11ol, 40mlu, 41mru.
Bank Austria, UniCredit Bank Austria AG: 242ul.
Belvedere, Wien: 158ur; Thomas Preiss 159mro.

Wienerisch für Anfänger

von Martina Bauer

Das Wienerische ist ein Dialekt, der durch seine Vermischung mit vielen anderen Sprachen, durch die Integration von Wörtern und Wendungen der Zugewanderten (Zuagrastn) eine kraftvolle Farbigkeit entwickelte. Das Wienerische wurde von vielen Generationen und Nationen geprägt. Der Reiz dieser Sprache liegt in ihrer Offenheit gegenüber anderen Sprachen, die im ehemaligen Vielvölkerstaat Österreich gesprochen wurden.

Den größten Einfluss hatten das Jiddische, Tschechische, Französische, Italienische und Ungarische. Am ältesten scheinen die lateinischen Lehnwörter zu sein, die aber nicht auf die Römerzeit zurückgehen, sondern auf spätere Jahrhunderte, als man in den Hofkanzleien der Habsburger das Beamtenlatein pflegte. Ein lateinisches Lehnwort ist Gaudi (Vergnügen, Spaß), das sich von Gaudium ableitet.

An die Jahrhunderte der Bedrohung durch die Türken und die Türkenbelagerungen erinnern die Heidenangst oder der Heidenspaß. Anscheinend hielten die Christen den Spaß für eine zutiefst unchristliche Lebenseinstellung. Supranational wie die Monarchie war auch die Sprache ihrer Hauptstadt. Zahlreiche neue Wörter wurden von Böhmen, Ungarn, Slowenen und Italienern in die Stadt gebracht, vor allem auch von der Aristokratie, die zwischen ihren Palais in Wien und den Landgütern in den Kronländern hin und her reiste. Beispiele für das Böhmische sind etwa Golatschn (gefülltes Hefegebäck) oder Powidltascherln (mit Pflaumenkonfitüre gefülltes Gebäck).

Das Bürgertum leistete seinen Beitrag durch die Einführung zahlreicher französischer Lehnwörter. Französisch war die Sprache des bürgerlichen 19. Jahrhunderts, die Sprache der Gouvernanten und Domestiken, der Salons und Cafés und natürlich auch des Hofs. Um nur einige Beispiele zu nennen: Trottoir für Gehsteig, Parapluie für Regenschirm, Installateur, Coiffeur etc.

Die singende Sprachmelodie und die eher undifferenzierte Aussprache von harten und weichen Konsonanten sowie das sogenannte »Meidlinger L« unterscheiden das Wienerische von anderen österreichischen Dialekten. Der Wiener sagt nicht Kakao, sondern »Gaugau«. Selbstlaute werden in die Länge gezogen, wobei das A fast wie ein O ausgesprochen wird.

»Der Österreicher unterscheidet sich vom Deutschen durch die gemeinsame Sprache«, lautet ein berühmtes Zitat, das Karl Kraus, dem scharfzüngigen österreichischen Schriftsteller und Sprachkritiker, zugeschrieben wird. In manchen Fällen hat das durchaus seine Berechtigung. Wenn man in Wien etwa ein Brötchen bestellt, bekommt man ein belegtes Brot. Ordert man ein Wiener, serviert der Kellner ein Schnitzel – das Wiener Würstchen heißt hier nämlich Frankfurter.

Beispiele

a gmahte Wiesn	leichte Sache
anbandeln	flirten
andudeln	sich betrinken
Ballawatsch	Durcheinander, Chaos
birnen	prügeln
Drah di (um)!	Verschwinde!
Falott	Lump, Gauner
Flitscherl	Flittchen
Gigerl	Modegeck
Hawara (von hebräisch »chaver«)	Freund
Kiwara	Polizist
Kupferdach'l	rothaarige Person
Naderer	Verräter, Denunziant
Panier	Kleidung
Peitscherlbua	Zuhälter
Schmafu (von frz. »je m'en fous«)	Blödsinn
schmähstad	perplex, sprachlos
Tschecherant	Säufer

Öffentliche Verkehrsmittel

Bim, die	Straßenbahn, Tram
Remise	Straßenbahngarage
Schwarzkappla	Kontrolleur
zwickn	Fahrschein entwerten

Kulinarisches

Beamtenforelle	Knackwurst
Beisl	einfache Gaststätte
Biertippler	Säufer, Biertrinker
Bummerlsalat	Wintersalat
Burenhäutel	Wurstspezialität
Eitrige	Käsekrainer (Wurst)
Erdäpfel	Kartoffeln
Fleischlaberl	Hackbraten
Frankfurter	Würstel (in Deutschland: Wiener)
Golatschn	Hefegebäck mit Füllung
Gschloda	Gesöff, schwacher Kaffee
G'spritzter	Wein mit Mineralwasser
Hetschpetsch	Hagebutte
Holler	Holunder
Karfiol	Blumenkohl
Kohlsprossen	Rosenkohl
Kracherl	Limonade
Kren	Meerrettich (wird u. a. zum Tafelspitz serviert)
Krügerl	0,5 Liter Bier
Maroni	Esskastanien
Millirahmstrudl	Milchrahmstrudl
Obers	Sahne
Paradeiser	Tomaten
Reiseachterl	das letzte Achtel Wein vor dem Heimweg
Seidl	0,33 Liter Bier
Semmel	Brötchen

Stehachterl	im Stehen getrunkenes Achtel Wein
Topfen	(trockener) Quark
Zwetschkenfleck	Pflaumenkuchen
Zwetschkenrösta	Pflaumenkompott

Schimpfwörter

Bissgurk'n	herrische, keifende Frau
Gfrastsackl	boshafter Mensch
Gschichtldrucker	Lügner
Hau di üba d'Häuser!	Zieh Leine!
Koffa	Trottel, Idiot
Pleampl	einfältiger Mensch
Teschek	Verlierer
Tilo	Dummkopf
Ungustl	unsympathischer Mensch

In Wien unterwegs

Bermuda-Dreieck	Areal mit Bars
Beserlpark	kleiner Park
Heuriger	Neuer Wein (gibt's ab Martini = 11. November)
Hieb (»im 10. Hieb wohnen«)	Bezirk, Stadtteil

Rund ums Geld

Börs'l	Geldbörse
brennen	zahlen (»Da brennst ordentlich« = »Da hast du viel zu zahlen«)
fecht'n	betteln
Gstopfter	ein Wohlhabender
Marie	Geld
Neger sein	pleite sein
Pfandl	Pfandhaus
schmiern	bestechen
Spendierhos'n ahabn	spendabel sein

Aus der Arbeitswelt

barabern	schwer arbeiten
einsackeln	einsperren
fladern	stehlen
Hackler	Arbeiter
Hack'n	Arbeit
hack'nstad	arbeitslos
Hallodri	ausgelassener Mensch
sandeln	faulenzen
Strizzi	Zuhälter
tachinieren	faulenzen

Komplimente

Feschak	attraktiver Mann
Gnä' Frau	Anrede für Damen
Jass	Fachmann, Könner
Kapazunder	intelligenter Mensch

| leiwand | spitzenmäßig (höchstes Kompliment in Wien) |
| liaba Has | hübsches Mädchen |

Wien und der Tod

a schöne Leich	Begräbnis
Löffel abgeben	sterben
Pompfineberer	Totengräber

Diverses

Babá	Ciao, Tschüss
Badewaschl	Bademeister
Barras	Militär, Heer
Bummerl	Eigentor
Ezzes	Ratschläge
Fuzzerl	Stückchen, kleines Teil
Gfrett	Ärger
Gschpusi, Pantscherl	Liaison
hatschn (von mhd. »Hatsche« = Ente)	hinken, schwerfällig gehen
Klampfn	Gitarre
powidl	egal, uninteressant
Quetschn	Ziehharmonika
am Sand sein	Depression, Unglück
Schneiztiachl	Taschentuch
tramhappert	schlaftrunken
Wuchtl	Fußball

Redewendungen

A Stader is a Fader!	Ein ruhiger Mensch ist ein Langweiler!
Aberakadavera, a Kiwara is ka Hawara!	Abrakadabra, ein Polizist ist kein Freund!
Ka Bam wochst in Himmö!	Kein Baum wächst in den Himmel! (Alles hat seine Grenzen!)
Nua kane Wön schlog'n!	Nur keine Wellen schlagen! (Nur kein Aufsehen erregen!)
Papperln, pipperln und pupperln.	Essen, trinken und sich weiblicher Gesellschaft erfreuen.
S' G'wand'l macht's Mand'l.	Kleider machen Leute.

Literatur

Die Ausdruckskraft des Wiener Dialekts zeigt sich in den Gedichten von H. C. Artmann, etwa in dem 1958 erschienenen Band »med ana schwoazzn dintn«. Einen lebendigen Eindruck vom Wienerischen vermitteln auch die Dialektgedichte von Christine Nöstlinger, die von Schicksalen jenseits der Wiener Gemütlichkeit erzählen: »Iba de gaunz oamen Leit«. Unvergessen ist der berühmte »Herr Karl«, eine Figur des Kabarettisten und Autors Helmut Qualtinger.

visiting mozart

1010 Wien, Domgasse 5 | Tel.: +43-1-512 17 91
täglich 10 - 19 Uhr | www.mozarthausvienna.at

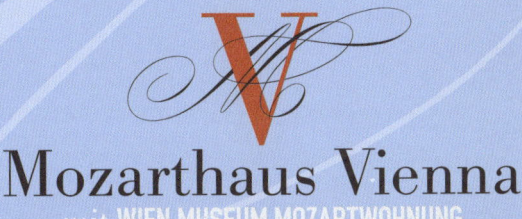

Mozarthaus Vienna
mit WIEN MUSEUM MOZARTWOHNUNG

ein museum der **wien**holding

WIEN
KULTUR

Nahverkehrsplan Wien

Wien besitzt derzeit fünf U-Bahn-Linien. Die Schnellbahn verbindet die Innenstadt mit den Vororten. Die Österreichischen Bundesbahnen verbinden Wiens Bahnhöfe mit Österreichs und Europas Städten. Der neue Hauptbahnhof wird bis 2015 fertiggestellt sein. Die Badner Bahn verkehrt zwischen der Oper und Baden. Der Nahverkehr wird ständig ausgebaut (weitere Infos *siehe S. 250–255*).

Legende

- U1
- U2
- U3
- U4
- U6
- Schnellbahn
- Badner Bahn
- ○ Umsteigehaltestelle
- Bahnhof (ÖBB)
- CAT (City Airport Train)
- S-Bahn-Endstation
- Busbahnhof
- Hauptsehenswürdigkeit

Oberdöbling

Krottenbachstraße

WÄHRING

Nußdorfer Straße

Gersthof

WÄHRINGER STRASSE

Währinger Straße/ Volksoper

Hernals

Michelbeuern – Allgem. Krankenhaus

HERNALSER HAUPTSTRASSE

Alser Straße

JOSEFSTA

Ottakring

OTTAKRING

Josefstädter Straße

Thaliastraße

Kendlerstraße

KOPPSTRASSE

NEUBAU

FLÖTZERSTEIG

Burggasse/ Stadthalle

Hütteldorfer Straße

Johnstraße

MARIAHIL

Neubaugasse

Westbahnhof

S50

Breitensee

Schweglerstraße

Zieglergasse

HÜTTELDORFER STRASSE

S45, S50, S60

S45, S50

Penzing

S50

Pilgra

Gumpendorfer Straße

U4 Hütteldorf

Unter St. Veit

Margaretengürtel

MAR

Braunschweiggasse

WIENER STRASSE

Hietzing

WIENER STRASSE

Schönbrunn

Längenfeldgasse

Schloss Schönbrunn

Meidling/ Hauptstraße

Niederhofstraße

Eichenstra

Wolfganggasse

SCHÖNBRUNNER SCHLOSSPARK

LAINZER STRASSE

BRUNNER STRASSE

S1, S2,

Speising

MEIDLING

Meidling/ Philadelphiabrücke

Hetzendorf

S60

S1, S2, S3

S80

↓ U6 Siebenhirten